Deutsches Historisches Institut Warschau
Quellen und Studien
Band 11

2000
Harrassowitz Verlag · Wiesbaden

Natali Stegmann

Die Töchter der geschlagenen Helden
„Frauenfrage", Feminismus und
Frauenbewegung in Polen
1863-1919

2000

Harrassowitz Verlag · Wiesbaden

Gedruckt mit Unterstützung des Deutschen Historischen Instituts Warschau.

Die Deutsche Bibliothek – CIP-Einheitsaufnahme
Ein Titeldatensatz für diese Publikation ist bei Der Deutschen Bibliothek erhältlich

Die Deutsche Bibliothek – CIP Cataloguing-in-Publication-Data
A catalogue record for this publication is available from Die Deutsche Bibliothek

e-mail: hammer@dbf.ddb.de

© Otto Harrassowitz, Wiesbaden 2000
Das Werk einschließlich aller seiner Teile ist urheberrechtlich geschützt.
Jede Verwertung außerhalb der engen Grenzen des Urheberrechtsgesetzes ist
ohne Zustimmung des Verlages unzulässig und strafbar. Das gilt insbesondere
für Vervielfältigungen jeder Art, Übersetzungen, Mikroverfilmungen und
für die Einspeicherung in elektronische Systeme.
Gedruckt auf alterungsbeständigem Papier.
Druck und Verarbeitung: MZ-Verlagsdruckerei GmbH, Memmingen
Printed in Germany

ISSN 0947-4226
ISBN 3-447-04244-3

INHALTSVERZEICHNIS

Vorwort	IX
Einleitung	1
Methodische Voraussetzungen	5
Forschungsstand	10
Quellenlage	14
Die Zeitschriften *Bluszcz* und *Ster* als Quellen	17
Räumliche Einordnung	22
Gliederung	23
1. Kulturelle, soziale und rechtliche Rahmenbedingungen im Königreich Polen und in Galizien	27
1.1. Modernisierung und sozialer Wandel im Königreich Polen nach 1863	27
1.1.1. Industrialisierung und soziale Differenzierung	27
1.1.2. Die polnische Adelsfamilie zwischen Tradition und Modernisierung	29
1.1.3. Die ‚neue' *inteligencja*	32
1.2. Traditionen der Frauenbewegung in der polnischen Gesellschaft	35
1.3. Nationale Identität und ‚Weiblichkeit' nach dem Januaraufstand	41
1.4. Die „Frauenfrage" als soziale Frage im Königreich Polen	46
1.5. Mädchenbildung im Königreich Polen	50
1.5.1. Elementarschulen	50
1.5.2. „Privater" und „geheimer" Unterricht	51
1.6. Rechtliche und soziale Rahmenbedingungen in Österreich-Ungarn und Galizien	55
Exkurs: Entstehungsvoraussetzungen und Ziele polnischer Frauenvereine in der Provinz Posen	57
2. Höhere Bildung	63
2.1. Die Diskussion der 1860er und 1870er Jahre	63
2.2. Die *Uniwersytet Latający*	73

Exkurs: Berufsaussichten gebildeter Frauen 77
2.3. Auslandsstudien................................. 79
2.4. Der Kampf um höhere Frauenbildung: Galizien in den 1890er Jahren... 84
2.5. Jahrhundertwende: Die „Ruhe vor dem Sturm"........... 90

3. Werdegänge polnischer Feministinnen im Spiegel von biographischem und autobiographischem Material........................ 97
   3.1. Soziale Merkmale der Ideologinnen der polnischen Frauenbewegung................................. 99
   3.1.1. Alter und soziale Herkunft 102
   3.1.2. Bildungswege................................. 106
   3.1.3. Familienstand 110
   3.2. Von der Erfahrung zum Muster: Motive und Verarbeitung biographischer Prägungen......................... 112
   3.2.1. Kindheit: Abschied von der „heilen Welt" der Väter........ 114
   3.2.2. Erstes Muster: Daszyńska-Golińskas sentimentale Heimkehr einer gelehrten Marxistin 118
   3.2.3. Zweites Muster: Męczkowskas ‚genetischer' Feminismus 120
   3.2.4. Drittes Muster: Pachuckas Initiation in die feministische Gemeinschaft................................. 122
   3.2.5. Viertes Muster: Moszczeńskas Heldenopfer für die nächste Generation 123
Exkurs: Skłodowska-Curies Gelehrtenkarriere mit Hindernissen 125
   3.3. Schlußfolgerung............................... 129

4. Die Formierung der polnischen Frauenbewegung nach 1905 135
   4.1. Die politische Situation im Königreich Polen während der Ersten Russischen Revolution (1905-1907) 135
   4.2. Die Mobilisierungspotentiale der polnischen Frauenbewegung 138
   4.3. Polnische Frauenvereine im Königreich Polen, in Rußland und in den Westgouvernements des Zarenreichs und in Galizien .. 143
   4.3.1. Vereinigungen mit dem Ziel der politischen Gleichberechtigung im Königreich Polen............................. 149
   4.3.2. Selbsthilfe in Fach- und Berufsverbänden für Frauen im Königreich Polen......................... 156
   4.3.3. Polnische Frauenvereine in Rußland und in den Westgouvernements des Zarenreichs............... 159
   4.3.4. Die Agitation für Frauenrechte in Galizien 161

4.4. Die Verbindungsfrauen im Ausland und
die ambivalente Haltung zur internationalen Frauenbewegung . . 166
4.5. Weibliche Vorbilder und ihre Funktionen 170
4.5.1. Das Jubiläum Orzeszkowas als Anlaß für den ersten polnischen
Frauenkongreß 1907 in Warschau 170
4.5.2. Die einsame „Heerführerin": Paulina Kuczalska-Reinschmit. . 179
4.5.3. Maria Dulębianka als politische Agitatorin und patriotisches
Vorbild 183
4.6. Das Ideal als Struktur 188

5. Feministische Moral und die ‚Verwissenschaftlichung' der Sexualität 191
   5.1. Evolutionismus und feministische Moral: Die Ideale
        der polnischen Frauenbewegung 192
   5.2. Frauenbewegung und ‚Sittlichkeit': Körper, Sexualität und
        Volk 198

6. Die polnische Frauenbewegung auf dem Weg in den Nationalstaat
   (1912 bis 1919) 211
   6.1. Frauenbewegung und ethnisch-religiöse Ausgrenzung:
        Die Dumawahlen 1912 und die Boykottbewegung 213
   6.2. Das Gleichheitspostulat im Krieg: Die Erkämpfung
        des Frauenstimmrechts im Ersten Weltkrieg 221
   6.2.1. Polnische Politik im Ersten Weltkrieg 222
   6.2.2. ‚Heimatfront' und Stimmrecht: Der Fokus westlicher
        Forschung 225
   6.2.3. Polnische Frauen „auf dem Posten" 226
   6.2.4. Der polnische Frauenkongreß 1917 in Warschau 230
   6.2.5. „Die Frau im Parlament": Frauen bei den Wahlen
        zur verfassungsgebenden Versammlung 234

Schluß 237
Abkürzungsverzeichnis 243
Quellen- und Literaturverzeichnis 245
Summary 271
Streszczenie 275
Register 279

VORWORT

Die vorliegende Studie basiert auf meiner Doktorarbeit, die im Frühjahr 1999 an der Eberhardt-Karls-Universität Tübingen angenommen wurde. Nach mehreren Jahren Arbeit an diesem Projekt scheinen die vielen kleinen Schritte, die den Weg zum Ziel ausmachten, fast vergessen. Schließlich, so lehrt einen das Leben, zählt am Ende nur der Erfolg. Und dennoch: an manchen Tagen wurde der Verlauf meiner Forschungsarbeiten von einem netten Empfang in einer Bibliothek positiv beinflußt oder das Lächeln eines Zeitungsverkäufers in einer fremden Stadt half nach einem Mißerfolg die allerdüstersten Stimmungen vertreiben. Freilich ist es hier nicht möglich, die beinahe unzähligen Mosaiksteine, die den Arbeitsprozeß ausmachten, auch nur annähernd zu beschreiben. Aber es soll zumindest darauf hingewiesen werden, daß mein Erfolg bei weitem nicht allein mein Verdienst ist.

Sehr viele Menschen haben mich in den letzten Jahren in meinem Vorhaben bestärkt, meine inhaltlichen Zweifel genährt und meine Unzulänglichkeiten ertragen und korrigiert. An erster Stelle möchte ich meinem Doktorvater, Prof. Dr. Dietrich Beyrau, danken, ohne dessen Zuspruch ich dieses Projekt sicher nicht begonnen hätte. Besonders die Tatsache, daß er mich niemals wie eine ‚Doktortochter', sondern immer wie eine jüngere Kollegin behandelt hat, habe ich schätzen gelernt. Auch mein ehemals Frankfurter Kollege Dr. Bernhard Chiari hat mir in manch schwierigen Situationen Mut gemacht und mich im besten Sinne des Wortes stets kollegial unterstützt. Insbesondere unterzog er das Manuskript einer gründlichen, kritischen und nachhaltigen Korrektur. Für Anregungen, Anmerkungen und Ausbesserungen danke ich außerdem Peter Bonin und Gabriele Freitag aus Frankfurt am Main, die beide meine diversen Ausführungen mit unermüdlicher Geduld unter die Lupe genommen haben.

Mein besonderer Dank gilt den Mitarbeiterinnen und Mitarbeitern des Deutschen Historischen Instituts in Warschau. Diese Institution finanzierte nicht nur meine Aufenthalte in Polen. Ich konnte auch an zwei ihrer Konferenzen zur vergleichenden Ost-West-Europäischen Geschlechtergeschichte teilnehmen. Dort sammelte ich wichtige Erkenntnisse und Erfahrungen. Schließlich bin ich froh darüber, daß meine Arbeit in der Reihe „Quellen und Studien" des DHI Warschau erscheinen kann. In diesem Zusammenhang möchte ich der Betreuerin der Reihe, Dr. Almut Bues, für ihre wertvolle Hilfe bei der Drucklegung danken. In Warschau haben auch zahlreiche polnische Kolleginnen meine Arbeit kritisch und wohlwollend begleitet und mir manche wichtige Hinweise gegeben. Stellvertretend für sie möchte ich Prof. Dr. Anna Żarnowska meinen Dank aussprechen, nicht zuletzt für ihre Gastfreundschaft. Besonders verbunden bin ich außerdem dem Institut für Europäische Geschichte in Mainz, dessen Stipendium mir eine Phase intensiven Arbeitens ermöglichte. Anders als andere Stipendiengeber erwies sich das Mainzer Institut als flexibel genug, mich trotz meiner sogenannten familiären Verpflichtungen zu unterstützen. Die Mitarbeiterinnen der dortigen Bibliothek, Frau Doscalescu und Frau Ries, haben einen immensen Arbeitsaufwand bei der Besorgung von Fernleihen investiert, wofür ich ihnen hiermit danken möchte. Last not least gilt mein Dank Prof. Dr. Christoph Schmidt für viele Anregungen sowie Prof. Dr. Marie-Louise Recker und Prof. Dr. Bianka Pietrow-Ennker insbesondere für einige kritische Anmerkungen sowie für ihre Gutachtertätigkeit. Als meine Freundin Petra Stegmann am Anfang meiner Arbeit an diesem Projekt in Warschau das Kopieren einiger Kilo Papier für mich auf den Weg gebracht hatte, versprach ich ihr, daß sie für diese Tat in meiner Dissertation erwähnt werden würde. Dies ist hiermit geschehen.

Natali Stegmann, im September 1999

EINLEITUNG

Der im Ostmarkenverein engagierte Fritz Vosberg veröffentlichte 1912 eine Broschüre unter dem Titel „Die polnische Frauenbewegung". Diese zeichnet ihn als einen der besten Kenner der polnischen Frauenvereine in der „Provinz Posen" aus. Anders als dies der Titel suggeriert, sprach Vosberg in der genannten Schrift der polnischen Frauenwelt jene „gewisse Höhe an geistiger Kultur" ab, welche die Voraussetzung für die „Entstehung einer Frauenbewegung im modernen Sinne" sei. An dieser mangele es den „slawischen Völkern" grundsätzlich, in den romanischen Ländern sei sie nur bis zu einem „gewissen Grade" entwickelt. Ganz auf der Höhe einer die Frauenbewegung begünstigenden Kultur befänden sich allein die „germanischen Völker".[1] Vosberg war darum bemüht, aus der Sicht eines aggressiven Deutschnationalen den vermeintlichen Mangel an „geistiger Kultur" als ein von der Volkszugehörigkeit abhängiges Merkmal zu schildern. Hierbei bediente er sich eines Jargons und einer Weltsicht, welche seinerzeit (nicht nur unter „Rechten") modern waren. Seine Ausführungen paarten sich mit furchtsamer Achtung für die polnischen Frauen, welche „mit bewundernswürdiger Zähigkeit [...] trotz aller Schwierigkeiten an der nationalpolnischen Erziehung ihrer Kinder weitergewirkt" hätten.[2] Die Polinnen bewertete der Autor demnach höher als das polnische Volk allgemein, und dies hing ganz offensichtlich mit deren Weiblichkeit zusammen.

Wie Vosberg stellte auch der Autor eines 1917 in der Zeitschrift *Gartenlaube* erschienenen Artikels die Existenz einer polnischen Frauenbewegung in Abrede. Er bescheinigte den Polinnen eine „gesellschaftlich dominierende Stellung" und führte aus:

> „Nirgends begegnet man den Frauen mit einer so ehrfurchtsvollen Rücksicht wie hier, nirgends werden auch im niederen Mittelstande schöne Hände so oft und so ehrfurchtsvoll geküßt wie hier. [...] Bei der seit Jahrhunderten geübten romantisch= ritterlichen Verehrung des Weibes kann die moderne Frauenbewegung in Polen immer noch keinen rechten Boden finden. [...] gerade die polnische Frau und Mutter, die keine Kompromisse mit dem Russentum kannte, hat wohl in erster Linie den Genius ihres Volkes in ungeschwächter Kraft zu erhalten gewußt und damit – wie

---

1 Fritz Vosberg, Die polnische Frauenbewegung, Lissa 1912, S. 3.
2 Ebd., S. 5.

wir jetzt sehen – ihr schönes Land davor gerettet, im russischen Sumpfe zu versinken."³

Von einem polenfeindlichen und einem polenfreundlichen Standpunkt aus schildern uns die beiden Autoren das Bild einer gesellschaftlich aktiven polnischen Frau, die den Fortbestand ihres Volkes vorrangig in Gestalt der Mutter personifiziert. Diese Frau braucht keine Rechte. Sie hat kein Bedürfnis nach Emanzipation. Sie ist ein nationales Wesen und kein Subjekt und geht deshalb in ihrer ‚nationalen' Bestimmung auf. Sie partizipiert in einem hohen Maße an der Gesellschaft und erntet hierfür Anerkennung. Einen anderen Weg weiblicher Entfaltung scheint es in dieser Logik nicht zu geben. Wollte man dieser Argumentation, welche sich auch in der Anschauung einiger polnischer Historikerinnen und Historiker erhalten hat,⁴ Folge leisten, so würde sich die Erforschung der polnischen Frauenbewegung erübrigen.

In dieser Studie soll jedoch eine andere Geschichte geschrieben werden, in der das oben beschriebene Bild die Rolle eines normativen Klischees erfüllt. Es ist nicht das hauptsächliche Anliegen, aber ein wichtiger Aspekt der vorliegenden Arbeit über die polnische Frauenbewegung, dieses Bild zu analysieren.

Vosberg transportierte ebenso wie der Autor des zitierten Artikels aus der *Gartenlaube* ein Frauenbild, welches der Konstruktion von Geschlechterrollen innerhalb des nationalen Kontextes zuzuordnen ist. Obwohl beide Autoren Deutsche waren, bedienten sie sich einer Figurine, welche auch in der polnischen Gesellschaft normative Kraft besaß. Im Kontext der Schaffung und Festigung von Geschlechterrollenbildern erscheint ‚die Frau' in der beschriebenen Sicht im Singular und ist das Gegenstück zu ‚dem Mann'. Das Verhältnis ‚des Mannes' zu ‚der Frau' ist als Geschlechterverhältnis von fundamentaler Bedeutung für die gesellschaftliche Ordnung. Für die Dechiffrierung solcher Ordnungsprinzipien bedient sich die angloamerikanische Forschung des Begriffes *gender*.⁵ Das soziale Geschlecht (*gender*) ist demnach eine gesellschaftlich definierte Kategorie. Die Zuordnung von Geschlechterrollen in verschiedenen

---

3 H. v. Revelstein, Die polnischen Frauen, in: Gartenlaube 1917, Nr. 12, S. 247 f., hier S. 248.
4 So z. B. die Referate von Ewa Jabłońska-Deptuła („Kobieta i samoobronny model ‚rodziny-twierdzy' w połowie XIX w., ze szczególnym uglęnieniem roli Marceliny Darowskiej") und Adam Winiarz (Kobieta-matka [w kształtowaniu kultury życia codziennego] w polskiej rodzinie szlacheckiej doby niewoli narodowej 1795-1918) auf der Konferenz „Kobieta i kultura życia codziennego", 24.-26. September 1996 in Warschau (die Beiträge wurden nicht veröffentlicht).
5 Joan W. Scott, Gender: A Useful Category of Historical Analysis, in: American Historical Review 91 (1986), H. 5, S. 1053-1075.

Gruppenzusammenhängen ist Ausdruck der sozialen Organisation und nicht der sozialen Realitäten, d.h. normative Frauen- und Männerbilder werden nicht unmittelbar gelebt. Die Beschreibung männlicher und weiblicher Normen speist sich aus der wertenden Beobachtung des Beschreibenden vom Standpunkt seiner/ihrer geschlechtlichen und sozialen Position. Die Realität von Männern und Frauen ist wiederum durch ihre sozialen Rollen und die soziale Interaktion in ihren jeweiligen Lebenszusammenhängen bestimmt. Die folgende Arbeit will den sozialen Ort der polnischen Frauenbewegung unter Berücksichtigung der Lebenszusammenhänge ihrer Akteurinnen aufzeigen. Die polnische Frauenbewegung wird dabei aus der Perspektive ihrer Akteurinnen geschildert. Die Weltsicht polnischer Feministinnen wird vor dem Hintergrund ihrer sozialen und persönlichen Kontexte beschrieben. Unter Feminismus verstehe ich dabei eine weibliche Befreiungsideologie mit einem allgemein egalitären Anspruch. Der Feminismus definiert seine Ziele, Strategien und Ideale aus unterschiedlichen weiblichen Blickwinkeln. Die Geschlechterverhältnisse gelten ihm als konstitutiv für die gesellschaftlichen Herrschaftsverhältnisse und bedürfen einer grundlegenden Korrektur der sozialen Ordnung. Diese Anschauung gilt in der vorliegenden Arbeit als Voraussetzung für die Formierung der Frauenbewegung im russischen und österreichischen Teilungsgebiet nach 1905, welche sich durch das Bemühen um Mobilisierung und die Agitation für die feministischen Ziele auszeichnet. Der Begriff Frauenbewegung koppelt sich daher stärker an die vertretenen Inhalte als an die organisatorische Dichte. Er kommt nur dann zur Anwendung, wenn Agitation und Ziele auf einer kritischen Auseinandersetzung mit den Geschlechterverhältnissen beruhen. Es gilt, die sozialen und kulturellen Voraussetzungen und Äußerungsformen der Bewegung vor dem Hintergrund der polnischen Geschichte darzustellen. Im Zeitraum von der Niederschlagung des Januaraufstandes 1863 bis zur Ersten Russischen Revolution von 1905 wurden im Königreich Polen und in Galizien die Voraussetzungen für die Entstehung der polnischen Frauenbewegung gelegt. Hierzu gehört u.a. die Diskussion der „Frauenfrage" in verschiedenen Zeitschriften und Zirkeln. Die „Frauenfrage" galt seinerzeit als soziale Frage, welche ähnlich der Bauernfrage, der Judenfrage und der Arbeiterfrage durch die sozialen Wandlungsprozesse hervorgerufen war und einer politischen Lösung bedurfte. Der Terminus spielt auf die ungeklärte soziale Stellung der Frauen in der modernen Gesellschaft an. Er gehört in einen politisch reformerisch orientierten Zusammenhang, in welchem das ‚Problem' der Frauenemanzipation als Bestandteil eines allgemeinen und fortschreitenden Modernisierungsprozesses galt. Zu fragen ist, in welchem Verhältnis die so verstandene „Frauenfrage" zu den Realitäten polnischer Frauen in verschiedenen sozialen Mileaus einerseits und der feministischen Diskussion andererseits stand. Die Studie steht im Spannungsfeld zwischen der größtenteils männlich besetzten Befreiungsgeschichte des polnischen Volkes und dem von der Kritik am bürgerlichen Geschlechterdualismus getragenen ‚westlichen' Feminismus. Diese Sichtweisen auf die historische Entwicklung schöpfen aus unterschiedlichen sozialen Erfahrungen und kulturellen Traditionen. Die folgenden Ausführungen bemühen sich, die Kernstücke beider Anschauungsweisen von ihren spezifischen Voreingenommenheiten zu entschälen. Deren Versatzstücke dienen sodann als Prismen meiner textkritischen Analyse.

Der Vergleich der polnischen mit der englischen oder französischen Frauenbewegung zeigt, daß diese einen wesentlich geringeren Organisationsgrad aufweist. Im Gewande einer am Modernisierungsparadigma orientierten Geschichtsauffassung könnte man diese schwache Entwicklung als Kennzeichen der allgemeinen Rückständigkeit in den polnischen Ländern ansehen. Frauengleichberechtigung wird zwar zu recht als Ausdruck eines Demokratisierungsprozesses verstanden. Jedoch ist hiermit nicht das gesamte Anliegen des historischen europäischen Feminismus angesprochen. Schon die grundlegende empirische Beobachtung zeigt, daß gerade die Einlösung demokratischer Freiheitsverheißungen, welche mit der Französischen Revolution einsetzten, Frauen den Status von Bürgerinnen verwehrte.[6] Der Modernisierungsbegriff bedürfte für die weiblichen Teile der Bevölkerung, wenn er denn überhaupt aufrechterhalten wird, einer gründlichen Korrektur. Die Modernisierung der Geschlechterverhältnisse im Zuge von Demokratisierungsprozessen beinhaltete häufig eben keine Verbesserung der Stellung der Frauen. Für die Geschichte bürgerlicher Gesellschaften war vielmehr die Gleichsetzung von ‚Mann' und ‚Bürger' charakteristisch. Im Zuge der Einlösung männlicher Gleichheitslosungen wurde die ‚Andersartigkeit' des weiblichen Geschlechts neu definiert und zum Anlaß genommen, Frauen aus den Strukturen der männlichen Öffentlichkeit auszuschließen. Dieses Muster prägt insbesondere die Erfahrungen bürgerlicher Frauen in den ‚entwickelten' demokratischen Nationalstaaten. Inwiefern es auch in den polnischen Teilungsgebieten Geltung besaß, versucht diese Studie zu klären. Wegen der Ungleichzeitigkeit verschiedener Modernisierungsindikatoren (Industrialisierung, Alphabetisierung, Nationsbildung, Parteienbildung, Ausweitung gesellschaftlicher Kommunikation und sozialer Mobilität) ist der ‚westliche' Modernisierungsbegriff in bezug auf die polnische „Nation ohne Staat" allgemein

---

[6] Die „differentiation of masculine from feminine forms of national citizenship" im Kontext der bürgerlichen Öffentlichkeit untersucht eingehend: GLENDA SLUGA, Indentity, Gender, and the History of European Nations and Nationalism, in: Nations and Nationalism 4 (1998), H. 1, S. 87-111, hier S. 87.

problematisch.[7] Es gilt also, im folgenden die spezifischen Situationen in den polnischen Teilungsgebieten darzustellen und Kriterien zu entwickeln, mit welchen sich die Ideen und Aktivitäten polnischer Feministinnen erklären lassen. Das Maß der Betrachtung sind die Entstehungsbedingungen, Wege und Ziele der polnischen Frauenbewegung vor dem Hintergrund der sozialen, kulturellen und individuellen Identitäten und Realitäten ihrer Protagonistinnen und nicht normative Bilder ‚der Polin' oder ‚der Feministin'.

Methodische Voraussetzungen

Die Reflexion über Gleichheit und Differenz zwischen den Geschlechtern betrifft die Kernfrage des historischen Feminismus, wie auch der modernen feministischen Wissenschaft. Die Einsicht, daß die Welt vorrangig von Männern dominiert und definiert wird, stand ebensosehr am Beginn der Agitation der Frauenbewegungen wie auch der historischen Frauenforschung. Demnach sind Frauen zunächst anders, anders als Männer und anders als Männer sie wünschen. Die aus dieser Sicht propagierte Befreiung der Frauen beinhaltet deren Emanzipation von tradierten Bildern, ohne Geschlechterrollen grundsätzlich zu überwinden. In den Frauenbewegungen und der Frauenforschung betrachten Frauen die Welt entlang weiblicher Werte und Erfahrungen. Die Ergebnisse sind keineswegs monolithisch, statisch oder einmütig. Vielmehr hat das Nachdenken über Gleichheit und Differenz des „anderen Geschlechts"[8] bis heute nichts an Brisanz eingebüßt. Der Ausgangspunkt historischer Frauenforschung ist die Einsicht, daß Frauen untereinander ebenso verschieden sind wie Männer, daß Festschreibungen weiblicher Charaktere historisch variabel sind, daß sich aber dennoch das Leben von Frauen und Männern in allen Epochen und Milieus unterscheidet.[9]

---

7 TOMASZ KIZWALTER, Procesy modernizacji a emancipacja kobiet na ziemiach polskich w XIX wieku, in: Kobieta i społeczeństwo, hrsg. v. ANNA ŻARNOWSKA u. ANDRZEJ SZWARC, Warszawa ²1994, S. 5-10.
8 So der programmatische Titel von SIMONE DE BEAUVOIRS Klassiker: Das andere Geschlecht. Sitte und Sexus der Frau, Hamburg 1968, zuerst 1949 unter dem französischen Titel „Le Deuxieme Sexe".
9 GISELA BOCK, Geschichte, Frauengeschichte, Geschlechtergeschichte, in: Geschichte und Gesellschaft 14 (1988), S. 364-391; GERDA LERNER, Welchen Platz nehmen Frauen in der Geschichte ein? Alte Definitionen und neue Aufgaben, in: Denkverhältnisse. Feminismus und Kritik, hrsg. v. ELISABETH LIST u. HERLINDE STUDER, Frankfurt a. M. 1989, S. 334-352; GERDA LERNER, Unterschiede zwischen Frauen neu gefaßt, Geschlechterverhältnisse im historischen Wandel, hrsg. v. HANNA SCHISSLER, Frankfurt a. M. 1993, S. 59-79.

Die Spannung zwischen den Idealen der aus Westeuropa adaptierten feministischen Weltsicht und den spezifischen polnischen Realitäten prägte die Geschichte des polnischen Feminismus. Im folgenden ist zu fragen, wodurch die Ideen der westeuropäischen Frauenbewegungen für polnische Frauen relevant wurden und wie sich diese im polnischen Kontext niederschlugen. Damit ist neben den Fragestellungen zur Geschlechtergeschichte auf neuere methodische Zugänge zur Erforschung geschlechtlicher und nationaler Identität verwiesen.

Es entspricht einer nach wie vor gängigen Geschichtsauffassung, daß sich eine Nation durch den Besitz eines Staates auszeichnet.[10] Daß während des Nationsbildungsprozesses, welcher ein Volk zur Staatsnation macht, Geschlechterrollen konstituiert und manifestiert werden, gehört zu den neuen Erkenntnissen der Erforschung von Nation und Nationalismus.[11] Bislang hat noch niemand dem polnischen Volk für die Teilungszeit den Status einer Nation abzusprechen versucht. Die Tatsache, daß Polen seit der dritten Teilung im Jahre 1795 bis zum Ende des Ersten Weltkrieges eine „Nation ohne Staat" war, verweist vielmehr auf den „polnischen Sonderweg".[12] Polen war keine verspätete, sondern eine aufgeteilte Nation. Daß von diesem in der europäischen Geschichte des 19. Jahrhunderts singulären Prozeß auch die Geschlechtergeschichte fundamental betroffen sein mußte, ist evident. Die preußische, russische und österreichische Teilungsmacht und die polnische Bevölkerung entfalteten während der mehr als hundertjährigen Teilungszeit sehr unterschiedliche Beziehungen. Die Prämisse von der Unrechtmäßigkeit der Teilungen und des rechtmäßigen Anspruchs der polnischen Nation auf nationale Freiheit prägt bis heute die Auffassung über diese wechselvolle Periode. Die Geschichte der polnischen Nation wurde als Geschichte der nationalen Befreiungsbewegungen, der konspirativen Einrichtungen und des Kampfes gegen die Teilungsmächte geschrieben. Im Vordergrund stand die Betrachtung der polnischen Eliten und damit der Träger (weniger der Trägerinnen) der nationalen Bewegung. Ich möchte der Studie einige Überlegungen voranstellen, die sich an die genannten Forschungen anleh-

---

10 Vgl. z.B. KARL W. DEUTSCH, Nation und Welt, in: Nationalismus, hrsg. v. HEINRICH A. WINKLER, Königstein ²1985, S. 49-66, hier S. 50; zum Forschungsstand: DIETER LANGEWIESCHE, Nation, Nationalismus, Nationalstaat: Forschungsstand und Forschungsperspektiven, in: Neue Politische Literatur 40 (1995), H. 2, S. 190-236, hier S. 202-205.
11 LANGEWIESCHE, Nation, S. 217f. HEINZ GERHARD HAUPT u. CHARLOTTE TACKE, Die Kultur des Nationalen. Sozial- und kulturgeschichtliche Ansätze bei der Erforschung des europäischen Nationalismus, in: Kulturgeschichte Heute, hrsg. v. WOLFGANG HARDTWIG u. HANS-ULRICH WEHLER (Geschichte und Gesellschaft: Sonderheft 16), Göttingen 1996, S. 255-283; hier S. 273.
12 NORA KOESTLER, Widerstand und Solidarität: Die Diskussion um den polnischen „Sonderweg", in: Geschichte und Gesellschaft 13 (1987), S. 5-21.

nen und helfen, die Bedingungen weiblicher Emanzipation in Polen zu bestimmen.

Polen wandelte sich im Laufe des 19. Jahrhunderts von einer Adels- zur Volksnation.[13] Der Adel, in Polen ungewöhnlich zahlreich und zu großen Teilen verarmt, war die Trägerschicht eines oligarchischen Staates, welcher mit der Teilung unterging. Dieser offensive Akt der restaurativen Kräfte richtete sich u. a. gegen die reformerischen Bemühungen, insbesondere die Verfassung vom 3. Mai 1791 nach der ersten Teilung (1773), er lag aber auch in einer ‚hausgemachten' Schwäche dieses Staatswesens begründet. Das polnische Staatsgebiet wurde gänzlich aufgeteilt. Während des Untersuchungszeitraumes dieser Arbeit bestanden folgende Verwaltungseinheiten:
- Das russische Teilungsgebiet mit den Städten Warschau und Łódź als Zentren, seit 1815 Königreich Polen (auch Kongreßpolen) genannt.
- Das österreichische Teilungsgebiet Galizien, dessen größte Städte Krakau und Lemberg jeweils Hauptstädte ihres Verwaltungsbezirkes waren. Galizen besaß seit 1867 einen Autonomiestatus innerhalb der Habsburger Monarchie.
- Die preußische Provinz Posen, auch als Großpolen bezeichnet.
- Die ehemals östlichen Landesteile der "Königlichen Republik", welche jetzt den Status russischer Gouvernements erhielten und deshalb in dieser Zeit offiziell als Westgouvernements des Zarenreichs bezeichnet werden. In der polnischen Literatur trifft man häufig den Begriff *kresy* (Grenzgebiete), der jedoch für den betrachteten Zeitraum formal nicht korrekt ist. Die Westgouvernements des Zarenreichs waren größtenteils von Litauern, Ukrainern (Ruthenen) und Weißrussen bewohnt und stärker als das Königreich Polen von der Russifizierung und religiöser Unterdrückung betroffen. Der jüdische Ansiedlungsrayon lag ebenfalls in diesen Gouvernements.

In den Aufständen von 1830, 1848 und 1863 versuchte der polnische Adel, durch bewaffnete Aufstände die polnische Eigenstaatlichkeit zurückzugewinnen. Diese Versuche scheiterten auch daran, daß es den adligen Trägern der Nationalbewegung nicht gelang, die Bauern für ihr Unterfangen zu gewinnen.[14]

---

13 LANGEWIESCHE, Nation, S. 200.
14 HANS ROOS, Die polnische Nationsgesellschaft und die Staatsgewalt der Teilungsmächte in der europäischen Geschichte (1795-1863), in: Jahrbücher für Geschichte Osteuropas 14 (1966), S. 388-399; TOMASZ KIZWALTER, Ernest Gellners Nationalismustheorie und die polnische nationale Bewegung im 19. Jahrhundert, in: Formen des nationalen Bewußtseins im Lichte zeitgenössischer Nationalismustheorien. Vorträge einer Tagung des Collegium Carolium in Bad Wiessee vom 31. Oktober bis 3. November 1991, hrsg. v. EVA SCHMIDT-HARTMANN (Bad Wiesseer Tagungen des Collegium Carolinum, Bd. 20), München 1994, S. 163-172; HANS LEMBERG, Polnische Konzeptionen für ein neues Polen in der

Der Bezugspunkt des polnischen Volkes war, sofern sich seine einzelnen Gruppen überhaupt national definierten, die polnische Gesellschaft. In unterschiedlichem Maße war diese Gesellschaft durch eine große Distanz bzw. Feindschaft zu den Staaten der Teilungsmächte gekennzeichnet. Dies gilt insbesondere für das russische und das deutsche Teilungsgebiet während der Phase der verstärken Russifizierung bzw. Germanisierung nach der Niederschlagung des Januaraufstandes (1863) und der Reichsgründung (1870).

Die vorliegende Untersuchung setzt in der sogenannten „Nachaufstandsperiode" ein. In dieser Periode gewann die *inteligencja* an politischer Bedeutung. Die Nation wurde zusehends als Sprach- und Kulturgemeinschaft gesehen. Dadurch grenzte sie in der Tendenz anderssprachige Völker, welche in den polnischen *homelands*[15] stark vertreten waren, aus ihrem nationalen Gedankengebäude aus. Es kam also, auch wenn der Akt der Nationsbildung meistens als ein Integrationsprozeß angesehen wird, besonders in der Zeit unmittelbar vor und während des Ersten Weltkrieges zur Definition von *in-groups* und *out-groups* durch die Träger der polnischen „Solidargemeinschaft". Das neue „Wir"-Gefühl vollzog sich, wie dies durchaus typisch ist, in Abgrenzung zu den anderen. Hierfür spielte der Erste Weltkrieg in Polen eine fundamentale Rolle. Haßgefühle nach außen und Befreiungsverheißungen nach innen waren zwei Seiten einer Medaille.[16] Dieser Prozeß beeinflußte auch die polnische Frauenbewegung. Sie war gerade deshalb so stark in ihn involviert, weil die polnische *inteligencja* mit dem Anspruch angetreten war, die soziale und die nationale Frage gleichzeitig zu lösen. Innerhalb der Vision von einem zukünftigen, sozial gerechten polnischen Nationalstaat berücksichtigten fortschrittliche polnische Ideologen durchaus die weibliche Bevölkerung. Der Kampf für dieses Ziel war als gemeinsame Kraftanstrengung von Männern und Frauen gedacht.

Mit dem Attribut ‚polnisch' ist die (bewußt gepflegte) Identität der Mitglieder der polnischen Gesellschaft beschrieben, die in Abhängigkeit zu anderen Identitäten wie Geschlecht, Konfession oder Schicht steht. Hiermit ist der Ort be-

---

Zeit vor 1918, in: Staatsgründungen und Nationalitätenprinzip, hrsg. v. THEODOR SCHIEDER, München, Wien 1974, S. 85-104; ANDRZEJ WALICKI, Philosophy and Romantic Nationalism: The Case of Poland, Indiana ²1992; MICHAŁ ŚLIWA, Polska myśl polityczna w I połowie XX wieku, Wrocław, Warszawa, Kraków 1993.

15 Als „homelands" bezeichnet man jene Gebiete, die von einem Volk als Territorium beansprucht werden. Zu unterschiedlichen Konzepten der polnischen „homelands" vgl. ROMAN WAPIŃSKI, The Polish Homelands and the Concept of a Polish National Territory on the Eve of the Independence (autumn 1917 – autumn 1918), in: Acta Poloniae Historica 71 (1995), S. 37-54.

16 Vgl. allgemein HAGEN SCHULZE, Staat und Nation in der europäischen Geschichte, München 1994, S. 111, 201 f.

nannt, an welchem der polnische Feminismus entstanden ist. Das Verhältnis zwischen Frauenbewegung und polnischer Gesellschaft ist zunächst dadurch bestimmt, daß polnische Feministinnen dieser Gesellschaft angehörten und sich auf sie bezogen. Diese Zugehörigkeit ist als nationale Identität zu kennzeichnen, da sie sich auf Mythen, Symbole, Normen und Metaphern stützte, die als ‚polnisch' angesehen wurden. In diesem Sinne ist nationale Identität keine statische oder stabile Größe, sondern ein „Teil eines ständigen Prozesses der Definition und Neudefinition sozialer Beziehungen".[17] Bei dieser Sicht auf die nationale Identität der Trägerinnen der polnischen Frauenbewegung muß die Frage nach der Qualität ihres Nationalismus berücksichtigt werden. Die Janusköpfigkeit des Nationalismus zwischen Partizipationsverheißung und Gewaltbereitschaft[18] prägt auch die gesellschaftliche Aktivität weiblicher Angehöriger einer unterdrückten Nation. Es wird daher im folgenden keine Qualifikation zwischen ‚gutem' Patriotismus und aggressivem Nationalismus vorgenommen. Der Begriff Nationalismus bezeichnet vielmehr lediglich eine auf die Werte der Nation gerichtete Weltanschauung. Nationalismus und Feminismus sind daher keine einander ausschließenden Ideologien. Die polnische Nation wird im folgenden als Kommunikationsgemeinschaft der alphabetisierten polnischsprachigen Bevölkerung angesehen.[19] Die Konstruktion nationaler Identität gebildeter Männer und Frauen läßt sich in deren Schriftgut nachvollziehen. Hieraus ergibt sich, daß der Besuch (halblegaler) polnischer Bildungseinrichtungen (nicht etwa die Heirat, wie es Haupt und Tacke vorschlagen)[20] im Falle der weiblichen polnischen *inteligencja* eine grundlegende Form nationaler weiblicher Initiation darstellte. Anzunehmen ist, daß solange der nationale Kampf keine militanten Züge annahm, das gleiche für die männliche *inteligencja* galt. Die Bildungseinrichtungen waren eine hervorragende Vermittlungsinstanz nationaler und geschlechtlicher Identität.

In der „Nation ohne Staat" galt die polnischen Gesellschaft als integrierendes Bezugssystem. In dieser Eigenschaft wird sie im folgenden mit dem polnischen Begriff *społeczeństwo* beschrieben.

---

17 HAUPT u. TACKE, Die Kultur des Nationalen, S. 264.
18 LANGEWIESCHE, Nation, Nationalismus, S. 194, 197.
19 Die Idee eines kommunikationstheoretischen Nationsbegriffes geht auf Deutsch zurück, vgl. KARL W. DEUTSCH, Nation und Welt, in: Nationalismus, hrsg. v. HEINRICH AUGUST WINKLER, Königstein/Ts. ²1985, S. 50 f.; THOMAS WEISER, K. W. Deutschs Modell der Nationswerdung und sein Beitrag für die historische Nationalismusforschung, in: Formen des nationalen Bewußtseins im Lichte zeitgenössischer Nationalismustheorien, a.a.O., S. 127-144.
20 Vgl. HAUPT u. TACKE, Die Kultur des Nationalen, S. 277.

Neuere Forschungen zu den westlichen Nationalstaaten untersuchen die Geschichte der Frauenbewegung nicht mehr als Geschichte von Organisationen. Immer stärker richtet sich der Blick auf die „Kultur" der Bewegung. Frauenbewegung ist demnach ein Flechtwerk von Initiativen und Projekten, vermittelt über Bekanntschaften, Freundschaften, Szenen, Lebenszusammenhänge und Medien. Auf der Grundlage anglo-amerikanischer Forschungen wird gefragt, ob „weibliche Sphären" Voraussetzung für die Entstehung von Frauenbewegungen sind. „Weibliche Sphären" sind weibliche Lebenszusammenhänge wie Freundinnenkreise, Frauenvereine und Salons. Die grundlegende These lautet, daß an solchen Orten für die Kultur der Frauenbewegung konstituierende Strukturen weiblicher Öffentlichkeit entstanden.[21] Die Frauenbewegung gilt als „support network", durch welches die Formulierung kollektiver Forderungen ermöglicht wird.[22] Gerade in den Strukturen der *społeczeństwo* halte ich diesen Ansatz, der stärker auf informelle als auf formelle Merkmale der Bewegung zielt, für vielversprechend. Nicht zuletzt aufgrund der Quellenlage erlaubt eine Analyse ihrer Kultur mehr Einblicke in die Spezifik der polnischen Frauenbewegung als die ihrer Politik. Dies gilt zum einen, da die politischen Handlungsräume in den polnischen Gebieten stark begrenzt waren. Zum anderen waren die politischen Ziele der Bewegung keine anderen als die der westlichen Frauenbewegungen. Hier sind der zeitlichen Reihenfolge nach Zugang zur Bildung und zu verschiedenen Berufszweigen, Abschaffung zivilrechtlicher Beschränkungen, insbesondere im Ehe- und Erbschaftsrecht, Stimmrecht, Abschaffung der staatlich reglementierten Prostitution, Gleichstellung unehelicher Kinder, Mutterschutz und Bekämpfung des Alkoholismus und des Mädchenhandels zu nennen.

Forschungsstand

Für diese Studie läßt sich auf einige wenige Forschungen zur polnischen Frauengeschichte zurückgreifen. Seit 1989 organisieren Anna Żarnowska und Andrzej Szwarc in regelmäßigem Turnus Konferenzen zur polnischen Frauengeschichte. Beide sind im Sozialhistorischen Institut der Universität Warschau tätig. Im Sep-

---

21 PHILIPPA LIVINE, Love, Friendship, and Feminism in later 19-th Century England, in: Women's Studies International Forum 13 (1990), H. 1-2, S. 63-79.
22 UTE GERHARD, CHRISTINA KLAUSMANN, ULLA WISCHERMANN, Frauenfreundschaften – ihre Bedeutung für Politik und Kultur der alten Frauenbewegung, in: Feministische Studien 11 (1993), H. 1, S. 21-37; diesen Ansatz hat CHRISTINA KLAUSMANN in ihrer Dissertation Politik und Kultur der Frauenbewegung im Kaiserreich. Das Beispiel Frankfurt (Geschichte und Geschlechter 19), Frankfurt a. M./New York 1997, umgesetzt.

tember 1998 fand bereits die sechste Konferenz statt.²³ Die Vorträge der ersten fünf Tagungen sind publiziert.²⁴ Die Sozial- und Geistesgeschichte polnischer Frauen war zu Beginn der von Anna Żarnowska getragenen Initiative weitgehend unerforscht. Zwar gab es einige wenige polnische Forschungen, welche die Biographien patriotischer Wohltäterinnen oder von Sozialistinnen betrafen.²⁵ Jedoch waren diese Ansätze nicht geeignet, gängige Stereotypen zu hinterfragen und damit neue Forschungsperspektiven zu entwickeln.

Die Gleichstellung von Männern und Frauen war in der Volksrepublik Polen staatlich verordnet worden, ohne die Realität und die Bedürfnisse von Frauen zu berücksichtigen.²⁶ Infolgedessen war nach den Umbrüchen der achtziger Jahre ‚der Sozialismus' ebenso kompromittiert wie ‚der Feminismus'. Der Klerus, dessen Einfluß auf die polnische Politik seitdem zunimmt, verweist die Frauen auf ihre Funktionen innerhalb der (katholischen) Gemeinschaft.²⁷ In Westeuropa und den USA interessierten sich zuerst die neuen Frauenbewegungen für ihre Vorläuferinnen. Forschungen zur ‚alten' Frauenbewegung oder, wie es in den USA heißt, zur ‚ersten Welle' der Frauenbewegung dienten der historischen Rückvergewisserung. Dieser Zusammenhang zwischen modernem Feminismus und der nach wie vor schwach entwickelten historischen Forschung zur Frauenbewegung existiert in Polen kaum.²⁸

---

23 Titel der Konferenz: „Kobieta i praca zawodowa – przemiany kulturowe na ziemiach polskich w XIX i XX wieku".
24 Kobieta i społeczeństwo, hrsg. v. ANNA ŻARNOWSKA u. ANDRZEJ SZWARC, Warszawa ²1994; Kobieta i edukacja na ziemiach polskich w XIX i XX w., hrsg. v. ŻARNOWSKA u. SZWARC, Teil 1-2, Warszawa 1992; Kobieta i świat polityki, hrsg. v. ŻARNOWSKA u. SZWARC, Teil 1: Polska na tle porównawczym w XIX i na początkach XX wieku, hrsg. v. ŻARNOWSKA u. SZWARC, Warszawa 1994, Teil 2: W niepodległej Polsce, 1918-1939, Warszawa 1996; Kobieta i kultura. Kobiety wśród twórców kultury intelektualnej i artystycznej w dobie rozbiorów i w niepodległym państwie polskim, hrsg. v. ŻARNOWSKA u. SZWARC, Warszawa 1996; Kobieta i kultura życia codziennego wiek XIX i XX, hrsg. v. ŻARNOWSKA u. SZWARC, Warszawa 1997.
25 Beispielhaft die in vielen Bereichen immer noch aktuelle Überblicksdarstellung: DIONIZJA WAWRZYKOWSKA-WIERCIOCHOWA, Od prządki do astronautki. Z dziejów kobiety polskiej, jej pracy i osiągnięć, Warszawa 1963.
26 MAGDALENA ŚRODA, Frauen und Feministinnen in Polen, in: Die Frau in der polnischen Gegenwartskultur, hrsg. v. WALTER KOSCHMAL, Köln, Weimar, Wien 1996, S. 66-81, hier S. 76 f.
27 Besonders deutlich zeigt sich dies seit 1989 in der Abtreibungsdebatte, vgl. MARIA CIECHOMSKA, Mała historia aborcji, in: Głos mają kobiety. Teksty feministyczny, hrsg. v. SŁAWOMIRA WALCZEWSKA, Kraków 1992, S. 57-64.
28 Mittlerweile gibt es einen Kreis feministischer Wissenschaftlerinnen, welche den Kern einer neuen Frauenbewegung in Polen bilden. Dies hat jedoch bislang keinen Einfluß auf die Postulate der historischen Frauenforschung, vgl. BOŻENA CHOŁUJ, Frauenthemen, Frauenforschung, Frauenbewegung in Polen, in: Die Frau in der polnischen Gegenwartskultur, a. a. O., S. 82-90.

Ziel der Warschauer Konferenzen ist die Bündelung sowie die Initiierung von Forschungen zur polnischen Frauengeschichte. Anders als in Rußland konnte die polnische Frauenforschung nicht an angelsächsische Arbeiten zu ihrer Geschichte anknüpfen.[29] Bisher wurde von polnischen Autorinnen und Autoren vor allem das 19. sowie das 20. Jahrhundert bis 1939 in den Blick genommen. Für die Teilungszeit liegt das eindeutige Übergewicht auf dem Königreich Polen. Galizien wird vor allem im Zusammenhang mit der Bildungssituation von Frauen behandelt (1896 öffneten die Lemberger und die Krakauer Universitäten ihre Pforten für Frauen). Großpolen ist unterrepräsentiert.[30]

Der erste Sammelband ist 1990 in erster und 1995 in zweiter Auflage unter dem Titel „Frau und Gesellschaft" erschienen. Die erste Konferenz fand unter Beteiligung von Rudolf Jaworski statt. Dieser gab 1992 zusammen mit Bianka Pietrow-Ennker einen englischsprachigen Sammelband unter dem Titel „Women in Polish Society" heraus, dessen Inhalt teilweise mit dem ersten polnischen Band identisch ist.[31] Beide Bücher bemühen sich um die Vermittlung erster Basisdaten. Einen solchen Zugang bietet zum Beispiel der Aufsatz von Maria Nietykcza, der statistisches Material über die Berufstätigkeit von Frauen in Warschau am Ende des 19. Jahrhunderts bearbeitet.[32] Grundlegend sind auch die Beiträge von Anna Żarnowska und Rudolf Jaworski. Żarnowska gibt eine einführende Darstellung zur Lage polnischer Arbeiterinnen zwischen Fabrik und Familie im Königreich Polen.[33] Jaworskis Aufsatz führt in die Geschichte

---

29 Zu Rußland vgl. BEATE FIESELER, „Ein Huhn ist kein Vogel – ein Weib ist kein Mensch". Russische Frauen (1860-1930) im Spiegel der historischen Forschung, in: Frauengeschichte: Gesucht – Gefunden? Auskünfte zum Stand der historischen Frauenforschung, hrsg. v. BEATE FIESELER u. BIRGIT SCHULZE, Köln, Wien 1991, S. 214-235.

30 Zu Großpolen: RUDOLF JAWORSKI, Kilka refleksji nad dziejami Wielkopolanek w XIX i na początku XX wieku, in: Kobieta i społeczeństwo, a. a. O., S. 21-28; WITOLD MOLIK, Z badań nad studiami uniwersyteckimi Wielkopolanek na przyłomie XIX i XX w., in: Kobieta i edukacja, Teil 2, a. a. O., S. 39-48; NATALI STEGMANN, Wielkopolskie wzorce kobiecej aktywności społecznej w życiu codziennym kobiet na przełomie XIX i XX wieku, in: Kobiety i kultura życia codziennego, a. a. O., Warszawa 1998, S. 363-369.

31 Women in Polish Society, hrsg. v. BIANKA PIETROW-ENNKER u. RUDOLF JAWORSKI, New York 1992.

32 MARIA NIETYKCZA, The Vocational Activities of Women in Warsaw at the Turn of the Nineteenth Century, in: Women in Polish Society, a. a. O., S. 143-162; poln.: DIES., Przymiany aktywności zawodowej kobiet. Warszawa na przełomie XIX i XX wieku, in: Kobieta i społeczeństwo, a. a. O., S. 99-114.

33 ANNA ŻARNOWSKA, Woman in Working Class Families in the Congress Kingdom (The Russian Zone of Poland) at the Turn of the Nineteenth Century, in: Women in Polish Society, a. a. O., S. 163-176, poln: DIES., Kobieta w rodzinie robotniczej. Królestwo Polskie u schyłku XIX i na początku XX wieku, in: Kobieta i społeczeństwo, a. a. O., S. 125-134.

großpolnischer Frauen im „Nationalitätenstreit" ein.[34] Überaus verdienstvoll ist außerdem der biographische Essay von Adam Winiarz, der fast die gesamte Literatur des 19. Jahrhunderts zur „Frauenfrage" im Königreich Polen erfaßt.[35] Die historische Einführung von Bianka Pietrow-Ennker für den englischen Sammelband gibt einen ersten Eindruck von den Weiblichkeitsbildern des polnischen Adels.[36]

Auch aktuelle Forschungen verpflichten sich häufig einem national-patriotische Paradigma, welches sich aus dem historischen Überlebenskampf der polnischen „Gesellschaft ohne Staat" speist. Während die Familie zunehmend zur ‚Bastion des Polentums' wurde, vollzog sich das gesellschaftliche Engagement von Frauen im 19. Jahrhundert häufig nach dem Muster der in der Familie tradierten weiblichen Rollen. Nicht nur die Kinder mußten nunmehr vor dem ‚Fremden' beschützt werden. Im Zuge der Feminisierung des Lehrerberufs gerieten auch Pädagogik und Volksbildung zum (konspirativen) Betätigungsfeld der ‚Mütter der Nation'. Der zweite Band unter dem Titel „Frau und Bildung" gibt anhand zahlreicher Beispiele Einblick in diesen Prozeß.

Eine für die Bewertung der Frauengeschichte in der Teilungszeit fundamentale Frage wirft Anna Żarnowska in ihrem Aufsatz über die private und öffentliche Sphäre auf.[37] Im dritten Band („Die Frau und die Welt der Politik") reflektiert sie die Übertragbarkeit des bürgerlichen Modells einer privaten weiblichen und einer öffentlichen männlichen Sphäre auf die polnischen Verhältnisse an der Wende vom 19. zum 20. Jahrhundert. Letztlich kommt sie zu dem Ergebnis, daß eine solche Zweiteilung der Welt in Frauen- und Männerorte der historischen polnischen Realität entspreche. Diese Einschätzung hat insofern fatale Folgen für die weiteren Forschungsperspektiven in Polen, als sich die Forschungen zur Frauengeschichte mehr und mehr auf den Bereich der Familie verengen. Während die westliche Frauenforschung mittlerweile dieses Modell von der

---

34 RUDOLF JAWORSKI, Polish Women and the Nationality Conflict in the Province of Posen at the Turn of the Century, in: Women in Polish Society, S. 53-70; deutsch: DERS., Polnische Frauen im Nationalitätenstreit der Provinz Posen um die Jahrhundertwende, in: Studia historica slawo-germanica XVII (1994), S. 87-100.

35 ADAM WINIARZ, The Women's Question in the Kingdom of Poland During the Nineteenth Century: A Biographical Essay, in: Women in Polish Society, S. 177-219.

36 BIANKA PIETROW-ENNKER, Women in Polish Society. A Historical Introduction, in: Women in Polish Society, a.a.O., S. 1-30; DIES., Tradycje szlacheckie a dążania emancypacyjne kobiet w społeczeństwie polskim w dobie rozbiorów, in: Kobieta i edukacja, a.a.O., Teil 1, S. 13-30.

37 ANNA ŻARNOWSKA, Prywatna sfera życia rodzinnego i zewnętrzny świat życia publicznego – bariery i przenikanie (przełom XIX i XX wieku), in: Kobieta i świat polityki, Teil 1, a.a.O., S. 5-28.

bürgerlichen Öffentlichkeit verwirft, weil es den Blickwinkel unnötig verengt,[38] orientiert sich die historische Frauenforschung in Polen zunehmend an einem bürgerlichen Ideal.

Im dritten Band werden sowohl die Teilnahme der Frauen an den polnischen Aufständen und am Ersten Weltkrieg als auch verschiedene Möglichkeiten ihrer politischen Betätigung in Galizien, dem Königreich Polen, sowie in Rußland und in der amerikanischen Emigration aufgezeigt. Hierbei tritt die kommunale Ebene beziehungsweise die Betätigung in Vereinen in den Vordergrund. Katarzyna Sierakowska gibt einen kurzen Überblick über den „Polnischen Verband der Frauengleichberechtigung".[39] Dies ist der einzige Beitrag in allen vier Bänden, der Daten zur Frauenbewegung enthält. Der dritte Band beschreibt auch die Lebenswege einiger politisch aktiver Frauen, darunter der Feministin Romualda Baudouin de Courtenay (1857-1935).[40] Im vierten Band („Frau und Kultur") schließlich wird den beruflichen Karrieren von Frauen breiter Raum eingeräumt. Diese interdisziplinär ausgerichtete Aufsatzsammlung zeigt Lebenswege, Selbstbilder und Werke polnischer Künstlerinnen, Schriftstellerinnen und Akademikerinnen.

Die genannten Beiträge bieten wichtige Fakten und Daten für diese Arbeit. Insgesamt muß jedoch konstatiert werden, daß sich die polnische Frauengeschichtsforschung in ihren Anfängen und in einem methodischen Vakuum befindet.[41] Ein Grund hierfür liegt in der problematischen Quellenlage, welche faktologischen und sozialgeschichtlichen Zugängen, wie sie in der polnischen Geschichtswissenschaft das 19. und 20. Jahrhundert betreffend favorisiert werden, enge Grenzen setzt.

Quellenlage

Je nach Verwaltungsaufbau und Gegenstand ließen sich Hinterlassenschaften der Frauenbewegung sowohl in lokalen als auch in zentral organisierten Behör-

---

38 Vgl. z. B. DENA GOODMAN, Public Sphere and Private Life: Towards a Synthesis of Current Historiographical Approaches to the Old Regime, in: History and Theory 31 (1992), S. 1-20.

39 KATARZYNA SIERAKOWSKA, Aspiracje polityczne Związku Równouprawnienia Kobiet Polskich, in: Kobieta i świat polityki, Teil 1, a. a. O., S. 245-254.

40 DOROTA ZAMOJSKA, Romualda z Bagnickich Baudouin de Courtenay (1857-1935) i jej działalność społeczna, in: Kobieta i świat polityki, Teil 1, a. a. O., S. 261-274.

41 Mit Ausnahme einer historisch ausgerichteten philosophischen Studie zur feministischen Theorie: SŁAWOMIRA WALCZEWSKA, Damy, rycerze i feministki. Kobiecy dyskurs emancypacyjny w Polsce, Kraków 1999.

den der Teilungsmächte vermuten. Bei der Suche nach Daten über Vereine, Veranstaltungen, Personen, Bespitzelungen und Zensur fanden sich in den Archiven der Verwaltungs- und Polizeibehörden nur wenige Quellen zu polnischen Frauenorganisationen. Das vorliegende Quellenmaterial soll im folgenden genauer charakterisiert werden.

Im Falle der dem Deutschen Reich zugeschlagenen Provinz Posen befinden sich entsprechende Vereins- und Personenakten in den örtlichen Beständen des Polizeipräsidiums. Informationen über polnische Frauenvereine im vom Russischen Reich abhängigen Königreich Polen, wo sich die polnische Frauenbewegung nach 1905 am stärksten entfaltete, sind in seiner Hauptstadt Warschau kaum erhalten. Ein Besuch aller einschlägigen Archive Warschaus, namentlich des Archivs Neuer Akten, des Archivs der polnischen Akademie der Wissenschaften, des Archivs des Literaturmuseums, des Stadt- und Wojewodschaftsarchivs, des Archivs der Universität sowie der Handschriftensammlungen der Universitätsbibliothek und der Nationalbibliothek hat bis auf vereinzelte Briefe und Zeitungsausschnitte, zwei autobiographische Schriften und einen Bestand zur „Warschauer Frauenliga für Kriegsbereitschaft" (1913-1918) keine weiteren Ergebnisse gebracht.[42]

Informationen zu Aktivitäten polnischer Frauen im österreichischen Teilungsgebiet Galizien könnten sich sowohl in den Krakauer und Lemberger Archiven als auch in Wien befinden. Da für Krakau die Geschichte der Frauenbildung sowie der Frauenvereinigungen und ihrer Publikationen gut erforscht ist,[43] wurde auf eine Durchsicht entsprechender Akten verzichtet. Nach dem Friedensschluß mit der Ukraine 1921 übergab diese Teile ihrer Archivbestände an Polen. Diese befinden sich u. a. in der Ossoliński-Bibliothek in Breslau. Auch hier sind die Informationen lückenhaft. Bis auf einige Hinweise auf die Aktivitäten der Lemberger Frauenliga während des Ersten Weltkriegs geben sie keine Auskunft über Frauenorganisationen. Eine Anfrage im Österreichischen Staats-

---

42 Eventuell befinden sich relevante Bestände im Zentralen Staatlichen Archiv in Moskau, vgl. Historia Polski, 3. Bd., 1. Teil, hrsg. v. ŻANNA KORMANOWA u. IRENA PIETRZAK-PAWŁOWSKA, Warszawa 1963, S. 20 (im Abschnitt: STANISŁAW KALABIŃSKI, Źródła do dziejów Polski, 1850/64-1918).

43 Zu Galizien sind bisher folgende Studien erschienen: URSZULA PERKOWSKA, Studentki Uniwersytetu Jagiellonskiego w latach 1894-1939, Kraków 1994; vgl. auch DIES., Formacja zawodowa i intelektualna studentek Uniwersytetu Jagiellońskiego z lat 1894-1918, in: Kobieta i edukacja, Teil 2, a. a. O., S. 59-72; DIES., Kariery naukowy kobiet na Uniwersytecie Jagiellońskim w latach 1904-1939, in: Kobieta i kultura, a. a. O., S. 139-156; BOGUSŁAWA CZAJECKA, „Z domu w szeroki świat". Droga kobiet do niezależności w zaborze austriackim w latach 1890-1914, Kraków 1990, vgl. auch DIES., Wokół wykstałcenia kobiet w Galicji. Towarzystwo Nauczycieli Szkół Wyższych we Lwowie i w Krakowie, in: Kobieta i edukacja, Teil 2, a. a. O., S. 49-58.

archiv ergab, daß dieses weder zu den Gleichberechtigungskomitees, noch zu relevanten Personen und Periodika Bestände verzeichnet hat. Ein Hinweis darauf, daß Akten des Ministeriums des Innern bezüglich Maria Wiśniewska (Pseudonym Turzyma) 1918/19 an das polnische Staatsarchiv abgetreten worden seien, führte in das Archiv Neuer Akten in Warschau, in dessen Beständeübersicht jedoch kein entsprechender Eintrag zu finden war. Anzunehmen ist, daß die fraglichen Materialien am 3. November 1944 einem Brand zum Opfer gefallen sind, der 97 Prozent der Bestände des Archivs in der Rakowiecka-Straße vernichtet hat.[44] Die Akten über den „Polnischen Verband für Frauengleichberechtigung" sind nach Informationen des unveröffentlichten zweiten Teils der Lebenserinnerungen Romana Pachuckas 1944 während des Warschauer Aufstandes verbrannt.[45] Auch eine Anfrage beim Bundesarchiv-Militärarchiv (Freiburg) betreffs der Akten der ehemaligen preußischen Armee ergab, daß der Bestand 1945 nahezu vollständig vernichtet worden ist. Die Hoffnung, daß sich hier aus der Zeit der deutschen Besatzung während des Ersten Weltkrieges Informationen insbesondere über den Warschauer Frauenkongreß von 1917 erhalten haben könnten, hat sich nicht erfüllt.

Ein ähnliches Bild ergibt sich auch für gedruckte Quellen. So sind nach Informationen des allgemeinpolnischen Zeitschriftenkatalogs der polnischen Nationalbibliothek in Warschau und eigenen Nachforschungen manche Zeitschriften nur lückenhaft, andere auf heute polnischem Territorium überhaupt nicht erhalten. Die 1911 bis 1914 unter dem Titel *Głos Kobiet* (Die Stimme der Frauen)[46] von Maria Dulębianka redigierte Beilage zum *Kurjer Lwówski* (Lemberger Kurier) ist unauffindbar. Bibliotheken in Polen besitzen lediglich einzelne Nummern des *Kurjer Lwówski*.

Die erhaltenen Posener Akten zeigen die besondere Aufmerksamkeit gegenüber weiblichen Aktivitäten in der nationalpolnischen Bewegung. Die Schriftstücke der Polizeibehörden spiegeln das Interesse der staatlichen Administration und berichten darum in erster Linie über Veranstaltungen, die das unmittelbare Interesse der Besatzungsmächte berührten. Verdächtig waren aus dieser Sicht alle ‚nationalen' Aktivitäten, und entsprechend fielen die Berichte der Spitzel aus. Es kann davon ausgegangen werden, daß die Aktivitäten polnischer Frauen wegen der fortschreitenden Russifizierungs- bzw. Germanisierungspolitik seit den 1860er Jahren von den russischen und deutschen Machthabern vor-

---

44 Vgl. Archiwum akt nowych w Warszawie. Przewodnik po zasobie archiwalnym, hrsg. v. MIECZYSŁAW MOTAS, Warszawa 1973, S. 16.
45 ROMANA PACHUCKA, Pamiętniki z lat 1914-1936, Biblioteka im. Ossolińskich 1 3876 II, S. 8.
46 Zur Charakteristik und Bewertung der Zeitschrift aus der Sicht der historischen polnischen Frauenbewegung vgl. Ster 1911, S. 176-178.

rangig unter diesem nationalen Aspekt bewertet wurden und daß daher spezifisch frauenpolitischen Aktivitäten von dieser Seite wenig Aufmerksamkeit geschenkt wurde. Diese national determinierte Sicht auf die Tätigkeit von Frauen hat sich bislang auch in der Forschung fortgesetzt.[47] Für das Desinteresse der russischen und deutschen Teilungsmacht an frauenpolitischen Aktivitäten spricht auch die Tatsache, daß der Bestand zur Warschauer Frauenliga ursprünglich Teil des Nachlasses von Jędrzej und Zofia Moraczewski, also ‚privater' Natur, war.

Die Zeitschriften Bluszcz und Ster als Quellen

Die politischen und sozialen Bedingungen in den polnischen Ländern verboten oder erschwerten die Gründung und die Arbeit von Frauenvereinen. Mithin sind die Schriften der Frauenbewegung sowohl aus pragmatischen als auch aus methodischen Gründen die wichtigsten Quellen zur Erforschung ihrer Organisationsstruktur, Binnenkultur und Ideologie. Insbesondere die seit 1905 expandierenden programmatischen Zeitschriften sind beredte Zeugnisse der Information und Kommunikation. Die hier veröffentlichten Artikel geben Auskunft über die zentralen Themen der Bewegung sowie auf kulturelle Motive. Im ‚Kleingedruckten' finden sich Veranstaltungshinweise, Rechenschaftsberichte und Vereinsnachrichten, welche vor allem Aufschluß über die Binnenstruktur der Bewegung geben. Jubiläumsberichte, Nachrufe und Porträts zeigen die Rolle einzelner Personen. Diese Zugänge können durch publizierte Broschüren, Sammel- und Kongreßbände vervollständigt werden. Im fraglichen Zeitraum entstanden ein gutes Dutzend programmatischer Schriften, die den Diskussionsstand zu einzelnen Themen spiegeln und das Zeitschriftenmaterial hervorragend ergänzen, ebenso einige Kongreß- und Jubiläumsschriften. Historische Schriften offenbaren das feministische Bemühen um eine Einordnung frauenpolitischer Anliegen in der Geschichte und illustrieren die Suche nach weiblichen Vorbildern. Für das biographische Kapitel wird dieser Fundus durch lexikalisches und autobiographisches Material komplettiert.

Der Presse kam in der polnischen Gesellschaft der Teilungszeit eine hohe Bedeutung zu. Sie wurde in allen Teilungsgebieten gelesen. Als zentraler Kommunikationsort sollte sie nach dem Willen der *inteligencja* der gesamtpolnischen Integration dienen. Nach der Lockerung der Zensur im Königreich Polen 1905 und durch den Anstieg der lesefähigen Bevölkerung im deutschen Teilungsgebiet gewann dieses Medium stetig an Bedeutung. Polnische Journalisten und

---

47 STEGMANN, Wielkopolskie wzorce kobiecej aktywności społecznej, S. 365.

Journalistinnen schwangen sich darin zu Sachwaltern der Gesellschaft auf. Dies gilt auch für die Trägerinnen der polnischen Frauenbewegung, welche hier ihre Anschauungen und Werte, häufig mit einem starken moralischen Impetus, zu vermitteln versuchten. Zumindest dem Anspruch nach wollten sie auch Frauen aus den Unterschichten erreichen.

Die Zeitschriften der Frauenbewegung expandierten, wie die Bewegung selbst, vorrangig im Königreich Polen. Eine rege Herausgebertätigkeit, die sich in dieser Zeit auch auf zahlreiche Broschüren erstreckte, ist Indikator für die politischen Erleichterungen nach der russischen Revolution von 1905.[48] Als Basismaterial für die vorliegende Arbeit dienen zwei Zeitschriften, in denen Frauen intensiv und auf einem hohen Niveau über verschiedene Fragen diskutierten. Dies ist zum einen die Zeitschrift des „Polnischen Verbandes für Frauengleichberechtigung" (*Polski Związek Równouprawnienia Kobiet*, PZRK) *Ster* ([das] Steuer), die von 1907 bis 1914 in Warschau erschien. Der *Ster* erschien zunächst monatlich, seit 1912 zweiwöchentlich. Zum anderen wurden die nach 1905 erschienenen relevanten Artikel aus dem *Bluszcz* (Immergrün) systematisch ausgewertet. Diese seit 1863 in Warschau herausgegebene Frauenzeitschrift wurde ab 1905 von der Redakteurin Zofia Seidlerowa (1859-1919) geleitet. Traditionell einem eher konservativen Publikum verpflichtet, wurde der *Bluszcz* unter der Redaktion Seidlerowas zum Spiegel der frauenpolitischen Aktivitäten in den polnischen Ländern. Die genannten Zeitschriften waren die einzigen programmatischen Frauenzeitschriften, die über einen Zeitraum von mehr als zwei Jahren erschienen. Allgemein stiegen die Anzahl polnischer Zeitschriftentitel sowie deren Auflagen nach 1905 im Königreich Polen rapide.[49] Der *Bluszcz* hatte 1909 eine Auflage von 5.000 Exemplaren und lag damit bei den Wochenzeitschriften des Königreichs Polen etwa im Mittelfeld. Zum Vergleich: Die wichig-

---

[48] Im Königreich Polen wurde die Zensur im November 1905 offiziell aufgehoben. Dies wurde 1907 zurückgenommen. Auch während der Pressefreiheit kam es zur Verfolgung von Journalisten und Journalistinnen. Jedoch läßt sich feststellen, daß sich die Verfolgung nicht auf Schriften frauenpolitischer Prägung erstreckte. In den vor 1905 erschienenen Zeitschriften finden sich ebenso wie in *Na Posterunku* und im *Głos Wielkopolanek* weiße bzw. schwarze zensierte Flecken in patriotischen Artikeln. Für die Zeitschriften *Ster* und *Bluszcz* hat in der Zeit von 1905 bis 1914 die Zensur jedoch keine wichtige Rolle gespielt. Vgl. BARTŁOMIEJ SZYNDLER, Dzieje cenzury w Polsce do 1918 roku, Kraków 1993, S. 132-139, Bluszcz 1935, Nr. 50/51, S. 27, mit der Behauptung, die Zensurbehörden hätten dem *Bluszcz* Seidlerowas wenig Beachtung geschenkt. Auch in den Lebenserinnerungen von Feministinnen ist von staatlicher Zensur in bezug auf den genannten Zeitraum und die genannten Themen keine Rede. Verfolgt wurde hauptsächlich sozialistische Agitation. Hiervon waren auch einige in der Frauenbewegung tätige Sozialistinnen (Daszyńska-Golińska, Moszczeńska) betroffen.

[49] Prasa Polska w latach 1864-1918, Warszawa 1976, S. 58-63.

ste kulturelle Zeitschrift Warschaus *Tygodnik Illustrowany* (Illustrierte Wochenzeitschrift) erreichte mit 20.000 Exemplaren die höchste Auflage. Die Monats- und Zweiwochenzeitschriften hatten durchschnittlich etwas geringere Stückzahlen, nämlich zwischen 200 und 5.000 Exemplaren. Die Zeitschrift des „Kulturvereins" *Kultura Polska* (Polnische Kultur) erschien in einer Auflage von 900 Exemplaren. Die der programmatischen Blätter „Katholische Rundschau" (*Przegląd Katolicki*) und die sozialistische *Społeczeństwo* (Gesellschaft), beide eher an ein akademisches Publikum gerichtet, lag bei 2.000 bzw. 2.780 Exemplaren.[50] In der Größenordnung um 1.000 Exemplare lag vermutlich auch die Auflage des *Ster*. Insgesamt muß darauf hingewiesen werden, daß sich von der Auflage nicht unmittelbar auf die Leserschaft schließen läßt. Einiges weist darauf hin, daß ein Exemplar von mehreren Personen gelesen wurde, u. a. in Frauenlesesälen. Auch lassen Leserinnenbriefe darauf schließen, daß die Zeitschriften unter Verwandten und Bekannten weitergegeben wurden.[51]

Das vorgestellte Zeitschriftenmaterial wurde durch folgende Frauenzeitschriften ergänzt: das 1902 bis 1907 in Krakau erschienene *Nowe Słowo* (Neues Wort), den im Ersten Weltkrieg erschienenen *Na Posterunku* (Auf dem Posten), den 1884 bis 1887 in Warschau unter der Leitung Maria Konopnickas erschienenen *Świt* (Morgendämmerung), dem 1908 bis 1914 in Posen erschienenen *Głos Wielkopolanek* (Stimme der Großpolinnen), dem Jahrgang 1887 des in Lemberg erschienenen *Ster*[52]. Schließlich wurden einige relevante Artikel aus anderen Zeitschriften herangezogen, insbesondere aus der sogenannten positivistischen und fortschrittlichen Presse.[53]

Im folgenden soll auf die Sonderrolle eingegangen werden, die die Zeitschriften *Ster* und *Bluszcz* spielten. Der Untertitel des *Ster* lautete „Organ für die Gleichberechtigung polnischer Frauen" (*Organ Równouprawnienia Kobiet Polskich*). Er war im besprochenen Zeitraum die einzige explizit feministische Zeitschrift im Königreich Polen. In der ersten Nummer der Zeitschrift wurde 1907 ihre Existenz folgendermaßen begründet:

---

50 Jerzy Myśliński, Nakłady prasy w Królestwie Polskim w 1909 r., in: Rocznik Historii Czasopismiennictwo Polskiego 9 (1970), H. 1, S. 117-119.
51 So berichtete z. B. Romualda Baudouin de Courtenay, daß der *Ster* in Petersburg von Hand zu Hand gegeben werde und dort viele Fragen und Kommentare provoziere, vgl. Ster 1907, S. 103.
52 Diese erste Serie des *Ster* erschien 1896 bis 1897 in Lemberg. Ein Exemplar hiervon befindet sich in Breslau. Leider befand sich der Jahrgang 1896 zur Zeit meines Bibliotheksaufenthalts bei der Restaurierung.
53 Zu den Zeitschriften vgl. Zofia Zaleska, Czasopisma kobiece w Polsce, Warszawa 1938, S. 92, 96, 110, 119, 121, 144, 146.

„Wie jede andere soziale Bewegung so braucht auch die Gleichberechtigung der Frauen ein eigenes Organ, um die Angelegenheiten der Bewegung zu erhellen, um eine gründliche und allseitige Kenntnis ihrer selbst zu verbreiten, um den Anstoß der Bestrebungen und das Bindeglied der Bewegung zu bilden, um die Quelle genauer Information und Aufschlüsse zu sein, welche die Lehre und die Erfahrung des Lebens in dieser Hinsicht gibt."[54]

Die Feministin Paulina Kuczalska-Reinschmit (1859-1921) sah als Herausgeberin und Autorin fast aller Leitartikel des *Ster* dieses in der ersten Nummer ihrer Zeitschrift formulierte Anliegen im „Moment des allgemeinen Aufbruchs zur Freiheit"[55] noch parallel zu einer Aufbruchsstimmung in der polnischen Gesellschaft. Demgegenüber rühmte sich das Blatt schon zwei Jahre später, „trotz der allgemeinen Apathie, Passivität und des ‚Nichtengagements' [*niepalenia się* = des sich Nichtentflammens]"[56] Bestand zu haben. Es entsprach einer quasi rituell meist zum Jahresbeginn ausgesprochenen Einschätzung, daß die fortgesetzte Existenz des *Ster* „trotz allerschwierigster Bedingungen"[57] als ein Zeichen für die große Bedeutung und das fortgesetzte Interesse an der Frauenemanzipation zu beurteilen sei.[58] Seit 1912 erschien der *Ster* zweiwöchentlich statt bisher monatlich in einem größeren Format und einer geringeren Seitenzahl. Während am Anfang häufig lange programmatische Artikel und als Serien erscheinende Nachdrucke wichtiger Broschüren im *Ster* erschienen, hatte das Blatt später eher den Charakter einer Chronologie. Abgedruckt wurden z. B. Petitionen und Aufrufe, Namenslisten ihrer Unterstützer und Unterstützerinnen, Antworten von Behörden und Politikern auf Anfragen und Forderungen des PZRK, Berichte über internationale Kongresse und Korrespondenzen. Mit Ausbruch des Ersten Weltkrieges stellte der *Ster* sein Erscheinen ein, da sich der PZRK nun vorrangig mit sozialen Aufgaben beschäftigte. Eine Neugründung erfolgte in der Zwischenkriegszeit nicht.

Anders als der *Ster* verstand sich der *Bluszcz* nicht als Lobbyblatt, sondern beanspruchte den Rang einer Kulturzeitschrift. Sein Untertitel lautete bis 1907 „Illustrierte Wochenzeitschrift für Frauen" (*Pismo Tygodniowy Illustrowany dla Kobiet*). Als sein Herausgeber Michał Glücksberg 1907 starb,[59] übernahm die seit 1905 verantwortliche Redakteurin Zofia Seidlerowa auch die Herausgeber-

---

54 Ster 1907, S. 1 (Übersetzung von N. St.).
55 Ebd.
56 Ster 1909, S. 333.
57 Ster 1910, S. 353.
58 Ster 1908, S. 1-3; 1912, Nr. 1, S. 1; vgl. auch die „Begrüßung" des *Ster* durch Maria Dulębianka, ebd. 1907, S. 44-46.
59 Zu Michał Glücksberg (1838-1907): Bluszcz 1907, S. 574; PSB, Bd. 8, S. 93-94

tätigkeit. Zu dieser Zeit wurde der Untertitel des *Bluszcz* geändert. Er lautete nun „Illustrierte Wochenzeitschrift, den Frauenfragen gewidmet" (*Pismo Tygodniowy Illustrowany Poświęcone Sprawom Kobiecym*). Die Zeitschrift bestand seit 1865 und besaß einen festen Platz in der Warschauer Presselandschaft. Dies drückte sich auch in der hohen Auflage aus. Während der *Bluszcz* am Ende des 19. Jahrhunderts unter der Redaktion von Maria Ilnicka als konservativ galt, erfreute er sich seit 1905 auch einer breiten Anerkennung unter Feministinnen.[60] Aus Anlaß seines 50jährigen Bestehens betonte die Redaktion, daß sie sich gleichermaßen zum „Polentum" (*polskość*) bekannt wie auch immer auf der Seite des „Fortschritts" (*postęp*) gestanden habe.[61] 1915 wollte der *Bluszcz* ein „den einzelnen Kreisen übergeordnetes Bindeglied solcher Vereine sein, in denen die polnische Frau arbeitet und für eine bessere Zukunft des Volkes (*naród*) arbeiten wird". Faktisch beanspruchte die Redaktion damit eine ähnliche Funktion wie jene, die Paulina Kuczalska-Reinschmit bei der Gründung des „Polnischen Verbandes für Frauengleichberechtigung" angestrebt hatte.[62] Die frauenpolitische Ausrichtung des *Bluszcz* war am Beginn des Ersten Weltkrieges stark von nationalpolnischen Klängen unterlegt. Der *Bluszcz* nämlich stehe, so ist ebenfalls 1915 zu lesen, auf den Grundlagen der „Vaterlandsliebe, christlichen Moral und treupolnischen (*szczeropolki*) Sitte".[63] Der *Bluszcz* diskutierte die „Frauenfragen" vor einem vorrangig kulturell interessierten Frauenpublikum. Er beleuchtete die Postulate der Frauenbewegung, teils aus deren Zentrum und teils aus wohlwollender Distanz. Die Zeitschrift druckte unterschiedliche Anschauungen zu jenen Fragen, welche die polnische Frauenöffentlichkeit vor dem Ersten Weltkrieg bewegten und spiegelt somit hervorragend deren Stimmungslage. Die Jahrgänge 1916, 1919 und 1920 des *Bluszcz* sind nicht erschienen. Seit 1921 erschien die Zeitschrift wieder als Organ der patriotischen Frauenorganisation „Polinnenkreis" (*Koło Polek*).

Die Autorinnen der hier analysierten Artikel äußerten sich von unterschiedlichen ideologischen, professionellen und statusmäßigen Standpunkten aus. Als verantwortliche Redakteurinnen schrieben Kuczalska-Reinschmit für den *Ster* und Seidlerowa für den *Bluszcz* vor allem programmatische Leitartikel. Den Status aufklärender Fachfrauen besaßen hochgebildete Akademikerinnen wie die Wirtschaftswissenschaftlerin Zofia Daszyńska-Golińska (1866-1934) und die Ärztin Justyna Budzińska-Tylicka (1867-1936). Die Autorinnen des *Ster* und *Bluszcz* schrieben nicht nur für diese Frauenzeitschriften, sondern bewiesen ein

---

60 ZOFIA ZALESKA, Czasopisma kobiece w Polsce, S. 67 f. 144-146.
61 Bluszcz 1915, Beilage zum 50jahrigen Bestehen, S. 1.
62 Vgl. das Kapitel 4.3.1.
63 Bluszsz 1915, S. 33.

durchaus professionelles Verhalten auch gegenüber den „Sehr geehrten Herren" Redakteuren anderer Blätter. Dies zeigt sich beispielsweise in den überaus schmeichelhaften Antwortschreiben Daszyńska-Golińskas, Maria Turzymas (eigentlich Wiśniewska) und Kuczalska-Reinschmits an die Redaktion des 1905 neu gegründeten „Tageskuriers" (*Kurier Codzienny*), welche bei diesen offenbar um Beiträge gebeten hatte.[64] Allgemein verschob sich jedoch die Diskussion der „Frauenfrage" im Zuge der Parteienbildung immer stärker in eine separate Frauenöffentlichkeit.

Räumliche Einordnung

Eine polnische Frauenbewegung war räumlich nicht begrenzt, sondern konnte überall dort entstehen, wo sich polnische Feministinnen zusammenschlossen. Diese lose und grenzenlose Organisationsform führte zur Zersplitterung. Es entsteht das Bild eines durch persönliche und schriftliche Kontakte an seidenen Fäden zusammengehaltenen Beziehungsgeflechtes, welches in Warschau, Krakau und Lemberg am dichtesten war.

Wie in der vorliegenden Arbeit deutlich wird, konzentrierten sich die Aktivitäten der polnischen Frauenbewegung auf das Königreich Polen, hier vor allem auf Warschau. Die galizischen Städte Lemberg und Krakau waren Schauplätze des Kampfes um die Zulassung von Frauen zu den Universitäten und wurden wegen der günstigeren rechtlichen Rahmenbedingungen vor allem vor 1905 vornehmlich von Warschauerinnen als Agitations- und Verlagsorte genutzt. Zur systematischen und nachhaltigen politischen Formierung der Bewegung kam es jedoch erst nach dem Zugeständnis der Versammlungs-, Vereinigungs- und Pressefreiheit im Königreich Polen im Zuge der Ersten Russischen Revolution. Auch wenn diese Freiheiten bald wieder eingeschränkt und teilweise zurückgenommen wurden, so konnten hier dennoch von 1907 bis 1914/1919 unterschiedliche Frauenvereine bestehen und Zeitschriften sowie Broschüren der Bewegung erscheinen. Im folgenden konzentriert sich daher meine Aufmerksamkeit auf dieses Gebiet. Vielfach überschreitet die Studie aber diese vor allem verwaltungstechnisch definierten Grenzen. Besonders in Galizien kam es immer wieder zu Aktionen, die mit den Warschauer Gleichberechtigungsvereinen koordiniert waren. Auch die Berichterstattung der Frauenzeitschriften erstreckte sich auf alle polnischen Gebiete. Wenn sich die folgenden Ausführungen vorrangig auf das Königreich Polen beziehen, so richtet sich in den einzelnen Kapiteln der Blick immer wieder auf Galizien als Nebenschauplatz, während die Provinz

---

64 Archiwum PANu Warszawa III 154/48.

Posen wegen ihrer stark abweichenden Entwicklung in einem Exkurs behandelt wird. In den einzelnen Kapiteln werden nationale und internationale Implikationen des historischen Feminismus am polnischen Beispiel diskutiert.

Gliederung

Das erste Kapitel „Soziale, kulturelle und rechtliche Rahmenbedingungen im Königreich Polen und in Galizien" klärt die Voraussetzungen weiblicher Emanzipation in den genannten Teilungsgebieten. Im Blickfeld steht die Bedeutung kultureller Traditionen und sozialer Umbrüche für das Leben polnischer Frauen in unterschiedlichen Milieus. Dabei werden primäre Mädchenbildung und Frauenarbeit kurz beleuchtet. Besondere Aufmerksamkeit gilt der *inteligencja* als sozialer Heimat der polnischen Frauenbewegung.

Ein Exkurs über „Entstehungsvoraussetzungen und Ziele polnischer Frauenvereine in der Provinz Posen" bietet sodann Einblick in die dortigen Verhältnisse. Es wird aufgezeigt, warum es im deutschen Teilungsgebiet nicht zur Entstehung einer feministisch orientierten Frauenbewegung kam.

Von 1863 bis 1905 entstand im Königreich Polen und in Galizien eine starke Frauenbildungsbewegung. Sie schuf die Voraussetzungen für die politische Formierung der Frauenbewegung nach 1905. Das zweite Kapitel „Höhere Frauenbildung" vollzieht deren Entwicklung an verschiedenen Beispielen nach.

Die „Werdegänge polnischer Feministinnen" werden im dritten Kapitel anhand von biographischem und autobiographischem Material untersucht. Dabei geht es darum, die spezifischen Erfahrungen der weiblichen Subjekte zu erhellen. Dies geschieht anhand einer kleinen Gruppe von Frauen, die zur Spitze der Frauenbewegung zählte. Es handelt sich dabei nicht um die kollektive Biographie polnischer Feministinnen, sondern um die Beschreibung und Interpretation biographischer Grundmuster derjenigen Frauen, die ich als feministische Ideologinnen bezeichne. Dieses Kapitel liefert weniger verallgemeinerbare Daten als Einblicke in die Lebens- und Handlungszusammenhänge einiger Individuen.

Im vierten Kapitel unter dem Titel „Die Formierung der polnischen Frauenbewegung nach 1905" wird deren organisatorische Struktur vorgestellt. Es beinhaltet die Untersuchung polnischer Frauenvereine im Königreich Polen und in Galizien. Auch anhand der Stellung der Polinnen in der internationalen Frauenbewegung werden vor allem die organisatorischen Schwierigkeiten aufgezeigt. Ein zweiter Teil des Kapitels analysiert die Typisierung weiblicher Leitbilder am Beispiel dreier exponierter Protagonistinnen.

Der Umgang mit dem Geschlechterdualismus ist Gegenstand des fünften Kapitels. Unter der Überschrift „Feministische Moral und die ‚Verwissenschaftlichung' der Sexualität" stellt es die Vorstellungen der Frauenbewegung über die besonderen Qualitäten von Frauen und deren spezifischen Beitrag zu einer besseren Zukunft dar. Die darin enthaltenen Geschlechterrollenbilder fanden insbesondere in die ‚Sittlichkeitsdebatte' Eingang. Sie hatte den Kampf gegen die doppelte Sexualmoral zum Ziel. Die zentrale Frage des Kapitels ist, wie die Frauenbewegung mit sexueller Differenz in bezug auf das von ihr eingeforderte Gleichheitspostulat umging. Besonderes Augenmerk gilt dem Einfluß sozialhygienischer Denkmuster.

„Die polnische Frauenbewegung auf dem Weg in den Nationalstaat, 1912-1919" ist das Thema des sechsten Kapitels. Darin werden die Haltung zur jüdischen Bevölkerung und die Aktivitäten im Ersten Weltkrieg untersucht. Gefragt wird, bis zu welchem Punkt die Bewegung der Ambivalenz zwischen dem Ausgeschlossensein von Frauen aus zentralen Positionen der Gesellschaft und ihrem Einbezogenwerden in die christliche polnische *inteligencja* stand hielt. Unter diesem Gesichtspunkt wird auch das Verhalten der Frauenbewegung während des Boykotts gegen jüdische Händler 1912 untersucht. Das Unterkapitel „Die Erkämpfung des Frauenstimmrechts im Ersten Weltkrieg" vollzieht den Weg zur staatsbürgerlichen Gleichstellung polnischer Frauen im Jahre 1919 nach. Besonderes Augenmerk gilt der Interdependenz von Krieg, Staatsgründung und Gleichberechtigung der Frauen im neu zu gründenden Staat. Es soll gezeigt werden, unter welchen Veränderungen des Nationsbegriffs und der Geschlechterrollenbilder im Verlaufe des Krieges polnische Frauen Staatsbürgerinnen wurden. Dabei wird keinesfalls eine Sozial- oder Kulturgeschichte der ‚Heimatfront' geliefert. Das Kapitel stellt die Umstände der Erlangung des Frauenstimmrechtes dar. Dessen Durchsetzung markiert gleichsam den Schlußpunkt meiner Betrachtungen.

Im Verlaufe zahlreicher Diskussionen sind immer wieder einige Erwartungen an meine Arbeit geäußert worden, welche ich jedoch nur zum Teil erfüllen kann. So war es mir insbesondere nicht möglich, die Haltung der politischen Parteien und des Klerus zur Ordnung der Geschlechter systematisch darzustellen. Auch die Geschichte religiös oder parteipolitisch gebundener Frauenorganisationen bleibt im folgenden ausgeklammert. Insbesondere kann ich daher keine Aussagen über die Partizipation katholischer Frauen innerhalb der Kirchengemeinden sowie jüdischer Frauen an den religiösen und politischen Strukturen des geteilten Polen treffen. Die Geschichte des Antifeminismus ist ebensowenig Gegenstand dieser Studie wie die soziale Stellung von Arbeiterinnen und Bäuerinnen. Zu den meisten dieser Fragestellungen gibt es keine hinreichende Forschungsliteratur. Wo Vorarbeiten vorhanden waren, habe ich diese berücksichtigt. Diese Studie möchte auch dazu dienen, die vorhandenen Desiderate sichtbar zu machen und neue Forschungen anzuregen.

1. KULTURELLE, SOZIALE UND RECHTLICHE RAHMENBEDINGUNGEN IM KÖNIGREICH POLEN UND IN GALIZIEN

1.1. Modernisierung und sozialer Wandel im Königreich Polen nach 1863

Das Scheitern des Januaraufstands markierte im Königreich Polen die Auflösung der Standesgesellschaft. Die polnische Gesellschaft nahm im Zuge der politischen und sozialen Auseinandersetzung differenziertere Formen an. Dies äußerte sich seit den 1890er Jahren vor allem in der Verschärfung von sozialen wie nationalen Konflikten und damit einhergehend in der Entstehung sozialer Bewegungen und der Gründung von politischen Parteien. Die hier artikulierten Ideologien übten nicht zuletzt Einfluß darauf aus, ob und in welcher Rolle Frauen zur (nationalen) Gemeinschaft gezählt wurden. Die Neudefinition der Gesellschaft vollzog sich in Auseinandersetzung mit international verbreiteten Ideen, wie dem Liberalismus, dem Marxismus, dem Feminismus, dem Darwinismus und dem Nationalismus. Das *społeczeństwo* war kein von ‚fremden' Einflüssen abgeschlossener Raum. Vielmehr schlugen sich in der polnischen „Nation ohne Staat" diese Ideen in einer spezifischen Weise nieder. Sie orientierten sich nicht am Staat, sondern an der Gesellschaft. Jede intellektuelle Verarbeitung der Realität war mit der Tatsache der nationalen Unfreiheit konfrontiert.

1.1.1. Industrialisierung und soziale Differenzierung

Das Scheitern des Januaraufstandes von 1863 gilt in Polen als sozialgeschichtliche Zäsur. Es markiert gleichermaßen das Ende der Aufstandsperiode sowie, im Jargon der zur Zeit der Volksrepublik erschienenen polnischen Geschichtsbücher, die Durchsetzung des „Kapitalismus" im Königreich Polen. Grundlegend für diese Zeiteinteilung ist die Tatsache, daß, mit fast dreijähriger Verspätung im Vergleich zu Rußland, im Januar 1864 die Bauernbefreiung proklamiert wurde, und zwar zu wesentlich günstigeren Bedingungen für die Bauern und ungünstigeren für den Adel als in Rußland.[1] Diese Maßnahme sollte im Gefolge des Aufstandes zwei Zwecke erfüllen. Zum einen versuchte die russische Auto-

---

1 R. F. LESLIE, Reform and Insurrection in Russian Poland 1856-1865, London 1963, S. 238-240.

kratie, die Loyalität der polnischen Bauern, welche von polnischer Seite für den Aufstand nicht hatte mobilisiert werden können, zu gewinnen. Zum anderen sollte durch umfangreiche Güterkonfiskationen der polnische Adel, der als Träger der Aufstände angesehen wurde, geschwächt werden. Die am Aufstand Beteiligten wurden hart bestraft. Es kam zu über 250 Hinrichtungen, über 1.500 Verurteilungen zur Zwangsarbeit, über 10.000 Verschickungen nach Sibirien. In 1.660 Fällen wurden Güter konfisziert. Zahlreiche Polen wurden aus dem Staatsdienst entlassen.[2] Eine massive Russifizierung wurde auch in der Sprachen- und Bildungspolitik betrieben. 1865 wurde Russisch zur allgemeinen Verwaltungssprache erklärt. Seit 1869 war Russisch Unterrichtssprache an höheren Schulen. 1867 wurde die polnische Erziehungskommission aufgelöst und eine russische Universität in Warschau eröffnet. Die „Hauptschule", akademische Heimat des „Warschauer Positivismus", wurde aufgelöst.[3]

Das „Weichselland", wie das Königreich Polen nach dem Scheitern des Januaraufstandes offiziell genannt wurde, durchlief als einziges polnisches Gebiet eine industrielle Revolution. Hier wurde 1890 ein Viertel der gesamten russischen Produktion erwirtschaftet, wobei nur sieben Prozent der Bevölkerung des Russischen Reichs im Königreich Polen lebten. Obwohl sich 1872 48 Prozent des Landes im Eigentum der Bauern befanden, konnte deren Landhunger nicht gestillt werden.[4] Die Mechanisierung der Landwirtschaft kam nicht voran. Das rapide Bevölkerungswachstum führte zu Landflucht und Auswanderungswellen. Zwischen 1855 und 1910 wuchs die Bevölkerung des Königreichs Polen um 167 Prozent,[5] die städtische wenig stärker als die ländliche.[6] Die stürmische Entwicklung des Gewerbes seit den 1890er Jahren wirkte sich allein auf die industriellen Zentren Warschau und Łódź aus. 1913 lebten 21 Prozent der städtischen Bevölkerung in Warschau.[7] In den Jahren 1866 bis 1914 stieg die Bevölkerung Warschaus von 243.512 auf 884.544 Einwohner, d.h. um mehr als das Dreifache.[8] Dabei wuchs der Anteil derjenigen, die nicht in Warschau geboren

---

2 JÖRG K. HOENSCH, Geschichte Polens, Stuttgart ³1998, S. 218; ANDREA SCHMIDT-RÖSLER, Polen. Vom Mittelalter bis zur Gegenwart, Regensburg 1996, S. 94; Schmidt-Rösler schreibt von 400 Hinrichtungen; Hoensch von über 11.000 Verschickungen.
3 Siehe unten, Kapitel „Die ‚neue' inteligencja".
4 STANISLAUS A. BLEJWAS, Realism in Polish Politics. Warsaw Positivism and National Survival in Nineteenth Century Poland, New Haven 1984, S. 54.
5 Vgl. MARIA NIETYSZKA, Ludność Warszawy na przełomie XIX iXX wieku, Warszawa 1971, S. 17.
6 Ebd., S. 19 f.
7 Ebd., S. 22
8 Ebd., S. 26; diese Entwicklung wurde durch eine Stagnation im Zuge der ökonomischen Krise in den ersten Jahren des 20. Jahrhunderts kurzzeitig gehemmt, vgl. ebd., S. 28 f.

1.1. Modernisierung und sozialer Wandel im Königreich Polen nach 1863

waren von 47 Prozent im Jahre 1890 auf 63 Prozent im Jahre 1909.[9] Beschleunigt durch die Verleihung des Industriestadtrechtes und die Senkung der Ausfuhrzölle in das Russische Reich hatte sich Łódź seit den 1820er Jahren zum „polnischen Manchester" entwickelt. Hatten 1820 nur 767 Personen in dieser Stadt gelebt, so zählte sie 1897 schon 310.000, darunter zahlreiche deutsche, Einwohner. Die größte Dynamik entwickelte in Łódź die Textilindustrie, eine Branche, in der traditionell viele Frauen beschäftigt waren. Sie produzierte u. a. für die russische Armee. Im gesamten Königreich Polen wuchs der Ertrag der Textilindustrie von 60 Millionen Rubel im Jahr 1880 auf 341 Millionen Rubel im Jahr 1910. Von 150.000 Industriearbeitern und Industriearbeiterinnen waren 33 Prozent in dieser Branche beschäftigt. Die Schwerindustrie war um Warschau und um das Dąbrowa-Becken (nahe Schlesien) konzentriert. Von 1870 bis 1890 stieg die Kohleförderung um das Zehnfache.[10]

Eine Spezifik der polnischen Situation, die auch für die Entstehungsbedingungen der Frauenbewegung von großer Bedeutung war, ist die Tatsache, daß sich während des beschriebenen Industrialisierungsprozesses keine polnische Bourgeoisie entwickelte. Wegen der politischen Diskriminierung und der spezifischen Mentalität des polnischen Adels gelang diesem die ‚Verbürgerlichung' auf dem wirtschaftlichen Sektor nur partiell.[11] Initiatoren und Nutznießer der Industrialisierung waren häufig zugewanderte Deutsche, Russen und Juden. Auch auf dem landwirtschaftlichen Sektor sank der Einfluß des polnischen Adels. Die Degradierungserfahrung des Kleinadels wurde zum Angelpunkt der nachaufständischen Geschichtsauffassung. Um die mentalen Voraussetzungen der nachaufständischen polnischen Geistesgeschichte zu verstehen, sollen hier kurz einige Erläuterungen zur sozialen und geistigen Herkunft der Kulturträger jener Epoche gegeben werden.

1.1.2. Die polnische Adelsfamilie zwischen Tradition und Modernisierung

Der polnische Adel war traditionell eine „stark differenzierte Privilegiengemeinschaft" mit einem „spezifischen Elitebewußtsein".[12] Ungewöhnlich zahlreich, differenzierte er sich um 1780 in drei Untergruppen, die sich mit Magnaten, Kleinadeligen und Adelsproletariat umschreiben lassen. Sie bildeten ge-

---

9 Vgl. NIETYSZKA, Ludność, S. 35.
10 SCHMIDT-RÖSLER, Polen, S. 93-95.
11 Zur Bedeutung nationaler Diskriminierung für das Selbstverständnis der *inteligencja* vgl. DARIA NAŁĘCZ, Sen o władzy. Inteligencja wobec niepodległości, Warszawa 1994, S. 15 f.
12 MICHAEL G. MÜLLER, Der polnische Adel von 1750 bis 1863, in: Europäischer Adel, 1750-1950, hrsg. v. HANS-ULRICH WEHLER, Göttingen 1990, S. 217-242, hier S. 217 f.

meinsam einen prozentualen Anteil von 7,5 Prozent der Gesamtbevölkerung. Nur knapp 17 Prozent des Adels waren Magnaten, 40 Prozent gehörten dem Kleinadel mit geringem Besitz an.[13] Der Kleinadel, der schon vor den Teilungen faktisch von einigen adligen Privilegien, wie dem Stimmrecht bei der Königswahl, teilweise ausgeschlossen blieb, wurde während des 19. Jahrhunderts zur primären Trägerschicht der nationalen Bewegung in Polen. Er grenzte sich stark gegenüber den am monarchischen Prinzip orientierten „Aristokraten" ab und berief sich auf Freiheiten des Standes in der untergegangenen „Adelsrepublik".[14] Seinen minderen Status kompensierte er durch eine eigene *szlachta*-Kultur.[15] Es ist u. a. der „Fremdherrschaft" selbst zuzuschreiben, daß die traditionelle adlige Elite ihren Führungsanspruch innerhalb der nationalen Gemeinschaft länger aufrechterhalten konnte als ihre rechtlich-ständische Position und deren Wertorientierungen weiterhin zahlreiche Bereiche des sozialen Lebens prägten.[16]

Nach dem Novemberaufstand von 1831 waren 1836 im Adelsgesetz die Rechte des polnischen Adels denen des russischen angeglichen worden, wobei jedoch eine Selbstverwaltung nach russischem Muster nicht zugestanden wurde. Um dem Gesetz nach den Adelsstatus beizubehalten, mußten Angehörige der *szlachta*, so die polnische Bezeichnung für den mittleren Adel, bei den russischen Behörden einen Nachweis ihrer adligen Herkunft erbringen, was viele nicht taten. Schon in den 1830er Jahren lebten 25 Prozent der adligen Bevölkerung des Königreichs Polen in den Städten.[17] Wenn die ländlichen Kleinstbesitzer, welche zu dieser Zeit 48 Prozent der adligen Bevölkerung stellten, ihren Landbesitz nicht mehr halten konnten, wanderten sie in die Städte ab und suchten hier ein Auskommen. Dieser Prozeß setzte in den 1830er Jahren ein und intensivierte sich nach 1863.[18] 1861 zählten de jure nur noch 84.500 Personen (1,7 Prozent der Gesamtbevölkerung) zum adligen Stand. Am Ende des Jahrhunderts lebten nunmehr 250.000 landbesitzende Kleinadelsfamilien in den ländlichen Gebieten des Königreiches.[19] Dennoch beriefen sich zahlreiche Per-

---

13 Ebd., S. 220
14 RYCHARDA CZEPULIS (Rastenis), Uwarstwienie społeczne Królestwa w świadomości wspołczesnych, in: Społeczeństwo Królestwa Polskiego, Bd. 1: Studia o uwarstwieniu i ruchiwości społecznej, hrsg. v. WITOLD KULA, Warszawa 1965, S. 325-392, S. 338-343.
15 MÜLLER, Der polnische Adel, S. 236.
16 Ebd., S. 239.
17 Ebd., S. 236.
18 HALINA CHAMERSKA, Drobna szlachta w Królestwie Polskim (1832-1864), Warszawa 1974, S. 85-116.
19 MÜLLER, Der polnische Adel, S. 227 f.; HALINA CHAMERSKA, Women of the Petty Nobility in the Polish Kingdom during the 19th Century, in: Acta Poloniae Historica 74 (1996), S. 73-90, hier S. 74.

1.1. Modernisierung und sozialer Wandel im Königreich Polen nach 1863

sonen weiterhin auf ihre adlige Herkunft und pflegten ein entsprechendes Elitebewußtsein, welches ihnen innerhalb der polnischen Gesellschaft auch zugestanden wurde. Dieses drückte sich u. a. im Heiratsverhalten aus. Eine ‚standesgemäße' Hochzeit galt auch in verarmten Adelsfamilien, deren ökonomische Stellung der von Bauern glich, als Ehrensache. Wurde eine Hochzeit mit einem Bauern als degradierend angesehen, so wurde jedoch die Ehe von Adelstöchtern mit wohlhabenden Städtern zusehends toleriert.[20]

Die Bauernbefreiung zog eine Krise des landbesitzenden Adels nach sich. Dieser verlor seine patriarchalen Rechte auf dem Lande. Angehörige des deklassierten Adels wurden nicht in die politischen Strukturen integriert. Ökonomisch blieben sie weitgehend passiv. Sie wurden weder Träger der städtischen Industrialisierung noch gelang es ihnen, eine Entwicklung der Landwirtschaft in Richtung Agrarkapitalismus voranzutreiben. Wegen der nachaufständischen Diskriminierung im Verwaltungs-, Bildungs- und Militärwesen blieb dem Adel häufig nur ein Auskommen in den sogenannten Intelligenzberufen. Insgesamt war der polnische Kleinadel sozial wenig mobil und ständig von Armut und Deklassierung bedroht.

Die adlige Identität manifestierte sich in der Familie als überindividueller Blutsgemeinschaft, die durch Ehre zusammengehalten wurde. Die Herkunft aus dem Adel (ród) galt als Quelle fundamentaler Loyalität. Alle Familienmitglieder hatten der Ehre der Familie zu dienen, wobei die Vorherrschaft des Patriarchen nicht angetastet werden durfte.[21] Frauen genossen zwar, insbesondere als Mütter (von Söhnen), ein vergleichsweise hohes Prestige. Dennoch galt der Familienvater auch rechtlich als Oberhaupt der Adelsfamilie.[22] Insgesamt verfügten Frauen aus dem kleinadligen Milieu gewohnheitsrechtlich über größere finanzielle Unabhängigkeit als Bäuerinnen. Teilweise war auch ihr Bildungsstand höher. Als Hausvorsteherinnen sollten sie die adlige Lebensweise aufrechterhalten. Durch den hohen Ehrenkodex bei gleichzeitiger Bedrohung durch Verarmung läßt sich vermuten, daß der Druck auf Frauen im polnischen Kleinadelsmilieu besonders hoch war. Während des 19. Jahrhunderts galt die Erwerbsarbeit einer Frau in der öffentlichen Meinung als Beweis ihrer niederen Geburt. Erst unter dem Einfluß moderner Emanzipationsideale konnte um die Jahrhundertwende weibliche Erwerbsarbeit als Erfüllung einer ‚Berufung' gelten. Während dieses

---

20 CHAMERSKA, Women of the Petty Nobility, S. 76 f.
21 BOGNA LORENCE-KOT, Child-Rearing and Reform, Westport, London 1985, S. 13; JAN ADAMUS, Polska teoria rodowa, Łódź 1958.
22 DANUTA RZEPNIEWSKA, Women of the Landowning class, in: Acta Poloniae Historca 74 (1996), S. 95-120, hier S. 95 f.; PIETROW-ENNKER, Women in Polish Society, S. 6.

Prozesses lösten sich laut Halina Chamerska viele arme Adelsfrauen aus der Abhängigkeit von ihren Familien.[23]

Insgesamt erhielt sich das adlige Elitebewußtsein und eine entsprechende kulturelle Orientierung, ohne daß Klarheit darüber bestand, wer überhaupt zum Adel gezählt werden konnte. Adlige Herkunft und Zugehörigkeit zur nationalen Gemeinschaft verbanden sich zu einem Identitätskonglomerat, welches sich in zwei Richtungen ausdrückte: der Distanz zu den Teilungsmächten und der Fürsoge für die polnischen Unterschichten. Frauen konnten ihre adlige Identität nur dann aufrechterhalten, wenn sie standesgemäß heirateten. Dies wurde jedoch aufgrund der ökonomischen Misere des Kleinadels immer schwieriger und unattraktiver. Sie bewirkte bei Männern und Frauen eine starke Affinität zur *inteligencja*.

1.1.3. Die ‚neue' *inteligencja*

Die Ausdifferenzierung einer Klassengesellschaft war im Königreich Polen durch die politischen, kulturellen und sozialen Gegebenheiten behindert. Offene Konflikte zwischen den verschiedenen Funktionsträgern der polnischen Gesellschaft konnten teilweise durch das Paradigma der nationalen Solidarität abgeschwächt werden. Die führende Stellung in dem *społeczeństwo* übernahm nun die junge *inteligencja*. Diese grenzte sich von der adligen romantischen Aufstandsideologie ab und proklamierte die „Arbeit an den Grundlagen" (*praca u postaw*). Sie räumte bisher vernachlässigten Gruppen, wie den Bauern, den Juden und den Frauen einen Platz in der nationalen Gemeinschaft ein. Zu einem großen Teil entstammte die junge *inteligencja* selbst aus dem Adelsmilieu. In der zweiten Jahrhunderthälfte gehörten jedoch auch viele Nichtadlige der polnischen *inteligencja* an.[24] Nach der Russifizierung der Administration wichen gebildete polnische Männer in den expandierenden privatwirtschaftlichen Bereich aus, was in der *inteligencja* zu einer gegen die Regierung gerichteten Orientierung beitrug.[25] Unter Angehörigen dieser Schicht selbst spielte deren soziale Herkunft zunehmend eine untergeordnete Rolle.[26]

Ebenso wie der Begriff „Adel" ist auch der Begriff *inteligencja* bei genauem Hinschauen unscharf. In der polnischen Historiographie wird *inteligencja* häufig als ‚Klassen'begriff gebraucht, der an die Ausübung bestimmter Berufe ge-

---

23 CHAMERSKA, Women of the Petty Nobility, S. 74, 81, 88 f.
24 IRENIUSZ IHNATOWICZ u. a., Społeczeństwo Polskie od X do XX wieku, Warszawa ³1996, S. 530.
25 RYSZARDA CZEPULIS-RASTENIS, „Klasa Umysłowa". Inteligencja Królestwa Polskiego 1832-1862, Warszawa 1973, S. 59.
26 CZEPULIS, Uwastwienie, S. 368.

1.1. Modernisierung und sozialer Wandel im Königreich Polen nach 1863

koppelt ist. Da jedoch die beruflichen Chancen nicht von der formalen Qualifikation abhingen, scheint, insbesondere mit Blick auf die Frauen, einiges für eine Umwertung des Begriffs zu sprechen. Demnach wäre es angemessen, unter *inteligencja* eine, wegen der mangelnden Möglichkeiten in der Heimat oft im Ausland ausgebildete, Bevölkerungsschicht zu verstehen, welche gerade durch den latenten Mangel an qualifizierter Beschäftigung und Auskommen geprägt war. Dies gilt zumindest für die zahlenmäßig kleine, aber geistesgeschichtlich durchaus bedeutsame Gruppe von Publizisten und Publizistinnen, welche häufig zusätzlich im Bildungssektor tätig waren. Diese Schicht beanspruchte nach dem Niedergang der adligen Aufstandsideologie die Deutungsmacht über die polnische Gesellschaft. Ihre Devise lautete „Wissen ist Macht".[27]

Eine der wichtigsten Gruppen in diesem Prozeß der gesellschaftlichen Umstrukturierung und Umdefinition waren die „Warschauer Positivisten". Dieser Kreis war an der *Główna Szkoła* (sinngemäß Hochschule) ausgebildet worden. Seine Rezeption der Werke westlicher Theoretiker wie Henry Thomas Buckle, Charles Darwin und John Stuart Mill[28] zielte auf eine kulturelle und ökonomische Rekonstruktion des Königreiches.[29] Hierbei wurde auf bisher ungenutzte gesellschaftliche Reserven zurückgegriffen. Das Leitmotiv der „Warschauer Po-

---

27 Insgesamt stellten die sogenannten „white-collar-workers" in den 1860er Jahren einen Anteil von etwas über einem Prozent der Gesamtbevölkerung, vgl. Janina Leskiewicz, Society in the Kingdom of Poland, 1832-1863, in: Studies in East European Social History, Bd. 1, hrsg. v. Keith Hitchins, Leiden 1977, S. 135-149, hier S. 145; allgemein Stefan Kieniewicz, The Polish Inteligentsia in the Nineteenth Century, ebd., S. 121-134; Nora Koestler, Intelligenzschicht und höhere Bildung im geteilten Polen, in: Bildungsbürgertum im 19. Jahrhundert, Teil 1: Bildungssystem und Professionalisierung im internationalen Vergleich, Stuttgart 1984, S. 186-206, hier S. 200-206.

28 Blejwas, Realism, S. 70; von den genannten Autoren hatte nur Mill einen fortschrittlichen Standpunkt in der „Frauenfrage". Sein 1869 erschienenes Werk „The Subjection of Women" ist 1886 in der ersten und 1887 in der zweiten Auflage in Krakau unter dem Titel „O poddaństie kobiet" erschienen. Mill, ein Liberaler im vikorianischen England, sah die Postulate des Liberalismus, die im wesentlichen den gesellschaftlichen und sozialen Status nicht mehr von der geburtsmäßigen Herkunft (vom Stand), sondern von den Leistungen (Arbeit) des Individuums abhängig machten, in seinem Heimatland verwirklicht. Die „society between equals" als „the only school of general moral sentiment" sei allein auf dem Gebiet der Geschlechterbeziehungen nicht umgesetzt. Dies sah er als fundamentalen gesellschaftlichen Widerspruch. Aus seinen Anschauungen speist sich schließlich der Grundsatz, daß die Fortschrittlichkeit einer Gesellschaft an der Stellung der Frauen zu messen sei. Richard Evans behauptet, dieses Werk Mills sei die „Bibel" der europäischen, amerikanischen und englischen Feministinnen gewesen; vgl. Richard Evans, The Feminists. Women's Emancipation Movements in Europe, Amerika and Australia 1840-1920, London 1977, S. 18 f.

29 Blejwas, Realism, S. 73.

sitivisten" war dabei die Selbsthilfe.[30] Die Positivisten entwickelten eine umfangreiche Theorie der nationalen Integration. Sie standen im Traditionszusammenhang der „organischen Arbeit" (*praca organiczna*), deren Anfänge in der ersten Hälfte des 19. Jahrhunderts lagen.[31] Demnach waren die Bemühungen um die Funktionsfähigkeit polnischer Institutionen unter den Bedingungen der Teilung eine Alternative zum bewaffneten Aufstand. Das Konzept der „organischen Arbeit" beruhte nicht, wie oft behauptet, auf der dreifachen Loyalität gegenüber der Macht der Teilungsstaaten, sondern sollte durch gesellschaftliche Institutionen die staatlichen unterminieren, durch soziale Integration eine schichtenübergreifende polnische Gesellschaft schaffen, die Germanisierung und Russifizierung durch Polonisierung der Unterschichten ersetzen. Nicht der Kampf für den eigenen Staat, sondern die Arbeit an der polnischen Gesellschaft war das Programm der „organischen Arbeit". Faktisch wollte die polnische *inteligencja* durch die Etablierung gesellschaftlicher Suborganismen Funktionen eines modernen Nationalstaates übernehmen. Dies bedeutete konkret die Gründung von Genossenschaften, Nationalbanken, Schulen, Ausbildungsstätten, Alphabetisierung, die Etablierung polnischen Gewerbes und die finanzielle Unterstützung polnischer Bauern. Eine entsprechende Agitation betrieb man vorrangig in ihren Zeitschriften. Innerhalb der jungen *inteligencja* stellten die „Positivisten" zweifellos die wichtigste Gruppe dar. Der Begriff „Positivismus" ist dennoch zu Unrecht zum Epochenbegriff der polnischen Geistesgeschichte der 1860er bis 1890er Jahre geworden. Selbst die am ‚Fortschritt' orientierte radikale *inteligencja* differenzierte sich, wie das Beispiel der entstehenden polnischen Frauenbewegung zeigt. Auch bei der gemäßigt konservativen und katholischen *inteligencja* fanden sich Ansätze zu einer durch die sozialen Wandlungsprozesse ausgelösten geistigen Umorientierung innerhalb des allgemeinen Wertewandels. Wie Andrzej Szwarc nachgewiesen hat, ist die Behauptung, die polnische *inteligencja* des Königreichs Polen habe während der Teilungszeit altruistisch und ausnahmslos allein der ‚polnischen Sache' gedient, ein Mythos. Der Macht dieses Mythos ist es zuzuschreiben, daß die Geschichte jener Intellektueller, die sich zunächst der russischen Herrschaft gegenüber loyal verhielten, weitgehend unbekannt ist. Von diesem Verdrängungsmechanismus war nicht nur die Geschichte konservativer Kräfte, sondern auch die polnischer Liberaler betroffen.[32]

---

30 BLEJWAS, Realism, S. 78.
31 Neben praktischen Traditionen der „organischen Arbeit", wie sie in Großpolen schon in den 1830er Jahren praktizierte wurden, sieht er Józef Supiński als eigentlichen Theoretiker der „organischen Arbeit" vor dem Januaraufstand an. Diese „realistischen" Traditionen sind seiner Meinung nach in der Historiographie bislang übersehen worden.
32 ANDRZEJ SZWARC, Obóz ogody a inteligencja w zaborze rosyjskim w latach 1864-1905,

1.2. Traditionen der Frauenbewegung in der polnischen Gesellschaft

Die Zugehörigkeit zur sogenannten „Adelsrepublik" hatte seit der Niederschlagung des Januaraufstandes als nationale Identifikationsgröße an Bedeutung verloren. Mit dem Scheitern der vom Adel getragenen romantischen Aufstandsideologie rückte die Idee der Integration der Unterschichten in den nationalen Körper in den Vordergrund. Dieses Konzept konnte nur dann umgesetzt werden, wenn es der *inteligencja* gelang, die Unterschichten an sich zu binden. Dies geschah durch die Vermittlung der polnischen Sprache in geheimen und halbgeheimen Bildungseinrichtungen. ‚Nation' wurde von der neuen *inteligencja* als sprachliche Gemeinschaft definiert. Sie grenzte damit jene Bevölkerungsgruppen aus, die nicht polnisch sprachen. In dieser Konstellation war die Polonisierung der Unterschichten und ihrer Kinder Arbeit an der nationalen Gemeinschaft. Da diese häufig von Frauen durchgeführten Maßnahmen nicht nur der Russifizierung entgegenwirken sollten, sondern auch der Bekämpfung des Analphabetismus dienten, wurde durch sie zusätzlich das Lesepublikum verbreitet, an welches sich die *inteligencja* in den an Zahl und Auflage stetig wachsenden Periodika wandte. Innerhalb der so geschaffenen Kommunikationsgemeinschaften wurden neue Realitätswahrnehmungen konstituiert, die der Gemeinschaftsbildung dienlich sein konnten.

1.2. Traditionen der Frauenbewegung in der polnischen Gesellschaft

> „Seit dem Scheitern des Januaraufstandes bis zu meiner Geburt waren 20 Jahre vergangen, aber dennoch lebte ich in einer Atmosphäre, die sich gewissermaßen unsichtbar, aber dennoch allgegenwärtig erhob, denn beinahe alles, was sich in meiner Kindheit ereignete, hatte seine Quelle im Januaraufstand, war dessen Folge, nämlich: Das Entstehen der neuen *inteligencja* aus dem verarmten Adel, die Notwendigkeit der Frauenerwerbstätigkeit und das Erwachen der Frauenbewegung, der Trieb zum Beruf unter der Jugend beiderlei Geschlechts, die Entwicklung der Industrie, die Bereicherung der Industriellen."[33]

In dieser Beschreibung der eigenen Kindheitserfahrung stellte die 1886 geborene Romana Pachucka in ihren 1958 erschienenen Lebenserinnerungen eine direkte Verbindung zwischen dem Januaraufstand und dem Entstehen der Frauenbewegung her. Die Autorin gehörte nach 1905 zur jüngeren Generation der polni-

---

in: Inteligencja polska XIX i XX wieku, Studia 6, hrsg. v. RYSZARDA CZEPULIS-RASTENIS, Warszawa 1991, S. 74-105; BRAIN A. PORTER, The Social Nation and Its Futures. English Liberalism and Polish Naionalism in late Nineteenth-Century Warsaw, in: American Historical Review 101, H. 5 (1996), 1470-1492.

33 ROMANA PACHUCKA, Pamiętniki z lat 1886-1914, Wrocław 1958, S. 11 (Übersetzung N. St.).

schen Frauenbewegung. Die Tatsache, daß der Adel nach der Niederschlagung des Januaraufstandes und infolge der gegen ihn gerichteten Maßnahmen der russischen Teilungsmacht verarmte, dient in diesem Zitat als Grund für die „Notwendigkeit der Frauenerwerbsarbeit". Diese Notwendigkeit trug der Darstellung Pachuckas gemäß zum Entstehen der Frauenbewegung bei.

Pachuckas Deutung entspricht weitgehend anderen Darstellungen zur Genese der „Frauenfrage" in Polen. Die Frauenbewegung selbst sah, obwohl ihre Traditionen in die Zeit vor dem Januaraufstand zurückreichten, in den sozialen, politischen und geistigen Wandlungsprozessen der Nachaufstandsperiode die Geburtsstunde des modernen polnischen Feminismus. Die in der ersten Hälfte des 20. Jahrhunderts von den Akteurinnen selbst festgeschriebene Traditionsabfolge wurde von der bisherigen Forschung übernommen. Dabei dienten einzelne Frauenpersönlichkeiten als Repräsentantinnen verschiedener ‚Epochen' in der Geschichte der gesellschaftlichen Aktivität von Frauen. Grundlegend ist hierbei die Vorstellung, daß die „Frauenfrage" vor dem Hintergrund des Modernisierungsprozesses, der von den Trägerinnen der Frauenbewegung als Fortschrittsgeschichte verstanden wurde, unterschiedliche Stufen durchlaufen habe. Die aufeinanderfolgenden Stufen wurden mit dem Schaffen engagierter Frauen identifiziert, die im Sinne einer Generationenfolge als die Ahnfrauen der Bewegung galten.[34] Die Trägerinnen des modernen polnischen Feminismus faßten sich als Erbinnen dieser Traditionen auf. Auf der jeweils höheren Stufe des Fortschritts waren aber die Ahnfrauen nicht mehr vorbildlich. Als die Leidtragenden der jeweils vorherigen Stufe des Evolutionsprozesses wurden sie idealisiert. Ihre Ziele jedoch wurden als rückständig dargestellt und ihre Lebenswege einer überwundenen Epoche zugeordnet.

Die überlieferten Darstellungen zitieren die Bemühungen Izabela Czartoryskas und Klementina Tańska-Hofmanowas um bessere Bildungsmöglichkeiten für Frauen. Izabela Czartoryska (1746-1835) hatte sich im ersten Jahrzehnt des 19. Jahrhunderts in der *Izba Edukacyjna* (Kammer für Erziehungswesen) des Herzogtums Warschau für eine Verbesserung des Mädchenschulwesens stark gemacht und als erste ein Reformprogramm zur Mädchenbildung vorgelegt.[35]

---

34 Die Schaffung einer „spezifischen Vergangenheit" durch die Frauenbewegung ist allgemein schlecht erforscht. Zum Beispiel erlangten Frauen, die Pionierarbeiten geleistet haben, Vorbildcharakter als „Die erste Frau, die …", vgl. MARIA GREVER, The Pantheon of Feminist Culture: Women's Movements and the Organization of Memory, in: Gender & History 9/2 (1997), S. 364-374, besonders S. 370-372.
35 Vgl. PAULINA KUCZALSKA-REINSCHMIT, Nasze cele i drogi. Szkic do programu działalności kobiecej, Lwów 1897, S. 10; zur Person Isabela Czartoryskas vgl. STEFAN KRÓL, 101 kobiet polskich. Ślad w historii, Warszawa 1988, S. 82-88. Sie war die Mutter Adam Czar-

1.2. Traditionen der Frauenbewegung in der polnischen Gesellschaft 37

Tańska-Hofmanowa (1798-1845) wandte sich hingegen in den zwanziger Jahren des 19. Jahrhunderts besonders gegen das „Nachäffen" der französischen Lebensart auf dem Gebiet der Mädchenerziehung. Dabei wollte sie nicht nur die Mädchenbildung verbessern, sondern mit Blick auf die Rolle von Frauen als Erzieherinnen zur Polonisierung beitragen. Sie ging von der Überlegenheit des männlichen Geistes aus und verlangte aus dieser Sicht von den Frauen, „das gründlich zu treiben, was der weiblichen Begabung entspricht".[36] Sie war vor allem als Verfasserin pädagogischer Literatur bedeutsam. Am häufigsten wurde ihr zuerst 1819 erschienenes Werk „Ermahnungen einer guten Mutter" zitiert, welches in der Form eines fiktiven geistigen Testaments gehalten ist. Darin wollte die Mutter Maria der Tochter Aniela (wörtlich: Engel) die Schönheit ihrer weiblichen „Vorsehung" begreiflich machen und formulierte dabei einen am Geschlechterdualismus anknüpfenden weiblichen Moralkodex. Schönheit, Gesundheit, Moral, Fleiß und Glauben erschienen als zusammenhängende weibliche Tugenden, welche sich mit den männlichen ergänzen sollten. Demgemäß sollte Bildung nicht das Ziel, sondern die „Zier" des weiblichen Lebens sein.[37] Als erste Frau in Polen konnte Tańska-Hofmanowa von ihrer publizistischen Tätigkeit leben. Außerdem wurde sie 1824 zur Inspektorin der Mädchenpensionate berufen. Diese Tätigkeit endete mit ihrer Emigration nach dem Novemberaufstand 1831.[38]

Einen festen Platz im historischen Bewußtsein der Frauenbewegung nimmt die auch unter ihrem Pseudonym Gabriella bekannte Schriftstellerin und Schülerin Tańska-Hofmanowas Narcyza Żmichowska (1819-1876) ein. Sie war die zentrale Figur im Kreis der sogenannten „Enthusiastinnen".[39] In Anlehnung an

---

toryskis, der als Leitfigur der nach dem Novemberaufstand in Paris tätigen Gruppe „Hotel Lambert" in die Geschichte eingegangen ist. Zur Frage der Frauenbildung in den ersten Jahrzehnten des 19. Jahrhunderts: JANINA ENDER, Sprawa kształcenia kobiet w dobie komisji edukacyjnej, in: Przegląd Historyczno-Oświatowy 15 (1972), Nr. 3, S. 462-484.

36 Zitiert nach: PAULINA KUCZALSKA-REINSCHMIT, Der Stand der Frauenbildung in Polen, in: Handbuch der Frauenbewegung, hrsg. v. HELENE LANGE u. GERTRUD BÄUMER, Bd. 3, Berlin 1902, S. 339-354, hier S. 343.

37 KLEMENTYNA Z TAŃSKICH HOFMANOWA, Pamiątka po dobrej matce (Wybór dział, Bd. V), Kraków 1898, S. 83.

38 Ebd.; Na straży praw kobiet. Pamiętnik Klubu Politycznego Kobiet Postępowych, 1919-1930, hrsg. v. SYLWIA BUJAK-BOGUSKA, Warszawa 1930, S. 6; JAN HULEWICZ, Sprawa wyższego wykształcenia kobiet w Polsce w wieku XIX, Kraków 1939, S. 26-37.

39 Vgl. BIANKA PIETROW-ENNKER, Women in Polish Society. A Historical Introduction, in: DIES. u. RUDOLF JAWORSKI, Women in Polish Society, New York 1992, S. 1-29, hier S. 18; CECYLJA WALEWSKA, Ruch kobiecy w Polsce, Warszawa 1909, S. 10 f. u. 17; HULEWICZ, Sprawa wyższego wykształcenia, S. 81-95; zur Person von Narcyza Żmichowska vgl. MIRELLA KURKOWSKA, Narcyza Żmichowska w środowisku warszawkim lat czterdziestych XIX w., in: Kobieta i świat polityki, Teil 1, a. a. O., S. 235-244; MAŁGORZATA CZYSZKOW-

Olympe de Gouges *Déclaration des droits de la femme et de la citoyenne* von 1791 forderten die Enthusiastinnen die „Menschwerdung" der Frauen in bezug auf die Menschenrechtserklärung, die allein für Männer galt.[40] Sie standen unter dem Einfluß der Romantik sowie des Saint-Simonismus.[41] Die Tatsache, daß die Enthusiastinnen in Salongesprächen ihre eigenen Standpunkte artikulierten, war bereits ein Bruch mit den gesellschaftlichen Umgangsformen und kennzeichnete diese Gruppe als Vorgängerin der Frauenbewegung.[42]

An diese in gleicher Weise romantische wie humanistische Tradition wurde in den sechziger Jahren nicht unmittelbar angeknüpft. Im Gefolge der sozialen Umbrüche der Nachaufstandsperiode erforderte dem zitierten Phasenmodell gemäß die neue Dringlichkeit des weiblichen Broterwerbs eine grundlegende Lösung der „Frauenfrage" als sozialer Frage. Solche Lösungen versprach die rationale Weltanschauung des Positivismus. Die Propheten des Realismus[43] bezogen die Frauen in den von ihnen angestrebten gesellschaftlichen Erneuerungsprozeß ein. Das Werk Eliza Orzeszkowas (1841-1910), die zum Kreis des „Warschauer Positivismus" gezählt wurde,[44] gilt als Bindeglied zwischen diesem und der Frauenbewegung. Die Frauenbewegung sah in Paulina Kuczalska-Reinschmit ihre Leitfigur. Deren Schriften avancierten zum Programm der Bewegung. Ihr erster programmatischer Text war die Broschüre *Nasze drogi i cele* (Unsere Wege und Ziele), die 1897 in Lemberg erschien.[45]

SKA-PESCHLER, She – a nobody without a name, in: Women in Polish Society, a.a.O., S. 122-126; MIECZYSŁAWA ROMANKÓWNA, Narcyca Żmichowska (Gabriella) (Nauka dla wszystkich, Nr. 118), Kraków 1970. 1906 wurde ein hauptsächlich aus Frauen bestehendes Komitee zur Vorbereitung der Feierlichkeiten aus Anlaß des dreißigsten Todestages von Żmiechowska gegründet, vgl. Bluszcz 1906, S. 556.

40 Der Text der ‚Frauenrechtsdeklaration' ist in deutscher Sprache zugänglich in: OLYMPE DE GOUGES, Schriften, hrsg. v. MONIKA DILLIER u. a., Frankfurt/Main ²1989, S. 36-48.

41 Zum Saint-Simonismus vgl. z.B. URSULA LINNHOFF, „Zur Freiheit, oh, zur einzig wahren". Schreibende Frauen kämpfen für ihre Rechte, Köln 1993, S. 25-43. Die Saint-Simonisten waren eine Gruppe französischer Frühsozialisten, welche die Emanzipation der Frauen theoretisch und praktisch vorantreiben wollten. Die bedeutendste Frau in dieser Gruppe war George Sand.

42 CECYLJA WALEWSKA, Ruch kobiecy w Polsce, Bd. 1, Warszawa 1909, S. 10.

43 Zum Messianismus der Positivisten, besonders Świętochowskis und dessen Selbstidealisierung vgl. BLEJWAS, Realism, S. 81 u. 83.

44 Zur Rolle Orzeszkowas im Positivismus vgl. ANTONI PILECKI, Orzeszkowa w dobie pozytywizmu, Bluszcz 1907, S. 255.

45 Vgl. hierzu CECYLJA WALEWSKA, Ruch kobiecy w Polsce, Bd. 1, S. 10-26; DIES., W walce o równe prawa. Nasze bojownice, Warszawa 1930, S. 5-11; KUCZALSKA-REINSCHMIT, Nasze drogi, S. 10-13; DIES., Z historyi ruchu kobiecego, in: Glos kobiet w kwestyi kobiecej, Kraków 1903, S. 232-339, hier S. 266-272, 311-325; Na straży praw kobiet, S. 6-10; diese Phasenmodelle werden in der aktuellen Forschung teilweise übernommen, vgl.

1.2. Traditionen der Frauenbewegung in der polnischen Gesellschaft

Die dargestellte Sicht auf die Genese der „Frauenfrage" in Polen soll im folgenden kritisch hinterfragt werden. Es ist zu untersuchen, wie die Landreform einerseits und die Industrialisierung andererseits die soziale Lage polnischer Frauen veränderten und inwiefern dies zur Entstehung einer Frauenbewegung führte.[46]

Die grundlegende Kritik westeuropäischer Feministinnen richtete sich gegen den männlichen Bürger, der die politische Macht inne hatte. Dieser Bürger berief sich auf die universelle Gleichheit, während er sie dem weiblichen Geschlecht vorenthielt. Dabei diente ihm die durch seine abhängige und unfreie Frau garantierte private Sphäre als Voraussetzung für sein öffentliches Schaffen.[47] Ein solcher Bürger bot sich als Feindbild der polnischen Frauenbewegung nicht an. Den nach der Auflösung der Ständegesellschaft Frauen gegenüber weiterhin gepflegten Patriarchialismus verkörperten hier vielmehr die Teilungsmächte. Die geringe politische Macht, die polnische Männer in den Staaten der Teilungsmächte ausüben konnten, spielte in der Propaganda der Frauenbewegung eine sehr untergeordnete Rolle. Die Kritik polnischer Feministinnen galt den Teilungsmächten als Repräsentanten einer überkommenen Ordnung der Ungleichheit, aber vor allem der Unfreiheit. Kongruent zum Fehlen einer durch staatliche Institutionen strukturierten bürgerlichen (männlichen) Öffentlichkeit kann ebenfalls das Fehlen einer bürgerlichen (weiblichen) Privatheit konstatiert werden. Der *dom* (das Haus/das Zuhause) konnte in diesen Verhältnissen zum quasi-öffentlichen Raum werden. Die Kinder wurden vielfach zu Hause unterrichtet, konspirative Treffen fanden in Privatwohnungen statt, im Hause wurde die nationale Kultur gepflegt. Der *dom* war der Ort des „nationalen Überlebens". Wenn man aufgrund dieser Beobachtungen die „Polarisierung der ‚Geschlechtscharaktere'"[48] auf das polnische Beispiel überträgt, so ist man zu der These verleitet, daß die polnische Gesellschaft ‚weiblich' war, während die Staaten der Teilungsmächte die männlich-agressiven, ausgrenzenden und patriarchalischen Züge verkörperten.[49]

---

hierzu PIETROW-ENNKER, Women in Polish Society; GRAŻYNA BURKOWSKA, Literatura i „geniusz kobiecy": wiek XIX, wiek XX, in: Kobieta i kultura, a. a. O., S. 29-43.

46 Zu den Ursachen der Entstehung der Frauenbewegung und der unterschiedlichen Lage von Arbeiterinnen und Frauen aus den Mittelschichten vgl. auch WALERIA MARRENÉ-MORZKOWSKA, Kobieta czasów dzisieszych, Warszawa 1902, S. 3-20.

47 Hierzu aus rechtshistorischer Sicht: UTE GERHARD, Grenzziehungen und Überschreitungen. Die Rechte der Frauen in der politischen Öffentlichkeit, in: Frauen in der Geschichte des Rechts. Von der Frühen Neuzeit bis zur Gegenwart, hrsg. v. UTE GERHARD, München 1997, S. 509-546, hier besonders S. 511-515.

48 KARIN HAUSEN, Die Polarisierung der „Geschlechtscharaktere", in: Sozialgeschichte der Familie in der Neuzeit Europas, hrsg. v. WERNER CONZE, Stuttgart 1976, S. 383-393.

49 So galt zumindest in der historischen bürgerlichen männlichen Rhetorik der Staat als

Das Fehlen eines polnischen Staates wirkte sich auf die nationale Rhetorik wie auf die Definition von Geschlechterrollen aus. Der moderne demokratische Nationalstaat, der zunehmend auch zum Sozialstaat wurde, war dort, wo ein solcher vorhanden war, der Adressat für die Forderung der Frauenbewegung nach politischer und sozialer Gerechtigkeit. Die Rückständigkeit der polnischen Gesellschaft war zu einem großen Teil ein Resultat der Teilungen. Die polnische Frauenbewegung kann daher nicht unter der Prämisse betrachtet werden, daß zur Entstehung eines modernen Feminismus ein moderner Nationalstaat notwendig sei. Vielmehr kommt hierin genau jener grundlegende Widerspruch zum Ausdruck, der ursächlich zur Entstehung der polnischen Frauenbewegung beigetragen hat. Nach der Auflösung der Ständegesellschaft und im Zuge der Industrialisierung hatten die Träger und Trägerinnen der Gesellschaft kaum Möglichkeit zur Ausgestaltung der politischen und sozialen Verhältnisse. Die sozialen Wandlungsprozesse, die mit der Aufhebung der Ständegesellschaft einhergingen, riefen jedoch den Wunsch nach Demokratisierung wach. Da ein Adressat für die Forderung nach politischer Partizipation und sozialer Gerechtigkeit nicht nur der Frauenbewegung, sondern auch den Unterschichten und Teilen der *inteligencja* fehlte, waren die tragenden Kräfte der Gesellschaft darum bemüht, diesen Mangel innerhalb quasi-familiärer Strukturen auszugleichen und so die innergesellschaftlichen Konflikte abzumildern. Dies begründet sich aus dem mangelnden Zugang polnischer Männer zu den politischen und ökonomischen Ressourcen.

Das Engagement von Frauen im Zuge der „organischen Arbeit" an der Gemeinschaft war der weibliche Beitrag zur nationalen Bewegung. Die polnische Frauenbewegung ging jedoch hierüber hinaus, da sie einerseits die Auswirkungen der gehemmten Modernisierung auf die Lage der Frauen thematisierte. Anderseits bezogen sich ihre Ziele auf ein spezifisches Verständnis der „Frauenfrage". Sie forderte eine Ethik ein, die für Frauen und Männer verbindlich war und eine Umdeutung der für das *społeczeństwo* konstitutiven Bilder von Männlichkeit und Weiblichkeit voraussetzte. Beim Kampf um die Durchsetzung dieser Ethik bediente sie sich, anders als die westeuropäischen Frauenbewegungen, nicht der Vorstellung vom Patriarchat, sondern definierte ihren eigenen Freiheitsbegriff.[50] Das vorrangige Problem und der Schlüssel zum Verständnis des

„männlich", die Familie hingegen als „weiblich", vgl. UTE FREVERT, „Mann und Weib, und Weib und Mann". Geschlechterdifferenzen in der Moderne, München 1995, S. 61-132.
50 Eine Auseinandersetzung mit dem Patriarchat findet sich nur bei WALEWSKA in einem sehr allgemeinen Sinne. Sie bemühte sich in ihrem Werk „Z dziejów krzywdy kobiet" (Warszawa 1908) um eine Erklärung für die Vorherrschaft des Mannes über die Frau und lehnte sich dabei an die Interpretation August Bebels an, die besagte, daß dieses Herrschaftsverhältnis die erste Stufe der Hierarchisierungen in der Menschheitsgeschichte gewesen sei.

polnischen Feminismus ist die Befreiung. Der Befreiungsbegriff richtete sich auf die nationale Befreiung sowie auf die individuelle, kulturelle und soziale Befreiung der Frauen im Sinne einer Emanzipation von überkommenen Strukturen. Während die alten (polnischen) Herrschaftsverhältnisse längst zerbrochen waren, ging es nun darum, als emanzipiertes Individuum an der allgemeinen Befreiung zu partizipieren. Diese sollte Männer und Frauen gleichermaßen einschließen. Dabei artikulierte die Frauenbewegung ihre eigene Vorstellung von Freiheit. Hinter dem Nationsbegriff der polnischen Frauenbewegung verbarg sich nicht in erster Linie der Staat, polnisch *państwo*, was bezeichnenderweise gleichzeitig Herrschaft (pan = Herr) bedeutet. Vielmehr bildete die *społeczność*, verstanden als soziale Gemeinschaftlichkeit, den Raum, in dem sich Emanzipation vollzog.

1.3. Nationale Identität und ‚Weiblichkeit' nach dem Januaraufstand

„Im Unterschied zum Helden, der aus einem militärischen oder inneren Kampf letztlich als Sieger hervorgeht und seinen Tod aus freien Stücken wählt, ist die Heldin Held zweiter Klasse, da sie in den seltensten Fällen Tat-Heldin, sondern eher Märtyrerin ist. [...] Obwohl der Selbstmord nach christlicher Lehre bis in unser Jahrhundert gesellschaftlich geächtet wurde, wird er im Zusammenhang mit der Verteidigung oder Sühne weiblicher Keuschheit zu einer heldenhaften, ja geradezu wünschenswerten Tat. Hintergrund ist die Vorstellung, daß mit der Hingabe ihres Lebens Frauen durch Tötung des verunreinigten Leibes die Sünde aus der Welt schaffen. Die Frau ist Signifikant für Schuld und Unschuld in der Gesellschaft, in gleicher Weise wie für Ordnung und Chaos. Erst der Opfertod macht die Frau zur Heldin. Hier trägt der Heldinnenkult die gleichen Züge wie der Marienkult."[51]

Das Weibliche hat in der nationalen wie christlichen Rhetorik allegorischen Charakter. In beiden Fällen sind die Jungfrau und die Mutter jene Figuren, welche die Reinheit und die Gemeinschaft verkörpern. Die Voraussetzung hierfür ist die Asexualität des weiblichen Vorbildes, die Körperlosigkeit der Figurine.[52] Die fleischgewordene Frau, die dem Manne leibhaftig gegenüber steht, kommt in diesem Kontext allenfalls als verführende Sünderin (Eva) oder als Hure vor.

---

51 Die Galerie der starken Frauen, hrsg. v. BETTINA BAUMGÄRTEL u. SYLVIA NEYSTERS, München 1995, S. 12.
52 Vgl. KATHRIN HOFFMANN-CURTIUS, Opfermodelle am Altar des Vaterlandes seit der Französischen Revolution, in: Schrift der Flammen. Opfermythen und Weiblichkeitsentwürfe im 20. Jahrhundert, hrsg. v. GUDRUN KOHN-WAECHTER, Berlin 1991, S. 57-92, hier besonders S. 60-71.

Der Begriff *Matka-Polka* betrifft eine solche Figurine. Die mütterliche Jungfrau ist eher die Inkarnation der Tradition und der Nation, als ihre Verteidigerin. Die Schwarze Madonna von Częstochowa, eine Marienikone auf dem Hellen Berg (Jasna Góra) steht für den Fortbestand Polens. Allein dieser Berg wurde vor der schwedischen Invasion geschützt, was auf die Wunderkraft der Jungfrau zurückgeführt wurde. Die „Schwarze Legende" erklärte die Heilige Jungfrau Maria zur Mutter der kriegerischen Adelsnation, die sich selber in der Rolle des Messias sah. In einem Gedicht Adam Mickiewiczs, des wichtigsten Vertreters der polnischen Romantik, wird unter dem Titel „An die Mutter-Polin" diese in der Rolle der polnischen Mutter Gottes präsentiert, welche ihren Sohn der Freiheit des Vaterlandes opfert.[53] Der Krieg gegen Schweden, der mit dem Wunder von Częstochowa 1655 eine entscheidende Wende nahm, stand in Polen im Zeichen der Gegenreformation.[54] Das *Matka-Polka*-Motiv diente der Legitimierung der kriegerischen, katholischen polnischen Adelsrepublik. Die Mutter Gottes von Częstochowa wurde seit der zweiten Hälfte des 14. Jahrhunderts „Die Königin des Volkes" genannt. Der Glauben an eine mütterlich-beschützende Funktion der Mariengestalt gegenüber dem polnischen Volk wurde durch das Wunder von 1655 gestärkt. Laut der polnischen „Katholischen Enzyklopädie" ist die Mutter Gottes im katholischen Glauben die „Verteidigerin der allerhöchsten nationalen Werte". Daher habe man sich in der Teilungszeit an die Częstochauer Ikone mit der Bitte um nationale Befreiung gerichtet.[55] Die weibliche Allegorie stand für Sieg und Kraft der ‚Nation'. Ihre Antipoden waren die ausländischen Ehefrauen der polnischen Könige, die durch ihre Einmischung in die Politik und ihre angeblichen Versuche, den Absolutismus in Polen gegen die „Adelsdemokratie" durchzusetzen, jenen Zustand der angeblichen Anarchie herbeigeführt hätten, der in die polnischen Teilungen mündete. In diesem Kontext war die „Schwarze Legende" seit den Teilungen xenophobisch und frauenfeindlich besetzt.[56] Das Matka-Polka-Motiv wurde besonders in der Kunst, seltener in programmatischen Texten der Jahrhundertwende zitiert.[57]

National konstruierte Weiblichkeitsbilder können nicht als starre Konstanten der Nationalkultur gelesen werden. Ihre Betrachtung ist kontextabhänig. Da-

---

53 Vgl. ADAM MICKIEWICZ, Lyrik polnisch und deutsch, Leipzig 1978, S. 154f.
54 Zur Geschichte der Verteidigung Częstochowas vgl. OLGIERD GÓRKA, Legenda a rzeczywistość obrony Częstochowy w roku 1655, Warszawa 1957.
55 Encyklopedia Katolicka, Bd. 3, Lublin 1979, S. 858f. Vgl. auch JANUSZ ST. PASIEB, Matka Boska. Częstochowska w kulcie i kulturze polskiej, in: Marja – Matka narodu polskiego, hrsg. v. STANISŁAW GRZYBI, Częstochowa 1983, S. 313-324.
56 Vgl. JANUSZ TAZBIR, Portret w plamach, in: Gazeta Wyborcza, 21.-22. 9. 1996, S. 12-15.
57 Vgl. JAN K. OSTROWSKI, Die polnische Malerei: Vom Ende des 18. Jahrhunderts bis zum Beginn der Moderne, München 1989, S. 125 u. 139f.

1.3. Nationale Identität und ‚Weiblichkeit' nach dem Januaraufstand

mit unterliegen sie im Zuge der Konstruktion von nationaler Identität einer Prozeßhaftigkeit. Die Nachaufstandsgeneration der polnischen *inteligencja* ignorierte die kulturell gewachsenen Weiblichkeitsfigurinen nicht, sondern transformierte sie. Dies gilt insbesondere für die Frauenbewegung, die in ihrer Rhetorik das Opfer und die Pflicht gleichermaßen idealisierte. Für die Ausgestaltung weiblicher Identität nach der Niederschlagung des Januaraufstands war es von entscheidender Bedeutung, daß der männliche Held geschlagen war. Trat an seine Stelle die weibliche Heldin auf den Plan? Dies jedenfalls konstatierte Norman Davies:

> „Das Muster des polnischen Patriotismus war am Ende des 19. Jahrhunderts nicht der Revolutionär mit dem Revolver in der Tasche, sondern die Jungfrau aus gutem Hause mit dem unter dem Schal verborgenen Lehrbuch."[58]

Die Erziehungsaufgabe der Frauen wurde im Zuge der Nationalisierung der Bildung zum Anlaß genommen, vor dem Hintergrund ihres vermeintlich natürlichen Betätigungsfeldes in der Familie Geschlechterrollen umzudeuten. Diese Umdeutungen beinhalteten den gleichzeitigen Aus- und Einschluß des Weiblichen in seinem Verhältnis zum nationalen Körper. Die Familie als Ausgangspunkt des modernen Geschlechterdualismus war gerade jener Bereich, der als Privatsphäre vom Einfluß der Teilungsmächte unberührt bleiben sollte. Dies mußte in Gestalt der Reinheit der Frau gesichert werden. Garantiert wurde diese u.a. durch die Weigerung der Frauen, Ausländer zu heiraten. Hierbei wurde die zuerst in einer großpolnischen Chronik aus dem 13. Jahrhundert bezeugte Legende von Wanda zum Muster genommen. Diese Tochter des polnischen Gründervaters Krak hatte sich demnach durch Selbstmord der Ehe mit einem Deutschen erwehrt.[59]

Die Substanz der polnischen Gesellschaft wurde nicht mehr durch die Mutter an sich repräsentiert, wie es für die romantische Rezeption des *Matka-Polka*-Motivs signifikant war. Vielmehr wurde die Mutter zur Erzieherin. Die Pädagogin übertraf die Mutter an nationaler Pflichterfüllung gegenüber den Kindern und der Gemeinschaft. Die *Matka-Polka* war nicht mehr die Mutter der Adelsnation, sondern die des Volkes. ‚Mütterlich' nahmen sich gebildete Frauen des Volkes an und wünschten dessen Einbindung in die neu definierte nationale Gemeinschaft. Indem sie in der Gesellschaft und nicht mehr in den engen Grenzen

---

58 Norman Davies, Boże igrzysko. Historia Polski, Bd. 2, Kraków 1991, S. 299 (Übersetzung von N. St.).
59 Vgl. Zofia Daszyńska-Golińska, Kobieta Obywatelka, in: Głos kobiet w kwestyi kobiecej, Kraków 1903, S. 198-216, hier S. 202 f.; auch in diesem Text wird Wanda als mustergültige Heldin dargestellt, die sich für das Vaterland geopfert hat; allgemein zur Wanda-Legende Andrzej Domiński, Kobiety z mitów i legend, Katowice 1988, S. 191-193.

der drei K's erzieherische Arbeit leisteten, wurden Frauen zu Müttern der Gesellschaft. Die Mütterlichkeit wurde dabei in einer säkularisierten Form entkörpert. Weibliche Sexualität war keine Voraussetzung für die mütterliche Betätigung in der Gesellschaft. Eine Verkörperlichung der Frauen in Gestalt gleichgestellter Bürgerinnen befand sich im Widerspruch zu jenen besonderen Funktionen, die dem Weiblichen im nationalen Körper zugedacht waren. So beschrieb auch Zofia Daszyńska-Golińska in ihren Ausführungen unter dem Titel *Kobieta Obywatelka* (Die Frau als Bürgerin) die Bürgerin nicht als eine dem Bürger gleichgestellte Rechtsperson, sondern als Inkarnation des Weiblichen. Weibliche Bereitschaft zum Opfer empfahl sie als Bürgerinnenpflicht. Das Wochenbett wurde zum Äquivalent des Schlachtfeldes. Ließen die Männer ihr Blut im Krieg, so ließen es die Frauen beim Gebären. Da der Epoche der kriegerischen Barbarei nun die Epoche des zivilisierten Friedens folge, seien die Bürgerpflichten der Frauen in der sozialen Arbeit zu suchen, besonders auf dem Gebiet der Bildung und der Erziehung des Volkes. Daszyńska-Golińska schlug vor, alle Frauen sollten ein Jahr ihres Lebens allein dem „sozialen Dienst" widmen. Der Text erschien 1903.[60]

Es ist bezeichnend, daß die Tradition weiblicher Wehrhaftigkeit,[61] wie sie in der Geschichte der polnischen Aufstände besonders durch Emilia Plater verkörpert wird, in der Nachaufstandsperiode nicht aufgegriffen wurde. Das Adelsfräulein Emilia Plater (1806-1831) hatte sich aktiv am Novemberaufstand 1830 beteiligt. In Litauen bewaffnete sie am 29. März 1831 in der kleinen Stadt Dusiata eine Gruppe von einigen hundert mutmaßlich männlichen Personen, die unter ihrem Befehl einen Partisanenkampf begannen. Plater starb nach der Niederschlagung des Aufstandes auf dem Rückweg nach Warschau.[62] Bei der Rekonstruktion des Plater-Mythos zeigt sich, daß diese Figur sowohl in der Romantik als auch im Ersten Weltkrieg als eine kriegerische Gestalt national überhöht wurde. Der jungfräuliche Tod der Plater wurde als Opfer auf dem Altar des Vaterlandes interpretiert und diente der Legitimierung des nationalen Kampfes. Dies ist die Voraussetzung für die nationale Verehrung Platers.[63] Die Plater-Legende wird häufig mit dem Mythos der Jeanne d'Arc in Verbindung gebracht.[64] Die amerikanische Forscherin Halina Filipowicz unterstellt der Plater-

---

60 Daszyńska-Golińska, Kobieta Obywatelka, S. 212-215.
61 Vgl. Wiktoria Śliwowska, Polskie drogi do emancypacji, in: Losy Polaków w XIX i XX wieku, Warszawa 1989, S. 210-247.
62 Vgl. Król, 101 kobiet polskich, S. 140-143.
63 Halina Filipowicz, The Daughters of Emilia Plater, in: Engendering Slavic Literatures, hrsg. v. Pamela Chester u. Sibelan Forrester, Bloomington 1996, S. 34-58.
64 Vgl. Filipowicz, The Daughters of Emilia Plater, S. 43 f; Król, 101 kobiet polskich, S. 141.

1.3. Nationale Identität und ‚Weiblichkeit' nach dem Januaraufstand 45

Figur nationale und emanzipatorische Züge. Sie konstatiert, daß Plater allein als Nationalheldin und nicht als Vorbild einer Frau, welche die ihr gesteckten Grenzen überschritt, rezipiert wurde. Filipowicz übersieht, wenn sie Plater als Vorbild weiblicher Emanzipation anbietet, daß sich das Gesellschaftsbild der Nachaufstandsperiode gerade in Abgrenzung zur Aufstandsmentalität des Adels definierte und insofern eine bewaffnete Frauengestalt in Gegensatz zu den weiblichen Idealen der Jahrhundertwende trat.

Die Suche nach einem zeitgemäßen Heldentum war 1913 Gegenstand einer Artikelserie des *Bluszcz*. Die aktuelle Herausforderung sahen die Autorinnen Zofia Seidlerowa und Cecylja Walewska nicht im Krieg und im Kampf, sondern im Alltag. Nicht mehr der Soldat, sondern all jene, die sich im täglichen Existenzkampf solidarisch verhielten und den täglichen Dienst am Volk als ihre Pflicht auffaßten, wurden hier zu rationalen Helden und Heldinnen des Alltags erklärt.[65] Das nationale Programm der zweiten Hälfte des 19. Jahrhunderts gründete sich hauptsächlich auf ‚weibliche' Tugenden wie Fleiß, Geduld, Friedlichkeit, Integrationsfähigkeit, Beständigkeit und Verzicht auf große Gesten. Vor diesem Hintergrund konnte die polnische Frauenbewegung im nationalen Andenken bedeutsame Frauengestalten zugleich zu ihren Ahnfrauen erklären. Eine vergleichende Lektüre des *Album biograficzny zasłużonych Polaków i Polek wieku XIX* (Biographisches Album außergewöhnlicher Polen und Polinnen des 19. Jahrhunderts), welches kurz nach der Jahrhundertwende erschien, offenbart die weitgehende Deckungsgleichheit von nationalem und feministischem Andenken in bezug auf hier wie dort anerkannte Frauenpersönlichkeiten. Dabei zeigt sich eine bemerkenswerte Entwicklung bei der Integration weiblicher Leitfiguren in die nationale Geschichte. Die 1901 entstandene Beschreibung Izabella Czatoryskas nimmt diese holländische Prinzessin problemlos in das nationalpolnische Andenken der *inteligencja* auf. Der Text bemüht die sarmatische Adelstradition, welche sich an ständischen Zusammengehörigkeitskriterien orientiert. Dagegen personifiziert Tańska-Hofmanowa hier die romantische Tradition und somit die Nationalisierung der Adelskultur, die mit einer Aufwertung der Muttersprache und der Mutterschaft sowie der Kinder und des Volkes im Kontext der Erfindung der Kulturnation einhergeht. Żmichowska erscheint als Stellvertreterin der liberalen Tradition, in welcher die Wertschöpfung durch die gemeinsame Arbeit der Bürger begründet wird. Außer diesen Personen, die in der Traditionspflege der Frauenbewegung in ähnlicher Weise modellhaft für ein idealtypisch gedachtes Vorwärtsstreben der Gesellschaft stehen, kennt das zitierte biographische Album noch eine Handvoll weiterer „außergewöhnlicher Frauen", die entweder durch hervorragende schrift-

---
65 Vgl. Bluszcz 1913, S. 258 f., 372 f., 384 f.

stellerische Leistungen oder durch patriotische Betätigung während der Aufstände in diesen Rang erhoben werden.[66] Die Beobachtung, daß die Ahnfrauen der Frauenbewegung gleichzeitig Protagonistinnen der nationalen Geschichte waren, verweist auf eine Frauengeschichtsschreibung, die besonders den Beitrag der Frauen zur allgemeinen Geschichte und zum Allgemeinwohl hervorhebt. Dieser in der polnischen Historiographie stark ausgeprägten Anschauungsweise ist die Tatsache zu verdanken, daß Frauen traditionell einen wichtigen Platz im nationalen Andenken haben. Hier jedoch fungieren sie, wie gezeigt, als Verkörperung der Entstehung, der Aufrechterhaltung und des Fortbestandes der Nation. Aus dieser Konstellation ergibt sich, daß ‚die Feministin' ein ‚Sonderfall' der polnischen Geschichte, die nationale Ahnfrau jedoch eine durch die Notwendigkeit des Fortbestandes der nationalen Gemeinschaft legitimierte Figurine blieb. Nicht die Frau als Individuum, sondern die Frau als Glied der Gemeinschaft ist hier ein kulturell sanktioniertes Wesen, welches unabhänig von der nationalen Entwicklung nicht gedacht werden kann. Das grundlegende Problem bei der Erforschung der polnischen Frauengeschichte des 19. und 20. Jahrhunderts ist, daß bei der allgemein behaupteten und anerkannten großen Bedeutung der Frauen für die nationale Gemeinschaftsbildung die im Zuge dieser Gemeinschaftsbildung konstruierten Weiblichkeitsbilder als Schablonen bei der Betrachtung der historischen Subjekte angelegt werden. Demgegenüber vollzieht sich die individuelle Emanzipation von festgeschriebenen (Geschlechter-) Rollen auf der Ebene der Subjekte und ist nicht Gegenstand des nationalen Erbes oder Andenkens. Diese Tendenz zur Negierung der Subjekte zugunsten der nationalen Verortung verschiedener Funktionsträger ließe sich auch für männliche Gestalten nachvollziehen, wobei diese andere Plätze des Andenkens besetzen.

1.4. Die „Frauenfrage" als soziale Frage im Königreich Polen

Wenn ich im folgenden die „Frauenfrage" als soziale Frage darstelle, so kann dies aufgrund der schmalen Materialbasis nur sehr oberflächlich geschehen. Die Statistiken zur Frauenerwerbsarbeit haben vor allem den Nachteil, daß sie keine Angaben über die soziale Herkunft der Frauen in den verschiedenen Berufen enthalten. Anna Żarnowska bemerkte, daß viele aus dem verarmten Adel oder der *inteligencja* stammende Frauen an der ohnehin schon hoch angesehenen

---

66 Namentlich: Paulina Krakowska, Emilia Sczaniecka, Katarzyna Sowińska und Eleonora Ziemięcka; Album biograficzne zasłużonych kobiet wieku XIX, 2. Bd., Warszawa 1901-1903.

1.4. Die „Frauenfrage" als soziale Frage im Königreich Polen 47

Produktion von Luxuskleidung beteiligt waren.[67] Es ist jedoch davon auszugehen, daß Frauen aus dieser Schicht nach einer noch qualifizierteren Arbeit strebten. Diese fanden sie vor allem als Lehrerinnen, seltener als Schriftstellerinnen, Journalistinnen oder Angehörige medizinischer Berufe. Für diese Berufsgruppen, denen auch zahlreiche Trägerinnen der Frauenbewegung angehörten, gibt es so gut wie keine verwertbaren Daten.

Die Jahre nach dem Januaraufstand waren in Kongreßpolen durch ein hohes Bevölkerungswachstum und rege Wanderungsprozesse auf der Suche nach Erwerbsarbeit geprägt. An diesen Wanderungsbewegungen waren Frauen in einem nicht unerheblichen Maße beteiligt. In den 1890er Jahren waren 52 Prozent der Warschauer Bevölkerung weiblich. Von dieser weiblichen Bevölkerung waren jedoch 1897 nur 28 Prozent in Warschau geboren. Frauen wanderten besonders aus dem Königreich Polen zu, bei den Zuzügen aus den restlichen Teilen des russischen Reiches und anderen Staaten überwog der Männeranteil.[68]

Viele unverheiratete Frauen kamen auf der Suche nach Erwerb nach Warschau. Von den Frauen, die nicht in Warschau geboren waren und die einer Erwerbstätigkeit nachgingen, arbeiteten 1882 66 Prozent als Hausangestellte (Dienstmädchen, Hauslehrerinnen, Gouvernanten, Kindermädchen). Dieser Arbeitsbereich feminisierte sich in der zweiten Jahrhunderthälfte, wie überall in Europa, erheblich. 1897 waren 79 Prozent der häuslichen Bediensteten im Königreich Polen weiblich. In Warschau stieg diese Zahl von 60 Prozent im Jahre 1880 auf 93 Prozent im Jahre 1910. Diese Entwicklung lag in der Tendenz begründet, statt einer differenzierten Dienerschaft nur noch ein „Mädchen für alles" zu beschäftigen.[69]

Der Anteil der Frauen an der erwerbstätigen Warschauer Bevölkerung betrug ca. 30 Prozent und blieb seit den 1880er Jahren bis nach dem Ersten Weltkrieg relativ konstant.[70] 1897 hatten hier 92.380 Frauen ein Einkommen, davon arbeiteten 43 Prozent als Dienstmädchen, 18 Prozent in Gewerbe und Industrie, knapp acht Prozent im Handel und bei Banken, neun Prozent als Heimarbeiterinnen und fünf Prozent in der Administration, beim Gericht oder freiberuf-

---

67 ANNA ŻARNOWSKA, Changes in the Occupation and Social Status of Women in Poland Since the Industrial Revolution till 1939, in: Acta Poloniae Historica 71 (1995), S. 123-131, hier S. 124.
68 NIETYSZKA, Ludność, S. 39-41.
69 ANNA ŻARNOWSKA u. ELŻBIETA KACZYŃSKA, Market Related Work and Household Work, in: Women in the Labour Force, Leuven 1990, S. 80-89, hier S. 82 f.
70 NIETYSZKA, Ludność, S, 138; Zahlen für den Ersten Weltkrieg liegen nicht vor.

lich.⁷¹ In der letzten Gruppe war der größte Teil als Lehrerin oder Erzieherin beschäftigt (2.149 Personen), gefolgt vom Gesundheitswesen (1.141 Personen), der privaten Administration (562 Personen) und Frauen, die mit Wissenschaft, Literatur und Kunst ihr Geld verdienten (458 Personen).⁷²

Dienstmädchen und Arbeiterinnen stellten den größten Teil der verdienenden weiblichen Bevölkerung. Bei den qualifizierten Berufen waren die pädagogischen am weitesten verbreitet. Außerdem wurden von den Frauen mit Einkommen etwas mehr als acht Prozent unter die Rubrik „Kapitalisten" gezählt. Dies waren Frauen, die sich durch Kapitalerträge wie zum Beispiel Mieten unterhielten.⁷³ Insgesamt arbeiteten 1897 in Warschau 39 Prozent der Frauen und 90 Prozent der Männer zwischen 15 und 59 Jahren.⁷⁴

Die ökonomische Verunsicherung im Gefolge des sozialen Wandels wirkte sich auch auf das Heiratsverhalten aus. Es ist nämlich eine fälschliche Annahme, daß die Zahl unverheirateter (und damit ‚unversorgter') Frauen auf den statistischen Frauenüberschuß zurückzuführen sei. Auf 1.000 Männer kamen in Warschau 1882 1.112, 1897 1.109 und 1913 1.076 Frauen.⁷⁵ Da der Frauenüberschuß besonders bei den über Sechzigjährigen überwog und außerdem auch zahlreiche Männer unverheiratet blieben, kann man die „Frauenfrage" nicht auf die ökonomische Unterversorgung der ‚alten Jungfern' (die keinen Mann ‚abgekriegt' haben) reduzieren. Die Zurückhaltung gegenüber Eheschließungen läßt sich in der katholischen Bevölkerung eher auf die schlechte ökonomische Basis der potentiellen Partner zurückführen.⁷⁶ Es herrschte also nicht ein Mangel an heiratsfähigen Männern, sondern ein Mangel an ökonomischer Absicherung. Besonders im deklassierten Adel wurden die Veränderungen der familiären Strukturen, die nun auf einer neuen ökonomischen Basis aufgebaut werden mußten, vielfach als tragisch erlebt. Die Versorgungsunfähigkeit der Männer muß als ein erheblicher Prestigeverlust derselben gesehen werden. Unter diesen Umständen konnten die Eltern nicht weiter den zukünftigen Partner der Tochter bestimmen. Sie konnten auch nicht von ihr verlangen, auf einen Ehemann zu warten. Die Ausbildung der Töchter wurde unerläßlich zum Ersatz

---

71 NIETYKSZA, Przemiany aktywności zawodowej kobiet, in: Kobieta i społeczenstwo, a. a. O., S. 107.
72 Ebd., S. 108.
73 Ebd., S. 107.
74 Ebd., S. 104.
75 NIETYSZKA, Ludność, S. 81.
76 Ebd., S. 94-98; in der jüdischen Bevölkerung gab es diese Zurückhaltung weniger. Traditionell wurde in dieser Bevölkungsgruppe unabhängig von ökonomischen Überlegungen sehr früh geheiratet; vgl. hierzu MONICA RÜTHERS, Tewjes Töchter. Lebensentwürfe ostjüdischer Frauen im 19. Jahrhundert, Köln, Weimar, Wien 1996, S. 138-145.

1.4. Die „Frauenfrage" als soziale Frage im Königreich Polen

für die Versorgung durch einen Ehemann. Dies bedeutete allerdings keineswegs, daß die ausgebildeten Frauen später keine Ehen eingehen würden.

Der soziale und ökonomische Wandel wirkte sich auf die Familienstrukturen aus und bewirkte eine Veränderung der grundlegenden Ideale der Gesellschaft. Eines der neuen Ideale war die Arbeit, verstanden als Arbeit für die Gemeinschaft (*praca u postaw, praca organiczna*). Zu einer solchen als nützlich deklarierten Arbeit strebten besonders gebildete Frauen. Bildung und Arbeit waren dabei Mittel, die zu einer Teilhabe an der Gesellschaft führen konnten. Die Bildungsfrage steht daher auch an erster Stelle des Themenkanons der Bewegung nach dem Januaraufstand. Es war für gebildete Frauen weniger der Zwang zur Erwerbsarbeit als vielmehr die Freisetzung aus den traditionellen Strukturen, die sie zu emanzipatorischem Handeln trieb. Diese Frauen deklarierten für sich „Autonomie und das Recht, über ihr eigenes Schicksal zu entscheiden".[77]

Das Bildungsideal der *inteligencja* hatte trotz zahlreicher Bemühungen um Volksbildung kaum Auswirkungen auf die Lage der Arbeiterinnen. Die Erwerbstätigkeit von Frauen nahm tatsächlich in diesem Milieu am deutlichsten zu. Gerade da, wo keine Qualifikation gefordert wurde, stieg die Zahl erwerbstätiger Frauen rapide. Hier war die „Kategorie Frau" die unterste unter den verschiedenen Gruppen von Erwerbstätigen.[78] Als Arbeiterinnen wurden Frauen im Königreich Polen vor allem als ungelernte Kräfte in der Textil- und Tabakindustrie beschäftigt. 1908 betrug der Anteil von Frauen an den in der Textilindustrie Beschäftigten 46 Prozent, in der Bekleidungsindustrie vor dem Ersten Weltkrieg über 57 Prozent. In der tabakverarbeitenden Industrie waren fast ausschließlich Frauen angestellt.[79] Den größten Anteil an der weiblichen Arbeiterschaft stellten junge Mädchen unter 18 Jahren, die meist unverheiratet waren.[80] Schon 1897 war ein Viertel der Arbeiterinnen verheiratet. Diese Zahl blieb bis in die Zwischenkriegszeit konstant.

Anna Żarnowska betont in ihren Ausführungen zur Lage der Arbeiterinnen, daß diese ihre Erwerbsarbeit als „notwendiges Übel"[81] ansahen. Die Rolle des Mannes als Ernährer der Familie sollte hier möglichst unangetastet bleiben, was durch die schlechte Entlohnung weiblicher Arbeitskräfte begünstigt wurde. Die Familienstrukturen veränderten sich durch den Beitrag der Frauen zum Einkommen nicht zwangsläufig zu deren Gunsten. Die Fabrikarbeit von Frauen

---

[77] Na straży praw kobiet. Pamiętnik Klubu Politycznego Kobiet Postępowych, 1919-1939, hrsg. v. Sylwia Bujak-Boguska, Warszawa 1930, S. 8.
[78] Anna Żarnowska, Kierunki aktywności zawodowej kobiet w Polsce XX (do 1939 r.), in: Kobieta i edukacja, Teil 2, a.a.O., S. 161-173, hier S. 162f.
[79] Żarnowska, Changes in the Occupation, S. 124
[80] Ebd., S. 128
[81] Żarnowska u.a., Market Related Work, S. 84

konnte entweder ihre Ursache in der Instabilität der Familie in Folge von industrieller Revolution und Massenmigration haben, oder der „Zuverdienst" diente der Stabilisierung der Arbeiterfamilie.[82] Da Frauen auf der untersten Stufe der ungelernten Arbeitskräfte eingestellt wurden, dürfte ihr soziales Prestige nicht besonders hoch gewesen sein. In den Sparten, wo die Frauenarbeit am stärksten verbreitet war, verdienten Frauen häufig nur halb so viel wie Männer. In den Jahren 1886 bis 1888 betrug der durchschnittliche Monatslohn in der Tabakverarbeitung für Frauen 10 bis 12 Rubel, für Männer 16 Rubel. In der Zuckerherstellung verdiente eine Arbeiterin 5,75 bis 6,5 Rubel, ein Arbeiter hingegen 8,75 bis 9,75 Rubel. Im Durchschnitt verdiente eine Industriearbeiterin 9,75 Rubel, ihr männlicher Kollege brachte 17 Rubel nach Hause.[83]

Im russischen Teilungsgebiet fanden die beschleunigten ökonomischen Wandlungsprozesse Eingang in die Diskussion der „Frauenfrage". Hierbei war es überaus wichtig, daß sich die industrielle Revolution und die nationale Repression zeitgleich vollzogen. Die Verbindung der nationalen und der sozialen Frage war für diese von entscheidender Bedeutung.

1.5. Mädchenbildung im Königreich Polen

Die Bildungseinrichtungen für Frauen waren ebenso wie die Frauenzirkel Orte weiblicher Öffentlichkeit. Die Bemühungen der *inteligencja* um die Bildung der Frauen und des Volkes trug auf der praktischen Ebene ihre Früchte vor allem auf dem Gebiet der mittleren Mädchenbildung und der Alphabetisierung. Beide Bildungsoffensiven wurden von der polnischen Gesellschaft organisiert, teilweise gegen die Teilungsmächte, teilweise an ihnen vorbei. Die größtenteils von Frauen getragenen Bildungseinrichtungen waren entweder „privat" oder „geheim".

1.5.1. Elementarschulen

Im Königreich Polen stand neben der verstärkten Russifizierung das Problem des Analphabetismus an erster Stelle. Im Jahr 1897 waren im russischen Teilungsgebiet 75 Prozent der ländlichen und 50 Prozent der städtischen Bevölke-

---

82 Ebd.
83 STANISLAUS HERSE, Frauenarbeit im Königreich Polen, (Diss.) Zürich 1912, S. 73 f.

rung des Lesens und Schreibens nicht mächtig.[84] Im selben Jahr waren in Warschau 44,7 Prozent der Analphabeten Männer und 55,3 Prozent Frauen.[85] Ein Schul- oder Unterrichtszwang bestand nicht. Die Elementarbildung umfaßte zwei Schulklassen mit demselben Unterrichtsstoff für Mädchen und Jungen. In Warschau, wo der Elementarunterricht nicht koedukativ gehalten wurde, betrug die Zahl der Mädchenschulen 45. Für Jungen standen 106 Elementarschulen zur Verfügung. Im Bereich der Elementarschulen war die Zahl der staatlichen Lehranstalten wesentlich höher als die der privaten.[86]

Die Mängel im Bildungswesen des Königreichs Polen wurden teilweise durch den sogenannten „geheimen" Unterricht ausgeglichen. Eine nicht geringe Anzahl von Erwachsenen und Kindern wurde auf diese Weise alphabetisiert. Laut Angaben von Dionizja Wawrzykowska-Wierciochowa erhielten allein in Warschau vom Beginn der Russifizierung bis zum Ausbruch des Ersten Weltkrieges 2.000 Kinder ihre Elementarbildung in geheimen Bildungseinrichtungen. In diesen lag der Unterricht fast ausschließlich in den Händen von Frauen. 1901 sollen 33 Prozent der polnischen Bevölkerung ihre Lese- und Schreibfähigkeit Untergrundlehrerinnen zu verdanken gehabt haben, wobei diese Art der Volksbildung angeblich die einzige war, die auch die weibliche Landbevölkerung erreichte.[87] Zahlreiche Kinder aus gebildeten oder begüterten Familien erhielten ihre Elementarbildung zu Hause durch die Eltern oder durch Hauslehrer und Hauslehrerinnen.

1.5.2. „Privater" und „geheimer" Unterricht

Auf dem Gebiet der Sekundärschulen machte das staatliche Bildungswesen im Königreich Polen noch weniger Fortschritte als in Rußland selbst.[88] Dies betraf besonders die Mädchenbildung. Es gab in den 1890er Jahren in Warschau vier staatliche Gymnasien, im übrigen Königreich Polen acht weitere, die für Mäd-

---

84 Vgl. Kamilla Mrozowska, Sto lat działalności kobiet polskich w oświecie i nauce (Nauka dla wszystkich, Nr. 132), Kraków 1971, S. 26.
85 Vgl. Stefania Kowalska-Glikman, Analfabetyzm w Warszawie w okresie międzypostaniowym, in: Społeczeństwo polskie XVIII i XIX wieku, Bd. 5, Warszawa 1972, S. 211-234, hier S. 211.
86 Kuczalska-Reinschmit, Der Stand der Frauenbildung, S. 344.
87 Vgl. Dionizja Wawrzykowska-Wierciochowa, Udział kobiet w tajnym i jawnym ruchu społeczno-kulturalnym w Warszawie w latach 1880-1914, in: Z dziejów książki i bibliotek w Warszawie, Warszawa 1961, S. 283-319, hier S. 287 u. 289.
88 Zur Mädchenbildung in Rußland vgl. Carmen Scheide, Frauenbildung. Gesellschaftlicher Aufbruch und Mängel staatlicher Politik, in: Aufbruch der Gesellschaft im verordneten Staat, hrsg. v. Heiko Haumann u. Stefan Plaggenborg, Frankfurt a. M. u. a. 1994, S. 296-317.

chen zugänglich waren.[89] Diese Zahl veränderte sich von 1864 bis zur Ersten Russischen Revolution nicht. Das Gros der weiterführenden Bildungseinrichtungen für Mädchen war aus privater Initiative entstanden. Die sogenannten „Pensionate", die in der Regel von Frauen geleitet wurden und in denen größtenteils weibliche Lehrkräfte beschäftigt waren, standen allein weiblichen Schülern offen. Ihre Zahl stieg in Warschau von 20 im Jahre 1880 auf 77 im Jahre 1903. Diese Pensionate umfaßten zwischen zwei und sechs weiterführende Schulkassen. Die Voraussetzung für die Erlangung einer Unterrichtserlaubnis oder zum Besuch einer ausländischen Universität war jedoch der Abschluß der siebten Klasse. Mädchenpensionate durften die siebte Klasse aber nicht anbieten. Durch eine Prüfung vor der Kommission eines Knabengymnasiums konnten junge Frauen eine Unterrichtserlaubnis bekommen. Lehrten sie ohne diese Erlaubnis, drohten sowohl ihnen als auch ihren Arbeitgebern harte Strafen.

Auf dem Papier galt in den Mädchenpensionaten derselbe Unterrichtsplan wie für die staatlichen Schulen. Häufig hatten diese Lehranstalten jedoch einen offiziellen und einen geheimen Lehrplan für polnische Sprache, Geschichte und Literatur.[90]

Die meisten Pensionate verfügten über ausgeklügelte Systeme für den Fall, daß der Inspektor kam. Oft hielt man ein russisches und ein polnisches Lehrbuch bereit. Der Inspektor wurde möglichst lang bei Tee und Plausch aufgehalten, damit die Schülerinnen Zeit hatten, die polnischen Bücher verschwinden zu lassen und die russischen aufzuschlagen.[91] Solche Kontrollen waren Ausdruck nationaler Unfreiheit und Erniedrigung der polnischen Lehrenden und Lernenden. Strafrechtliche Konsequenzen hatten sie selten. Pachucka beschrieb in ihren Lebenserinnerungen nicht nur das üble Gefühl, welches ihr von solchen Inspektorenbesuchen zurückblieb, sondern mit einigem Stolz auch ihre Renitenz gegenüber einem Inspektor. Dieser wollte zunächst von ihr eine einfache Geometrieaufgabe vorgeführt haben, welche sie nicht nur perfekt beherrschte, sondern auch in „fließendem Russisch" erklärte. Darauf zeigte der Inspektor auf der Karte des russischen Imperiums auf das Gebiet des Königreichs Polen und fragte:

---

89 WAWRZYKOWSKA-WIERCIOCHOWA, Udział kobiet, S. 300.
90 So beschreibt z. B. PACHUCKA die Aufteilung des Unterrichts in einen „regulären", einen „halbgeheimen" (üblicher Stoff in polnischer Sprache) und einen geheimen Lehrplan für Geschichte und Geographie Polens sowie polnische Literaturgeschichte, vgl. DIES., Pamiętniki, S. 43 f.
91 Vgl. MICHAEL WIESE, ‚Uniwersytet Latający': Die geheime Universität für Frauen in Warschau gegen Ende des 19. und zu Beginn des 20. Jahrhunderts (Magisterarbeit), Köln 1994, S. 32 f.

1.5. Mädchenbildung im Königreich Polen

„A wot skażytie mnie, czto eto –
Polsza- […]
No, kak jeszczo? –
Polsza ili Korolestwo Polskoje[…] –
A wy uczyli jeografiji Rosji –
Da uczuś –
A tam kak zowut? –
W kniżkie zowot Prywislinskij Kraj! "

Für diese Antworten wurde sie später von ihrem Lehrer gelobt.[92]

Eine solche Szene ist vor allem dafür bezeichnend, in welchem Maße sich der gesellschaftliche Konsens von den Vorgaben der russischen Behörden entfernt hatte. Die „politische Mentalität" der „Gesellschaft im Verteidigungszustand"[93] scheint sich, soweit es die mittlere Bildung betrifft, in der Sozialisation von Mädchen stark niedergeschlagen zu haben. Der „geheime" Unterricht hatte nicht nur eine Bildungsfunktion, sondern er war auch gemeinschaftsfördernd. Als Angehörige einer unterdrückten Gruppe entwickelten die Schülerinnen das Bewußtsein einer höheren Mission. Ihre eigenen Kenntnisse der polnischen Sprache, Geschichte und Literatur gaben sie häufig später als Lehrerinnen weiter. Eine den Mädchenpensionaten analoge Einrichtung für Jungen gab es nicht. Söhne der gehobenen Schichten besuchten meistens die staatlichen Gymnasien, die einer viel stärkeren behördlichen Reglementierung unterworfen waren.

Die Qualität und der Geist der Pensionate waren sehr unterschiedlich.[94] Als Privatschulen wurden sie bis auf wenige Ausnahmen von den Eltern bezahlt. Da sie dennoch wachsende Schülerinnenzahlen verzeichneten, ist anzunehmen, daß sie ein hohes Ansehen genossen. Den Mädchenpensionaten haftete nichts Radikales an. Der übliche Lehrplan beinhaltete russische Sprache, Geographie und Literatur, Grundzüge der Mathematik und der Naturwissenschaften (auf Russisch), sowie Polnisch und Religion. Der Sportunterricht für Mädchen, damals physische Erziehung genannt, wurde zu jener Zeit heiß diskutiert.

Einer harschen Kritik unterzog die Lehrerin Jadwiga Szczawińska-Dawi-

---

[92] Bezeichnenderweise schrieb Pachucka diesen Textabschnitt in polnischen Buchstaben auf russisch, weswegen es hier auch so zitiert wird. Der Dialog lautet: Und sagen Sie mir, was ist das? – Polen – Nun, wie noch? – Polen oder Königreich Polen – Lernen Sie russische Geographie? – Ja, lernen wir. – Und wie heißt es da? – In den Büchern heißt es Weichselland (Übersetzung N. St.).

[93] So der Titel des Aufsatzes von HANS-HENNING HAHN, in: Gesellschaft und Staat in Polen, hrsg. v. DERS. u. MICHAEL G. MÜLLER, Berlin 1988, S. 15-48.

[94] Das erschließt sich u. a. auch aus den Erinnerungen PACHUCKAS, die einerseits die Entscheidungsnot ihrer Eltern bei der Wahl eines Pensionates beschreibt und andererseits ausführlich ihren Besuch zweier Pensionate schilderte, DIES., Pamiętniki, S. 26-51.

dowa, die bis 1889 die faktische Leiterin der *Uniwersytet Latający* gewesen war, 1903 das Mädchenschulwesen. Diese Kritik bezog sich insbesondere auf die Lehrmethoden. Den Mädchen werde viel zu viel Stoff zugemutet, den sie nur noch auswendig lernen und nicht begreifen würden. So fehle ihnen die Einsicht in die fundamentalen Zusammenhänge zwischen den schnell eingepaukten und schnell wieder vergessenen Fakten. Dabei bliebe den jungen Mädchen weder Zeit zur eigenständigen Lektüre noch zur körperlichen Betätigung.[95] Die Schulbildung der Mädchenpensionate reichte nicht ohne weiteres aus, um nach einer Phase intensiver Eigenstudien eine Qualifikation als Lehrerin nachzuweisen. So berichtete Pachucka, sie sei die einzige ihres Jahrgangs gewesen, welche die entsprechende Prüfung bestanden habe.[96] Das Pensionat Jastrzęborska, welches sie absolviert hatte, genoß einen guten Ruf und wurde von Mädchen aus allen polnischen Teilungsgebieten besucht.

Sogenannte „geheime" Mittelschulen wurden im Gegensatz zu den Mädchenpensionaten nicht selten von der Gendarmerie geschlossen. Hierbei handelte es sich nur zum Teil um eigenständige Einrichtungen. Häufig wurde in den Pensionaten das offizielle Lehrangebot um die verbotenen Fächer polnische Sprache, Geschichte und Literatur ergänzt. Teilweise wurden die Schülerinnen nach dem Abschluß des üblichen Schulprogramms in weiterführenden Klassen unterrichtet, deren Betrieb der Schule nicht erlaubt war. Zu solchen weiterführenden Lektionen gehörte auch die heimliche Ausbildung der Schülerinnen zu Pädagoginnen, welche später ihrerseits „geheimen" Unterricht gaben.[97] Auch an anderen konspirativen pädagogischen Lehranstalten stammten Zöglinge aus den Mädchenpensionaten. Als erstes wurden solche pädagogischen Kurse 1861 bis 1862 von der Enthusiastin Żmichowska durchgeführt.[98] Die geheimen Lehrerinnen waren 1899 und 1904/05 zwei Verhaftungswellen ausgesetzt. Die wegen solchen Unterrichts in Pawiak inhaftierten Lehrkräfte Władysława Weychertówna, Ludwika Jahołkowska-Koszutska und Stefania Sempołowska sollen dort 1899 ihre Tätigkeit unter weiblichen „Kriminellen" weitergeführt haben. Als Sempołowska 1903 wegen ihrer Tätigkeit des Landes verwiesen wurde, wohnten 500 protestierende Menschen ihrer Abreise bei.[99]

Die pädagogisch ausgerichtete „organische Arbeit" war eine Frauendomäne, die zur Festigung von geschlechtsspezifischer Rollenzuweisungen im Kontext des *Walka o byt* (Existenzkampf) führte. Sie kann nicht als ein direkter Vorläu-

---

95 Jadwiga Szczawińska-Dawidowa, Pensje żeńskie, in: Głos 1905, S. 513 f. u. 548 f.
96 Pachucka, Pamiętniki, S. 51.
97 Wawrzykowska-Wierciochowa, Udział kobiet, S. 290-298.
98 Ebd., S. 299.
99 Ebd., S. 286.

fer der Frauenbewegung angesehen werden. Aus der Rolle als Multiplikatorin der „organischen Arbeit" konnten ganz verschiedene Schlußfolgerungen gezogen werden. So gehörte eine Tätigkeit als geheime Lehrerin zum Erfahrungshorizont der Sozialistinnen Stefania Sempołowska und Iza Moszczeńska (beide locker mit der Frauenbewegung verbunden) wie zu jenem der radikalen Feministin Romana Pachucka. Die Untergrundtätigkeit brachte aber vor allem eine ganze Schar von sogenannten Patriotinnen hervor, die als *Polki-Wychowaczki* (die Polinnen als Erzieherinnen) in die polnische Bildungsgeschichte eingegangen sind.[100]

1.6. *Rechtliche und soziale Rahmenbedingungen in Österreich-Ungarn und Galizien*

In der Frage der Elementar- und der mittleren Bildung stand es in Galizien nicht besser als im Königreich Polen. Auch wenn in den Schulen auf polnisch bzw. ruthenisch unterrichtet werden durfte, so wurde dieser Vorteil durch die Tatsache geschmälert, daß die seit 1869 eingeführte Schulpflicht nicht überall umgesetzt wurde. So besuchten 1900 erst 71 Prozent aller schulpflichtigen Kinder tatsächlich eine Lehranstalt. Noch 1910 waren 59 Prozent der galizischen Bevölkerung Analphabeten.[101] Für die weibliche Bevölkerung ist der Mangel an höheren Bildungseinrichtungen, insbesondere auch an Lehrerinnenseminaren, hervorzuheben. Immerhin erlaubten die Zustände in Galizien den Zusammenschluß von Lehrerinnen, welche die gleiche Besoldung männlicher und weiblicher Volksschullehrerinnen durchsetzten konnten.[102]

Österreich-Ungarn besaß seit 1867 eine Verfassung.[103] In dieser wurden die bürgerlichen Grundrechte garantiert. Neben dem Reichsrat mit einem Zwei-Kammer-System (Herrenhaus und Haus der Abgeordneten) besaßen die einzel-

---

100 Ein besonders schönes Beispiel für die nationale Überhöhung gerade der Lehrerinnen ist der Abdruck einer Erinnerung an Cecylia Niewiadomska aus dem Nachlaß von Bogdan Nawroczyński: BOGDAN NAWROCZYŃSKI, Cecylia Niewiadomska – tajna nauczycielka, in: Przegląd Historyczno-Oświatowy 1982, H. 4, S. 205-508. Die Namen all jener stillen Heldinnen findet man vor allem in den Arbeiten von Wawrzykowska-Wierciochowa.
101 Die Habsburger Monarchie 1448-1918, Bd. 3: Die Völker des Reichs, 1. Teil, Wien 1980, S. 537.
102 Vgl. KUCZALSKA-REINSCHMIT, Der Stand der Frauenbildung, S. 347-354.
103 Zu den folgenden Ausführungen vgl. ERNST C. HELLBLING, Österreichische Verfassungs- und Verwaltungsgeschichte, Wien 1956, S. 374-399; WALENTYNA NAJDUS, O prawa obywatelskie kobiet w zaborze austriackim, in: Kobieta i polityka, Teil 1, a. a. O., S. 99-117.

nen Länder des föderativen Großreiches Landtage, an deren Spitze ein Statthalter stand. Sowohl für den Reichsrat als auch für die Landtage galt bis zur Einführung des allgemeinen Wahlrechtes 1907 das indirekte Zensusstimmrecht. Das Stimmrecht und das Recht zur Betätigung in politischen Vereinigungen sowie das Petitionsrecht waren außerdem den Staatsbürgern vorbehalten, wobei Frauen die Staatsbürgerrechte nicht besaßen. Frauen, die durch Besitz oder Bildungsstand die Kriterien des Zensuswahlrechtes erfüllten, waren über Vertrauensmänner stimmberechtigt.[104] Erst mit der Einführung des allgemeinen Wahlrechts 1907 wurde der Kreis der Stimmberechtigten ausdrücklich auf männliche Staatsbürger über 24 Jahren begrenzt.

Für die Landtage sowie die Gemeinden blieb das Zensusstimmrecht bestehen. Zu den vier Wählerklassen wurde eine weitere allgemeine Wählerklasse hinzugefügt, in der das passive Stimmrecht von einer mindestens einjährigen Seßhaftigkeit am Wahlort abhängig gemacht wurde. In dieser letzten Gruppe bot sich eine Nische für die Agitationsarbeit der Frauenbewegung, da es die Gesetzgeber versäumt hatten, Frauen ausdrücklich aus dieser Gruppe auszuschließen. Insgesamt herrschte Rechtsunsicherheit darüber, ob auf der Gemeindeebene auch Frauen das über eine hohe berufliche Qualifikation vermittelte „Intelligenzwahlrecht" zugestanden werden sollte, und in welchen Fällen sie ihre Stimme selbst abgeben konnten und nicht mehr wie bis dato üblich einen männlichen Vertreter für die Stimmabgabe beauftragen mußten. Frauen wurden im Zuge der ‚allgemeinen' Demokratisierung des Stimmrechtes auf der Reichsebene zusehends ihres über Besitz und Bildung definierten Stimmrechtes für die Gemeinden und Landtage beraubt.[105]

Die Frauen gegenüber repressiven habsburgischen Vereinsgesetze verhinderten in Österreich-Ungarn und Galizien den systematischen Aufbau feministischer Vereine und Verbände. Neben den rechtlichen Verhältnissen erschwerten die politischen und sozialen Verhältnisse in Galizien den Stand der dortigen Feministinnen. In der überwiegend ländlichen, gemischtnationalen Bevölkerung war der Einfluß des Klerus sehr groß. Weder die österreichischen Behörden noch die ortsansässigen Bürger bemühten sich um die ökonomische Entwicklung des Landes. Das weitgehende Fehlen von Industrie sorgte bei einem hohen Bevölkerungswachstum für die Verarmung der bäuerlichen Unterschichten, die sich u.a. in einer regen Auswanderung nach Übersee äußerte. Die galizischen

---

104 Vgl. Ster 1910, S. 80.
105 BRIGITTE BADER-ZAAR, Bürgerrechte und Geschlecht. Zur Frage der politischen Gleichberechtigung von Frauen in Österreich, 1848-1918, in: Frauen in der Geschichte des Rechts. Von der Frühen Neuzeit bis zur Gegenwart, hrsg. v. UTE GERHARD, München 1997, S. 547-562, hier S. 548-553.

Konservativen, die politisch tonangebend waren, pflegten gute Kontakte nach Wien. Die Lage ‚des Volkes' und ‚der Frauen' gab ihnen allenfalls Anlaß zu wohltätigem Engagement. Polnische Abgeordnete, Statthalter und Minister übten einen nicht unbedeutenden Einfluß in Wien aus. Diese durch die Politik ihrer Regierung begünstigten Polen hatten kein Interesse, den status quo zu ändern.[106] Der sozialen und der Bildungsmisere in den galizischen Unterschichten versuchten Frauen durch karitative Arbeit entgegenzuwirken, wobei die Initiative häufig vom Klerus oder von adeligen Frauen ausging. Feministinnen machten Klerikalismus und Bigotterie der galizischen Bevölkerung dafür verantwortlich, daß die gesellschaftliche Arbeit zum größten Teil in den Händen des Klerus lag und somit die Entwicklung fortschrittlicher Vereinigungen gebremst wurde.[107]

Exkurs: Entstehungsvoraussetzungen und Ziele polnischer Frauenvereine in der Provinz Posen

In der Provinz Posen veränderten sich seit der Reichsgründung die politischen und sozialen Verhältnisse erheblich zuungunsten der polnischen Bevölkerung. Die unter Bismarck begonnene harsche Germanisierungspolitik wurde hier bis in den Ersten Weltkrieg hinein fortgesetzt. Dazu gehörten nicht nur die sukzessive Einführung des Deutschen als Geschäfts- und Unterrichtssprache, sondern auch Versuche der systematischen Ansiedlung deutscher Bevölkerung seit 1894 und 1885/89 die Ausweisung von 5.239 unliebsamen Polen und Juden, die aus den anderen Teilungsgebieten stammten.[108] Wirtschaftlich war die Provinz völlig vom Deutschen Reich abhängig und verlor durch dessen Zollpolitik ihre Absatzmärkte im Osten.[109] Der Kulturkampf ergänzte die nationalen Auseinandersetzungen um eine religiöse Komponente. Auch im Deutschen Reich fanden Polen kaum Anstellungen im Staatsdienst. Der Kleinadel und die akademische Intelligenz verarmten.

---

106 Vgl. PIOTR S. WANDYCZ, The Poles in the Habsburg Manarchy, in: Austrian History Yearbook 3 (1967), Teil 2, S. 261-286; Die Habsburger Monarchie, Bd. 3, Teil 1, Wien 1980, S. 523-554.
107 Beilage zum Bluszcz 1913, Nr. 38, S. 2 f.
108 JÖRG K. HOENSCH, Geschichte Polens, Stuttgart ³1998, S. 233-235; WILLIAM W. HAGEN, Germans, Poles and Jews, Chicago u. a. 1980, S. 235; HELMUT NEUBACH, Die Ausweisung von Polen und Juden aus Preußen 1885/86, Wiesbaden 1967, S. 3-49.
109 RUDOLF JAWORSKI, Handel und Gewerbe im Nationalitätenkampf, Göttingen 1986, S. 19.

58 1. Kulturelle, soziale und rechtliche Rahmenbedingungen im Königreich Polen

In der polnischen Bevölkerung, die 1905 über sechzig Prozent der Gesamtbevölkerung der Provinz darstellte,[110] war um die Jahrhundertwende ein enormer Anstieg der Frauenerwerbstätigkeit zu verzeichnen, der auch die Frauen aus den ehemaligen Oberschichten erfaßte. In der Landwirtschaft stieg der Anteil der Frauen an den Arbeitskräften zwischen 1882 und 1907 um 110 Prozent, in der Industrie und im Gewerbe gut 130 Prozent und im Handel um knapp 340 Prozent.[111] Parallel hierzu wurden in der Atmosphäre „zweier sich gegeneinander steigernder Nationalismen"[112] in der vom Klerus und der Nationaldemokratischen Partei beherrschten Öffentlichkeit die polnischen Frauen zur Verteidigung der nationalen Werte aufgerufen. Ungeachtet der Postulate des Warschauer Positivismus wurde in der großpolnischen Propaganda das Wirkungsfeld von Frauen allein in der Familie gesehen. Frauen wurden in den Schulstreiks als Mütter und in der Wirtschaftspropaganda als Hausfrauen zur Zielgruppe glühender Appelle. Die Presse verurteilte Emanzipationsbestrebungen, die sich gegen diese Festlegung richteten.[113] Nicht nur die konservative Stimmung innerhalb der polnischen Gesellschaft behinderte die Entstehung einer Frauenbewegung in der Provinz Posen. Auch die deutschen Vereinsgesetze begrenzten diese. Seit 1850 war Frauen und Jugendlichen die Gründung von und Mitgliedschaft in politischen Vereinen verwehrt. Als das Reichsvereinsgesetz 1908 deutsche Frauen für begrenzt politikfähig erklärte, wurde gleichzeitig der Gebrauch der polnischen Sprache weiter eingeschränkt. Paragraph 12 des Reichsvereinsgesetzes legte fest, daß die Verhandlungen in öffentlichen Versammlungen in deutscher Sprache zu führen seien. Ausnahmen bildeten internationale Kongresse und Wahlveranstaltungen in Landstrichen mit mehr als 60 Prozent nichtdeutscher Bevölkerung.[114] Im Deutschen Reich besaßen weder Polinnen noch deutsche Frauen das Stimmrecht. Die preußischen Universitäten standen seit 1908 auch Frauen offen. Von dieser Möglichkeit machten auch Großpolinnen Gebrauch.[115] Während jedoch die neuen Vereinsgesetze in Deutschland eine zunehmende Politisierung und Differenzierung der deutschen Frauenbewegung in

---

110 HOENSCH, Geschichte Polens, S. 234
111 RUDOLF JAWORSKI, Kilka refleksji nad dziejami Wielkopolanek w XIX i na początku XX wieku, in: Kobieta i społeczeństwo, a. a. O., S. 21-28, hier S. 26.
112 HANS-ULRICH WEHLER, Von den „Reichsfeinden" zur „Reichskristallnacht", in: DERS., Krisenherde des Kaiserreichs, Göttingen 1970, S. 181-199, hier S. 181 f.
113 NATALI STEGMANN, „Je mehr Bildung, desto polnischer". Die Nationalisierung polnischer Frauen in der Provinz Posen, in: Frauen und Nation, a. a. O., S. 165-177.
114 B. SCHMITTMANN, Vereins- und Versammlungsrecht, in: Staatslexikon, hrsg. v. JULIUS BACHEM u. HERMANN SACHER, Bd. 5, Freiburg ⁴1912, Sp. 785-800, hier Sp. 788, 791 f.
115 WITOLD MOLIK, Z badań nad studiami uniwersyteckimi Wielkopolanek na przełomie XIX i XX wieku, in: Kobieta i edukacja, Teil 2, a. a. O., S. 39-47.

bezug auf das Stimmrecht brachten, so vollzog sich die Aktivität polnischer Frauen in einem durch die politische Lage der polnischen Gesellschaft wesentlich verengten Aktionsradius.[116]

In einem von Paulina Kuczalska-Reinschmit positiv hervorgehobenen „Zusammenschluß polnischer Frauenvereine" in der Provinz Posen (*Zjednoczenie Polskich Kobiecych Towarzystw Oświatowych w Rzeszy Niemieckiej z Siedzibą w Poznaniu*, gegründet 1909) waren allein solche Vereine verbunden, die sich bildungspolitisch engagierten.[117] Hierzu zählte sowohl der bereits 1886 gegründete Verein *Warta* (Die Wache), der sich mit großem Erfolg dem Polnischunterricht für Kinder aus den Unterschichten widmete, als auch der seit 1871 bestehende Verein „Bildungshilfen für polnische Mädchen" (*Pomoc Naukowa dla Dziewcząt Polskich*). Letzterer vergab an mittellose junge Frauen Stipendien zum Zwecke der Ausbildung. Ausgeschlossen blieb der „Verband weiblicher Angestellter in Handel und Gewerbe" (*Stowarzyczenie Personału Żeńskiego w Handlu i Przymyśle*), der 1903 von Zofia Tułodziecka ins Leben gerufen worden war. Er vertrat die Interessen arbeitender Frauen durch Fortbildungsangebote, Unterhaltung von Informationsbüros und Erholungsheimen. Außerdem forderte er eine bessere Entlohnung von Frauen. Im Jahre 1907 hatte er 331 und 1912 380 ordentliche Mitglieder.[118] Sowohl Zofia Tułodziecka als auch ihre Schwester Aniela, die als die „Seele" des Vereins *Warta* bezeichnet wurde, gerieten 1905 wegen Kontakten zur galizischen Frauenbewegung unter den Druck der konservativen Presse, welche den Feminismus als atheistisch und sozialistisch verurteilte. Seit den Schulstreiks von 1906/07 läßt sich ein Rückgang frauenpolitischer Themen zugunsten nationaler Propaganda in den Vortragsprogrammen der Posener Frauenvereine beobachten. Die Schulstreiks, die sich vorrangig gegen die Einführung deutschsprachigen Religionsunterrichts richteten, mobilisierten vor allem Mütter, die nun für die „polnischen Seelen" ihrer Kinder stritten. Unter diesem Banner vereinigten sich gebildete Frauen, Arbeiterinnen und Bäuerinnen im Sinne nationalen weiblichen Interesses.[119] Während der „Verband weiblicher Angestellter" zur Zeit der Schulstreiks einen Mitgliederschwund hinnehmen mußte, erfreute sich *Warta*, dessen Mitglieder aktiv an den Schulstreiks mitwirkten, erheblichen Zulaufs.[120] Der Ver-

---

116 UTE GERHARD, Unerhört. Die Geschichte der deutschen Frauenbewegung, Reinbek 1990, S. 74 u. 280; Głos Wielkopolanek 1908, Nr. 2, S. 1 f.
117 Ster 1908, S. 422.
118 Archiwum Państwowe, Poznań, Prez. Policji 4315, Bl. 521-532.
119 DIONIZJA WAWRZYKOWSKA-WIERCIOCHOWA, Kobiety wielkopolskie w działalności narodowej, społecznej i wyzwoleńczej (1788-1919), Poznań 1975, S. 4.
120 PAULINA CIEGIELSKA, Z kroniki Pomocy Naukowej dla Dziewcząt Polskich w Wielkim

ein unterrichtete 1897 337 Kinder, während der Schulstreiks 1905 756 und 1911 719 Kinder.[121]

Der „Zusammenschluß polnischer Frauenvereine" wurde mithin hauptsächlich durch das nationalpolitische Engagement polnischer Frauen in der Provinz Posen zusammengehalten. Dieses entfaltete sich vorzüglich auf dem Gebiet der Bildung, und zwar sowohl der Bildung von Frauen, als auch der Bildungsarbeit polnischer Lehrerinnen unter der polnischen Bevölkerung allgemein. Es gab in der Provinz Posen keinen Frauenverein, der das Stimmrecht für Frauen forderte. Insbesondere der Verein *Warta* stand der Nationaldemokratie nahe, die in Posen einen wesentlich größeren Einfluß besaß als die sozialistische Partei. Das nationale Programm war bei den Großpolinnen in einem hohen Maße konsensfähig. Der „Zusammenschluß polnischer Frauenvereine" umfaßte bei seiner Entstehung 1909 sieben Vereine. Ende des Jahres waren bereits zwölf Vereine mit insgesamt 1.237 Mitgliedern organisiert.[122] Die Mobilisierung wurde auch durch die verschwindend geringe Analphabetenrate in der Provinz Posen begünstigt.[123]

Somit hatten die polnischen Frauenvereine gerade dort, wo sie sich als ‚geistig', bildungsorientiert und nicht als politisch auffaßten, den höchsten Organisationsgrad. Die Bildungsfrage einte die Frauen gerade deshalb, weil sich in ihr die nationale Identität manifestierte. Bei gemeinsamen Demonstrationen während der Schulstreiks beschworen Frauen verschiedener Schichten die nationale Gemeinschaft. Eine einigende Rolle spielte dabei die Religion insbesondere für Frauen der Unterschichten. Dieser Prozeß wurde in einem nicht geringen Maße durch die restriktive preußische Politik begünstigt. In dieser Situation politische Gleichberechtigung zu fordern, wäre einem Bruch mit der nationalen Gemeinschaft gleichgekommen.

Księstwie Poznanskiem w 50-latach rocznice 1871-1921, Poznań 1921; LUDWIK GOMOLEK, Aniela (1853-1932) i Zofia (1850-1924) Tułodzieckie, in: Wielkopolanie XIX wieku, hrsg. v. WITOLD JAKÓBCZYK, Poznań 1969, S. 385-406; WITOLD JAKÓBCZYK, Kobiecy ruch kulturalno-oświatowy, in: Studia nad dziejami Wielkopolski, Bd. 3: 1890-1914, Poznań 1967, S. 121-134; ANIELA KOEHLERÓWNA, Zofia Tułodziecka. Pionierka ruchu zawodowego w Wielkopolsce, Kraków 1933; CZESŁAW SKOPOWSKI, Towarzystwo „Warta" w Poznaniu w latach 1894-1939, in: Studia i Materiały do dziejów Wielkopolski i Pomorza 6 (1960), S. 173-208; Stowarzyszenie Personału Żeńskiego w Handlu i Przymyśle (1903-1913), o. A. , Poznań 1913; FRITZ VOSBERG, Die polnische Frauenbewegung, Lissa 1912.

121 GOMOLEK, Aniela i Zofia Tułdzieckie, S. 391.
122 Głos Wielkopolanek 1910, Nr. 8, S. 3.
123 Seit 1825 bestand in Preußen und in der Provinz Posen Unterrichtspflicht.

Exkurs: Entstehungsvoraussetzungen und Ziele polnischer Frauenvereine

Im Vergleich zur Bildungsbewegung in Großpolen besaßen die Frauengruppen in Galizien und im Königreich Polen weniger Anziehungskraft. In ihrer größtenteils antiklerikalen und linken politischen Ausrichtung waren sie zwar fortschrittlicher und radikaler, jedoch für die breiten Schichten von Frauen auch weniger attraktiv bzw. aufgrund des großen Bildungsgefälles völlig unzugänglich.

2. HÖHERE BILDUNG

Bis 1905 war die polnische Frauenbewegung eine Bildungsbewegung. Einen umfassenden Zugang zur Bildung strebten die Trägerinnen nicht nur für sich selbst an, sondern sie beteiligten sich auch maßgeblich an der Verbreitung von Bildung. Aufgrund der politischen und sozialen Bedingungen blieben viele Fragen ausgespart. Das folgende Kapitel befaßt sich mit der Diskussion über höhere Bildung im Königreich Polen und dem Kampf um Zulassung von Frauen zu den Universitäten in Galizen. Es beschreibt verschiedene Institutionen, welche polnischen Frauen den Erwerb höherer Bildung ermöglichten. Hierzu gehören ausländische Universitäten ebenso wie die von Warschauer Frauen gegründete „Fliegende Universität" (*Uniwersytet Latający*).

2.1. Die Diskussion der 1860er und 1870er Jahre

Die Diskussion um Mädchen- und Frauenbildung hat in Polen eine Tradition, die bis ins 18. Jahrhundert zurückzuverfolgen ist.[1] Die junge Presse der Warschauer Positivisten und die Entstehung der ‚neuen' *inteligencja* gelten jedoch als Ausgangspunkt einer radikalen Wende in der Wahrnehmung der Frauen und ihrer Rolle in der Gesellschaft sowie der Gesellschaft selbst. Hierbei ist das Paradigma des Fortschritts (*postęp*) von zentraler Bedeutung. Frauenemanzipation wurde seither analog zur Judenemanzipation als Bestandteil einer allgemeinen Befreiung im Zuge des gesellschaftlichen Erneuerungsprozesses wahrgenommen. Hulewicz deutete den Kampf insbesondere um höhere Frauenbildung als Kampf zwischen dem liberalen und dem konservativen Lager, wobei die Liberalen, hiermit meinte er die Positivisten, die höhere Frauenbildung befürworteten und die Konservativen dieser ablehnend gegenüber gestanden hätten.[2] Hulewiczs Studien zur Frage der Frauenbildung stammen aus den 1930er Jahren und

---

1 Vgl. EUGENIA PODGÓRSKA, Sprawa wychowania kobiet w znaczniejczych czasopismach polskich połowy XVIII wieku, in: Rozprawy z Dziejów Oświaty 4 (1961), S. 19-33; JEAN-JACQUES ROUSSEAU, Emile oder die Erziehung, Ditzingen 1990 (Erstausgabe 1762).
2 Vgl. JAN HULEWICZ, Walka kobiet polskich o dostęp na uniwertytety, Warszawa 1936, S. 34.

sind bis heute die einzigen ausführlichen Darstellungen zum Thema.[3] Tatsächlich wurde die Diskussion um Frauenbildung nicht durch den Positivismus angestoßen, sondern erhielt durch ihn eine neue Richtung. Zwar lieferten die Positivisten wichtige Beiträge zu dieser Diskussion. Ihre Lehre gilt jedoch zu Unrecht als Vorstufe des polnischen Feminismus.

Die Polemiken um die Frage der Frauenbildung begannen 1862, wurden durch den Aufstand unterbrochen und erreichten ihren „Kulminationspunkt" in den Jahren 1867 bis 1875.[4] Es handelte sich um eine „allgemeinpolnische" Diskussion, deren „Herz in Warschau schlug".[5]

Die „Frauenfrage" fand ihr Echo vor allem in den Blättern der jungen Presse *Przegląd Tygodniowy*, *Prawda* und *Niwa*. Letztere nahm nach 1876 einen konservativen Standpunkt an.[6] Der *Przegląd Tygodniowy* äußerte als ‚Hausblatt' der „Główna Szkoła"[7] unter der Leitung von Adam Wiślicki positivistische Anschauungen.[8] Dasselbe galt für die von Aleksander Świętochowski seit 1881 redigierte *Prawda*.[9] Alle drei Zeitschriften erschienen in Warschau. Unter den Frauenzeitschriften beteiligten sich der seinerzeit gemäßigte *Bluszcz* und der *Świt*[10] an der Diskussion. Im *Świt* erschienen zahlreiche Artikel zur Bildungsfrage und zu weiblichen Emanzipationsbestrebungen.[11]

Hulewiczs Reduzierung dieser öffentlichen Auseinandersetzung um die Rolle der Frauen in der sich wandelnden Gesellschaft auf einen fortschrittlichen und einen konservativen Standpunkt ist eine unzulässige Vereinfachung. Die Diskussion der 1860er und 1870er Jahre war von einer allgemeinen Verunsicherung geprägt. Die als radikal erlebten ökonomischen Wandlungsprozesse verlangten nach neuen Lösungen. Dieser Einsicht verschlossen sich durchaus nicht alle konservativen Teilnehmer und Teilnehmerinnen. Die Annahme, daß allein der „Warschauer Positivismus" die Lösung der Frauenfrage vorangetrieben habe, beruht auf dem unerschütterten Fortschrittsglauben jener Autoren und

---

3 Hier sind besonders die Tiltel „Sprawa wyższego wykształcenia kobiet" und „Walka kobiet o dostęp na uniwersytety" zu nennen.
4 HULEWICZ, Sprawa, S. 139.
5 Ebd., S. 140
6 Ebd., S. 161, Prasa polska w latach 1864-1918, S. 37 f.
7 Diese 1862 gegründete höhere allgemeine Lehranstalt war die Wiege des Warschauer Positivismus. Sie wurde 1869 russifiziert.
8 Vgl. Prasa Polska, S. 31-34.
9 Ebd., S. 35-37
10 Vgl. MARIA ZAWIALSKA, „Świt" Marii Konopnickej. Zarys monograficzny tygodnika dla kobiet, Wrocław u. a. 1978.
11 Świt 1 (1884), Nr. 2, S. 17 f., 35 f., 67 f.,103 f., 153 f., 555 f., 624; Świt 2 (1885), S. 9 f., 17 f., 25 f., 141 f., 149 f.,155 f.; Świt 3 (1886), S. 34 f., 41 f.

2.1. Die Diskussion der 1860er und 1870er Jahre

Autorinnen, die in der Zwischenkriegszeit ihre Deutung der Genese der Frauenbewegung abgaben.

Vor allem Jan Hulewicz idealisierte das Engagement der Positivisten. In seiner 1939 erschienenen Studie *Sprawa wyższego wykstałcenia kobiet w Polsce w wieku XIX* (Die Frage der höheren Frauenbildung in Polen im 19. Jahrhundert) behauptete er „die vorrangige Teilnahme von Männern" an der Diskussion über die höhere Frauenbildung sei ein „wesentlicher Charakterzug" derselben gewesen und schließt hieraus, daß es „ohne die positivistische Presse wahrscheinlich keine polnische Frauenbewegung" gegeben hätte.[12]

Anders als dieses Zitat und die oben genannten Phasenmodelle glauben machen wollen, waren die Positivisten keine Vorkämpfer der Frauenbewegung. Ihr Verdienst lag lediglich darin, daß sie Frauen als soziale Gruppe wahrnahmen. Die organisatorischen Verbindungen zwischen den Warschauer Positivisten und der Frauenbewegung waren schon allein dadurch beschränkt, daß der „Warschauer Positivismus" ein Kreis von Männern war,[13] der sich an einer Bildungseinrichtung zusammengefunden hatte, die für Frauen gar nicht zugänglich war. Dies zeigt das Beispiel Eliza Orzeszkowas besonders deutlich. Sie kann zum Kreis der Positivisten nur insofern gezählt werden, als sie dessen Ideen sehr nahe stand. Tatsächlich aber war sie eine Einzelgängerin. Einzig ihre publizistische Tätigkeit verband sie mit den Angehörigen der „Głowna Szkoła".

Einige Grundzüge der Diskussion um die „Frauenfrage" in den 1860er und 1870er Jahren sollen im folgenden dargestellt werden. Die Teilnehmer und Teilnehmerinnen der Diskussion formulierten keine scharf umrissenen Vorstellungen der Kategorie Geschlecht, welche es ermöglichen würden, verschiedene Gruppen von Geschlechterwahrnehmungen in bezug auf ihre ideelle Vorbildlichkeit für die Argumentation der Frauenbewegung herauszulösen. Die Diskussion war vielmehr der allgemeinen Verunsicherung entsprechend sehr diffus und vielschichtig. Sie hatte drei wichtige Bezugspunkte:
1) Historische Argumente: Die Tatsache, daß Frauen in allen Feldern der Geschichte eine Rolle gespielt haben, darf als große Entdeckung und äußerst

---

12 HULEWICZ, Sprawa, S. 153.
13 Es soll an dieser Stelle nicht darauf eingegangen werden, welche Bedeutung die männliche Rolle als Vorkämpfer der Frauenbewegung hat. Es sei jedoch darauf hingewiesen, daß die Geschichte der polnischen Frauenbewegung in diesem Punkt eine große Ähnlichkeit mit jener der russischen aufweist; vgl. hierzu LINDA EDMONDSON, Women's Emancipation and Theories of Sexual Difference in Russia, 1850-1917, in: Gender Restructuring in Russian Studies, hrsg. v. MARIANNE LILIJSTRÖM, EILA MÄNTYSAARI u. ARJA ROSENHOLM, Tampere 1993, S. 39-52; BIANKA PIETROW-ENNKER, Rußlands „neue Menschen". Die Entwicklung der Frauenbewegung von den Anfängen bis zur Oktoberrevolution, Geschichte und Geschlechter 27, Frankfurt a. M., New York 1999, S. 157-188.

wichtiges Instrument in den Händen der Frauenbewegung angesehen werden. Außer dem Vorbild ‚großer' Frauenpersönlichkeiten in der nationalen Geschichte, ist hier vor allem die Erkenntnis zu nennen, daß Frauen sich sowohl im bäuerlichen als auch im Handwerkermilieu aktiv an der Produktion beteiligten. Es ist außerdem von nicht geringer Bedeutung, daß die zivilrechtlichen Verhältnisse, zumindest für verheiratete Frauen vor den Teilungen günstiger waren als zur Zeit der Diskussion, in welcher der Code Napoléon im Königreich Polen galt.[14]

2) Das westliche Vorbild: Sowohl organisatorisch als auch ideell waren die Frauenbewegungen in Westeuropa (besonders Frankreich und England) Vorbilder für die polnische Frauenbewegung. Auf diesen Zusammenhang wies bereits Andrzej Szwarc hin, als er feststellte, „daß die Emanzipationslosungen und -ideale aus Westeuropa flossen und nicht zwingend eine unmittelbare Verbindung mit dem haben mußten, was wir Warschauer Positivismus nennen."[15] Während die polnischen Feministinnen die westliche Frauenbewegung sehr genau studierten, hatten die Gegner der Frauenemanzipation eine diffuse Vorstellung vom Feminismus, die sich mit einer negativen Haltung gegenüber dem modernen westlichen Einfluß verband.[16]

3) Den gehemmten Modernisierungsprozeß in den polnischen Ländern: Hierbei ging es um die Frage, welchen Platz Frauen in den veränderten sozialen Verhältnissen haben sollten und wie sich der Widerspruch zwischen wirtschaftlicher Modernisierung und nationaler Unfreiheit auf die Rollen von Frauen auswirkte.

Im folgenden sollen einige eklatante Beispiele dafür angeführt werden, wie die genannten Denkzusammenhänge miteinander verbunden wurden.

Zunächst gab es jene unverbesserlichen Traditionalisten, die in einem anti-

---

14 Vgl. den Artikel „Sto lat minęło!..." (Hundert Jahre sind vergangen!...), in: Ster 1908, S. 137 f.; außerdem JÓZEF LANGE, O prawach kobiety jako żony i matki, Warszawa 1907; sowie MARRENÉ-MORZKOWSKA, Kobieta czasów dzisieszych, S. 78-80. 1911 wurde im *Bluszcz* erwähnt, daß sich in fast allen Ländern die Benachteiligung der Frauen in den Parlamenten und in der Wissenschaft auf deren Nichtgleichberechtigung im zivilrechtlichen Bereich und besonders in der Familie stützten, hier wurden auch die zivilrechtlichen Beschränkungen aufgezählt, vgl. Bluszcz 1911, S. 353 f. u. 365 f.

15 ANDRZEJ SZWARC, Aspiracje edukacyjne i zawodowe kobiet w środowiskach inteligencji Królestwa Polskiego u schyłku XIX wieku, in: Kobieta i edukacja, Teil 1, a. a. O., S. 95-108, hier S. 97.

16 Eine besonders gründliche Darstellung ausländischer Einflüsse auf die „Frauenfrage" in Polen bietet: MIECZYSŁAWA ROMANKÓWNA, Hasła emancypacji kobiet w życiu, teorii i twórczości Elizy Orzeszkowej, in: DIES., Na nowych drogach. Studia o Elizie Orzeszkowej, Kraków 1948, S. 63-322, hier S. 71-113.

2.1. Die Diskussion der 1860er und 1870er Jahre

modernen Reflex das traditionelle Frauenbild so weit überzeichneten, daß es nur noch als Ikone gelten konnte. Als Richtschnur im alltäglichen Leben taugten diese Frauenideale ebenso wenig wie die Idee von der jungfräulichen Empfängnis. Diese Konservativen beharrten auf einem ahistorischen Geschlechterdualismus, der es ihnen nicht erlaubte, die Bedeutung von Ökonomie und Politik für die Geschlechterbeziehungen wahrzunehmen. Ihr Frauenbild war nicht an der Realität der Vergangenheit orientiert, sondern an einem antimodernistischen Ideal. Dieses Ideal verweigerte sich ebenso gegenüber der historischen wie auch gegenüber der sozialen Realität. In seiner Destruktivität kann es deshalb als frauenfeindlich bezeichnet werden, weil es das Uneinlösbare zur Losung erhob. Rhetorisch paarte sich diese Art von Konservatismus häufig mit dem Antifeminismus, dem Katholizismus und dem Antisozialismus. Konservative Anschauungen äußerten sich vor allem in sogenannten Frauenzeitschriften. Über diese von Männern gemachten und an die Familienmütter adressierten Zeitschriften behauptete Iza Moszczeńska 1903, sie verträten die Meinung derjenigen Männer, „welche es bevorzugen, wenn ihre Frauen sich keine eigene Meinung machen". Die Zeitschriften würden „speziell zum Gebrauch dieser Frauen aufbereitet".[17] Zu dieser Kategorie gehörte zum Beispiel die von 1860 bis 1863 in Krakau herausgegebene Zeitschrift *Niewiasta* (Weib), die als weibliches Wirkungsfeld allein die nationale und christliche Erziehung von Kindern anerkannte. Hier konnte Józef Szujski über die körperliche Erziehung von Frauen äußern: „Handarbeit, hauswirtschaftliche Emsigkeit, das ist die beste Gymnastik für unsere Jungfrauen."[18]

Zu der ideologischen Ansicht, daß Frauen ins Haus und Männer in die Welt gehörten, gesellten sich häufig pseudowissenschaftliche Argumente. Wenn es etwa um die Unterrichtsinhalte für Mädchen ging (hier Mathematik), so wurde nicht selten die Ansicht verbreitet „daß beim Mädchen die Kraft des logischen Denkens nicht bis zu seiner Gänze entwickelt ist."[19] Manche hatten dererlei Herleitungen überhaupt nicht nötig. Antoni Gettner trat 1895 im *Czas* gegen die Einrichtung von Mädchengymnasien in Galizien mit dem Argument ein, man solle sich nicht „dem Einfluß der Nervosität des Jahrhunderts, der Mode oder gar den Bedürfnissen außergewöhnlicher weiblicher Individuen" hingeben.[20] Als Resultate eines Frauenstudiums sah Antoni Nowosielski den Unter-

---

17 Iza Moszczeńska, Kwestia kobieca w chwili obecnej, in: Głos 1903, hier S. 390; zur Ideologie einiger dieser Zeitschriften vgl. Krystyna Lutyńska, Ideologia czasopism rodzinnych Królestwa Polskiego w latach 1860-1880, in: Przegląd Nauk Historycznych i Społecznych 7 (1956), S. 299-329.
18 Niewiasta 1860, Nr. 12, zitiert nach: Hulewicz, Sprawa wyższego, S. 227.
19 Ebd., S. 246.
20 Ebd., S. 247.

gang der Familie und den Triumph des Nihilismus voraus: „Die emanzipierte Gemeinschaft könnte nur eine neue, unchristliche Sekte sein, eine solche, wie es bestimmte amerikanische Sekten sind [...]."[21]

Dieses Argument wurde von dem Antifeministen Kapłański bereits nach der Zulassung von Frauen zum Studium in Galizien auf die Spitze getrieben. Er behauptete, daß die Frauenemanzipation ein schlimmeres Übel darstelle als die Teilungen. Die Frauenemanzipation setzte er mit der „Antipathie von Frauen gegenüber Männern" gleich, was, da auch eine Antipathie der Männer gegenüber emanzipierten Frauen konstatiert wurde, nicht nur zum Untergang der Familie, sondern des Volkes führen würde. Die Frauenemanzipation sei daher der größte Feind nicht nur des polnischen, sondern eines jeden Volkes.[22]

Auch wenn das antifeministische Lager in sich differenziert war, so kann doch behauptet werden, daß es keinerlei Orientierungspunkte, sondern nur Hemmnisse für die Frauenbewegung bot. Wie stark dieser Antifeminismus in Polen war, läßt sich vom gegenwärtigen Forschungsstand aus nicht beurteilen. Es läßt sich jedoch vermuten, daß er in seiner christlichen Ausrichtung einen größeren Einfluß auf Frauen der Unterschichten ausübte als auf jene gebildeten Frauen, gegen die sich der ganze Unmut richtete. Insgesamt muß allerdings bemerkt werden, daß der Antifeminismus nicht immer religiös untermauert wurde. Auffällig ist, daß sich die Kirche sehr wenig an der Diskussion beteiligte und daß es auch im Klerus Vertreter gab, die den höheren Frauenstudien wohlwollend gegenüber standen.[23]

Zwischen dem antifeministischen und dem fortschrittlichen Lager kann man ein gemäßigtes Lager ausmachen, welches besonders deshalb Beachtung verdient, weil sich hierin viele Frauen befanden. Diese Gemäßigten wollten die Radikalität des Wandels möglichst abmildern. Ihr Konservatismus bestand darin, daß sie einerseits nicht für die Gleichheit von Männern und Frauen eintraten und sich andererseits nur unter dem ökonomischen Druck von den traditionellen Vorstellungen lösten. Ihr Anliegen war es, die Stabilität der Verhältnisse in der Gesellschaft und in der Familie zu wahren. Dazu forderten sie die nötigen

---

21 Ebd., S. 171.
22 Ebd., S. 253 f.
23 So äußerten sich zwei Geistliche bei einer Veranstaltung zum Frauenstudium, welche vom Lemberger Katholischen Lesesaal 1898 organisiert worden war, in dieser Frage völlig entgegengesetzt; vgl. HULEWICZ, Sprawa wyższego, S. 253. Die Aufgabe, die ersten Studentinnen der Jagiellonen-Universität zu begrüßen, fiel in seiner Eigenschaft als Direktor dem Theologen Knapiński zu. Er soll sie sehr herzlich willkommen geheißen haben. Bemerkenswert ist auch, daß 1906 über die Zulassung von Frauen zum Theologiestudium immerhin diskutiert wurde. Die Mehrheit der Professoren war jedoch strikt dagegen, so daß dieser Plan nicht umgesetzt wurde, vgl. HULEWICZ, Walka kobiet, S. 59.

2.1. Die Diskussion der 1860er und 1870er Jahre

Änderungen besonders in der Bildungssituation von Frauen. Einerseits sollte so die Möglichkeit zur selbständigen Existenz gewährleistet sein. Andererseits sollte sich das gemäßigte Bildungsprogramm positiv auf die Erziehungsqualifikation von Frauen auswirken. Bezeichnenderweise gehörten besonders Lehrerinnen dieser Gruppe an, so z. B. Anastasia Dzieduszycka, welche ihre pädagogische und publizistische Tätigkeit in Galizien entfaltete. Sie verfaßte zahlreiche Broschüren und Artikel, in denen sie sich für die gründliche Bildung von Mädchen und die berufliche Betätigung von Frauen aussprach. Dabei ging sie über das Programm von Tańska-Hofmanowa, deren Ideen sie ob des ökonomischen Wandels für überholt erklärte, weit hinaus. Ihre Anschauungen waren von einer starken christlichen Moral getragen. Dzieduszycka wies in erster Linie auf die breite Masse ungebildeter Frauen hin, deren Broterwerb eine ökonomische Notwendigkeit war. Von dieser Warte aus verwarf sie die Diskussion um das Frauenstudium als verfrüht. In der Substanz stellte ihr Programm damit die gleichen Anforderungen an die Gesellschaft wie z. B. Aleksander Świętochowski. Selbst dieser prominenteste Fürsprecher der Frauenbildung konnte sich angesichts der politischen Verhältnisse nicht zu einer positiven Haltung gegenüber dem Zugang für Frauen zu den Universitäten durchringen.[24]

Den Fortschrittlichen ging es ebenso wie gemäßigten Pädagoginnen in erster Linie um die Beseitigung des Analphabetismus, um eine Verbreitung solider Bildung unter Frauen und um die Möglichkeit beruflicher Betätigung von Frauen.[25] Świętochowskis Weltanschauung unterschied sich von derjenigen Dzieduszyckas vor allem durch seine Distanz zur christlichen Rhetorik. Es ist vielleicht überhaupt eines der Hauptverdienste des Positivismus, daß er die Diskussion um die Erneuerung der polnischen Gesellschaft unter der Voraussetzung der Säkularisierung betrieb. So wurde eine Möglichkeit geschaffen, die „Frauenfrage" unabhängig vom Katholizismus zu erörtern.[26]

Świętochowski begründete sein Eintreten für bessere Bildungs- und Erwerbsmöglichkeiten für Frauen vor allem mit historischen Argumenten. Beweise für

---

24 Vgl. Hulewicz, Walka kobiet, S. 7.
25 Vgl. die Konfrontation der Anschauungen Świętochowskis mit denen der konservativen und streng religiösen Leiterin eines Mädchenpensionats in Lemberg, Anastasia Dzieduszycka, in: Hulewicz, Walka kobiet, S. 4-14; zur Person und zum pädagogischen Programm Dzieduszyckas vgl. außerdem Lech Słowińki, Z myslą o Niepodlegą, Poznań 1993, S. 268-288.
26 Vgl. hierzu z. B. Aleksander Świętochowski, W sprawie kobiet, in: Niwa 1872, Nr. 10, S. 231-235, hier S. 232; zum „Nonkonformismus" der *inteligencja* vgl. Daniel Olszewski, Kościół Katolicki a ruchy społeczne na ziemiach polskich w końcu XIX i na początku XX w., in: Społeczeństwo polskie XVIII i XIX w., Bd. 8, Warszawa 1987, S. 227-279, hier S. 237-251.

die geistigen Fähigkeiten der Frauen sah er in der Geschichte. Die Geschichte lege auch Zeugnis von der Teilnahme der Frauen am Produktionsprozeß ab. Świętochowski, der „Verteidiger der Frauenrechte",[27] wandte sich einerseits mit scharfen Worten gegen das beschränkte Mädchenbildungsprogramm Tańska-Hofmanowas. Andererseits war ein gewisser Zugzwang gegenüber den Konservativen nicht zu übersehen, wenn er mittels höherer Bildung eine bessere Erfüllung der familiären Pflichten durch Frauen versprach. Das fortschrittliche Gleichheitspostulat des Positivismus wurde nicht konsequent durchgehalten. So wollte z. B. Świętochowski die berufliche Betätigung von Frauen auf die klassischen Wirkungsfelder wie Pädagogik, Heimarbeit und Medizin beschränken.[28]

Unterschiedliche Einschätzungen hatten die Widersacher in der Frauenfrage vor allem über die Bedeutung der Familie und die damit verbundenen Weiblichkeitsideale. Die Gemäßigten knüpften an vorhandene Orientierungspunkte an und entwickelten diese weiter, indem sie die Bildung hauptsächlich mit Blick auf die „familiären Pflichten" der Frauen befürworteten.[29] Auf den sozialen Wandel reagierten sie insofern, als daß sie die berufliche Betätigung von unverheirateten Frauen erleichtern wollten. So befürwortete z. B. Maria Ilnicka mit Blick auf die ökonomische Realität die berufliche Bildung von Frauen.[30] Ihr Hausblatt, der *Bluszcz* schätzte seinerzeit aber häusliche Bildung höher als öffentliche und sah das Hauptbetätigungsfeld der Frauen in der Familie.[31] Der *Świt* rekurrierte in den drei Jahren seiner Existenz (1884-1887)[32] vor allem auf die „patriotische Erziehung der Frauen". Er ordnete die Beantwortung der „Frauenfrage" den „Interessen der Allgemeinheit" unter und sah den Kampf um politische Rechte als der polnischen Situation unangemessen. Die Emanzipation von Frauen sei zu befürworten, sofern sie diesen diente. Dieser Tatbestand sei durch die Erweiterung der Bildungsmöglichkeiten von Frauen erreicht. Der *Świt* kämpfte für die Zulassung von Frauen zu den Universitäten, um deren Emigration entgegenzuwirken und Frauen zur aktiven Arbeit auf jenen Gebieten auszubilden, die ihren jeweiligen Fähigkeiten entsprächen. Die Arbeit in der Gesellschaft wurde als Pflicht der Frauen deklariert.[33]

---

27 So Maria Dulębianka in einem Schreiben an denselben aus Anlaß seines 40jährigen publizistischen Schaffens im Auftrag der Komitees zur Frauengleichberechtigung 1908, Handschriftensammlung der Biblioteka Narodowa IV 5318/1.131.
28 Vgl. HULEWICZ, Walka, S. 6 f.
29 Vgl. HULEWICZ, Sprawa, S. 168-171.
30 Ebd., S. 147 f.
31 Ebd., S. 163 f.
32 Davon die ersten zwei Jahre unter der Redaktion Maria Konopnickas.
33 ZAWIALSKA, „Świt" Marii Konopnickiej, S. 25 f., 192 f., zum Standpunkt in der Frauen-

2.1. Die Diskussion der 1860er und 1870er Jahre

Die Gleichheitspostulate des „Warschauer Positivismus" wurden, obgleich nicht immer durchgehalten, von den Konservativen als Angriff auf die Familie verstanden. Die Positivisten hatten dagegen vor allem ein utilitaristisches Verhältnis zu den „weiblichen Ressourcen", die sie ebenso wie die jüdischen und bäuerlichen Ressourcen für den gesellschaftlichen Erneuerungsprozeß nutzbar machen wollten.[34] Bildung galt ihnen als Integrationsinstrument gegenüber Frauen ebenso wie gegenüber den polnischen Unterschichten.[35] Arbeit wurde hier als Pflicht aller Mitglieder der Gesellschaft und als Mittel zur Stärkung der gesellschaftlichen Grundlagen deklariert. Die positivistische Presse ignorierte die spezifische Lage von Frauen auf dem Arbeitsmarkt und in der Gesellschaft. Gebildete Frauen hatten in der Gesellschaft auf dem Gebiet der „organischen Arbeit" einen großen ‚Wert', da sie als Lehrerinnen Multiplikatorinnen von Bildung waren. In diesem Punkt geriet der Positivismus jedoch nicht in Konflikte mit dem konservativen Lager, wie auch die Idee der „organischen Arbeit" nicht eine Erfindung der jungen Presse war, sondern seinen Ursprung im (konservativen) Großpolen der 1840er Jahre hatte. Eine grundlegende Schwäche des Positivismus in seiner Einschätzung der „Frauenfrage" lag darin, daß er die Funktion der Reproduktionsarbeit (Hausarbeit und Kindererziehung, Beziehungsarbeit) für die Gesellschaft übersah.

Galt also Bildung als Integrationsinstrument einerseits und Mittel zur beruflichen Betätigung andererseits, so hatten die Positivisten den Konservativen kein eigenes Konzept der Familie entgegenzusetzen. Die konservative Rhetorik wurde insofern aufgegriffen, als man zu bedenken gab, daß weibliche Bildung auch auf die Qualität der häuslichen Erziehung positiven Einfluß ausüben würde. Dieses Argument war weder neu, noch war es überzeugend. Denn hiermit war noch nicht begründet, warum Frauen <u>denselben</u> Zugang zur Bildung und zum Arbeitsmarkt haben sollten wie Männer. Ebenfalls mit Blick auf die Familie argumentierten die Positivisten, Frauen sollten sich durch ihre berufliche Betätigung ökonomische Unabhängigkeit sichern. Auf der Grundlage ökonomischer Freiheit sollte ein neues Verhältnis zwischen den Geschlechtern entstehen.[36] Dieser Gedanke war jedoch im Positivismus vergleichsweise schwach ausgeprägt. Dies zeigt besonders die viel zitierte Studie von Eduard Prądzyński „Über die Rechte der Frauen" (*O prawach kobiety*), die 1873 in der ersten und

---

frage vgl. den dreiteiligen programmatischen Artikel in Świt 1 (1884), S. 17 f., 35 f., 67 f.; zur Frage der politischen Gleichberechtigung: Świt 1 (1884), S. 153 f.

34 Vgl. BLEJWAS, Realism, S. 78 f., 91, 99-101; JÓZEF JUSTCZYK, Czy kobiety mogą być u nas rzemieślikami?, in: Przegląd Tygodniowy 1867, Nr. 39, S. 305 f., Nr. 40, S. 313 f.

35 BLEJWAS, Realism, S. 99.

36 Vgl. z. B. ALEKSANDER ŚWIĘTOCHOWSKI, Kwestia małżeńska, in: Przegląd Tygodniowy 1872, Nr. 46, S. 361 f., Nr. 48, S. 377 f., Nr. 50, S. 393 f.; 1873, Nr. 3, S. 17 f.

1875 in der zweiten Auflage erschien. Mit der zivilrechtlichen Stellung der Frauen hatte der Autor ein Thema gewählt, welches ins Zentrum der strukturellen Benachteiligung von Frauen innerhalb der Familie zielte. Gerade in diesem Zusammenhang plädierte aber dieser positivistische Autor nicht für die familien- und staatsrechtliche Gleichberechtigung der Frauen. Mit wissenschaftlichen und ökonomischen Argumenten forderte er die Verbreitung der Frauenbildung und der Frauenarbeit. Als erster prangerte er den Code Napoléon ebenso an wie die doppelte Sexualmoral für Männer und Frauen. Jedoch sah er letztlich die männliche Macht als einen unumstößlichen Grundsatz und die Unfreiheit der Frauen als ein „notwendiges Opfer auf dem häuslichen Altar" an. Durch dieses Opfer wollte Prądzyński die Familie vor der Anarchie bewahren.[37] Das simple Argument für die Verteidigung der männlichen Vorrechte war, daß zwischen zwei Menschen keine Mehrheit zu schaffen sei. So mußte also auch aus der Sicht der Demokraten einer, und das war im Zweifel der Mann, die letzte Entscheidungsgewalt in der Ehe besitzen.[38] Die Bekämpfung der doppelten Moral paarte sich bei Prądzyński mit einer Darstellung der Frauen als Familienwesen. In der Familie, die zum gesellschaftlichen Mikrokosmos erklärt wurde, sei der Vater wegen seiner körperlichen Stärke der „natürliche Vormund" nicht nur gegenüber seinen Kindern, sondern auch im Verhältnis zu seiner Ehefrau.[39]

Die Rolle Piotr Chmielowskis ist bisher von der Forschung nicht berücksichtigt worden. Chmielowski, der 1885 ein umfassendes Werk über „Polnische Autorinnen des 19. Jahrhunderts" (*Autorki polskie wieku XIX*) vorgelegt hat, gab damit der Frauenbewegung ein für deren Standortbestimmung wichtiges Instrument an die Hand.[40] Er hatte außerdem als Dozent der geheimen Warschauer Frauenuniversität *Uniwersytet Latający* und als Mitarbeiter der feministischen Zeitschrift *Ster* sehr enge Kontakte zur Frauenbewegung. In seinem pädagogischen Programm stellte er Überlegungen zur Überzeugung als Voraussetzung für die aktive Teilnahme am sozialen Leben an. Ähnliche Denkmodelle finden sich in den Texten der Frauenbewegung.[41]

Ebenso wie die fortschrittlichen Ideen des Warschauer Positivismus sind die antimodernen Reflexe der Konservativen im nationalen Kontext zu verstehen. Insgesamt ist festzustellen, daß Machtverhältnisse in der Familie und strukturelle Ungerechtigkeiten gegenüber Frauen in dem genannten Zeitraum nicht reflektiert wurden. Während die Konservativen die Frau zur Ikone stilisierten,

---

37 Na straży praw kobiet, S. 7.
38 Vgl. LANGE, O prawach kobiet jako żony i matki, S. 13.
39 EDUARD PRĄDZYŃSKI, O prawach kobiety, Warszawa 1895, S. 256.
40 Vgl. WALEWSKA, Ruch kobiecy w Polsce, Bd. 1, S. 20.
41 Vgl. SŁOWIŃSKI, Z myślą o Niepodległej, S. 20 f.; zur Arbeit Chmielowskis für den *Ster* vgl. HULEWICZ, Sprawa, S. 250 f.

verkannten die Positivisten die unterschiedliche Bedeutung des sozialen Wandels für Frauen und Männer.

2.2. Die Uniwersytet Latający

> „Mit meinem Leben und eigentlich mit dem fast aller Frauen aus unserer Umgebung war eng eine Institution verbunden – eine völlige Eigentümlichkeit, allein unsere Schöpfung – etwas, was es in anderen Ländern nicht gab. Ich denke hierbei an die sogenannte „Uniwersytet latajacy", welche viele Jahre hindurch die Bedürfnisse einer Menge Frauen stillte. Diese war unsere, für uns und von uns – Frauen gründeten höhere Bildungsabteilungen, welche alle damals hervorragenden wissenschaftlichen Lehrkräfte bündelten, Kräfte, die unter anderen, normalen Umständen Lehrstühle an den Universitäten inne gehabt hätten. [...] Hörerinnen waren ausschließlich Frauen, all jene, die das Bedürfnis nach einer Vertiefung ihres Wissens verspürten, und die keine Möglichkeiten zu einem Auslandsstudium hatten und für die, wie wir gut wissen, unsere Universitäten im Land nicht zugänglich waren."[42]

Mit diesen Worten beschrieb die Feministin Teodora Męczkowska (1870-1954) in ihren unveröffentlichten Lebenserinnerungen die in den 1890er Jahren aus Bildungszirkeln entstandene geheime Frauenuniversität *Uniwersytet Latający* (Fliegende Universität, UL). Im Gegensatz zu diesen Ausführungen, welche die UL als Ort weiblicher Selbstbildung charakterisieren, wurde die UL bisher nur unter dem Gesichtspunkt der Konspiration betrachtet. Grundlegend ist hierfür das vielbeachtete Buch Bogdan Cywińskis, eines Vordenkers der Solidarność-Bewegung, „Die Herkunft der Unbeugsamen" (*Rodowody niepokornych*), welches zuerst 1971 in Paris erschien. Das Buch verfolgt die Geschichte der polnischen *inteligencja* durch mehrere Generationen. Der Autor hatte die Absicht, die damaligen Strategien der *inteligencja* für die Solidarność-Bewegung fruchtbar zu machen. Dabei diente die UL als Beispiel einer gelungenen Selbstorganisation der polnischen Gesellschaft. Durch Cywińskis Werk wurde der Gesellschaftsbegriff der radikalen *inteligencja* der Teilungszeit in der Solidarność-Bewegung populär.[43] Die Männer an der Spitze des „Komitees zur Verteidigung der Arbeiter" (KOR)[44] lehnten sich also an das Beispiel einer vormals als „Wei-

---

42 TEODORA MĘCZKOWSKA, Pamiętnik pisane w Zakopanym w r.1944/45, Handschrift der Biblioteka Narodowa, Sig. II 10303, S. 22 (Übersetzung N. St.).
43 HAHN, Die Gesellschaft im Verteidigungszustand, S. 45.
44 *Komitet Obrony Robotników*, gegründet 1976, seit 1977 bezeichnenderweise *Komitet Samoobrony Społecznej* (Komitee der gesellschaftlichen Selbstverteidigung).

beruniversität"[45] bezeichneten Lehranstalt an, ohne deren weibliche Spezifika wahrzunehmen. In einem Aufsatz von Hans-Henning Hahn unter dem Titel „Die Gesellschaft im Verteidigungszustand" wird die weibliche Tradition der UL ebenfalls nur am Rande erwähnt.[46]

Cywiński selbst machte zwar deutlich, daß es sich bei den Hörern der UL um Frauen gehandelt hatte. Jedoch beschrieb auch er die Geschichte der darin enthaltenen Frauenemanzipation als eine Erfolgsgeschichte der Positivisten und damit eher der Dozenten als der Hörerinnen der UL.[47]

Die Rekonstruktion der Geschichte der UL ist schwierig, weil es sich um eine geheime Einrichtung handelte. Jadwiga Mackiewicz-Wojciechowska veröffentlichte 1933 die wichtigste Broschüre zum Thema.[48] Ihren Ausführungen lag die Entdeckung von Akten der russischen Gendarmerie zugrunde. Diese Entdeckung war insofern spektakulär, als bis zu diesem Zeitpunkt von den ehemaligen Hörerinnen und Dozenten angenommen worden war, daß die Existenz der UL den russischen Behörden unbekannt geblieben war. Besonders der Umstand, daß Verhaftete, die aus anderen Gründen von der Gendarmerie verhört wurden, niemals nach ihrer Teilnahme an der UL gefragt wurden, löste vor diesem Hintergrund allgemeine Verwunderung aus. Mackiewicz-Wojciechowska wies auch darauf hin, daß sowohl zu den Dozenten als auch den Hörerinnen der UL viele allgemein anerkannte Wissenschaftler und Wissenschaftlerinnen gehörten.[49]

Im Zusammenhang mit der Geschichte der polnischen Frauenbewegung ist die UL vor allem als Ort weiblicher Selbstorganisation und Emanzipation von Bedeutung. Die Organisationsstruktur der UL hat Michael Wiese in seiner Magisterarbeit ausführlich untersucht.[50] In den folgenden Ausführungen stütze ich mich auf diese gründliche Studie sowie auf die Broschüre Mackiewicz-Wojcie-

---

45 So lautet die Bezeichnung schon in der 1933 erschienenen weiter unten zitierten Studie Mackiewicz-Wojciechowskas, auf die sich Cywiński bei seinen Ausführungen bezieht.
46 HAHN, Die Gesellschaft im Verteidigungszustand, S. 35.
47 BOGDAN CYWIŃSKI, Rodowody niepokornych, Paris 1985 (Erstausgabe Paris 1971), S. 47.
48 JADWIGA MACKIEWICZ-WOJCIECHOWSKA, Uniwersytet „latający". Karta z dziejów tajnej pracy oświatowej, Warszawa 1933.
49 Auf der Seite der Dozenten z. B. Piotr Chmielowski, Ludwik Krzywicki, Eduard Grabowski, Jan Wławisław David, Józef Nusbaum, Maksymilian Herpern, Odo Bujwid, Stanisław Posner; zur Charakterisierung der Dozenten sei auf die Ausführungen von Bogdan Cywiński sowie auf die gängigen Nachschlagewerke verwiesen. Sofern die Dozenten in anderen Zusammenhängen eine Bedeutung für die Frauenbewegung erlangten, werden sie dort genannt.
50 MICHAEL WIESE, ‚Uniwersytet Latacący': Die geheime Universität für Frauen in Warschau gegen Ende des 19. und zu Beginn des 20. Jahrhunderts (Magisterarbeit), Köln 1994. Leider ist die Arbeit unveröffentlicht.

chowskas. Zunächst muß festgehalten werden, daß die UL aus der Initiative von Frauen entstand. Es handelte sich um einen Zusammenschluß verschiedener Selbstbildungszirkel,[51] welcher von Jadwiga Szczawińska-Dawidowa organisiert wurde. Die Veranstaltungen fanden an verschiedenen Orten im Stadtgebiet, größtenteils in Wohnungen, statt. Diese Funktionsweise gab der Institution den Namen „Fliegende Universität". Diese Orte sollten vor allem „sicher" sein. Es kam nicht selten vor, daß Veranstaltungsorte verlegt werden mußten. Aus Gründen der Geheimhaltung betraten die Hörerinnen einzeln die ‚Vorlesungsräume'. Der Unterricht an der UL mußte bezahlt werden. Jeder Zirkel hatte eine Kassiererin, welche den Obolus bei der Verwaltung entrichtete. Diese bezahlte die Lehrkräfte, die zu einem nicht geringen Teil bitter auf diese Einkünfte angewiesen waren. Die Gebühren verdienten sich die Studentinnen in vielen Fällen durch ihre pädagogische Tätigkeit. Ein dringendes Bedürfnis der Lehrerinnen, welches in der UL gestillt wurde, war der Zugang zu pädagogischem Fachwissen. An der UL wurden Naturwissenschaften wie Zoologie, Botanik, Geologie, Chemie, Physik, Mathematik, Bakteriologie, Anatomie und Geographie, historisch-philologische Fächer, im einzelnen Literatur, Geschichte, polnische Sprache und Pädagogik sowie Gesellschaftswissenschaften, namentlich Soziologie, Philosophie, Politische Ökonomie, Ästhetik, Psychologie und Jura unterrichtet. Insgesamt wird die Zahl der Studentinnen der UL zwischen 1895 und 1905 auf zwei- bis dreihundert geschätzt. Nur ein geringer Teil von ihnen gelangte später in eine politisch oder wissenschaftlich exponierte Stellung. Die UL war keine Brutstätte des politischen Radikalismus, sondern erfreute sich einer breiten Anerkennung. Laut Męczkowska war sie sogar „modisch".[52] In dieser Bemerkung drückt sich die hohe Akzeptanz ‚illegaler' Frauenbildung in der ‚guten' polnischen Gesellschaft aus. Vermutlich wurde diese als ein Mittel der Einbindung von Frauen in die polnischen Normen gesehen, die aus der Sicht der Elterngeneration einem ‚verfremdenden' Auslandsstudium allemal vorzuziehen waren.

1889 wurde Szczawińska-Dawidowa aus der Leitung verdrängt. Offenbar hatte sich Unmut über ihren angeblich despotischen Führungsstil breit gemacht. Eine neue Gruppe von Frauen, mit Stefania Sempołowska an der Spitze, schrieb sich die Demokratisierung der Institution auf die Fahnen. Die Leitung wurde seither von der Jahreshauptversammlung der Kassiererinnen gewählt. Außerdem gab es eine Hauptkassiererin und Sekretärinnen, die an der Leitung betei-

---

51 Frauenzirkel waren auch in Rußland eine Brutstätte des Feminismus. Diese Ähnlichkeit würde ich jedoch hauptsächlich in der Tatsache begründet sehen, daß man sich mit derselben Staatsmacht konfrontiert sah; vgl. PIETROW-ENNKER, Rußlands „neue Menschen", S. 188-209.
52 MĘCZKOWSKA, Pamiętnik pisany w Zakopanym, BN, rkp. II 10303, S. 24.

ligt waren. Der Bruch in der Führung wurde jedoch in den Zirkeln vielfach gar nicht wahrgenommen. Die UL verlor 1906 mit ihrer Transformation in eine öffentlich anerkannte Bildungseinrichtung ihren Charakter als Frauenuniversität. Zwar waren Frauen zur *Towarzystwo Kursów Naukowych* (Gesellschaft für wissenschaftliche Kurse), welche aus der UL entstand, weiterhin zugelassen. Die Organisation der Einrichtung lag jedoch nun in den Händen von Männern. Die Initiative zu dieser Transformation war von den Dozenten ausgegangen.

Frauen nutzten bei der Unterhaltung ‚ihrer Universität' bestehende Nischen geschickt aus. Die Konspiration war dabei nicht der Zweck der Einrichtung, sondern ein notwendiges Übel. Von nicht geringer Bedeutung für die faktische Duldung der UL durch die russische Gendarmerie scheint die Tatsache gewesen zu sein, daß die Behörden des Zarenreichs auf dem Gebiet der Frauenbildung keine klare Linie vertraten und offensichtlich diese „Weiberuniversität" nicht mit der gleichen Schärfe verfolgten, wie sie es vermutlich bei einer analogen Einrichtung für Männer getan hätten.[53] Als Einrichtung „von uns und für uns" bot die UL all jenen Frauen eine Möglichkeit zum Bildungserwerb, die sich ein Auslandsstudium (noch) nicht leisten oder aus anderen Gründen das Land nicht verlassen wollten oder konnten. Als autonome Institution war die UL ein Freiraum, der sowohl ideell als auch institutionell einen zentralen Ausgangspunkt für feministische Aktivitäten in Polen darstellte. Die UL verkörperte jene Art eines Beziehungsnetzes im halb-öffentlichen Raum, die der Organisationsstruktur der polnischen Frauenbewegung immanent war. Als Frauenort diente sie der Vertiefung von Freundschaften, Wissen, Organisationstalent und Ideen. Aus den Reihen der Frauenbewegung studierten Zofia Daszyńska-Golińska, Cecylja Walewska, Kazimiera Bujwidowa, Jadwiga Petrażycka Tomicka, Iza Moszczeńska, Stefania Sempołowska, Ludwika Jahołkowska-Koszutska, Teodora Męczkowska, Józefa Bojanowska u. a. an der UL. Daszyńska-Golińska und Aniela Szycówna waren außerdem als Dozentinnen tätig. Einige der ersten Studentinnen der galizischen Universitäten hatten zuvor an der UL studiert, darunter Jadwiga Klemensiewiczowa.[54] Die UL diente außerdem in zwei Fällen zur Stiftung von Ehen, die scheinbar dem neu geschaffenen Ideal der ‚fortschrittlichen' Inteligencjaehe entsprachen. So heiratete Jadwiga Szczawińka den Dozenten Jan Władysław David; Kazimiera Bujwidowa lernte hier ihren späteren Ehemann Odo Bujwid kennen, dem sie bei seiner medizinischen Arbeit auch assi-

---

53 Zur Ambivalenz der russischen Politik auf dem Gebiet der Frauenbildung vgl. CHRISTINE JOHANSON, Women Struggle for Higher Education in Russia, 1855-1900, Kingston/Montreal 1987.
54 Klemensiewiczowa ist durch ihr 1961 veröffentlichtes Werk „Przebojem ku wiedzy", welches die Bildungsbemühungen von Frauen schildert, in die Geschichte der Krakauer Universität eingegangen.

stiert haben soll.⁵⁵ Von dieser Ehe wird im Zusammenhang mit der Erkämpfung des Zugangs für Frauen zur Krakauer Universität noch die Rede sein. An der UL studierten auch die spätere Atomwissenschaftlerin Maria Skłodowska-Curie und die Sozialistin Aleksandra Szczerbińska, welche später den zukünftigen Präsidenten der Zweiten Republik, Józef Piłsudski, heiratete.

Exkurs: Berufsaussichten gebildeter Frauen

Mit dem Pensionat und der anschließenden offenen oder geheimen Arbeit als Lehrerin waren die Karrierechancen einer *inteligentka* im Königreich Polen weitgehend ausgeschöpft. Wollte oder konnte eine Frau nicht im Handel oder Gewerbe arbeiten (auch dort waren Arbeitsplätze rar), stand ihr neben der pädagogischen noch die publizistische Tätigkeit offen. Um in einer staatlichen Schule ein mageres Auskommen zu haben, bedurfte es einer nur unter großem Aufwand zu erhaltenden Lehrerlaubnis.⁵⁶

In den Privatanstalten verdienten Lehrerinnen 75 Kopeken bis 1 Rubel pro Stunde, ihre männlichen Kollegen 1 bis 5 Rubel. In den Gymnasien, in denen der Anteil der weiblichen Lehrerschaft verschwindend gering war, erhielten Lehrerinnen 50 Rubel jährlich für jede Wochenstunde. Teilweise wurden sie nur mit einigen Wochenstunden beschäftigt. Bei den Privatlehrerinnen schwankte das jährliche Gehalt zwischen 120 und 800 Rubel pro Jahr. Auch hier waren die Bezüge männlicher Lehrkräfte teilweise doppelt so hoch.⁵⁷ Die Bezahlung für geheimen Unterricht ist nicht überliefert.

Etwas besser standen die Publizistinnen da, zumindest wenn man den Ausführungen Orzeszkowas zu diesem Thema folgen will. Auch wenn die Bezahlung von Publizisten nicht hoch war, so sollen die Frauen zumindest hier gleichen Lohn für gleiche Arbeit erhalten haben. Wie Orzeszkowa berichtete, hätten weder die Kritiker noch die Öffentlichkeit „dem Geschlecht des Schriftstellers Aufmerksamkeit geschenkt", sondern das Werk allein unter dem Gesichts-

---

55 KRÓL, 101 kobiet polskich, S. 294.
56 Über die Prozedur bei der Erteilung einer Lehrerlaubnis vgl. JOLANTA NIKLEWSKA, Nauczycielstwo prywatnych szkół średnich w Warszawie z wykładowym językiem polskim w latach 1905-1915, in: Przegląd Historyczno-Oświatowy 1982, H. 2-3, S. 234-272, hier S. 234-236; zur Arbeitssituatiion gebildeter Frauen JOLANTA NIKLEWSKA, Być kobietą – czyli dola warszawskiej nauczycielki na przełomie XIX i XX wieku, in: Kobieta i edukacja, Teil 2, a. a. O., S. 267- 279; RYSZARDA CZAPULIS-RASTENIS, Pierwsze pokolenie literatek polskich, ebd., S. 305-321.
57 Vgl. KUCZALSKA-REINSCHMIT, Der Stand der Frauenbildung in Polen, S. 345 f.

punkt seines Wertes beurteilt.⁵⁸ Obwohl solche Äußerungen mit Vorsicht zu genießen sind, kann davon ausgegangen werden, daß sich in der polnischen Publizistik, in der Frauen stark vertreten waren, ein attraktives Feld geistiger Betätigung öffnete, welches viele *inteligentki* in unterschiedlicher Intensität nutzten. Daß die Betätigung von Frauen als Journalistinnen jedoch auch 1906 noch nicht selbstverständlich war, zeigen einige Artikel im *Bluszcz*, in denen über die Eignung der Frauen für diesen Beruf gemutmaßt wurde.⁵⁹ Diese Auseinandersetzung hatte insbesondere den politischen Journalismus zum Objekt, denn:

> „Eine Frau, die sich mit Belletristik oder einem gelegentlichen Artikel an die Redaktion wendet, wird, je nachdem wie talentiert sie ist, als eine Bereicherung wahrgenommen, aber auf eine Frau, die sich um eine Reporterstelle bewirbt, um das „Machen" von Depeschen, von Auslandsnachrichten oder Leitartikeln, schaut man wie auf ein Ungeheuer."⁶⁰

In diesem Zusammenhang wurde in einem Leitartikel des *Bluszcz* darauf aufmerksam gemacht, daß einerseits Konkurrenz zwischen männlichen und weiblichen Journalisten herrschte und daß andererseits Frauen der Zugang zu Informationen erschwert wurde, weil diese an Orten kursierten, die in der Regel von Frauen nicht genutzt wurden (so z.B. in Gasthäusern).⁶¹

Nach 1905 erkämpften sich Frauen den Zugang zum „gesellschaftlichen Posten"⁶² Journalismus. Die Zahl derjenigen, die allein durch Schreiben ihren Lebensunterhalt verdienten, war jedoch gering. Darüber hinaus konnten Frauen eine qualifizierte Beschäftigung als Pharmazeutinnen und Hebammen finden. In St. Petersburg hatte die Polin Antonia Leśniewska 1903 eine pharmazeutische Schule für Frauen eröffnet. Hierbei handelte es sich um die einzige derartige Schule im Russischen Reich. Bis 1913 hatten sich 387 Schülerinnen angemeldet. Von den 199, welche die Schule bis dahin beendet hatten, waren 22 Polinnen, sechs Deutsche, sechs Jüdinnen, vier Bulgarinnen, zwei Estinnen und 157 Russinnen. Die Berufsaussichten der Pharmazeutinnen waren gut.⁶³ Eine Hebammenausbildung konnte man unter anderem an der Schule der polnischen Ärztin Tomaszewicz-Dobrska in Warschau erhalten. Beide Berufsgruppen waren jedoch sehr klein.

---

58 Vgl. ORZESZKOWA, O kobiecie, S. 62–64.
59 Vgl. Bluszcz 1906, S. 337, 383 f.; 1907, S. 57 f.
60 Bluszcz 1907, S. 57 (Übersetzung N. St.).
61 Bluszcz 1907, S. 58.
62 Ebd.
63 Ster 1913, Nr. 4, S. 2 f. (S. 26 f.); ALEKSANDRA LEŚNIEWSKA, Nowa dziedzina pracy kobiet w związku z reformą zawodu farmaceutycznego, Warszawa 1908.

Der Besuch der UL bot zwar ein Ventil für den ungestillten Bildungshunger, verbesserte aber nicht die beruflichen Aussichten. Er führte nicht einmal zu einer nachweisbaren Qualifikation, die es ermöglicht hätte, die Zulassung zu bestimmten Berufszweigen zu erkämpfen. Vor diesem Hintergrund ist es nicht verwunderlich, daß viele Frauen, die der Wunsch nach Bildung trieb, zum Studium ins Ausland reisten, sofern sie den Mut aufbrachten und es sich finanziell erlauben konnten. Zahlreiche Studentinnen der UL setzten ihre Studien im Ausland fort, so z. B. Zofia Daszyńska-Golińska, Maria Skłodowska-Curie, Janina Kosmowska und Maria Czaplicka. Teodora Męczkowska besuchte die UL nach ihrem Auslandsstudium.

2.3. *Auslandsstudien*

Informationen über polnische Studentinnen im Ausland sind nur unter Schwierigkeiten zu rekonstruieren. So erscheinen Studentinnen aus dem Königreich Polen in den Immatrikulationslisten der Universitäten als Russinnen.[64] Wie hoch der Anteil der Polinnen an den „Russinnen" war, ist kaum zu ermitteln. Dies liegt zum einen an der Ungenauigkeit der bei der Immatrikulation erhobenen Daten. Selten wurde nach Nationalität oder Religionszugehörigkeit gefragt.[65] Wichtiger schien, aus welchem Staat die Aspirantin stammte.

Das Problem der Quantitätsbestimmung soll hier kurz am Beispiel einer veröffentlichten Liste von 188 Studentinnen verdeutlicht werden, die vom Sommer 1868 bis zum Sommer 1892 an der philosophischen Fakultät in Zürich studierten. In der Liste, die in einem aus Anlaß des 120jährigen Bestehens des Frauenstudiums an der Universität Zürich erschienenen Buch veröffentlicht wurde, ist der Herkunftsort der Studentinnen angegeben. Von den hier aufgeführten 188 Frauen kamen zwei aus Krakau, hier als österreichische Stadt bezeichnet, und vier aus Warschau (Rußland), darunter Rosa Luxemburg und Zofia Daszyńska-Golińska.[66] Als Herkunftsort wurde offensichtlich der Ort, an dem die Studentinnen zur Schule gegangen waren, genannt, denn Luxemburg war nicht in War-

---

64 Vgl. zu den Züricher Immatrikulationslisten MICHAEL WIESE, ‚Uniwersytet Latający', S. 62 f.; der Autor nennt die Zahl von 122 Studentinnen aus Polen bis 1905. Davon seien 30 bis 35 Prozent Jüdinnen gewesen. Frauen aus dem Königreich Polen stellten das Gros dieser Studentinnen.
65 Im vorliegenden Kontext bietet die Religionszugehörigkeit relativ sichere Informationen über die Nationalität. Katholiken waren in den meisten Fällen polnischer, Protestanten deutscher, Juden jüdischer und Russisch-Orthodoxe russischer Nationalität.
66 Ebenso neu als kühn.120 Jahre Frauenstudien an der Universität Zürich, hrsg. v. VEREIN FEMINISTISCHE WISSENSCHAFT, Zürich 1988, S. 202-207.

schau, sondern in Zamość geboren. Indes garantierte der Herkunftsort, selbst wenn er richtig angegeben wäre, nicht für nationale Herkunft. So waren viele aus polnischen Familien stammende Frauen in den Westgouvernements des Zarenreichs wie auch den russischen Großstädten geboren worden oder dort zur Schule gegangen. Umgekehrt lebten in Warschau einige russische Familien. Wollte man zudem den Anteil der Jüdinnen an den Studentinnen aus Rußland ermitteln, so hätte der Herkunftsort keinerlei Aussagewert.

1871 hatten sich die ersten Polinnen in Zürich immatrikuliert. Hierzu gehörte die damals siebzehnjährige Anna Tomaszewicz-Dobrska (1854-1918). Sie wurde als „hübsche blonde Polin, auffallend modern in der Kleidung und im ganzen Habitus, in ausgesprochener Abwehr zu den russischen Kolleginnen stehend" wahrgenommen.[67] Trotz dieser „Abwehr" lebte sie im Sommersemester 1872 in der Hädelistraße 4 in der Pension „Frauenfeld" mit sechs Frauen aus Rußland zusammen, fünf davon Medizinstudentinnen wie sie. Das Gebäude beherbergte zu dieser Zeit das russische Foyer mit Mensa und die russische Bibliothek.[68] Nachdem Tomaszewicz ihr Studium der Medizin abgeschlossen hatte, kehrte sie nach Polen zurück und erlangte 1880 in St. Petersburg die Konzession zum Betrieb einer eigenen Praxis in Warschau. Als ‚Frauenärztin' wirkte diese erste in Polen praktizierende Ärztin auch auf gesellschaftlichem Gebiet. So unterhielt sie z.B. die oben genannte Hebammenschule mit jährlich 24 Absolventinnen.[69] Tomaczewicz-Dobrska war mit der Pionierin der polnischen Frauenbewegung Paulina Kuczalska-Reinschmit befreundet und engagierte sich bei verschiedenen Anlässen in dieser Bewegung.[70]

Als relativ sicher kann allerdings gelten, daß hauptsächlich Frauen aus dem russischen Teilungsgebiet den Weg an ausländische Universitäten fanden. Offenbar waren hier die Bildungsbestrebungen junger Frauen stärker ausgeprägt als in den anderen Teilungsgebieten. Dies könnte aus ihrer Teilhabe an den zuvor beschriebenen Mädchen- und Frauenbildungseinrichtungen resultieren. In den meisten Fällen studierten Polinnen in der Schweiz. Dies hängt vor allem mit der liberalen Praxis der Schweizer Universitäten zusammen, die von Ausländern kein Maturitätszeugnis verlangten, was besonders Frauen zugute kam.[71] Eine Ausnahme bildete die Baseler Universität, die Frauen erst ab 1896 ihre Pforten

---

67 Zitiert nach: Ebenso neu als kühn, S. 136.
68 Ebenso neu als kühn, S. 141.
69 Vgl. WALENTYNA NAGÓRSKA, Anna Tomaszewicz Dobrska, in: Niepodległość 12 (1935), S. 183-192, hier S. 187.
70 Vgl. WALEWSKA, W walce, S. 30 f.; MELANJA LIPIŃSKA, Kobieta i rozwoj nauk lekarskich, Warszawa 1936, S. 169 f.
71 Vgl. DANIELA NEUMANN, Studentinnen aus dem Russischen Reich in der Schweiz, Zürich 1987, S. 12.

öffnete. Einige politische Entscheidungsträger in Stadt und Hochschule sorgten dafür, daß ‚Russinnen' zu dieser Universität keinen Zugang fanden, da sie revolutionäre Umtriebe, das Absinken des Niveaus, sowie den Verfall der Sitten befürchteten.[72] Hier wurde auch das Gesuch der „russischen Nationalökonomin Sophie Daschinska", gemeint ist die Polin Zofia Daszyńska, spätere Golińska, um Zulassung zum Promotionsstudium abgelehnt.[73]

Auslandsstudien waren meistens entbehrungsreich. Die Ernährung und die Wohnverhältnisse der russischen Studentinnen in der Schweiz waren miserabel. In der Schweiz studierten ‚Russinnen' vor allem Medizin. Der Anteil der Jüdinnen war hoch, allerdings offenbar unter den Studentinnen aus dem Königreich Polen geringer als unter denen aus Kernrußland. Die Studentenkolonien unterhielten eigene Bibliotheken und bildeten Zirkel, in denen die Fragen der Zeit diskutiert wurden. Hierzu zählten auch Frauenzirkel. Das Studium polnischer Studentinnen an ausländischen Universitäten war ein allgemein wahrnehmbares Phänomen. Wahrscheinlich waren Polinnen nach den Russinnen (und noch vor den Schweizerinnen) die zweitgrößte Gruppe unter den Studentinnen der Schweizer Universitäten.[74]

Im Ausland nutzten Polinnen Studienmöglichkeiten außerdem besonders in St. Petersburg und Paris. Seit Beginn der 1870er Jahre gab es in St. Petersburg die sogenannten Bestužev-Kurse und zunächst auch andere höhere Frauenkurse, welche jedoch 1881 von Zar Alexander II. aus Angst vor einer möglichen politischen Radikalisierung der Studentinnen geschlossen wurden.[75] Obwohl diese Kurse gegenüber einem Studium im ‚freien' Westen wenig attraktiv waren, boten sie doch einige Vorteile, die bis 1905 vor allem von Frauen aus den Westgouvernements des Zarenreichs geschätzt wurden.[76] Einerseits war ein Studium in St. Petersburg billiger als im westlichen Ausland.[77] Außerdem berechtigte der Abschluß der Bestužev-Kurse zu einer beruflichen Tätigkeit im Königreich Polen, auch wenn diese oft unterhalb der mitgebrachten Qualifikation lag. Immerhin bot ein Studium in St. Petersburg die Möglichkeit, mit einem anerkannten

---

72 REGINA WECKER, Basel und die Russinnen, in:100 Jahre Frauen an der Uni Basel, Basel o. J. (1996), S. 84-91.
73 WECKER, Basel, S. 87.
74 Vgl. NEUMANN, Studentinnen, S. 11-21, 117-163; HULEWICZ, Sprawa, S. 192-225.
75 RUTH A. DUDGEON, The Forgotten Minority. Women Students in Imperial Russia, 1872-1917, in: Russian History 9 (1982), S. 1-26, hier S. 2.
76 Vgl. Z życia studentek polek w Petersburgu, Warszawa 1929, S. 6. Diese Broschüre enthält vor allem die Satzungen und ein Mitgliederverzeichnis des 1908 gegründeten polnischen Studentinnenvereins *Spójnia*, der unter anderem die Verbreitung feministischer Ideen zum Ziel hatte. Hier wird auch von 200 polnischen Studentinnen jährlich (nach 1905) in Petersburg gesprochen, vgl. ebd., S. 7.
77 WAWRZYKOWSKA-WIERCIOCHOWA, Udział kobiet, S. 300 f.

Abschluß in die Heimat zurückzukehren. Außerdem waren hier die Sprachbarrieren für Frauen aus dem Königreich Polen und den Westgouvernements des Zarenreichs geringer als im westlichen Ausland. Laut einem Artikel von Romualda Baudouin de Courtenay aus Anlaß des zehnjährigen Bestehens der Höheren Frauenkurse studierten dort Russinnen, Deutsche, Polinnen und „verhältnismäßig wenig" Jüdinnen.[78] Angeblich studierten Polinnen vor allem Naturwissenschaften. Baudouin de Courtenay selbst widmete sich der Geschichte. Ihren Ausführungen gemäß waren nationale Unterschiede unter den Studentinnen der Höheren Frauenkurse bedeutungslos. Die Studentinnen seien „en masse [...] nicht besser und nicht schlechter als die Allgemeinheit der Frauen gewesen."[79]

Auch an der Wiener Universität studierten viele Polinnen. Dies ist zunächst verwunderlich, weil diese Universität erst 1897, also ein Jahr nach den polnischsprachigen Universitäten in Krakau und Lemberg Frauen als Hörerinnen zuließ. Diese galizischen Universitäten waren polnischsprachig. In Wien studierten einerseits Polinnen aus Galizien. Diese wurden nicht nach ihrer Nationalität gefragt. Aus der regionalen Herkunft und Muttersprache lassen sich jedoch einige Rückschlüsse ziehen. Im Wintersemester 1913/14 kamen 14 Prozent der Philosophiestudentinnen und 28 Prozent der Medizinstudentinnen aus Galizien. Neun Prozent der Philosophiestudentinnen und zwölf Prozent der Medizinstudentinnen gaben Polnisch als ihre Muttersprache an. Es ist anzunehmen, daß sich unter den galizischen Medizinstudentinnen zahlreiche Jüdinnen befanden.[80]

Andererseits studierten in Wien zahlreiche Polinnen aus dem Königreich Polen, welche auch hier den russischen Studentinnen zugeschlagen wurden. Die Autorin eines 1993 erschienenen Buchs über Frauen an der Universität Wien führt zwar aus, daß es sich bei den „Russinnen" zum überwiegenden Teil um Jüdinnen und zu einem beträchtlichen Teil um Polinnen handelte. Dies hält sie jedoch nicht davon ab, das Klischee von der nihilistischen russischen Studentin auch auf diese Gruppen zu übertragen. Zwischen 1898/99 und 1914/14 studierten 126 ‚Russinnen' in Wien. Davon waren etwa 70 Prozent mosaischen und 10 Prozent katholischen Glaubens. Von den ‚russischen' Studentinnen gaben, um nur ein paar Beispiele herauszugreifen, 1907 16 Russisch, acht Polnisch, zwei

---

78 Przegląd Literacki 1888, Nr. 51, S. 7.
79 ROMUALDA BAUDOUIN DE COURTENAY, Na wyższych kursach żeńskich, in: Przegląd Literacki 1888, Nr. 48, S. 1-3, Nr. 49, S. 8 f., Nr. 51, S. 6 f., Nr. 52, S. 5-8, hier Nr. 48, S. 1.
80 WALTRAUD HEINDL, Das Nationalitätenproblem in der Donaumonarchie und die Veränderungen nach 1918, in: „Durch Erkenntnis zu Freiheit und Glück ..." Frauen an der Universität Wien (ab 1897), hrsg. v. WALTRAUD HEINDL u. MARINA TICHY, Wien 1993, S. 109-119, siehe besonders die Tabellen auf S. 114-116.

2.3. Auslandsstudien

Deutsch und zwei Jiddisch, 1910/11 zehn Russisch, sechs Polnisch, drei Deutsch und fünf Jiddisch als ihre Muttersprache an.[81]

Erfolgreiche weibliche Bildungskarrieren wurden von der nachfolgenden Generation dazu benutzt, das eigene Anliegen aufzuwerten.[82] Der polnischen Frauenbewegung gingen durch die Studienemigration bildungshungriger Frauen einerseits Kapazitäten verloren.[83] Andererseits wurden Kontakte zu diesen Emigrantinnen auch häufig zum internationalen Informationsaustausch genutzt. Es existierten Anlaufstellen für die unterschiedlichsten Fragen im östlichen und westlichen Ausland. Schließlich förderte die polnische Frauenbewegung selber das Auslandsstudium polnischer Frauen. Seit 1886 vergab der „Kraszewski-Ausbildungshilfsverein für Polinnen" (*Stowarzyszenie Pomocy Naukowej dla Polek J.I. Kraszewskiego*) in Krakau Stipendien zum Zwecke von Auslandsstudien.[84] Beim PZRK leitete Pachucka seit 1909/10 ein Informationsbüro, welches junge Mädchen über Bildungsmöglichkeiten im In- und Ausland unterrichten sollte. Das Büro hatte laut des ersten Rechenschaftsberichtes praktische und ideologische bzw. ideelle (*ideowe*) Ziele. Es sammelte Informationen über mehr als 150 Bildungseinrichtungen. Junge Mädchen, die eine Ausbildung beginnen wollten, wurden ausführlich beraten. Möglichst viele Frauen sollten, so der PZRK, eine höhere Ausbildung absolvieren, da die in der Studienzeit erworbene Selbständigkeit und Lebenskenntnis zu gesellschaftlicher Arbeit befähigen würden.[85] 1910 wurden beim PZRK Komplettierungskurse angeboten, die nach dem Abschluß des Mädchenpensionats auf das Abitur an einem russischen Jungengymnasium oder auf die österreichische Matura vorbereiten sollten. Im selben Jahr besuchten von den Frauen, die sich Rat bei Pachucka geholt hatten, nur drei galizische Universitäten, neun gingen in die Schweiz, sechs nach Paris und zwei nach Brüssel. Insgesamt fand in 100 Fällen eine Beratung statt, wobei sich 23 Anfragen auf außeruniversitäre Ausbildungsmöglichkeiten bezogen. 53 Frauen wollten sich auf das russische, drei auf das österreichische Abitur vorbereiten.[86]

---

81 WALTRAUD HEINDL, Die Russichen Studentinnen an der Universität Wien. Ein Beispiel ausländischer Hörerinnen, in: „Durch Erkenntnis...", S. 129-138, hier S. 133 u.137.
82 Vgl. WALEWSKA, W walce, S. 107-137.
83 Dies bemängelt auch KUCZALSKA-REINSCHMIT, Der Stand der Frauenbildung in Polen, S. 347.
84 BOGUSŁAWA CZAJECKA, „Z domu w szeroki świat". Droga kobiet do niezależności w zaborze austriackim w latach 1890-1914, Kraków 1990, S. 110-112.
85 Ster 1910, S. 136 f.
86 Ster 1911, S. 167.

2.4. Der Kampf um höhere Frauenbildung: Galizien in den 1890er Jahren

„In Galizien war es in dieser Zeit [um 1890, N. St.] völlig ruhig. Auf den Frauen lastete die Bürde der drei K's, importiert aus Deutschland [...]: *Kirche, Küche und Kinder* [im Original deutsch und kursiv, N. St.],[...]. Als einer der Professoren der Universität seinem Krakauer Kollegen vor 15 Jahren den Abdruck einer populärwissenschaftlichen Broschüre „für Ihre Frau" aushändigte, gab letzterer ihm diese spöttisch zurück: „Meine Frau amüsiert sich nicht in der Wissenschaft" und ein anderer Kollege verschloß die Tagespresse vor seiner Frau im Schrank! Diese deutsche Kultur bezüglich der Frauen hat hier in Galizien einen furchtbaren Stillstand bewirkt und ganzen Generationen von Frauen großes Unrecht zugefügt. Und eben dieser deutschen Kultur ist der Umstand zuzuschreiben, daß während die Warschauer Frau schon durch Wörter und Taten ihre Rechte der Welt ins Gedächtnis rief, die galizische Frau mit einer völligen Passivität verschiedene „Scholastykas"[87] als Quelle der allseitigen weiblichen Klugheit besuchte."[88]

Diese bitteren Worte, welche Kazimiera Bujwidowa (1867-1932) in einem 1905 in *Nowe Słowo* publizierten Artikel über die Frage der Mädchengymnasien in Galizien veröffentlichte, sprechen von den Schwierigkeiten einer fortschrittlichen Warschauerin, die 1892 als Professorengattin nach Krakau kam. Es läßt sich vermuten, daß es ihr Gatte, Odo Bujwid, ein Bakteriologe und Befürworter der Frauenstudien, war, welcher sich hier mit einer dem Bedürfnis der Frauenbildung ablehnenden Kollegenschaft konfrontiert sah.[89] Kazimiera, welche zuvor an der UL studiert hatte, war als Frau von den Universitäten ausgeschlossen. Ihr Traum nach einem Studienabschluß blieb zeitlebens unerfüllt.[90] Sie war diejenige, welche in einem zähen Kampf, unterstützt allein durch ihren Mann und ihre Freundinnen aus dem Königreich, sowie von Maria Turzyma (Wiśniewska)[91] die Frage der Zulassung von Frauen zur Krakauer Universität zu einem

---

87 Die Krakauer Mittelschule für Mädchen mit dem Namen „Schule der heiligen Scholastyka" war eine der ersten über die Elementarbildung hinausgehenden Schulen dieser Art in Krakau. Diese Schule soll auf der Ebene einer mittleren Bildung seit 1871 „solide", jedoch keine weitreichenden Kenntnisse vermittelt haben und steht daher in diesem Zitat für die Beschränktheit der Mädchen- und Frauenbildung in Galizien. Zu den Lehrinhalten und der Geschichte dieser Bildungseinrichtung vgl. CZAJECKA, „Z domu...", S. 59-63.
88 Zitiert nach: HULEWICZ, Sprawa, S. 255 (Übersetzung N. St.).
89 Vgl. hierzu URSZULA PERKOWSKA, Studentki Uniwersytetu Jagiellońskiego w latach 1894-1939, W stulice immatrykulacji pierwszych studentek, Kraków 1994, S. 12 f.
90 Vgl. PSB, Bd. 3, S. 111.
91 An Maria Turzyma erinnerte sich Bujwidowa 1929 in einem kurzen Artikel. Hier wird auch Maria Siedlecka genannt, mit der zusammen sich die beiden Frauen bei *Towarzystwo Szkoły Ludowej* (Volksschulverein) engagiert hätten, vgl. Kobieta współczesna 1929, Nr. 19, S. 3.

2.4. Der Kampf um höhere Frauenbildung: Galizien in den 1890er Jahren

Politikum machte, mit welchem sich die Professorenschaft auseinandersetzen mußte.[92] Einige von Bujwidowas früheren Weggefährtinnen, darunter Józefa Bojanowska und Stefania Sempołowska lebten in den 1890er Jahren ebenfalls in Galizien. In Lemberg kämpfte zu dieser Zeit ein Kreis um Kuczalska-Reinschmit für den Zugang von Frauen zu den Universitäten. Von 1895 bis 1897 gab diese das erste Mal den *Ster* heraus. Der Untertitel lautete zu dieser Zeit *Dwutygodnik dla spraw wychowania i pracy kobiet* (Zweiwochenschrift für die Angelegenheiten der Erziehung und der Arbeit von Frauen). Die Zeitschrift setzte sich für bessere Bildungs- und Erwerbsmöglichkeiten von Frauen ein. Im Kontext dieser Studie ist Galizien als Ort der ersten Organisationsversuche der polnischen Frauenbewegung von Bedeutung. Ihre Trägerinnen waren größtenteils Frauen aus dem Königreich Polen, die ihre Erfahrungen deswegen in Galizien umsetzten, weil hier die politischen Verhältnisse eine offene Auseinandersetzung mit den gesellschaftlichen, politischen und staatlichen Institutionen erlaubten und darüber hinaus die Agitation für Frauenrechte in der Publizistik möglich war.

Der schlechte Einfluß, welchen Bujwidowa in dem Eingangszitat der deutschen Kultur zuschrieb, ist vorrangig nicht als nationalistische Attacke gegen die österreichische Teilungsmacht zu verstehen. Ihre negative Einschätzung der deutschen Kultur speiste sich vielmehr aus der Tatsache, daß sowohl das Deutsche Reich als auch die Donaumonarchie in der Frage des Frauenstudiums als rückständig zu betrachten waren.[93] In Preußen durften Frauen erst seit 1908, in der Donaumonarchie seit 1896 studieren. In Rußland konnten Frauen bis 1917 nur die Höheren Frauenkurse besuchen. Während die Universitäten in der Schweiz, in Frankreich, Belgien und England seit den 1860er Jahren ihre Pforten schrittweise den Frauen öffneten, verbrauchten insbesondere deutsche (und österreichische) Wissenschaftler ihre intellektuellen Energien dafür, die ‚natürliche' geistige Unterlegenheit der Frauen zu beweisen.[94] Gerade in jener Fakul-

---

92 Jan Hulewicz behauptet in seinem Artikel über Bujwidowa im PSB, Bd. 3, S. 111: „Sie hat die Universität zu einer Entscheidung gezwungen."
93 GERTRUD SIMON,„ Durch eisernen Fleiß und rastloses, aufreibendes Studium". Die Anfänge des Frauenstudiums in Österreich: Pionierinnen an den Universitäten Wien und Graz, in: Geschichte der Frauenbildung und Mädchenerziehung in Österreich. Ein Überblick, hrsg. v. ILSE BREHMER u. GERTRUD SIMON, Graz 1997, S. 205-219, hier S. 205; HULEWICZ, Sprawa, S. 198 f. Es muß auch berücksichtigt werden, daß Bujwidowa eine deutlich antiklerikale Auslegung des Feminismus vertrat und besonders den Einfluß des Klerus auf das Schulwesen zurückzudrängen versuchte, vgl. PSP, Bd. 3, S. 111.
94 Zum Wiener Antifeminismus vgl. HARRIET ANDERSON, Utopian Feminism. Women's Movements in fin-de-siécle Vienna, New Haven, London 1992, S. 21; WALTRAUD HEINDL, Zur Entwicklung des Frauenstudiums in Österreich, in: „Durch Erkenntnis zu Freiheit und Glück", S. 17-22.

tät, an der Odo Bujwid lehrte, wurden derartige ‚Erkenntnisse' gegen einige Dutzend Frauen ins Feld geführt, die 1894 auf Betreiben der ungewöhnlichen Professorengattin um die Zulassung zu einem Medizinstudium gebeten hatten.[95] Die Ehe zwischen Odo und Kazimiera entsprach dem Typus der fortschrittlichen Gelehrtenehe, einer jenseits überkommener Traditionen auf gemeinsamen Interessen gegründeter Arbeits- und Lebensgemeinschaft. Nach der Hochzeit im engen Kreise, die wie sich Odo fünfzig Jahre später erinnerte, der Presse vor allem dadurch bemerkenswert erschien, daß sich beide in gewöhnlicher Alltagskleidung das „Ja-Wort" gaben, begann nach den Ausführungen des Gatten „unser gemeinsames arbeitsreiches Leben".[96] Dabei darf jedoch nicht vergessen werden, daß auch diese fortschrittlichen Ehen letztlich einem konservativen Muster folgten. So blieb Kazimiera Odos Assistentin ohne Studium, während ihr Mann als Professor die Anerkennung und das Gehalt erntete. Die Erziehung ihrer gemeinsamen Kinder blieb der Ehefrau überlassen.

Die Mobilisierung für die Belange der Frauenbewegung war in Galizien aus vielerlei Gründen erschwert. Der Autonomiestatus, den Galizien seit 1867 hatte, machte zwar die politische Betätigung für Männer einfacher und führte zahlreiche politisch aktive Männer aus dem Exil zurück. Auch war die Gründung politischer Parteien in Galizien möglich. Diese Liberalisierung hatte aber auf die Mobilisierung von Frauen wenig Wirkung, da ihnen in der Donaumonarchie die Beteiligung an politischen Vereinen und Parteien grundsätzlich untersagt war. Auch standen die Wiener Behörden den Bemühungen von Frauen um Zulassung zu den Universitäten ablehnend gegenüber. Die ökonomische Rückständigkeit Galiziens sowie die unterschwelligen nationalen Spannungen zwischen der polnischen und ruthenischen Bevölkerung erschwerten die Mobilisierung von Frauen zusätzlich.[97]

---

95 Um nur ein Beispiel für die ‚naturwissenschaftlich' begründete Abwehr gegen die Frauenstudien zu nennen, sei hier ein Angehöriger der Krakauer medizinischen Fakultät nach HULEWICZ, Walka, S. 45 (im Original deutsch) zitiert: „Wie leicht diese physiologischen zu den erwähnten Zeiten auftretenden Schwankungen in krankhafte Zustände [die auf den bei Hulewicz nicht näher beschriebenen „starken Einfluß sexueller Faktoren" zurückgeführt wurden N. St.] umschlagen, wird ein jeder Pathologe bestätigen. Wollen wir in die Zeit der Entwicklung gerade die höheren Ansprüche des oberen Gymnasiums mit der zu bestehenden Maturitätsprüfung legen, so hieße dies gerade die pathologischen Zustände mit Absicht hervorrufen – wenigstens die Bedingungen dazu mit Absicht schaffen."
96 Zitiert nach: CZAJECKA, „Z domu ...", S. 23.
97 1910 waren knapp 60 Prozent der galizischen Bevölkerung polnischsprachig, wobei in dieser Gruppe die Juden, die jiddisch in der Volkszählung nicht als Sprache angeben konnten und zehn Prozent der galizischen Bevölkerung stellten, zum allergrößten Teil inbegriffen waren. Über 40 Prozent der Bevölkerung sprachen ruthenisch, vgl. Die Habsburger Monarchie, Bd. 3: Die Völker des Reichs, Teil 1, S. 526 f.

2.4. Der Kampf um höhere Frauenbildung: Galizien in den 1890er Jahren 87

Der Zugang zu den Universitäten war der erste Meilenstein auf dem Weg zur Gleichberechtigung. Wie an den deutschen und österreichischen Universitäten wären auch in Galizien zahlreiche Hochschullehrer und Studenten lieber unter sich geblieben. Sie sorgten sich um den Ruf und das Niveau ‚ihrer' Universitäten. Durch die Anwesenheit von Frauen sahen sie die Sitten gefährdet und fürchteten, die Frauenwelt würde an ‚Weiblichkeit' einbüßen. Daß Männer, welche ‚ihre' Weisheit mit Frauen teilen mußten, auch an ‚Männlichkeit' verlieren würden, wurde nicht gesagt, spielte aber unbewußt sicherlich eine Rolle. Insgesamt geriet das akademische Selbstbild bei der Vorstellung, das ‚schöne Geschlecht' könne die Vorlesungssäle erstürmen, ins Wanken. Außerdem wollten sich die Gegner der Frauenstudien keine weibliche Konkurrenz schaffen. Sowohl die Gegner als auch die Befürworter von Frauenstudien lehnten ihre Argumentationen an westliche Vorbilder an.[98] Die Position der Gegner wurde insbesondere durch die hervorragenden Leistungen polnischer Frauen an ausländischen Universitäten geschwächt. 1896 wurde jeweils mit knapper Mehrheit die Zulassung von Frauen zum Studium an den philosophischen und medizinischen Fakultäten der Universitäten Krakau und Lemberg beschlossen. An der Krakauer philosophischen Fakultät war diese Entscheidung zwei Jahre verschleppt worden. Eine Anmahnung aus Wien, als deren Hintergrund Hulewicz die Intervention österreichischer Feministinnen beim Kultusministerium nennt, machte die Entscheidung in dieser Frage zur von höchster Stelle verordneten beruflichen Verpflichtung.[99] Diese Episode zeigt, daß die Widerstände durchaus schwerwiegend waren und der Kampf um höhere Frauenstudien entscheidend von der erfolgreichen Suche nach Bündnispartnern und Bündnispartnerinnen abhing.

Die Kämpfe um die Einrichtung eines Mädchengymnasiums und um die Zulassung der Frauen zu den Universitäten verliefen in Krakau und Lemberg parallel. Erst 1896 öffnete das erste galizische Mädchengymnasium in Krakau seine Pforten. Damit war es nach der Eröffnung eines Mädchengymnasiums in Prag 1891 und in Wien 1893 das dritte in der Habsburger Monarchie. Bereits in der Diskussion um die gymnasiale Bildung von Mädchen zeichnete sich immer wie-

---

98 So wandte sich 1895 die medizinische Fakultät in Krakau mit einem entsprechenden Fragebogen an ihre europäischen Kollegen, die bereits Erfahrungen mit dem Frauenstudium hatten. Die aus dieser Umfrage hervorgegangenen Ergebnisse, insbesondere die Tatsache, daß offensichtlich zahlreiche Studentinnen ihr Studium nicht abschlossen, wurde später gegen die Zulassung der Frauen zum Medizinstudium vorgebracht, vgl. HULEWICZ, Walka, S. 42 f. u. 45.
99 Zu den Ansichten des Kultusministers, der Mädchenbildung als Ehefrauen- und Mütterausbildung verstand, vgl. HULEWICZ, Walka, S. 26; der Nebensatz über die Intervention der österreichischen Frauenbewegung ebd., S. 55.

der die Befürchtung ab, man würde durch einen solchen Schritt dem Feminismus Vorschub leisten.[100]

Eine wichtige Signalwirkung im Kampf um höhere Bildung hatte der Erfolg, den Bujwidowa 1894 auf dem Kongreß der polnischen Pädagogen in Lemberg erzielte. Diesen nutzte Bujwidowa für ihre Agitation und erreichte es durch ihre Rede, daß der Kongreß die Zulassung von Frauen als ordentliche Studentinnen zu den galizischen Universitäten auf seine Fahnen schrieb. In ihrer Rede wies Bujwidowa sowohl auf die Resultate der Auslandsstudien von Polinnen als auch auf die Bestrebungen österreichischer Frauen hin. Besonders hatten jedoch die Bemühungen zur Zulassung von Frauen an der Krakauer Universität auf die Initiative von Bujwidowa 1894 ein Faktum geschaffen, welches eine Konfrontation mit dem Thema unumgänglich machte.[101]

In der Gruppe von 54 polnischen Frauen, die um Immatrikulation an der Krakauer Universität baten, stammte nur eine einzige aus Krakau. Die anderen kamen aus dem Königreich oder waren polnische Studentinnen der ausländischen Universitäten.[102] Die Tatsache, daß die Aspirantinnen häufig ihren Wunsch nach einem *polnischsprachigen* Studium in den Vordergrund rückten, übte erheblichen Druck auf die Professorenschaft aus.[103] Es ist davon auszugehen, daß diese koordinierte Aktion erhebliche Anstrengungen kostete. Ohne zahlreiche informelle und persönliche über die Grenzen der Teilungsgebiete hinausgehende Kontakte wäre sie nicht möglich gewesen. So berichtete z. B. Helena Witkowska in einem Nachruf auf Bujwidowa aus der Perspektive der Nutznießerin über die internationalen Informationsströme. Witkowska erhielt demnach einen von Bujwidowa aufgesetzten Brief, in welchem von der österreichischen Regierung die Zulassung von Frauen zu den galizischen Universitäten gefordert wurde. Angeblich lautete das Hauptargument, daß Polinnen in ihrer Muttersprache und unter erschwinglichen Bedingungen studieren wollten, statt ins Ausland reisen zu müssen. Diese Petition habe sie zusammen mit 20 anderen in Genf studierenden Polinnen unterschrieben.[104] Witkowskas Bericht zeigt, daß Kontakte und Verbindungen zwischen Auslandsstudentinnen untereinander sowie zwi-

---

100 Vgl. RENATA DUTKOWA, Żeńskie gymnazja Krakowa w procesie emancypacji kobiet (1896-1918), Kraków 1995, S. 7-13.
101 Zum Kongreß der Pädagogen vgl. HULEWICZ, Sprawa, S. 256.
102 HULEWICZ, Walka, S. 55.
103 Ein ungewöhnlich pathetisches Beispiel hierfür ist das gegen die Norm durch einen Vater artikulierte Begehr, seiner Tochter eine außerordentliche Genehmigung zum Studium an der Lemberger Universität zu erteilen, da er einerseits als Lehrer nicht über die Mittel verfügte, seiner Tochter ein Auslandsstudium zu finanzieren und außerdem großen Wert auf die polnische Bildung seiner Tochter legte, vgl. HULEWICZ, Walka, S. 62 f.
104 HELENA WITKOWSKA, W wspomienia, in: Kobieta współczesna 1932, Nr. 40, S. 785-787.

2.4. Der Kampf um höhere Frauenbildung: Galizien in den 1890er Jahren 89

schen ihnen und der polnischen Frauenbewegung bestanden. Über das Zustandekommen und die Bedeutung dieser Kontakte ist bisher nichts bekannt. Sie spielten jedoch offensichtlich eine wichtige Rolle für die Funktionsweise der polnischen Frauenbewegung.[105]

Die Entscheidung über die Zulassung der polnischen Studentinnen lag zunächst bei den Fakultäten, die sich im Falle einer positiven Antwort von Seiten der Professorenschaft in dieser Angelegenheit an das Ministerium in Wien wenden mußten. In Krakau traten 1894 die philosophische, die juristische und die medizinische Fakultät zusammen, um die Frage zu beraten. Die Mediziner und die „Philosophen" entschieden sich nach zahlreichen überaus kontroversen Auseinandersetzungen für das Frauenstudium. Dieser Beschluß wurde nach der Zustimmung des Wiener Kultusministers, welcher sich auch von Seiten der österreichischen Frauen mit öffentlichem Druck konfrontiert sah, 1897 in die Tat umgesetzt. Ein Jahr später erhielten Frauen die Erlaubnis, an den genannten Fakultäten Prüfungen abzulegen. Seit 1905 durften sich Frauen an beiden Fakultäten habilitieren. Insgesamt erhielten bis 1918 56 Frauen an der philosophischen und 44 Frauen an der medizinischen Fakultät ihren Doktortitel. An der juristischen Fakultät konnten Frauen erst ab 1918 studieren.[106]

In Lemberg wurden Frauen ebenfalls seit 1897 zum Studium in den genannten Bereichen zugelassen. Im Gegensatz zu Krakau existierten hier die meisten Widerstände bei der medizinischen und nicht bei der philosophischen Fakultät. Die Diskussionsbeiträge bewegten sich ebenso wie in Krakau zwischen ‚moderner' Erkenntnis über die ‚weibliche Natur', Befürchtungen um die Sitten, ökonomischen Überlegungen und dem befürchteten Untergang der Familie auf der Seite der Gegner sowie humanistischen und demokratischen Argumenten auf der Seite der Befürworter.[107] In Lemberg wurde der Kampf dadurch erschwert, daß zunächst die Mehrzahl der Professoren einen Kompromiß in Gestalt getrennter Frauenkurse anstrebte.[108] Ob dieses Entgegenkommens befanden sich die Frauen in der Not, erklären zu müssen, warum sie die <u>gleiche</u> Bildung wie

---

105 Ich hatte die Hoffnung, diese Funktionsweisen durch die Einsicht in den Nachlaß der Bujwids näher beleuchten zu können. Der Nachlaß befindet sich in Familienbesitz und wurde bis vor kurzem von einem Enkel der Bujwids verwaltet. Nach dessen Tod ist unklar, wo die Papiere verblieben sind. Gemäß Informationen von Personen, welche die Papiere gesichtet haben, enthält der Nachlaß, sofern er die Papiere Kazimieras betrifft, hauptsächlich später veröffentlichte Manuskripte. Ein Teil ihrer Briefe wurde offenbar vernichtet. Einige wenige erhaltene Briefe seien familiärer Natur und stünden nicht in Verbindung mit Bujwidowas Engagement in der Frauenbewegung.
106 Vgl. MROZOWSKA, Sto lat, S. 18-21.
107 Der Ablauf der Diskussionen ist bei HULEWICZ, Walka, S. 39-74, hervorragend dokumentiert.
108 HULEWICZ, Walka, S. 64.

Männer erhalten wollten. Der Vorschlag scheiterte unter anderem an praktischen Einwänden. Die Unterhaltung getrennter Bildungseinrichtungen wäre zu aufwendig gewesen. In Lemberg schlossen bis 1914 an der medizinischen Fakultät 41 und an der philosophischen 39 Frauen ihre Promotion ab.[109]

Die Zulassung von Studentinnen zu den galizischen Universitäten erfüllte vielen Frauen den Traum von einem Studium.[110] Sie ermöglichte jenen eine höhere Bildung, die den Weg an eine ausländische Universität nicht gehen wollten oder konnten. Auf die galizischen Studentinnen warteten jedoch noch zahlreiche weitere Unwägbarkeiten. Insbesondere die Anerkennung von Zeugnissen aus dem russischen und dem deutschen Teilungsgebiet, aber auch die Berufstätigkeit weiblicher Akademiker in den polnischen Teilungsgebieten blieben weiterhin strittig.

2.5. Jahrhundertwende: Die „Ruhe vor dem Sturm"

Die Öffnung galizischer Universitäten für weibliche Hörer war ein erster großer Erfolg der polnischen Frauenzirkel, die, obwohl sie noch kaum eine organisatorische Basis hatten, ihre Fähigkeiten bei der Suche nach Bündnispartnern, der Einflußnahme auf die öffentliche Meinung und der Agitation in der Bildungsfrage schon vor 1905 erfolgreich erprobt hatten. Dieser Erfolg kann jedoch nicht darüber hinwegtäuschen, daß sowohl in der Frage der politischen Partizipation von Frauen als auch in den Bereichen der Sittlichkeit (Bekämpfung der staatlich reglementierten Prostitution, der für Frauen und Männer unterschiedlichen Sexualmoral sowie des Alkoholismus) und der Beseitigung zivilrechtlicher Beschränkungen die Handlungsspielräume der Frauenzirkel durch die politischen und sozialen Bedingungen stark eingeschränkt waren. Das antifeministische Lager war seit der Hochzeit des Positivismus in den 1860er und 1870er Jahren gewachsen.[111] Die Kräfte der Lehrerinnen waren in Großpolen und im Königreich Polen in der konspirativen Bildungsarbeit gebunden. Die in den 1890er Jahren entstehenden politischen Parteien machten, wie es Kuczalska-Reinschmit ausdrückte, „ihre Rechnung ohne die Gastwirtin".[112] So verwun-

---

109 Ebd., S. 70.
110 Zu den ersten zwei Studentinnengenerationen an der Krakauer Universität vgl. die materialreiche Studie von URSZULA PERKOWSKA, Studentki Uniwersytetu Jagiellońskiego w latach 1994-1939. W stulice immatrykulaji pierwszych studentek, Kraków 1994.
111 Vgl. HULEWICZ, Sprawa, S. 244-246.
112 KUCZALSKA-REINSCHMIT, Nasze drogi i cele, S. 1.

2.5. Jahrhundertwende: Die „Ruhe vor dem Sturm" 91

dert es nicht, daß Iza Moszczeńska in einem 1903 im *Głos*[113] erschienenen Artikel eine negative Einschätzung über den Stand der Frauenbewegung abgab:

> „Worauf beruht bei uns die Frauenfrage? Das ist die Frage, die sich jedem stellt, der die enge Verbindung der gesellschaftlichen Erscheinungen untereinander bemerkt und sich klarmacht, daß wir eben heute in eine neue und sehr spannende Phase des geistigen und sozialen Lebens eintreten. Auf jedem Feld heftige Bewegung und Kampf; in der Literatur entstehen neue Richtungen und das Morgenlicht neuer Ideale, in den sozialen Verhältnissen erscheinen immer neue Kombinationen und neue Parteiengruppen; wohin man das Auge richtet, entsteht etwas, beginnt etwas, und etwas altes vergeht. Und in der Frauenwelt bei uns – Ruhe. Wir trösten uns damit, daß das die Ruhe vor dem Sturm ist, einer von diesen geheiligten Sommerstürmen, welche die Atmosphäre aufhellen und die Welt von dem grauen, monotonen Staub reinigen."[114]

Moszczeńska führte weiter aus, daß allein das *Nowe Słowo* in Krakau als eine Zeitschrift der Frauenbewegung anzusehen sei, während alle anderen an Frauen gerichteten und von Männern herausgegebenen Zeitschriften eher an einer Sicherung des status quo in der Frauenfrage interessiert seien. In der „Epoche der Kämpfe der Alten mit jenen Jungen, welche heute schon gealtert sind" sei „viel und laut" über die „Frauenfrage" diskutiert worden. In jener Epoche, welche Moszczeńska dreißig Jahre zurückdatierte, sei ein „Zwei-Punkte-Emanzipationsplan" aufgestellt worden, welcher die Erwerbsarbeit und die wissenschaftlichen Studien umfaßte. Dieses positivistische Programm erklärte sie schon 1903 für gescheitert. Die wenigen gebildeten Frauen hätten sich von der Masse der Frauen, deren Bedürfnis nicht die Erwerbsarbeit war, entfernt und würden ihre Fähigkeiten nicht zugunsten der Allgemeinheit der Frauen einbringen. Einen grundlegenden Fehler sah sie darin, daß im Streben nach Gleichheit der Frauen mit den Männern vergessen worden sei, was Frauen von den Männern positiv unterscheide. Die allgemeine Berufstätigkeit von Frauen sei kein Erfolg der Frauenbewegung, sondern ein Resultat der Armut. Moszczeńska verwies insbesondere auf die Doppelbelastung von Arbeiterinnen, um das aus ihrer

---

[113] Der *Głos* war eine Zeitschrift der radikalen *inteligencja*, die keine Kompromisse mit den Teilungsmächten eingehen wollte und von daher sowohl die Positivisten als auch die Aristokratie hart angriff. Der *Głos* war u. a. ein wichtiges Forum für die Diskussion der sozialen und der Volksbildungsfrage. Auffällig ist, daß viele Dozenten der UL regelmäßig für den *Głos* schrieben. Seit 1900 lag die Redaktion bei Jan Wł. Dawid, dem Ehemann von Jadwiga Szczawińska, der Initiatorin der UL. Zum *Głos* allgemein vgl. Prasa polska, S. 40-42.

[114] Głos 1903, S. 390 (Übersetzung N. St.).

Sicht unsinnige Postulat der Erwerbstätigkeit als Voraussetzung für die Emanzipation zu entkräften.[115]

Zum allgemeinen Angriff holte sie aus, indem sie die Mängel der noch kaum organisierten Bewegung damit begründete, daß es sich um eine „Jungfrauenbewegung" handelte. Diese ausgesprochen problematische und in der Sache unrichtige Behauptung untermauerte Moszczeńska dadurch, daß sie entgegen den pädagogischen Bestrebungen der *inteligencja* den „Mutterinstinkt" als moralische Kraft ansah. Eine Frau sei nur als Mutter und Ehefrau komplett und aus dieser Tätigkeit speisten sich auch die Ideale, welche die Frauenbewegung der Gesellschaft entgegenzuhalten habe. Ihr Plädoyer richtete sich auf eine Erneuerung der gesellschaftlichen Ideale, welche die Qualitäten der Frauen als Familienwesen integrieren statt marginalisieren sollten.[116] Bemerkenswert ist, daß Moszczeńska selbst später nach dieser Überzeugung nicht lebte. Da sie wegen ihrer Aktivität in radikal national gesinnten Kreisen nach 1905 verfolgt wurde, war sie zur Vernachlässigung ihrer ‚Mutterpflichten' gezwungen.[117]

Moszczeńska verkörperte den Typ einer vorrangig an der nationalen Gemeinschaft orientierten gemäßigten Feministin, die vor allem auf dem Gebiet der Bildung tätig war und in der Frauenfrage mehr auf die ‚weiblichen' Qualitäten und Aufgaben rekurrierte als auf das Prinzip der universellen Gleichheit. Auch wenn sie nicht den Mainstream repräsentierte, war sie eine wichtige Figur in der Frauenbewegung. In ihrem oben zitierten Artikel zur „Frauenfrage" klingen einige Probleme an, mit welchen sich die Frauenbewegung noch lange Zeit konfrontiert sah. Dies war einerseits die „Arbeiterinnenfrage", andererseits die Frage des Stellenwertes der Mutterschaft im Leben von Frauen und der Mütterlichkeit für die Definition der sozialen weiblichen Identität, schließlich die Frage der Sexualität. Denn wenn Moszczeńska die „Jungfrauenbewegung" mit dem Argument angriff, Frauen hätten nicht nur einen Geist, sondern auch einen Körper,[118] so ist ihr Artikel als einer der ersten und wenigen zu lesen, der weibliche Sexualität problematisiert.

Wie der Artikel Moszczeńskas im *Głos* stellte auch Paulina Kuszalska-Reinschmits Broschüre *Nasze drogi i cele* (Unsere Wege und Ziele) die Frauenfrage in Beziehung zur sozialen Frage. In dieser 1897 zuerst auf den Seiten des *Ster* er-

---

115 Einer ganz ähnlichen Argumentation folgt der Artikel „Wartość społeczna kobiet", der höchstwahrscheinlich ebenfalls aus der Feder Moszczeńskas stammt. Er ist in einem 1904 vom Bluszcz unter dem Titel „Kobieta współczesna" in Warschau herausgegebenen Sammelband, S. 2-11, erschienen.
116 Vgl. Głos 1903, S. 390-392, 406 f., 422-424.
117 Vgl. die Ausführungen zu Moszczeńska im Kapitel 3.2.5.
118 Głos, 1903, S. 423.

2.5. Jahrhundertwende: Die „Ruhe vor dem Sturm"

schienen Broschüre formulierte die Pionierin der Frauenbewegung alles andere als ein radikal feministisches Programm. Vielmehr wollte sie auf die Bedeutung der Frauen für die Gesellschaft aufmerksam machen. Sie tat dies vor dem Hintergrund der weitgehenden Ignoranz gegenüber Frauen in den Programmen der politischen Parteien und gesellschaftlichen Organisationen. Indem sie „Berührungspunkte" zwischen der Frauenfrage und der sozialen Frage konstatierte, bemerkte sie, daß nicht nur der Ausschluß der Unterschichten aus den Trägerschichten des *społeczeństwo*, sondern auch jener der Frauen zur nationalen Tragödie beigetragen habe.[119] In der Broschüre hob die Autorin vor allem die Erziehungs- und Bildungsarbeit von Frauen hervor. Das Werk hatte taktischen Charakter. Kuczalska-Reinschmit wollte Journalisten und Verleger für eine breite Diskussion der „Frauenfrage" gewinnen. Schließlich war ein praktisches Ziel der Broschüre, Privatleute zum ideellen und finanziellen Engagement in der Mädchenbildung zu gewinnen. Die Broschüre richtete sich also in erster Linie nicht an die Frauenbewegung selbst, sondern ist als Appell an die Träger des *społeczeństwo* zu lesen. Sie trägt den Untertitel *Skic do programu działalności kobiecej* (Skizze eines Programms zum weiblichen Wirken).

Kuczalska-Reinschmits Programm unterscheidet sich von ihren späteren Schriften, die in den Bereich der Stimmrechtsagitation gehören, dadurch, daß es seine Argumente nicht mit Erfahrungen aus dem Ausland untermauert, sondern die gefestigte Stellung von Frauen als polnische Tradition darstellt.[120] Den Unterschied zwischen der Lage der Frauen im Westen und der Lage der polnischen Frauen beschrieb Kuczalska-Reinschmit folgendermaßen:

> „Wenn die Frauen des Westens sich um die Erlangung der gleichen Rechte bemühen müssen, um in der Entwicklung ihrer Gesellschaften gleich glücklich und mit Gewinn zu arbeiten, dann sollen unsere Frauen vor allem nach der ständigen Verbreiterung ihrer Teilnahme an der Arbeit an der nationalen Kultur streben – entsprechend dem Geist der Zeit [...]."[121]

Zur Begründung für das schwache Echo, welches die „Frauenfrage" in Polen hervorgebracht habe, führte sie die Tatsache an, daß „bei uns sogar Männer noch nicht überall Einfluß auf die Gestaltung der Gesetzgebung haben. Die Traditionen der selbständigen Betätigung von Frauen und die stärkere Verbindung

---

119 Hierbei spielte sie offensichtlich auf die Geschichte der polnischen Aufstände an, die u. a. an der mangelnden Mobilisierung der Bauern gescheitert waren, vgl. KUCZALSKA-REINSCHMIT, Nasze drogi, S. 2.
120 Beide Argumentationslinien (polnische Tradition und ausländisches Vorbild) sind in dem sehr ausführlichen Aufsatz PAULINA KUCZALSKA-REINSCHMITS, Z historyi ruchu kobiecego, in: Głos kobiet w kwestyi kobiecej, Kraków 1903, S. 232-339, dargestellt.
121 KUCZALSKA-REINSCHMIT, Nasze drogi i cele, S. 12 f.

im gemeinsamen Streben mildern die Schärfe der Feindseligkeiten zwischen Mann und Frau."[122]

Kuczalska-Reinschmit bemühte zahlreiche historische Beispiele polnischer Frauen, die selbständig über ihr Vermögen verfügten, in eigener Sache vor Gericht auftraten, mit der gleichen Selbstverständlichkeit wie Männer berufstätig waren, dieselbe Bildung genossen wie diese und ihr eigenes Leben wie das ihrer Kinder mit der Waffe in der Hand verteidigten. Diese Tradition sei durch den französischen Einfluß auf die Mädchenerziehung, unter welchem die Frauen die „künstliche Poesie von der Schwäche und der Leichtigkeit"[123] idealisierten, unterbrochen worden und müsse nun wieder aufgenommen werden.

Analysiert man Kuczalska-Reinschmits Ausführungen zur Bildungsfrage, so erscheint diese auf drei Ebenen, welche als Zusammenfassung der Bildungsdiskussion gelesen werden können:

1) Als <u>Erziehungsfrage</u> stellte die Bildung einen wichtigen Faktor in der gesellschaftlichen Integration dar. Kuczalska-Reinschmit forderte die „Rückkehr zur kraftvollen Erziehung der Mütter-Bürgerinnen"[124]. Dies bedeutet, daß sie die Frauen zur Zielgruppe eines pädagogischen Programms machte. Die gut erzogenen Mütter sollten nämlich dem Manne wieder eine Freundin sein können und zwar in doppelter Hinsicht: Einerseits würde die Gleichbehandlung der Geschlechter die „Harmonisierung ihrer Ansichten und ihres Strebens" fördern. Andererseits sollte an die Stelle der Versorgungsehe die Liebesheirat treten. Als Mutter sei es außerdem die Aufgabe von Frauen, die „zukünftige Generation" so zu erziehen, daß die Kinder „in der breiten Auffassung und Liebe [zu den vermittelten, N. St.] Leitideen einen Regulator für ihre Taten und ein höheres Glück, als jenes, welches ihnen persönliche Zufriedenheit geben kann, finden."[125] Eine solche Erziehung umfaßte nicht nur den Geist, sondern auch den Körper. Frauen sollten wieder in die Lage versetzt werden, ihre körperlichen Kräfte auszuschöpfen. Um diese Funktion in der Gesellschaft zu erfüllen, müßten Frauen die Möglichkeit haben „wie unsere Urgroßmütter" eine „bürgerliche" Tätigkeit auszufüllen. Diese bürgerliche Tätigkeit sah Kuczalska-Reinschmit in der Beteiligung am Produktionsprozeß und in der gesellschaftlichen Partizipation. Wenn Frauen selbst integriert würden, so die Logik des Textes, wäre auch die Integration ihrer Kinder garantiert.

---

122 Ebd., S. 12.
123 Ebd., S. 8.
124 Ebd., S. 13.
125 Ebd., S. 13.

2.5. Jahrhundertwende: Die „Ruhe vor dem Sturm" 95

2) Die zweite Ebene berührt die Frage der ideellen Bildung. Bildung ist demnach nicht nur ein Menschenrecht, sondern auch eine Bedingung für die menschliche Vervollkommnung. Sie ist die Richtschnur des menschlichen Miteinanders, das Maß für die Ausbildung von Überzeugungen und die Grundlage der gesellschaftlichen Betätigung im Sinne dieser Überzeugungen. Dieser Aspekt der Bildungsfrage berührt also die Entstehung, Verbreitung und Weitergabe von Werten und Idealen. Er gibt der Argumentation den moralischen Impetus.
3) Die Ausbildung schließlich ist Mittel zum Zweck der beruflichen Betätigung. Erstrebenswert ist demnach die qualifizierte Arbeit, die den Frauen ein würdevolles Leben ermöglichen soll. Einerseits geht es hierbei um die finanzielle Unabhängigkeit. Andererseits gewährleiste Bildung eine bessere Stellung der Frauen auf dem Arbeitsmarkt. Durch bessere Bildung der Mädchen können die Eltern dem Trend zur schlechteren Bezahlung weiblicher Arbeit entgegenwirken. In der Broschüre wurde vorrangig *nauka fachowa*, also die „fachliche Ausbildung" gefordert. Von daher ist davon auszugehen, daß Kuczalska-Reinschmit tatsächlich die Verbesserung der Lage von Frauen auf dem Arbeitsmarkt durch Qualifikation und nicht die Emanzipation von Frauen durch höhere Bildung vorschwebte. Sie sah hierin sogar ein Mittel zur Bekämpfung des Mädchenhandels (*handel z żywym towarem*).[126] Die Verbesserung von Ausbildungsmöglichkeiten und die Ausbreitung der Frauenarbeit in ihnen bisher verschlossenen Berufen zielten auf die Beseitigung sozialer Mißstände.

---

126 Ebd., S. 17.

3. WERDEGÄNGE POLNISCHER FEMINISTINNEN IM SPIEGEL VON BIOGRAPHISCHEM UND AUTOBIOGRAPHISCHEM MATERIAL

> „Es erscheint offensichtlich, daß es einer Vorstellung von der Eigenart und Besonderheit aller menschlichen Subjekte bedarf, wenn man Frauen als historische Subjekte begreifen will."[1]

Die Betrachtung weiblicher Biographien schafft einen Einblick in konkrete weibliche Handlungszusammenhänge. Die Lebenswege polnischer gebildeter Frauen waren von Hindernissen und Brüchen gesäumt. Ihre literarischen Werke sind als Spiegel der Auseinandersetzung mit dieser Realität aufzufassen.[2]

Die nun folgende Rekonstruktion der Werdegänge polnischer Feministinnen beruht auf der Analyse von Erinnerungsliteratur und lexikalischen Informationen. Sozialpsychologische Ansätze bei der Erforschung sozialer Bewegungen evozieren die Frage, inwieweit die Entstehung der polnischen Frauenbewegung als Identitätssuche ihrer Trägerinnen aufgefaßt werden kann.[3] Aus der Gruppe der Aktivistinnen gilt im folgenden die Aufmerksamkeit jenen, die die Ideologie der Frauenbewegung prägten. Der Begriff Ideologie lehnt sich dabei an die Definition Rosa Mayreders an. Die österreichische Feministin und Autorin einer 1925 in zweiter Auflage erschienenen Broschüre „Der typische Verlauf sozialer Bewegungen" definierte ihn folgendermaßen:

> „Unter Ideologie verstehe ich ein System von Erkenntnissen, mittelst dessen ein Sollen dem Sein gegenüber gestellt wird.[...] Welche Gruppe immer durch ihre Bestrebungen den Namen einer sozialen Bewegung rechtfertigt, bildet in dem grundlegenden Programm, das sie verfolgt eine Ideologie aus; hätte sie keine solchen, auf die Herbeiführung eines noch nicht Bestehenden in der sozialen Ordnung gerichtete Forderungen, so wäre sie eben nicht als soziale Bewegung anzusprechen."[4]

---

1 JOAN W. SCOTT, Von der Frauen- zur Geschlechtergeschichte, in: Geschlechterverhältnisse im historischen Wandel, hrsg. v. HANNA SCHISSLER, Frankfurt a. M., New York 1993, S. 37-58, hier S. 49.
2 Zum Platz der weiblichen Biographie in der historischen Frauenforschung vgl. KATHLEEN BARRY, The New Historical Synthesis: Women's Biographie, in: Journal of Women's History 1 (1990), H. 3, S. 75-105.
3 JOACHIM RASCHKE, Soziale Bewegungen. Ein historisch-systematischer Grundriß, Franfurt a. M., New Jork ²1988, S. 146-158, besonders S. 156.
4 ROSA MAYREDER, Der typische Verlauf sozialer Bewegungen, Wien, Leipzig, S. 12; Rosa

98 3. Werdegänge polnischer Feministinnen

Mayreder hat in ihrem Verlaufsmodell sozialer Bewegungen die erste Stufe als ideologische Phase bezeichnet. Sie ging davon aus, daß diese Phase durch die intellektuelle Tätigkeit einiger hervorragender Persönlichkeiten gekennzeichnet sei. Diesem Typus entspricht die polnische Frauenbewegung bis 1912. In der späteren organisatorischen Phase gerät die Ideologie laut Mayreder durch die Konfrontation mit der Realität in die Krise. Diese Krise vollzog sich im vorliegenden Fall 1912/13 entlang eines im nachhinein verschwiegenen Streites über den Boykott gegen jüdische Händler, der im letzten Kapitel dieser Arbeit ausführlich dargestellt wird.

‚Ideologinnen' sind in diesem Fall die Autorinnen programmatischer Schriften zur Frauenbewegung. Die Analyse ihrer Biographien intendiert weder eine kollektive Biographie, wie sie etwa Beate Fieseler über russische Sozialdemokratinnen erarbeitet hat, noch die Rekonstruktion weiblicher Lebensentwürfe aus ihrem autobiographischen Werk, wie es Monica Rüthers am Beispiel dreier ostjüdischer Frauen getan hat. Während Fieseler in einer streng sozialgeschichtlichen Perspektive statistische Daten erhob, folgte Rüthers einem lebensweltlichen Konzept.[5] Die Gemeinsamkeit beider Studien besteht darin, daß sie Erfahrungen von Frauen im gesellschaftlichen Kontext untersuchen. Dies entspricht einer am Subjekt orientierten Geschichtsauffassung, wie sie schon in den achtziger Jahren von der historischen Frauenforschung eingefordert worden ist und in jüngster Zeit auch im Rahmen der Sozialgeschichte Berücksichtigung findet.[6]

Mayreder hat aus ihrer Teilnahme an der österreichischen Frauenbewegung jene Erkenntnisse gewonnen, die sie in dieser Broschüre zusammenfaßte; zu Person und Programm Mayreders vgl. ANDERSON, Utopian Feminism, S. 164-180.

5 BEATE FIESELER, Frauen auf dem Weg in die russische Sozialdemokatie, 1890-1917. Eine kollektive Biographie, Stuttgart 1995; MONICA RÜTHERS, Tewjes Töchter. Lebensentwürfe ostjüdischer Frauen im 19. Jahrhundert, Köln u. a. 1996; es handelt sich um die ersten deutschsprachigen frauengeschichtlichen Veröffentlichungen auf dem Gebiet der deutschen Osteuropäischen Geschichte. Hinzuweisen ist in diesem Zusammenhang auch auf die Arbeit ANGELA RUSTEMEYERS, Dienstboten in Petersburg und Moskau, 1861-1917, Stuttgart 1996.

6 Vgl. GISELA BOCK, Geschichte, Frauengeschichte, Geschlechtergeschichte, in: Geschichte und Gesellschaft 14 (1988), S. 367; LERNER, Welchen Platz nehmen Frauen in der Geschichte ein? S. 347 f. KATHLEEN CANNING, Feminist History after the Linguistic Turn: Historicizing Discourse and Experience, in: Sings 19 (1994), S. 368-404, hier S. 374 f.; REINHARD SIELER, Sozialgeschichte auf dem Weg zu einer historischen Kulturwissenschaft, in: Geschichte und Gesellschaft 20 (1994), S. 445-468, hier S. 448.

3.1. Soziale Merkmale der Ideologinnen der polnischen Frauenbewegung

Die Durchsicht einschlägiger Zeitschriften und Broschüren hat dreiundzwanzig Personen als Ideologinnen der Bewegung ausgewiesen. Unter ihnen befinden sich fünf, über welche keine Daten bekannt sind, namentlich Stefania Bojarska (Pseudonym St. Poraj), Natalia Jastrzębska, Teresa Lubińska, Kazimiera Ostachiewicz und M. Rolicz-Staniecka (Pseudonym Matka-Polka). Die restlichen achtzehn Akteurinnen finden sich in der folgenden Tabelle:

Name (in alphab. Reihenfolge)[7]	Mädchenname/ Pseudonym	Lebensdaten	Beruf
Romualda Baudouin de Courtenay	Bagicka	1857-1935	Publizistin
Justyna Budzińska-Tylicka	Budzińska	1867-1936	Ärztin
Kazimiera Bujwidowa	Klimontowicz	1867-1932	Publizistin
Zofia Daszyńska-Golińska	Poznańska	1866-1934	Sozialwissenschaftlerin
Maria Dulębianka		1861-1919	Künstlerin
Ludwika Jahołkowska-Koszutska	Jahołkowska	1872-1928	Publizistin, Pädagogin
Józefa Kodisowa	Krzyżanowska	1865-1940	Psychologin
Paulina Kuczalska-Reinschmit	Kuczalska	1859-1921	Publizistin, Feministin
Teodora Męczkowska	Oppman	1870-1954	Lehrerin
Iza Moszczeńska	verh. Rzepecka	1864-1941	Publizistin, Lehrerin
Romana Pachucka		1886-1964	Lehrerin
Maria Czesława Przewóska	*Helia*	1868-1938	Schriftstellerin, Publizistin
Melania Rajchmanowa	Hirszfeld Orka	1857-1913	Publizistin
Zofia Sadowska		1887 bis nach 1938	seit 1914 Ärztin
Zofia Seidlerowa	Kwiecińska	1859-1919	Redakteurin

---

7 Hier sind die Namen aufgeführt, unter denen die Akteurinnen publizierten und/oder bekannt wurden. So kommt es, daß Iza Moszczeńska, obwohl sie verheiratet war, weiterhin mit ihrem Mädchennamen Moszczeńska und nicht unter ihrem offiziellen Ehenamen Rzepecka angesprochen wird.

Name (in alphab. Reihenfolge)	Mädchenname/ Pseudonym	Lebensdaten	Beruf
Aniela Szycówna		1869-?	Pädagogin
Cecylja Walewska	Zaleska	1859 bis nach 1938	Schriftstellerin, Lehrerin
Maria Wiśniewska	*Turzyma*	?-1922	Publizistin

Zur Ermittlung biographischer Daten der genannten Personen wurde vor allem die polnische Nationalbiographie *Polski Słownik Biograficzny* (PSB) herangezogen. Dieses in den dreißiger Jahren begonnene Projekt ist erst bis zum Buchstaben S vollendet. Der Mangel an Informationen über die noch nicht in die Biographie aufgenommenen Personen mußte durch andere Nachschlagewerke ausgeglichen werden, die allerdings häufig ebenfalls unvollständig sind. Im PSB sind Artikel über folgende Ideologinnen enthalten: Bujwidowa, Dulębianka, Daszyńska-Golińska (unter Golińska), Kodisowa, Kuczalska-Reinschmit, Męczkowska, Moszczeńska, Pachucka, Przewóska, Rajchmanowa, Seidlerowa.

Hilfreich für die Rekonstruktion der Lebensläufe polnischer Feministinnen ist Cecylja Walewskas schon häufig zitierte Studie „W walce o równe prawa. Nasze bojownice" (Im Kampf um gleiche Rechte. Unsere Vorkämpferinnen). In erster Linie war Walewska in der Rolle der Chronistin der Bewegung darum bemüht, die Verdienste von deren Vorkämpferinnen darzustellen. Dabei wurde deren vermeintlicher Patriotismus insbesondere in bezug auf ihr Engagement im Ersten Weltkrieg übermäßig stark hervorgehoben. Weitere biographische Informationen finden sich zerstreut in diversen Publikationen.[8]

In ihrer Magisterarbeit über den „Polnischen Verband für Frauengleichberechtigung" unternahm bereits Katarzyna Sierakowska den Versuch, ein „Sam-

---

8 Im Falle Budzińska-Tylickas überlieferte Walewska jedoch auch Daten über familiäre Herkunft, Bildungsweg und beruflichen Werdegang, so daß ihre Ausführungen hier neben einem Artikel aus dem *Słownik biograficzny działaczy polskiego ruchu robotniczego* (Biographisches Wörterbuch der Aktivistin der polnischen Arbeiterbewegung) als Grundlage für die Rekonstruktion dieses Lebenslaufes dienen [WALEWSKA, W walce, S. 40-50]. Walewskas Beitrag über Maria Turzyma (Wiśniewska) ist dagegen unbrauchbar. Ihre Schrift enthält außerdem den Nachdruck eines längeren Artikels aus der Zeitschrift *Kobieta Współczesna* von 1929 über Walewska [MELANIA BORNSTEIN-ŁYCHOWSKA, Cecylja Walewska. Na marginesie niepospolitej zasługi, in: WALEWSKA W walce, S. 209-218]. In deren Zusammenstellung sind zudem einige Beiträge über Frauen enthalten, die nicht zur Gruppe der Ideologinnen gehörten, wie z.B. Helena Weychert, Eugenia Waśniewska u.a. Viele der o.g. Personen berücksichtigte Walewska nicht, so Przewóska, Moszczeńska, Szycówna und Jahołkowska.

3.1. Soziale Merkmale der Ideologinnen der polnischen Frauenbewegung 101

melportrait polnischer Feministinnen" zu erstellen. Dabei untersuchte sie insbesondere die sozialen Daten der Aktivistinnen und Mitarbeiterinnen des PZRK sowie des „Polnischen Vereins für Frauengleichberechtigung" (PSRK). Als Grundlagen dienten ihr ebenfalls Lexika sowie die Ausführungen Walewskas und Erinnerungsliteratur. Sie unterstrich die Unvollständigkeit der erhobenen Daten. Insgesamt gingen 29 Personen in Sierakowskas Sample ein, die allerdings nicht namentlich genannt sind.[9] Meine Zusammenstellung beruht auf anderen Kriterien. Es wurde darauf verzichtet, solche Personen aufzunehmen, die zwar nachweislich einen Posten in der Bewegung hatten, ihre eigenen Ansichten jedoch nicht formulierten (z. B. Jadwiga Petrażycka Tomicka, Józefa Bojanowska). Somit kann für die Ideologinnen auf relativ dichtes Material zurückgegriffen werden. Freilich ist oft schon die Einordnung einer Autorin als Feministin anhand ihrer Schriften problematisch. Dies gilt insbesondere für Artikel aus dem *Bluszcz*, der gemeinhin nicht als Zeitschrift der Frauenbewegung gilt. Bei der Durchsicht der Zeitschriften hat sich jedoch klar eine Gruppe von Frauen herauskristallisiert, die untereinander über die Stellung der Frauen in der Gesellschaft, die Ursache für die Lage der Frauen und die Wege ihrer Verbesserung diskutierten. Ob die Autorinnen dabei eher radikal oder gemäßigt argumentierten, spielt bei der vorliegenden Auswahl keine Rolle. Außer den Autorinnen des *Bluszcz*, *Ster* und *Nowe Słowo* wurden die Autorinnen der Broschüren aufge-

---

Über letztere ist ein Beitrag in der „Erinnerung des fortschrittlichen politischen Frauenclubs" erschienen [Na straży praw kobiet, S. 134-136]. Die Angaben über Romualda Baudouin de Courtenay basieren auf einem Aufsatz Dorota Zamojskas [DOROTA ZAMOJSKA, Romualda z Bagnickich Baudouin de Courtenay (1857-1935) i jej działalność społeczna, in: Kobieta i świat polityki, Teil 1, a. a. O., S. 261-274]. Neben diesem Beitrag enthalten die von Anna Żarnowska und Andrzej Szwarc herausgegebenen Bände zur polnischen Frauengeschichte einen biographischen Aufsatz über Bujwidowa, der hier den Artikel aus dem PSB ergänzt [AGNIESZKA KWIATEK, Kazimiera Bujwidowa. Poglądy i działalność społeczna, in: Kobieta i świat polityki, Teil 1, S. 255-266]. Bruchstückhafte Daten zur Kindheit Szycównas enthält ein Aufsatz aus den sechziger Jahren, der auf der Grundlage von Briefen ihres Vaters geschrieben wurde [MARIA ZŁOTORZYCKA, Aniela Szycówna. Dzieciństwo, lata szkolne, pierwsze kroki ku samodzielności (według korespondencji ojca Joachima Szyca), in: Przegląd Historyczno-Oświatowy 1960, Heft 2, S. 3-16]. Einige Angaben zu Maria Wiśniewska, bekannt unter dem Pseudonym Turzyma, enthält der dem Andenken an die Teilnehmerinnen des Ersten Weltkriegs gewidmete Band *Służba ojczyźnie* (Dienst am Vaterland) [Maria Turzyma-Wiśniewska, in: Służba ojczyźnie. Wspomnienia uczestniczek walk o niepodległość 1915-1918, hrsg. v. MARJA RYCHTERÓWNA, Warszawa 1929, S. 403-404]. Das 1938 erschienene Nachschlagewerk *Czy wiesz, kto jest* (Weiß du, wer es ist?) enthält Artikel über Cecylja Walewska und Zofia Sadowska.

9 KATARZYNA SIERAKOWSKA, Miejsce Związku Równouprawnienia Polskich w życiu społeczno-politycznym Królestwa Polskiego i Galicji w latach 1907-1914 (Magisterarbeit), Warszawa 1994, S. 56 f.

nommen, die im Umfeld der Bewegung standen. Bestätigt wird dieses Vorgehen durch die Tatsache, daß die Herausgeberschaft meist Autorenkollektive übernahmen. Die Mehrzahl der Broschüren der Bewegung wurde in den Verlagen der Zeitschriften gedruckt. Es lassen sich in zahlreichen Fällen persönliche und freundschaftliche Kontakte zwischen den Autorinnen rekonstruieren. Diese trugen über die Themen, mit denen sie sich befaßten, häufig auch bei Veranstaltungen der Frauenvereine vor. Außerdem zeigte sich, daß der *Bluszcz* in den Jahren 1905 bis 1914 in enger personeller Verbindung mit dem „Polnischen Verein für Frauengleichberechtigung" stand und daher unter anderem als Ersatz für ein Vereinsorgan fungierte. Dies schlug sich insbesondere in der regelmäßigen Berichterstattung des *Bluszcz* über dessen Aktivitäten nieder. Die Leiterin des *Bluszcz*, Zofia Seidlerowa, war außerdem dafür bekannt, daß sie in ihrem literarischen Salon junge schriftstellerische Talente förderte. Dort sind vermutlich auch persönliche Kontakte entstanden.

Die meisten der aufgeführten Personen waren Schriftstellerinnen, Publizistinnen oder Lehrerinnen. Grundlegend für die Berufsbezeichnung war, welche Tätigkeit den Lebensunterhalt der betreffenden Personen sicherte. Zu der eher akademischen Bezeichnung Pädagogin wurde, im Gegensatz zum Begriff Lehrerin, dann gegriffen, wenn die betreffende Frau sich vorwiegend theoretisch mit Erziehungsfragen beschäftigte. Paulina Kuczalska-Reinschmit wird als (Berufs-)Feministin bezeichnet, weil sie ihre publizistische Tätigkeit ausschließlich der Frauenfrage widmete. Auch Cecylja Walewska lebte wahrscheinlich ‚von ihrer Feder'. Sie setzte sich in ihrem umfangreichen literarischen Werk häufig mit den Lebensgeschichten von Frauen auseinander.[10]

3.1.1. Alter und soziale Herkunft

In den Periodika der Bewegung äußerten sich Pachucka und Sadowska vorrangig als Studentinnen. Diese beiden Frauen wurden als Vertreterinnen der jüngeren Generation wahrgenommen. Pachucka sah sich selbst in der Rolle der Erbin eines feministischen Vermächtnisses.[11] Die ältesten Frauen dieses Samples waren die 1857 geborenen Rajchmanowa und Baudouin de Courtenay, sowie Kuczalska-Reinschmit und Seidlerowa, beide Jahrgang 1859. Während die beiden ersten im Ausland lebten, waren letztere die Redakteurinnen des *Bluszcz* und *Ster*, so daß die ältesten Akteurinnen hier auch den höchsten beruflichen Rang

---

10 NATALIA GRENIEWSKA, Karta C. Walewskiej w literaturze, in: WALEWSKA, W walce, S. 219-222.
11 PACHUCKA, Pamiętniki, S. 88.

3.1. Soziale Merkmale der Ideologinnen der polnischen Frauenbewegung

inne hatten. Zur älteren Generation gehörte vermutlich auch die Redakteurin von *Nowe Słowo*, Maria Turzyma (Wiśniewska).

Das Sample zeigt, daß die nach 1905 über Fragen der Frauenbewegung schreibenden Frauen den Januaraufstand allenfalls als Kinder erlebt hatten. Während die älteren Redakteurinnen 1905 schon Mitte vierzig waren, erlebte Pachucka die Erste Russische Revolution mit Mitte zwanzig. Die älteren Frauen waren schon zuvor schriftstellerisch tätig. In den 1880er und 1890er Jahren wurde das Engagement verschiedener Publizistinnen in der Frauenfrage durch persönliche Kontakte in abgeschiedenen Kreisen zusammengehalten. An diesen Kreisen partizipierten auch einige noch ältere Schriftstellerinnen wie Eliza Orzeszkowa, Maria Konopnicka und Waleria Marrené, geborene Mallet (geboren 1832). Während die beiden ersteren die Entwicklung der Frauenbewegung bis zu ihrem Tod im Jahre 1910 verfolgten, starb Marrené schon 1903. 1902 hatte Marrené ein kleines Buch unter dem Titel „Die Frau der heutigen Zeiten" publiziert, dessen Inhalt ihre Nähe zum Feminismus offenbart.[12] Daß die drei älteren Frauen in der obigen Tabelle nicht berücksichtigt sind, liegt darin begründet, daß sie sich nach 1905 schriftlich in der „Frauenfrage" nicht mehr äußerten, bzw. äußern konnten. Ebenfalls unberücksichtigt bleibt die Ärztin Tomaszewicz-Dobrska. Obgleich eine Sympathisantin der Frauenbewegung und laut der Erinnerung Pachuckas eine Freundin Kuczalska-Reinschmits[13] äußerte diese ihre Ansichten zur Frauenfrage offenbar nirgends schriftlich.

Betrachtet man das Paar Kuczalska-Reinschmit und Seidlerowa, so fällt deren eklatant unterschiedlicher Lebensweg ins Auge. Während sich Kuczalska-Reinschmit nach einigen Ehejahren scheiden ließ und daraufhin zum Studium in die Schweiz aufbrach, verbrachte Seidlerowa ihr ganzes Leben in Warschau und verfügte lediglich über einen mittleren Bildungsgrad. Sie heiratete ihren Onkel und zog vier Kinder groß. Aus den Standpunkten und Lebensumständen dieser beiden ließe sich folgende These ableiten: Kuczalska-Reinschmit erreichte durch ihre Scheidung und ihr Auslandsstudium eine sehr große Distanz zum *społeczeństwo*.[14] Hierin könnte ihre Radikalität begründet liegen. Seidlerowa dagegen, deren enger Lebensradius in der Ehe mit einem Verwandten versinnbildlicht ist, war als Redakteurin des gemäßigten *Bluszcz* stärker der polnischen Gesellschaft und der traditionellen Frauenrolle verpflichtet. Die Nähe oder Distanz zum *społeczeństwo* würden sich demnach auf die Radikalität des feministischen Standpunktes auswirken. Familiäre und regionale Verwurzelung in der

---

12 WALERIA MARRENÉ-MORZKOWSKA, Kobieta czasów dzisieszych, Warszawa 1902, zur Person Marrenés vgl. PSB, Bd. 20, S. 60-62.
13 PACHUCKA, Pamiętniki, S. 52.
14 Zur Lebensgeschichte Kapitel 4.5.2.

polnischen Gemeinschaft würde gegenüber dem Kosmopolitismus der Auslandsstudentinnen einen eher gemäßigten Standpunkt begünstigen. In die Gruppe gemäßigter, in den *społeczeństwo* eingebundener, schreibender Frauen gehörten diesem Qualifikationsschema nach auch die Schriftstellerinnen Przewóska und Moszczeńska. Neben ihnen befanden sich in der Altersgruppe der in den 1860er Jahren geborenen auch die Trägerinnen des „Polnischen Vereins für Frauengleichberechtigung" Walewska und Szycówna. Wie diese beiden hatten in der mittleren Generation auch Bujwidowa, Kodisowa und Daszyńska-Golińska an der UL studiert. Es kann davon ausgegangen werden, daß die in den 1860er Jahren geborenen Feministinnen am stärksten durch diese Einrichtung geprägt wurden. Der unten erläuterte Bruch zwischen dem PZRK und dem „Polnischen Verein für Frauengleichberechtigung" wäre demnach als Generationenkonflikt aufzufassen. Die sich hier manifestierende inhaltliche und persönliche Distanz zwischen Kuczalska-Reinschmit und der jüngeren Frauengruppe könnte darin begründet liegen, daß die jüngeren in den konspirativen weiblichen Strukturen der „Fliegenden Universität" eine engere Bindung an die Gesellschaft erlebten. Die UL wäre somit der Ort weiblicher höherer Bildung, der keinen Bruch mit der Heimat erforderte, sondern eine Partizipation an den Strukturen des *społeczeństwo* ermöglichte. Inhaltlich waren diese Frauen nicht weniger radikal als Kuczalska-Reinschmit. Ihre Strategien entsprachen jedoch eher jenen der „Gesellschaft im Verteidigungszustand". Innerhalb einer solchen Typisierung fällt die Einordnung Justyna Budzińska-Tylickas schwer, laut Walewska die zweite Frau in der Bewegung. Inhaltlich war ihr Zugang zur „Frauenfrage" durch ihren Beruf als Ärztin geprägt. Sie befaßte sich hauptsächlich mit Fragen der Hygiene und der Sexualität.[15]

Von den Ideologinnen der polnischen Frauenbewegung stammte die Mehrzahl aus Familien des verarmten Kleinadels, nämlich Baudouin de Courtenay, Bujwidowa, Dulębianka, Daszyńska-Golińska, Kodisowa, Kuczalska-Reinschmit, Moszczeńska, Pachucka, Przewóska, Szycówna und Budzińska-Tylicka. Keine Angaben über die soziale Herkunft gibt es zu Seidlerowa, Walewska, Sadowska und Jahołkowska-Koszutska. Aus bekanntermaßen patriotischen Familien, deren männliche Mitglieder an den Aufständen beteiligt waren, kamen Pachucka, Moszczeńska, Kodisowa, Szycówna, Turzyma (Wiśniewska), Budzińska-Tylicka und Seidlerowa. Die genannten patriotischen Adelsfamilien waren von den politischen Vergeltungsmaßnahmen der russischen Besatzer betroffen. Jedoch wurde keiner der Väter und keine der Mütter verbannt oder gar zum Tode

---

15 Ihre wichtigste Schrift auf diesem Gebiet: JUSTYNA BUDZIŃSKA-TYLICKA, Hygiena kobiet i kwestje z nią związane, Warszawa 1909.

3.1. Soziale Merkmale der Ideologinnen der polnischen Frauenbewegung 105

verurteilt. Kuczalska-Reinschmits Mutter gehörte zur Gruppe der „Enthusiastinnen". Folgt man der Auffassung, daß es sich bei dieser Gruppe um einen Vorläufer der Frauenbewegung handelte, so wäre Kuczalska-Reinschmit die einzige Suffragette in Polen gewesen, die ihren Feminismus „geerbt" hatte. Außer Maria Dulębianka, die aus Krakau kam, und Kodisowa, die aus Weißrußland stammte, verbrachten alle in der Tabelle aufgeführten Frauen ihre Kindheit im Königreich Polen.

Es ist davon auszugehen, daß die Töchter des verarmten Kleinadels katholisch waren, obwohl dies in der Mehrzahl der biographischen Aufsätze nicht benannt wird. Von keiner der genannten Frauen wird erwähnt, daß sie sich in religiösen Vereinigungen engagierte. Dies leuchtet ein, denn in den Schriften der Bewegung war Religion allenfalls als Emanzipationshemmnis ein Thema.[16] Bujwidowa, Moszczeńska und Turzyma vertraten einen antiklerikalen Standpunkt. Męczkowska war die Tochter eines evangelischen Pfarrers und folglich evangelisch erzogen. Rajchmanowa stammte aus einer polonisierten jüdischen Bankiersfamilie. Somit waren in der Gruppe von achtzehn Ideologinnen zwei nachweislich nicht im vermeintlich patriotischen, katholischen Adelsmilieu beheimatet. Die soziale Herkunft von vier weiteren ist ungeklärt. Rajchmanowas Rolle als internationale Vermittlerin und Berichterstatterin liegt sicherlich in erster Linie darin begründet, daß sie nicht in Polen, sondern in Paris lebte. Die Übersiedlung der Familie in diese Stadt lag 1909 in finanziellen Schwierigkeiten des Warschauer Opernhauses begründet, dessen Direktor Rajchmanowas Ehemann, Aleksander Rajchman, gewesen war. Die jüdische Herkunft Rajchmanowas wurde in der Frauenbewegung niemals erwähnt und hatte dort augenscheinlich keinerlei Bedeutung. Bemerkenswert ist auch, daß ihre Tochter, die Schriftstellerin Helena Radlińska (1879-1954),[17] in Polen blieb und dort einen polnischen Arzt heiratete.

Auch für jene Ideologinnen, deren Herkunftsmilieu der polnische Kleinadel war, muß festgestellt werden, daß ihre Familiengeschichten die Aufweichung ständischer Kategorien aufzeigen. Wollte man ihre Herkunftsfamilien in ein Schichtenraster einordnen, so gehörten sie zur Mittelschicht. Kodisowas Vater war Gutsverwalter, Męczkowskas Vater Pastor, Pachuckas und Szycównas Väter Bahnangestellte, Przewóskas Vater Angestellter der Kreiskasse.[18] Die Mütter der Protagonistinnen waren, sofern sie einen Beruf hatten, Lehrerinnen oder

---

16 ANDRZEJ CHWALBA, Spór o wartości. Sympatyczki ruchu emancypacjnego wobec religii i Kośioła Katolickiego, in: Kobieta i kultura, a. a. O., S. 267-284, besonders S. 272-276.
17 Zur Person: PSB, Bd. 19, S. 696-703.
18 ANNA ŻARNOWSKA, Social Change, Women, and the Family in the Era of Industrialization: Recent Polish Research, in: Journal of Family History 22/2 (1997), S. 191-203, hier S. 194.

Schriftstellerinnen, nur Pachuckas Mutter war nach ihrer Ehescheidung Schneiderin. Die ökonomische Situation und das soziale Prestige von Frauen hing jedoch in der besprochenen Generation entschieden von ihren Rollen als Ehefrauen und Mütter ab.

Die Kategorie Bürgertum scheint für diese Familien, obwohl ökonomisch zutreffend, irreführend, da sich mit dem Begriff politische und mentale Haltungen verbinden, die aus dem westlichen Kontext nicht ohne weiteres auf Polen übertragbar sind. Der polnische Kleinadel hatte eine im Milieu des Adels entstandene Mentalität, die sich in die Nachaufstandsperiode forttrug. Mit dem sozialen Abstieg war auch ein Hineinwachsen in neue soziale Rollen verbunden. Am stärksten zeigte sich dies in einer veränderten Haltung gegenüber Bildung und Erwerbsarbeit, welche zusehends auch das Leben der Töchter prägten. Häufig war der Übergang in die Klassengesellschaft mit der Migration kleinadeliger Familien verbunden, die sich zunehmend in den Städten ansiedelten. Auch dies zeigt sich in den Familiengeschichten der Ideologinnen. Kodisowa, Męczkowska, Pachucka und Przewóska waren noch in ländlichen Gebieten aufgewachsen, lebten aber als Jugendliche schon in Warschau. Geborene Warschauerinnen waren Bujwidowa, Kuczalska-Reinschmit und Seidlerowa, obwohl auch ihre Eltern dem ländlichen Kleinadel entstammten. Vorläufig muß festgehalten werden, daß das Kleinadelsmilieu, wie in den vorhergehenden Kapiteln gezeigt wurde, als jene Schicht gilt, deren historische Erfahrungen in der Formierung der polnischen Frauenbewegung mündeten, obwohl das Leben in den adligen Herkunftsfamilien der Ideologinnen bereits erheblich von der Auflösung dieser sozialen Schicht geprägt war.

3.1.2. Bildungswege

Joachim Szyc, der Vater Aniela Szycównas verfolgte den Bildungsweg seiner Tochter mit Anteilnahme und Wohlwollen. Der Veteran des Januaraufstandes hatte in den 1880er Jahren eine Stellung bei der Bahn. Er erkannte, obgleich kein Befürworter höherer Frauenbildung, Anielas „mörderische" Vorbereitungen für die Abschlußprüfungen des Mädchenpensionats an und äußerte sich stolz über ihre hervorragenden Leistungen. Dennoch verweigerte er Aniela seine Zustimmung zum Besuch des deutschen Gymnasiums, angeblich aus patriotischen Erwägungen.[19] Daraufhin bereitete sich Aniela in Form der Selbstbildung erfolgreich auf das Lehrerinnenexamen vor. Damit durchlief sie eine für die Ideologinnen der Bewegung typische Bildungskarriere.

---

19 Ebd.

3.1. Soziale Merkmale der Ideologinnen der polnischen Frauenbewegung 107

Kuczalska-Reinschmit, Baudouin de Courtenay und Męczkowska waren zunächst von ihren Müttern unterrichtet worden. Auch Moszczeńska erhielt ihre erste Bildung von den Eltern. Vermutlich wurden die anderen Mädchen ebenso zu Hause unterrichtet, entweder von den Eltern oder von Hauslehrerinnen oder Hauslehrern. Der Unterricht erfolgte meist zusammen mit den Geschwistern. Moszczeńska und Kodisowa vertieften ihre Bildung in geheimen Lehranstalten. Die Mehrzahl der späteren Ideologinnen der Frauenbewegung besuchte ein Mädchenpensionat, so Bujwidowa, Dulębianka, Pachucka, Przewóska, Budzińska-Tylicka, Szycówna und Baudouin de Courtenay. Letztere hatte außerdem ebenso wie Walewska, Sadowska, Budzińska-Tylicka, Daszyńska-Golińska und Męczkowska ein Gymnasium besucht.

Im Gegensatz zum häuslichen Unterricht, welchen die Mädchen mit ihren Brüdern teilten, lebten sie in den Pensionaten mit Ausnahme weniger männlicher Lehrer unter Frauen und Mädchen. Nach dem Abschluß des Pensionats durchliefen viele junge Frauen eine Selbstbildungsphase, meist mit dem Ziel, das Lehrerinnenexamen zu absolvieren. Die Selbstbildung wurde in Zirkeln oder Freundinnenkreisen, aber auch im Umfeld der Pensionate häufig ebenfalls in weiblichen Verbänden betrieben.

Es ist als ein Indiz für die Fortschrittlichkeit der Eltern späterer Feministinnen zu werten, wenn sie ihren Töchtern, oft unter erheblichen finanziellen Opfern, eine mittlere Bildung ermöglichten. Dieser Schritt, der sich bereits vor der Pubertät vollzog, hing zwar auch von den Talenten und Wünschen der Mädchen ab. Jedoch ist kaum anzunehmen, daß ein Mädchen im Alter von zehn Jahren in der Lage gewesen wäre, einen Pensionatsbesuch gegen den Willen der Eltern durchzusetzen. Anders als das Universitätsstudium wurde er nicht von den Töchtern erkämpft, sondern muß als ein Verdienst der Eltern angesehen werden.

Auffällig ist, daß von den sechs Frauen, die ein Gymnasium besuchten, nur Walewska kein Auslandsstudium absolvierte. So gab es auf dem Bildungsweg junger Frauen schon diese erste wegweisende Gabelung. Wie die Frage „Gymnasium oder Pensionat?" so zielte auch die Frage „Auslandsstudium oder Bildungszirkel?" auf die nicht immer freiwillige Entscheidung zwischen einem Nischendasein in den konspirativen Strukturen des *społeczeństwo* oder einem konfliktreichen Aufbruch in die Fremde. Wie bereits beschrieben, gab es für studierwillige polnische Frauen grundsätzlich vier Möglichkeiten, ihr Wissen nach dem Pensionat oder dem Gymnasium zu vertiefen, nämlich das Auslandsstudium, seit ca. 1890 die UL, seit 1896 die Universitäten in Krakau und Lemberg und die Höheren Frauenkurse in Rußland. Es zeigt sich, daß bei den Ideologinnen der Bewegung die Wahl der Möglichkeit eher von der Generation, der sie angehörten, als von ihren Neigungen abhing. Diejenigen, für die sich lebensgeschichtlich die Möglichkeit eines Studiums vor der Gründung der UL ergab, studierten im Ausland. Dies gilt für Kuczalska-Reinschmit (Genf, Brüssel), Budzińska-Tylicka (Paris), Kodisowa (Genf, Zürich), Przewóska (Paris) und Daszyńska-Golińska (Zürich). Von ihnen war Przewóska die jüngste. Über die Wahl der Studienfächer lassen sich kaum verallgemeinernde Aussagen treffen. Es scheint, daß gerade ältere Frauen naturwissenschaftliche Fächer (inklusive Medizin) bevorzugten. Dies könnte auf ‚positivistische' Weltanschauungen zurückzuführen sein, welche eine Verwissenschaftlichung der Welt im Sinne (vermeintlicher) Naturgesetze, etwa im Zusammenhang mit dem Darwinismus, aber auch dem Fortschritt medizinscher Erkenntnisse (Hygiene) in Gang setzte.

Die Frauen der mittleren Generation besuchten ausnahmslos die UL, wobei einige, wie z.B. Budzińska-Tylicka (Paris), später ein Auslandsstudium anschlossen. Für Daszyńska-Golińska und Szycówna wurde die UL zeitweise zum Arbeitsplatz. Die jüngere Generation konnte bereits die galizischen Universitäten besuchen. Baudouin de Courtenay, Sadowska und Kodisowa besuchten die Höheren Frauenkurse. Eine Abgrenzung polnischer Studentinnen von den anderen war hier erst nach 1905 mit der Möglichkeit gegeben, eigene Organisationen zu gründen. Es scheint, daß einige Frauen, gerade solche aus den Westgouvernements des Zarenreichs, durch die Bestužev-Kurse akkulturiert und später nicht mehr als Polinnen wahrgenommen wurden. Dies gilt zum Beispiel für die Leiterin der ersten Apothekerinnen-Schule in St. Petersburg, Antonia Leśniewska. Aus den genannten Mustern scherte die jüngste Frau dieses Samples, Zofia Sadowska aus. Sie beendete 1911 ihre medizinischen Studien in St. Petersburg und erhielt Mitte 1914 als erste Polin die Doktorwürde der St. Petersburger Militärakademie.[20]

Ein Auslandsstudium war mit erheblichen Schwierigkeiten und Opfern verbunden. In erster Linie war es teuer. Unterstützung aus ihren Familien bekamen die jungen Frauen kaum, sei es, weil diesen das Geld fehlte oder weil sie einem Auslandsstudium ihrer Töchter ablehnend gegenüberstanden. Ein Studium im Ausland kam also nur für solche Frauen in Frage, die in der Lage waren, das Geld hierfür aufzutreiben und den Mut hatten, ihre Heimat zu verlassen und damit ihre familiären Bande zumindest zu lockern. Auch war durch das Auslandsstudium eine Eheschließung zunächst aufgeschoben.

Dies galt für das Studium an der UL nicht im gleichen Maße. Zwar kosteten auch hier die Kurse Geld. Jedoch gibt es keine Hinweise darauf, daß die Studentinnen der UL wegen des Besuchs dieser Institution Konflikte mit ihren Familien gehabt hätten. Die Kurse der UL wurden auch von verheirateten Frauen besucht. Die UL bot die Möglichkeit, den Bildungsweg fortzusetzen, ohne die Hei-

---

20 Tygodnik Illustrowany 1914, S. 429.

3.1. Soziale Merkmale der Ideologinnen der polnischen Frauenbewegung

mat zu verlassen und mit den gesellschaftlichen Normen zu brechen. Ein eindrückliches Beispiel hierfür ist der Konflikt zwischen Zusanna Rabska (1882-1960) und ihrer Mutter um die Studienwünsche der Tochter. Zusanna Rabskas Eltern gehörten zur *inteligencja*. Ihre Mutter, Jadwiga Krausharowa, war Schriftstellerin. Weder die Mutter noch die Tochter gehörten der Frauenbewegung an. Nach dem Unterricht durch ihre Hauslehrerin, die Sozialistin Stefania Sempołowska, und dem Besuch eines geheimen Pensionats weckte die Teilnahme an den Kursen der UL in Zusanna den Wunsch, ihre Studien in Paris fortzusetzen. Dies verhinderte die Mutter, welche die Überzeugung äußerte, das Elternhaus sei die beste Universität.[21] Einen solchen Widerstand hatte die Mutter – Rabskas Erinnerungen zufolge – weder dem Besuch der UL noch dem nach der Öffnung der Krakauer Universität für Frauen dort begonnenen Studium entgegengesetzt. In dieser fortschrittlichen Familie wurde der Besuch der UL viel eher akzeptiert als ein Auslandsstudium.

Viele Studentinnen der UL arbeiteten während ihres Studiums als Lehrerinnen. Zwar war das Niveau an der UL hoch, jedoch konnten sich die Studentinnen aussuchen, wieviele Kurse sie besuchten, so daß das Studium mit beruflicher und/oder familiärer Tätigkeit vereinbar blieb. Der Preis war der Verzicht auf einen akademischen Abschluß. Damit war der Einstieg in eine akademische Berufskarriere von vornherein verhindert. Die Aussicht, eine solche in der Heimat zu beginnen, war ohnehin sehr gering.

Mit der Entscheidung für eine universitäre Bildung traten die jungen Frauen in eine neue Lebensphase. Aus der *panna na wydaniu* (wörtlich: Fräulein zum Abgeben) wurde eine junge Frau, die ihre Lebensplanung nicht länger anderen überließ. Persönliche Freiheit war hierbei nicht nur ein ideeller Wert, sondern auch eine in manchen Fällen schmerzhafte Lebenserfahrung. Das Fehlen familiärer Einbindung war mit erheblichen Unsicherheiten verknüpft. Die jungen Frauen mußten bei mangelnden Erwerbsmöglichkeiten häufig selbst für ihren Lebensunterhalt aufkommen. Außerdem galt es, neue Beziehungssysteme aufzubauen, in welchen ihre Werte anerkannt wurden. Die Frauenbewegung war neben politischen Parteien und Zirkeln ein solches Beziehungs- und Bezugssystem. Daß gerade Frauen, die weit über dem Durchschnitt gebildet waren, Feministinnen wurden, liegt nicht nur darin begründet, daß für das Verständnis des Geschlechterverhältnisses ein gewisser Grad an intellektueller Kritikfähigkeit nötig ist. Frauen, die für sich selbst Bildung beanspruchten, lebten zwischen den eigenen Wünschen und den gesellschaftlichen Erwartungen, zwischen den eigenen Fähigkeiten und der mangelnden Anerkennung dieser Fähigkeiten in einer instabilen und konflikthaften Situation.

---

21 ZUSANNA RABSKA, Moje życie z książką. Wspomnienia, Bd. 1, Wrocław 1959, S. 91-93.

3.1.3. Familienstand

In den Biographien der Ideologinnen der polnischen Frauenbewegung trat der Bildungserwerb zunächst an die Stelle einer konventionellen Ehe. Auffällig ist, daß die verheirateten Frauen dieses Samples ihre Ehepartner nach der Loslösung vom Elternhaus kennenlernten, häufig während des Studiums. Die meisten Partner der hier vorgestellten Feministinnen gehörten der *inteligencja* an. Häufig hatten die Ehepaare eine gemeinsame Ausbildungszeit erlebt und arbeiteten später eng zusammen. Das Heiratsverhalten illustriert die folgende Tabelle:

Name	Alter bei der Eheschließung	Beruf des Ehemannes	Kinder
Bujwidowa	25	Professor	sechs[22]
Daszyńska-Golińska	Mitte 20, Anfang 30	Student, Botaniker	keine
Kodisowa	24	?	eine Tochter
Kuczalska-Reinschmit	20, nach einigen Jahren geschieden	?	ein Sohn
Wiśniewska (Turzyma)	?	?	ein Sohn
Męczkowska	25	Arzt	keine
Moszczeńska	30	Kaufmann	eine Tochter, ein Sohn
Rajchmanowa	21	Operndirektor	drei
Seidlerowa	?	Musikalienfabrikant	drei Töchter
Budzińska-Tylicka	während des Studiums	Agronom	ein Sohn, eine Tochter
Walewska	25	?	?
Baudouin de Courtenay	25	Professor	vier Töchter, ein Sohn
Jahołkowska-Koszutska	?	Advokat	?

Pachucka, Przewóska, Dulębianka und Szycówna blieben unverheiratet. Allein Kuczalska-Reinschmit war geschieden. Legt man die Traditionen des Landadels zugrunde, so heirateten die Ideologinnen der Frauenbewegung, wenn über-

---

22 Laut Czajecka, „Z domu …", S. 111.

3.1. Soziale Merkmale der Ideologinnen der polnischen Frauenbewegung

haupt, ungefähr fünf Jahre später als dies im Gutsbesitzermilieu üblich war.[23] Bemerkenswert ist auch, daß Hochzeiten im vorliegenden Sample häufig im Ausland und ohne Beisein der Verwandten geschlossen wurden, mutmaßlich ohne vorher das Einverständis der Brauteltern einzuholen. Beschrieben wurde dies bereits im Falle der Bujwidowie. Męczkowska und Daszyńska-Golińska heirateten in der Schweiz. So ist die Unkonventionalität dieser Ehen noch mehr als die verhältnismäßig hohe Zahl unverheirateter Ideologinnen ein hervorstechendes Merkmal des Samples. Die während der Studienzeit geschlossenen Akademikerehen wurden nicht geschieden. Zahlreiche positive Beschreibungen lassen darauf schließen, daß der „fortschrittliche" Typ der Ehe ein hohes Ansehen in der Frauenbewegung besaß.[24] Feministinnen legten großen Wert darauf, ihre Ehe und ihre Parnter positiv zu schildern. Einige der Ehemänner unterstützten die Frauenbewegung, so Koszutski, Bujwid, Tylicki und Męczkowski. Insbesondere in der abolitionistischen Bewegung war ein Zusammenwirken fortschrittlicher Ehepaare häufig. Bemerkenswert ist, daß in diesem Sample kein direkter Zusammenhang zwischen der Anzahl der Kinder und der Intensität des beruflichen oder politischen Engagements der Frauen festzustellen ist. Auch lassen sich keine ideologischen Unterschiede zwischen verheirateten und unverheirateten Frauen oder zwischen Frauen mit oder ohne Kinder ausmachen.

Die Lebensplanung der Akivistinnen folgte dem *European marriage pattern*, welches unter dem Einfluß von Christentum, Arbeitsorganisation und Ausbildungswesen durch ein hohes Heiratsalter und eine hohe Ledigenquote gekennzeichnet ist.[25] Bestandteil dieses Musters ist ein „[besonders langer] Weg vom Kind zum Erwachsenen". Die Gestaltung der vergleichsweise langen Jugendphase entscheidet hier über die Identitätsbildung. Schule und Bildungssysteme übernehmen eine zentrale Rolle in der „sukzessive erfolgenden Reifeerklärung", welche das Kind zum erwachsenen Menschen erklärt, der nun seinerseits eine Familie gründen kann. Sie tritt an die Stelle einer umfassenden Initiation. In der Phase zwischen Kindheit und Erwachsenenalter spielen die Bindungen an

---

23 Üblich war hier für Frauen, zwischen dem 15. und 20. Lebensjahr oder gar nicht zu heiraten, vgl. DANUTA RZEPNIEWSKA, Rodzina ziemiańska w królestwie polskim, in: Społeczeństwo polskie w XVIII i XIX wieku, Bd. 9: Studia o rodzinie, hrsg. v. JANINA LESKIEWICZ, Warszawa 1991, S. 137-200, hier S. 155.
24 Das zugrundeliegende Eheideal weist Ähnlichkeiten mit jenem der russischen „Nihilisten" auf. Auch hier war Bildung und Frauenbefreiung eng verknüpft. Die Ehe galt u. a. als Ort der geistigen Fortentwicklung (insbesondere der Frauen); vgl. PIETROW-ENNKER, Rußlands „neue Menschen", S. 62-80.
25 RALPH MELVILLE, Bevölkerungsentwicklung und demographischer Strukturwandel bis zum Ersten Weltkrieg, in: Handbuch der Geschichte Rußlands, Bd. III, hrsg. v. GOTTFRIED SCHRAMM, Teil 2, Stuttgart 1992, S. 1007-1071, hier S. 1126.

außerfamiliäre Gruppierungen eine besondere Rolle. Auffällig ist, daß all diese Merkmale in einem besonderen Maße auf die Frauen dieses Samples zutreffen. Dies zeigt einerseits die ‚europäische' Ausrichtung ihrer Lebensgestaltung. Andererseits drückt sich hierin eine gewisse Angleichung an männliche Lebenswege aus, da Männer die Freiheiten einer Jugend, Bildung und außerfamiliärer Bindungen traditionell eher und länger genossen.[26] Insgesamt läßt sich in den vorgestellten Ehen eine eher niedrige Geburtenrate feststellen. Dieses Ergebnis sollte jedoch wegen des kleinen Samples nicht überstrapaziert werden. Das Heiratsalter lag bei den untersuchten Frauen durchaus im europäischen Durchschnitt. So unterschied sich ihr Lebensweg weniger in der, an traditionellen Gesellschaften gemessen, späten Heirat, sondern vor allem darin, daß sie vor ihrer Eheschließung eine Phase persönlicher Unabhänigkeit von Eltern und Ehemann erlebten.

3.2. Von der Erfahrung zum Muster: Motive und Verarbeitung biographischer Prägungen

Im folgenden werden vier autobiographische Zeugnisse analysiert. Die Lebenserinnerungen von Zofia Daszyńska-Golińska, Teodora Męczkowska, Romana Pachucka und Iza Moszczeńska sollen dabei zur Erklärung grundlegender Konfliktlagen und Wendepunkten in den Familien-, Bildungs- und Radikalisierungsgeschichten polnischer Feministinnen beitragen.

Zofia Daszynska-Golińskas 1932 in der Reihe „Lebensläufe außergewöhnlicher Frauen" erschienene Selbstbiographie trägt den Titel „Dr. Zofia Daszyńska-Golińska. Pionierin des sozialwirtschaftlichen Wissens in Polen".[27] Der autobiographische Text nimmt 19 Seiten ein, im Anhang befindet sich ein Schriftenverzeichnis Daszyńska-Golińskas mit insgesamt 71 Titeln. Die Autorin beschrieb sich in ihrer Autobiographie als geborene Wissenschaftlerin und aufrechte Sozialistin.

1944 verfaßte Teodora Męczkowska in Zakopane zwei „Erinnerungen", eine

---

26 MICHAEL MITTERAUER, Europäische Familienentwicklung, Individualisierung und Ich-Identität, in: Europa im Blick der Historiker. Europäische Integration im 20. Jahrhundert: Bewußtsein und Institutionen, hrsg. v. RAINER HUDEMANN, (Beiheft der Historischen Zeitschrift 21), München 1995, S. 91-97, besonders S. 93 f.
27 ZOFIA DASZYŃSKA-GOLIŃSKA, Dr Zofia Daszyńska-Golińska. Pionierka wiedzy gospodarstwo-społecznej w Polsce (Życiorycy zasłużonych kobiet 5), Kraków 1932.

an ihr Leben und eine zweite an die Frauenbewegung.[28] Beide Handschriften liegen in der Sammlung der polnischen Nationalbibliothek in Warschau. Ihre persönlichen Erinnerungen nehmen 6 Oktavhefte von insgesamt 115 Blatt ein. Dazu gibt es einige lose Blätter. Die Erinnerung an die Frauenbewegung ist unvollendet und besteht aus 10 Heften mit 179 Blättern. Alle Hefte enthalten Ausbesserungen und einige Lücken. In beiden Erinnerungen beschrieb Męczkowska sich als ‚geborene Feministin' und begeisterte Lehrerin. Insbesondere die UL und ihre Ehe nehmen einen breiten Raum ein.

Romana Pachuckas Autobiographie ist 1956 in Warschau erschienen.[29] Sie umfaßt 270 Seiten Text, sowie eine Einleitung Jan Hulewiczs und einen Personenindex. Ausführlich schildert die Autorin ihre Kindheit, sowie ihre Familien- und Bildungsgeschichte. Zahlreiche Personen, insbesondere ihre Professoren sowie Teilnehmerinnen der Frauenbewegung beschrieb sie ebenso eingehend wie sämtliche Aktivitäten der Frauenbewegung, an denen sie beteiligt war. Auch Pachucka definierte sich vor allem als Feministin.

Die Lebenserinnerungen Iza Moszczeńskas befinden sich als maschinenschriftliches Manuskript in der Handschriftensammlung der Warschauer Universitätsbibliothek. Sie bestehen aus einer Kindheitsbeschreibung der Autorin sowie aus unvollendeten Rekonstruktionen ihrer Tochter, Hanna Rzepecka, spätere Pohoska. Das Manuskript existiert in mehreren Fassungen von jeweils einigen hundert Seiten. Die Kindheitsbeschreibungen stellen ausführlich die Geschichte von Moszzeńskas patriotischer Familie dar. Ihre patriotische Grundhaltung erklärte die Autorin darin als Fortführung des Familienerbes.[30]

Lebenserinnerungen sind als autobiographische Zeugnisse keine einfache historische Quelle. Es kann nicht davon ausgegangen werden, daß die Autorinnen in ihnen ‚die Wahrheit' niederschrieben. Das Bemühen um Wahrhaftigkeit, d. h. um die korrekte Wiedergabe biographischer Fakten im Kontext ihres gesellschaftlichen Umfeldes kann ihnen jedoch unterstellt werden. Zugleich sind die Erinnerungen literarische Produkte, die im Bezugsfeld einer kommunikativen Handlung stehen. Sowohl der Stil als auch die Herausstellung bzw. Unterschlagung einzelner Lebensabschnitte sind in diesem Bezugsfeld kennzeichnend für die Art des Erzählens.[31] Bei der Lektüre autobiographischer Zeugnisse muß der

---

28 Męczkowska, 50 lat pracy, BN, rkp. II 10302; Dies., Pamiętnik pisany w Zakopanem, BN, rkp. II 10303.
29 Pachucka, Pamiętniki.
30 Iza Moszczeńska-Rzepecka: Wspomienia i listy 1864-1914, BU Warszawa, rkp. 406 a-b, S. 7 f.
31 Jürgen Lehmann, Bekennen – Erzählen – Berichten. Studien zu Theorie und Geschichte der Autobiographie, Tübingen 1988, S. 35-53.

Rezipierende sich darüber im Klaren sein, daß der zeitliche Abstand zwischen dem Berichteten – bei allen vier Erinnerungen handelt es sich um berichtende Autobiographien – und dem Zeitpunkt der Niederschrift oft mehrere Jahrzehnte umfaßt. Ausschlaggebend für den Handlungsverlauf, welcher der Autobiographie gegeben wird, ist das Selbstbild der Schreibenden zum Zeitpunkt der Niederschrift. Vor diesem Hintergrund werden bestimmte Aspekte herausgegriffen, andere vernachlässigt.

3.2.1. Kindheit: Abschied von der „heilen Welt" der Väter

In ihren Lebenserinnerungen schenkten Pachucka, Moszczeńska und Męczkowska der Beschreibung ihrer Familien breiten Raum. Besonders Pachucka reproduzierte Familiengeschichten, die sie als typisch für ihr Herkunftsmilieu schilderte. Pachucka, Daszyńska-Golińska und Męczkowska benannten starke Unterschiede zwischen Mutter und Vater. Diese bezogen sich auf deren soziale Herkunft, Generationszugehörigkeit, Lebenswege und die Bedeutung, die beiden Elternteilen für die eigene Entwicklung zugemessen wurde.

Mit einem Hinweis auf die städtische Herkunft der Mutter und der vom ländlichen Leben geprägten Haltung des Vaters erschöpfte sich Daszyńska-Golińskas Beschreibung ihrer familiären Herkunft.[32] Der Hinweis auf ihre frühe marxistische Grundüberzeugung ersetzte die Rezeption der Familiengeschichte. Einen Einfluß der Familie auf ihren Lebensweg gestand die Sozialistin nicht ein.

Dagegen beschrieb Moszczeńska den Patriotismus als ein familiengeschichtlich begründetes Leitmotiv ihrer Biographie. Ihre Erinnerungen begann sie mit dem Satz: „Ich wurde am 26.10.1864 im allerältesten Winkel Polens, dort, wo die Wiege der Piasten stand, wo die ersten christlichen Pfarreien entstanden, geboren."[33] Nach diesem Hinweis auf das historische polnische und katholische Erbe ihres Heimatortes beschrieb Mocszszeńska sogleich die Folgen der Teilungen Polens in diesem nun an der deutsch-russischen Grenze gelegenen Ort. Sie gab eine Atmosphäre wieder, in der Nachbarn quasi über die Grenzen hinweg gegenseitig Erfahrungen mit den Staatsmächten austauschten. Täglich habe sie sich davon überzeugen können, wie die verschiedenen Systeme sich auf die Lebensumstände und Stimmungen der Bevölkerung auswirkten. Obwohl auf der einen und der anderen Seite dasselbe Volk siedelte, habe man in dem vollen Bewußtsein gelebt, daß an der Grenze ein anderes Land begann.[34] Ihre starke emotionale Bindung an das „unberührte Heimatdorf" beschrieb Moszczeńska

---

32 DASZYŃSKA-GOLIŃSKA, Dr Zofia, S. 6.
33 MOSZCZEŃSKA-RZEPECKA, Wspomienia, BU Warszawa, rkp. 406 a-b, S. 1.
34 Ebd., S. 5.

3.2. Von der Erfahrung zum Muster 115

noch siebzigjährig als ungebrochen.[35] Die heimatliche Erde wurde zugleich zum Nährboden für die Rezeption von zweihundert Jahren Familiengeschichte. Darin hob Moszczeńska besonders die Verwurzelung ihrer männlichen Verwandten in der romantischen und patriotischen Welt des Völkerfrühlings hervor.[36] Ihre Mutter hatte mit 20 Jahren den um 22 Jahre älteren Vater geheiratet. Konsequenzen aus diesem Altersunterschied erläuterte Moszczeńska jedoch nicht. Über ihre Mutter erfahren wir nur, daß sie Lehrerin an einer Privatschule für adlige Offizierskinder gewesen sei, wobei Moszczeńska hinzufügte, daß diese nicht russifiziert gewesen sei.[37] Ihren Vater beschrieb Moszczeńska in den höchsten Tönen als Patrioten und guten Vater, der immer nach seinen Grundsätzen gelebt und dies auch von anderen gefordert habe. Pflichten seien für ihn eine „heilige Sache" gewesen. An erster Stelle habe der Dienst für das Vaterland gestanden, an zweiter Stelle die familiären Verpflichtungen, die er sehr ernst genommen habe. Der Vater habe die Kinder ermahnt, ihre Lesefähigkeit an andere weiterzugeben, nämlich „entweder einem jüngeren Familienangehörigen oder irgendeinem Dienstboten oder einem Kind aus einer armen ungebildeten Familie". Körperliche Arbeit lernten die Kinder angeblich nur kennen, weil der Vater ein überzeugter Demokrat gewesen sei und seinen Kindern Wertschätzung für jede Art der Arbeit nahebringen wollte.[38] Von dieser paternalistischen Einstellung ihres Vaters distanzierte sich die Tochter nicht. Die Haltung der Vätergeneration – mehrmals stellte Moszczeńska ihren Vater als Vertreter seiner Generation vor – beschrieb die Tochter als ihr geistiges Erbe, welches bei ihr quasi organisch mit der heimatlichen Erde, der Scholle verbunden scheint. Moszczeńska stellte sich ganz als Tochter ihres tadellosen Vaters dar, der alle Arten von „Vergnügungen" wie Rauchen, Trinken und Kartenspielen abgelehnt habe.[39] Indem sie seinen starken Einfluß auf ihre geistige Entwicklung unterstrich, hob Moszczeńska ihre eigene Tugendhaftigkeit hervor. Der Vater erschien in ihren Lebenserinnerungen als Repräsentant einer glücklichen Kindheit und Jugend, während die Mutter unsichtbar blieb. 1890, als Iza 26 Jahre alt war, starb der Vater und hinterließ die Familie in einer schwierigen finanziellen Situation. Einige Jahre später ging der Hof verloren. Moczseńska lebte in unsicheren ökonomischen und persönlichen Verhältnissen.[40]

Wie Moszczeńska beschrieb sich auch Pachucka vor allem als Tochter des Vaters. Auch sie beklagte dessen frühen Tod und die Verarmung der Familie. Ihre

---

35 Ebd., S. 7.
36 Ebd., S. 8-15.
37 Ebd., S. 17.
38 Ebd., S. 38, 44.
39 Ebd., S. 29.
40 PSB, Bd. 22, S. 81.

Erziehung bezeichnete Pachucka als patriotisch, die Geschichte der Familie als stark durch den Januaraufstand geprägt.[41] Die Werdegänge beider Eltern schilderte sie als von äußeren Hindernissen beeinträchtigt. Ihrem Vater, einem Bahnangestellten, hätten die finanziellen Mittel zu einem Studium gefehlt. Die Mutter sei durch ihre familiären Verpflichtungen an der Ausübung eines qualifizierten Berufs gehindert worden. Daß sich ihre Eltern nicht gut verstanden, ist nur aus der Tatsache ihrer Trennung ablesbar. Den Konflikt zwischen den Eltern verschob Pachucka auf ihre Großmütter, zwischen denen ein „Klassenkonflikt" bestanden habe. Konstancja Pachucka, die Mutter des Vaters habe das ländliche Adelsmilieu verkörpert, während Pachuckas Großmutter mütterlicherseits, Florentyna Kornacka, eine typische Vertreterin des Bürgertums gewesen sei. Konstancja sei mit der Hochzeit zwischen ihrem Sohn und der Tochter eines Juweliers nicht einverstanden gewesen. Sie habe mit Hochmut auf ihre Schwiegertochter und deren Familie herabgeblickt. Die Großmutter mütterlicherseits habe hingegen behauptet, daß Pachuckas Mutter von ihrer Schwiegermutter tyrannisiert werde. Trotz der Trennung der Eltern war Romanas Identifikation mit dem Herkunftsmilieu des Vaters stärker als mit dem der Mutter. Angeblich veranlaßte die frühe Beobachtung, daß ihre Mutter die Söhne höher schätze als die Tochter, Pachucka zu dem Entschluß, den Brüdern durch Bildung und harte Arbeit ebenbürtig zu werden.[42] Im Gegensatz zur Mutter habe der Vater ihrer Bildung und ihrer früh ausgeprägten Individualität besondere Aufmerksamkeit geschenkt.[43]

Nach der Trennung der Eltern arbeitete Pachuckas Mutter als Schneiderin. Bei der Bestreitung des Lebensunterhalts war sie auf die Mithilfe der Kinder angewiesen. Obwohl der Vater die Familie verlassen hatte, war Pachucka nicht gegen ihn eingenommen. Wie ihre Mutter sie als Tochter weniger schätzte als ihre Söhne, so erkannte auch Pachucka zunächst die Leistungen der Mutter nicht an. Daß sich diese als Schneiderin eine eigenständige Existenz aufbaute, schilderte Pachucka allein als ein Indiz des sozialen Abstiegs, nicht als deren Leistung. Für das junge Mädchen bedeutete dies zunächst, daß sie arbeiten und ihre Bildungsambitionen zurückstellen mußte. Die Voreingenommenheit der weiblichen Familienangehörigen gegen Pachuckas Studienpläne begünstigte offenbar ihre posthume Zuneigung zum Vater ebenso wie die Vorstellung, dieser habe sie besonders geliebt. Zwölfjährig war für Pachucka die Kindheit vorbei. Eine lange Krankheit, in deren Verlauf sie mehrmals operiert werden mußte, beschrieb sie eindringlich als körperlich erniedrigend. Auch habe sie in dieser Zeit eine reli-

---

41 PACHUCKA, Pamiętniki, S. 13.
42 Ebd., S. 55.
43 Ebd., S. 17.

3.2. Von der Erfahrung zum Muster

giöse Krise durchlebt.[44] 1901, Pachucka war jetzt fünfzehn, starb ihr Vater. Mit achtzehn war Pachucka Privatlehrerin, die einzige ihres Pensionatsjahrganges, welche diese Prüfung bestanden hatte. Ihre Kindheit und Jugend beschrieb sie im Nachhinein wie folgt: „Am Start war ich ein gesundes Kind, lebhaft und glücklich, am Ziel stand ich als achtzehnjähriges ernstes Mädchen, körperbehinderter Krüppel, Halbwaise, ein durch das Unglück der Familie zerschlagenes Kind."[45]

Auch Męczkowska betonte den großen Einfluß des Vaters auf ihren Lebens- und Bildungsweg. Męczkowskas Mutter war wie sie Lehrerin und erteilte ihrer Tochter die Elementarbildung. Dennoch war die Mutter eine untergeordnete Person in der Wahrnehmung der Tochter. Męczkowska strebte nach dem intellektuellen Leben des Vaters, der Pfarrer war. Ihre Erinnerungen an die Mutter waren mit Märchen und Puppen verbunden, beides Dinge, die sie angeblich nicht mochte. Obwohl Męczkowskas Vater ihren Studienambitionen ablehnend gegenüber stand, galt der Vater als Repräsentant der Welt, in die sie aufgenommen werden wollte.[46]

Der Tod der Väter Moszczeńskas und Pachuckas stand jeweils am Beginn eines neuen Lebensabschnitts. Er markierte das Ende der glücklichen und behüteten Kindheit und gleichsam den Beginn eines ‚modernen' Frauenlebens, welches wenn nicht durch Armut, so mindestens durch Prestigeverlust und Arbeit geprägt war. Auch Baudouin de Courtenay und Kuczalska-Reinschmit wuchsen zeitweise ohne Vater auf. Die Mutter der ersten hatte sich vom Vater getrennt und war allein mit ihren Töchtern nach St. Petersburg gezogen. Kuczalska-Reinschmits Mutter war früh verwitwet. Dem Tod des Vaters oder der Trennung der Eltern folgte meist ein sozialer Abstieg. Diesen Wechsel der sozialen Stellung negierten die Autorinnen der vorliegenden Lebenserinnerungen, indem sie den Einfluß der Väter betonten. Die Tatsache, daß sich die Mütter um ihre Kinder und den Lebensunterhalt kümmerten, führte nicht zu deren Aufwertung. Vielmehr wurde hierdurch die Sehnsucht nach dem Vater geweckt, den Moszczeńska und Pachucka als Repräsentant von familiärer und finanzieller Stabilität wahrnahmen.

Die analysierten Selbstzeugnisse legen den Schluß nahe, daß die genannten Feministinnen sich als weibliche Erben ihrer Väter, nicht der Mütter sahen. Hierin drückt sich einerseits aus, daß die Suche nach weiblichen Vorbildern im Alltag junger Frauen mit Bildungs- und Emanzipationsambitionen häufig ver-

---

44 Ebd., S. 30, 33, 35.
45 Ebd., S. 53.
46 MĘCZKOWSKA, Pamiętnik pisany w Zakopanem, BN, rkp. II 10303, S. 30, S. 100.

geblich war, da ihre weiblichen Verwandten in einer untergeordneten Stellung lebten und keinen Zugang zur Bildung hatten. Andererseits scheint hiermit eine männliche Erbfolge unterbrochen. Die Töchter traten scheinbar als Erbinnen neben die Söhne. Sie beanspruchten nun wie ihre Brüder Bildung und gesellschaftliche Anerkennung. Dies konnte nur gerechtfertigt werden, wenn sie Nähe und Ähnlichkeit zu den Vätern suchten. Dieses Kindheitsmuster trifft auf diejenigen Autobiographien zu, die Erinnerungen an die Kindheit enthalten. Von ihm ausgehend konnten unterschiedliche Bewältigungsstrategien in ein Engagement in der Frauenbewegung münden. Da die weiteren Lebenswege der Autobiographinnen keine Verallgemeinerungen zulassen, werden hier die Grundmuster der Erinnerungen von Daszyńska-Golińska, Męczkowska, Pachucka und Moszczeńska einzeln nachgezeichnet. Die Autobiographie Maria Skłodowska-Curies wird als Kontrast zu diesen ‚polnischen' Biographien wegen ihrer großen Distanz zur ‚Heimat' diskutiert.

3.2.2. Erstes Muster: Daszyńska-Golińskas sentimentale Heimkehr einer gelehrten Marxistin

Zofia Daszyńska-Golińska (1866-1934) beschreibt ihr Leben als gradlinige Bildungsgeschichte. Angeblich bestand seit ihrer Kindheit kein Zweifel daran, daß sie studieren würde. Dies erklärt sie mit ihrem scheinbar bedingungslosen „Talent".[47] Konflikte mit der Familie erwähnt sie nicht. Eher scheint es, als habe sie überhaupt keine Kindheit und keine emotionalen Bindungen an ihr Elternhaus gehabt. Als „Wendepunkt" in ihrem Leben bezeichnet Zofia Daszyńska-Golińska ihre Abreise nach Zürich, wo sie Ökonomie studierte und Kontakte zur polnischen Emigration sowie zur Arbeiterbewegung unterhielt. Über die Haltung ihrer Familie zu ihrem Auslandsstudium schreibt sie in ihrer Erinnerung nichts. Lediglich die Hervorhebung ihrer frühen wissenschaftlichen und sozialen Interessen und die Bemerkung, sie habe nicht die künstlerischen Fähigkeiten ihrer Geschwister besessen,[48] ist als Abgrenzung ihrer Person vom familiären Umfeld zu interpretieren. Insgesamt scheint ihre Herkunftsfamilie für die Marxistin Daszyńska-Golińska unwesentlich. Nur in einem Nebensatz gibt sie einen Hinweis darauf, daß ihre Eltern sie in der Studienzeit, wenn auch unzureichend, finanziell unterstützten. Die Tatsache, daß deren Zahlungen zum Leben nicht ausreichen, führt sie als Begründung für ihre rege Veröffentlichungstätigkeit an.[49]

---

47 Daszyńska-Golińska, Dr Zofia, S. 6.
48 Ebd., S. 6.
49 Ebd., S. 9.

3.2. Von der Erfahrung zum Muster

In Genf heiratete Zofia Feliks Daszyński, der nach zwei Ehejahren starb. Die Witwe erwähnt, analog zu ihrer Selbstdarstellung als klar denkende Gelehrte, im Zusammenhang mit ihrer ersten Ehe allein die hervorragenden geistigen Fähigkeiten ihres Gatten, nicht ihre Gefühle zu ihm.[50] Nach dem Abschluß ihrer Doktorarbeit im Jahre 1891 lebte Daszyńska-Golińska in Wien, Warschau und Berlin. In Waschau war sie Dozentin der UL. In Berlin arbeitete sie als Privatdozentin an der Humboldt-Akademie. Lilly Braun, eine deutsche Anhängerin der sozialistischen Frauenbewegung, trug Daszyńska-Golińska dort die Leitung eines Frauenarbeitsbüros an. Die Autorin bemerkt, daß sie es „bis heute" bereue, dieses Angebot ausgeschlagen zu haben. „Aus Heimweh" jedoch sei sie nach Polen zurückgekehrt.[51] Die rationale Wissenschaftlerin begründet an dieser Stelle ihre sentimentale Rückkehr emotional und bedauert diese Entscheidung im gleichen Atemzug. In der Tat gestaltete sich ihr Leben in Polen schwierig. Da Daszyńska-Golińska nicht ins Königreich Polen einreisen durfte, nahm sie nun ihren Wohnsitz in Krakau. Dort heiratete sie in zweiter Ehe den Botaniker Stanisław Goliński. Daszyńska-Golińskas Beschreibung ihrer zweiten Ehe entspricht dem geschilderten Ideal einer fortschrittlichen Gelehrtenehe. „Wir erfreuten uns einer gegenseitigen Beziehung, die auf großer Freundschaft, hervorragendem Verständnis und der Berücksichtigung gemeinsamer Interessen beruhte."[52] An der Krakauer Universität wurde Daszyńska-Golińska der Antrag auf Einleitung eines Habilitationsverfahrens verwehrt; sie selbst behauptet, aus politischen Gründen.[53] Daszyńska-Golińska arbeitete daraufhin an der Volksuniversität Adam Mickiewicz in Krakau, hielt Vorträge zu verschiedenen Themen, schrieb Artikel und engagierte sich im Kampf gegen den Alkoholismus. Während des Ersten Weltkrieges leitete sie die Redaktion der Frauenzeitschrift *Na Posterunku* (Auf dem Posten). Nach dem Krieg hatte die Autorin eine Stellung im Arbeits- und Sozialministerium.

Allein bei der Beschreibung ihrer Rückkehr nach Polen benennt Daszyńska-Golińska Gefühle. Die Bitterkeit über ihren in Polen behinderten beruflichen Werdegang mildert sie durch die posivite Beschreibung ihrer zweiten Ehe etwas ab. Dennoch ist die Tatsache, daß diese Phase professioneller Degradierung ihre Erwartungen enttäuschte, unübersehbar. Die Erwähnung des Mißerfolgs unterbricht die lückenlose Selbstdarstellung als Wissenschaftlerin und damit die Kontinuität des scheinbar so graden Lebensweges. Die Rückkehr in die Heimat erscheint bei Daszyńska-Golińska nach dem Aufbruch zum Auslandsstudium

---

50 Ebd., S. 8.
51 Ebd., S. 10.
52 Ebd., S. 11.
53 Ebd., S. 12.

als zweiter großer Einschnitt. Nach dem Studium hielt sie sich kurz in Warschau auf. Dann führte sie ihre wissenschaftliche Laufbahn in Wien und Berlin fort. Es ist unklar, ob sie Warschau damals aus politischen Gründen, persönlicher Unzufriedenheit oder wissenschaftlichem Ehrgeiz verließ. Erst mit ungefähr dreißig Jahren trieb das „Heimweh" sie zurück. Daszyńska-Golińskas Lebensgeschichte gibt keinen Hinweis auf finanzielle, emotionale oder politische Motive, die für den Verbleib im Ausland oder die Rückkehr in die Heimat sprachen. Sie hatte ungefähr zehn Jahre fast ununterbrochen im Ausland gelebt, hatte in dieser Zeit geheiratet und war Witwe geworden. Die Rückkehr wirkte sich negativ auf Daszyńska-Golińskas berufliche Entwicklung aus. Diese Tatsache konnte sie jedoch nicht vorhersehen. Vielleicht war sie davon ausgegangen, daß die Krakauer Universität sie als Habilitandin anerkennen würde, obwohl die Zulassung einer Frau zur Habilitation nur einige Jahre nach der Zulassung von Frauen zum Studium eine kleine frauen- und bildungspolitische Sensation gewesen wäre. Ihr Scheitern führte sie jedoch nicht auf ihre Zugehörigkeit zum ‚falschen' Geschlecht, sondern auf ihre sozialistischen Aktivitäten zurück. Dennoch intensivierte sie ihr Engagement in der polnischen Frauenbewegung. Diese Tätigkeit fiel in Daszyńska-Golińskas Krakauer Zeit, wobei sie zuvor Kontakte zur deutschen Frauenbewegung unterhalten hatte. Ihr feministischer Standpunkt ist jedoch viel weniger als etwa der Kuczalska-Reinschmits von der Entwicklung der westlichen Frauenbewegung geprägt. Obwohl die Sozialistin in der Frauenfrage nicht marxistisch argumentierte, kann ihr starker Bezug auf weibliche Bürgerpflichten und damit auf die spezifische Konstellation der polnischen Gesellschaft als Ausdruck ihrer starken Verwurzelung im polnischen sozialistischen Milieu gesehen werden.[54]

3.2.3. Zweites Muster: Męczkowskas ‚genetischer' Feminismus

Teodora Męczkowska (1870-1954) studierte von 1892 bis 1896 in Genf Physik. Dort heiratete sie 1895 Wacław Męczkowski, einen später bekannten Arzt. Ein Jahr später wurde ihr der Grad des Bakkalaureus der Physik zuerkannt. Das Ehepaar kehrte 1896 nach Warschau zurück. Dort arbeitete Męczkowska als Lehrerin und besuchte Kurse der UL. Seitdem war sie stark in der Frauenbewegung engagiert. Ihr Hauptwirkungsfeld lag dabei in der abolitionistischen Bewegung, die sie selbst die „Urquelle" der eugenischen Bewegung nannte.[55]

---

54 Vgl. unten Kapitel 4.3.1.
55 Teodora Męczkowska, 50 lat pracy w organizacjach kobiecych w Warszawie, BN, rkp. II 10302, S. 100; Męczkowska selbst hat die Seitenzahlen numeriert. Hier wird nach dieser Numerierung zitiert, nicht nach der Paginierung, welche von Mitarbeitern der Bilbliothek nachgetragen wurde.

3.2. Von der Erfahrung zum Muster

Męczkowska gibt keine Motive für ihren Entschluß zum Auslandsstudium an. Vielmehr suggeriert sie, daß ihr Feminismus quasi genetisch bedingt gewesen sei, denn sie habe, wie sie mehrmals betont, „Gleichberechtigung im Blut". Schon als Kind habe sie sich gegen die Einhaltung der Geschlechterrollen aufgelehnt.[56]

Aus der Perspektive einer während des Zweiten Weltkrieges in der geistigen Verbannung lebenden Gebildeten idealisierte die Autorin 1944 ihre Zeit bei der UL und ihre Ehe. Ihre „glückliche Vergangenheit"[57] beschreibt sie als Jahre intensiver Arbeit beider Ehepartner. Die Ehe mit ihrem Mann habe nicht auf Liebe auf den ersten Blick beruht, sondern auf gegenseitiger Achtung. Ihr Mann habe ihr von allen Menschen am nächsten gestanden und dasselbe würde er über sie gesagt haben.[58]

Die UL ist mit Erinnerungen an die Einrichtung einer eigenen Fraueninstitution und einem starken Verbundenheitsgefühl zu anderen Frauen belegt. Das Auslandsstudium erscheint im nachhinein vor allem als Ort ihrer Eheschließung und der Gemeinsamkeit mit dem Partner.

Męczkowska war eine Anhängerin der „bewußten Mutterschaft". Hinter diesem Schlagwort verbarg sich die Ansicht, Frauen sollten nur dann Kinder bekommen, wenn sie dies wollten. Aus der eugenischen Perspektive verband sich hiermit auch die Hoffnung auf eine „Verbesserung" des Volkes. In der katholischen Öffentlichkeit war die „bewußte Mutterschaft" eine Provokation, da sie den Gebrauch von Verhütungsmitteln oder die Durchführung von Abtreibungen einschloß. In ihrer Lebenserinnerung nimmt Męczkowska auf die „bewußte Mutterschaft" als Erklärung für ihre eigene Kinderlosigkeit bezug. Sie erklärt, sie habe keine Kinder gehabt, weil sie keine haben wollte.[59] Es klingt wie eine Rechtfertigung gegenüber Dritten, wenn Męczkowska ihr Bekenntnis zur „bewußten Mutterschaft" mit dem Hinweis untermauert, daß zu viele Kinder geboren würden, die keine Fähigkeiten zur Staatsbürgerschaft entwickelten.[60] Damit versuchte sie, ihre persönlichen Haltung zur Mutterschaft gesellschaftlich zu legitimieren. Die gewollte Kinderlosigkeit glich Męczkowska ihrer eugenischen Haltung gemäß mit ihrem Lehrerinnendasein aus. Ihr ‚genetischer' Feminismus paart sich mit einem elitären Verständnis ihrer pädagogischen Tätigkeit. In der Erinnerung äußert sie, die „Qualität" der Jugend zähle mehr als ihre Quantität. Deshalb sähe sie ihre bürgerliche Pflicht nicht im Gebären, son-

---

56 Ebd., S. 83.
57 Ebd., S. 26.
58 Ebd., S. 25 f.
59 Męczkowska, Pamiętnik pisany w Zakopanem, BN, rkp. II 10303, S. 40.
60 Ebd., S. 38.

dern im Erziehen von Bürgern.⁶¹ Damit bringt Męczkowska in ihrer Erinnerung den eigenen Lebensentwurf, ihre Überzeugungen und ihre berufliche Tätigkeit zur Deckung. Sowohl ihre pädagogische Betätigung als auch ihr Engagement in der Frauenbewegung waren von dem Bewußtsein getragen, der gesellschaftlichen Elite anzugehören.

Für Męczkowskas spätere berufliche Tätigkeit als Lehrerin war der Abschluß eines Studiums nicht erforderlich. Anders verhielt sich dies bei ihrem Mann, der sich als Arzt in Polen niederließ. Es gibt jedoch keinen Hinweis darauf, daß Męczkowska mit ihrer Berufskarriere unzufrieden gewesen sei. Vielmehr identifizierte sie sich stark mit ihrer pädagogischen Tätigkeit. So ist insbesondere die UL in ihrer Lebenserinnerung der Ort, der mit ihrer Jugend und der Entwicklung ihres Geistes eng verbunden blieb. Hier schloß sie auch die Kontakte zur Frauenbewegung. Insgesamt war der Bruch mit der Heimat durch das Auslandsstudium bei Męczkowska schwächer als bei Daszyńska-Golińska. Dies hing einerseits mit dem Besuch der UL zusammen, andererseits sicherlich mit der Tatsache, daß sie in der Schweiz einen Polen heiratete, dem eine berufliche Tätigkeit im Königreich Polen offenstand. Insgesamt hatte sie vier Jahre in Genf verbracht, wohin sie mit zweiundzwanzig Jahren aufgebrochen war. Wahrscheinlich konnte sie bei ihrer Rückkehr gut an alte Kontakte in Polen anknüpfen. Sie blieb in den Strukturen des *społeczeństwo* verwurzelt.

3.2.4. Drittes Muster: Pachuckas Initiation in die feministische Gemeinschaft

Romana Pachucka (1886-1964) begann ihr Polnischstudium 1907 in Lemberg. Ihre Mutter und deren Familie standen dieser Ausbildung ablehnend gegenüber. Sie assoziierten mit der Anwesenheit von Frauen an der Universität vor allem Zigarettenrauchen, kurze Haare und freie Liebe.⁶² In ihren Erinnerungen beschrieb Pachucka ihr Studium als bessere Alternative zur Ehe. Das Verhalten der Töchter ihrer ersten Gastgeber in Lemberg traf auf ihr Unverständnis. Obwohl ihnen die Universitäten offenstanden, hätten diese nur auf einen Ehemann gewartet.⁶³ Der Verdacht ihrer Verwandten, sie praktiziere „freie Liebe" quälte sie regelrecht. Es ist bemerkenswert, wenn Pachucka noch mit über siebzig Jahren diesem Verdacht begegnet, indem sie betonte, daß sie während ihres Studiums keine erotischen Erfahrungen gemacht habe. Statt dessen schilderte Pachucka ihren Besuch an der Universität als Erfüllung eines Traumes, den sie mit

---

61 Ebd., S. 37f.
62 Ebd., S. 89.
63 Ebd., S. 70.

den Schlagworten „Glück", „Arbeitswut" und „Energie" belegt.[64] Dabei mußte sie einige Rückschläge hinnehmen, so die Tatsache, daß sie zunächst, weil sie keinen Gymnasialabschluß hatte, nicht als ordentliche Studentin immatrikuliert wurde.[65] Auch fühlte sie sich als Frau an der Universität unerwünscht. In diesen Enttäuschungen lag ihr Engagement in der Frauenbewegung begründet. An die Stelle der engstirnigen weiblichen Verwandten traten nun ältere Feministinnen wie Kuczalska-Reinschmit, die Pachucka zu ihrer Erbin machten. Schließlich erlangte sie neben der Aufnahme in diese Gemeinschaft älterer Frauen die Anerkennung der Mutter, welche diese ihr angeblich in der Kindheit entzogen habe. Pachucka unterbrach ihr Studium 1910 und führte es später in Warschau fort. Am Ende ihrer Lemberger Studienzeit verbrachte sie einige Tage mit ihrer Mutter in Krakau, wo zu dieser Zeit der Gedenktag an die Schlacht bei Grunwald (Tannenberg) stattfand. Dort hatte 1410 das polnisch-litauische Heer unerwartet den Deutschen Orden geschlagen. Dieser Sieg nahm insbesondere während der Teilungszeit einen wichtigen Platz im polnischen Geschichtsbild ein. Pachucka erklärte ihrer Mutter aus diesem Anlaß die historischen Bauten und die polnische Geschichte. Damit deklarierte sie ihr Ziel, den Brüdern durch Bildung und Arbeit ebenbürtig zu werden, als erreicht. Im selben Abschnitt der Lebenserinnerung wertete sie ihre Mutter auf, indem sie erwähnt, daß sich die Schriftstellerin Maria Konopnicka von dieser ihre Kleider habe nähen lassen. So wie Konopnicka, sei auch ihre Mutter eine Meisterin ihres Faches gewesen.[66] Mit dieser Würdigung der Leistung ihrer Mutter ist in Pachuckas autobiographischer Selbstkonstruktion der Abschied von der Welt der Väter vollzogen. Zwar weihte sie ihre Mutter in die Geschichte des ‚Vaterlandes' ein. Jedoch hing nun das Schicksal beider Frauen nicht länger von den ‚Vätern' ab. Finanzielles Auskommen und gegenseitige Anerkennung erwarben sie nun ‚von Frau zu Frau', Pachucka in der Frauenbewegung, ihre Mutter in der Schneiderei.

3.2.5. Viertes Muster: Moszczeńskas Heldenopfer für die nächste Generation

Iza Moszczeńska (1864-1941) widmete sich nach 1905 vorrangig der nationalen Arbeit in der Gruppe *Kuźnicy*,[67] die keine Kompromisse mit der provisorischen Regierung eingehen wollte. Sie engagierte sich in den Schulstreiks und in der geheimen Bildung. Moszczeńska pflegte enge Kontakte nach Posen, wo sie

---

64 PACHUCKA, Pamiętniki, S. 75 f.
65 Ebd., S. 70.
66 Ebd., S. 125-127.
67 Vgl. IZA MOSZCZEŃSKA, Grupa „Kuźnicy" i jej udział w walce o szkołę polską, in: Nasza walka o szkołę polską, hrsg. v. BOGDAN NAWROCZYŃSKI, Bd. 2, Warszawa 1934, S. 152-167.

mit ihrem Mann bis zu dessen Tod gelebt hatte. Nach mehreren Verhaftungen lebte sie mit einem falschen Paß in Warschau und arbeitete hier weiterhin für die Frauenbewegung. Ihre noch nicht erwachsenen Kinder waren in Posen geblieben. Die Familie lebte in unsicheren finanziellen Verhältnissen. Moszczeńska verdiente ihr Geld vor allem mit schriftstellerischer Tätigkeit. 1912 wurde sie in Pawiak inhaftiert. Von dort schrieb sie am 8. September an ihre Tochter Hanna Rzepecka, welche später unter dem Namen Pohoska als Historikerin bekannt wurde:

> „Ich liebe in Dir das, was uns gemeinsam ist und das, was in Dir neu ist, vielleicht das zweite noch mehr, weil, weißt Du, Hannchen, ich habe immer geglaubt und glaube, daß die Zukunft besser als die Gegenwart, und deshalb jede neue Generation besser als die, welche sie überlebt hat, sein muß und ich bin Dir dankbar, daß Du diese meine Hoffnung nie schwächst und nie erschütterst."[68]

Die Tochter wollte um 1950 aus den Erinnerungen und Briefen ihrer Mutter eine Biographie zusammenstellen. Aus den Manuskripten zu diesem unvollendeten Projekt stammt das Zitat. In den gesammelten Briefen und Erinnerungen wird die Frauenbewegung kaum erwähnt. Im Gegensatz zu ihren Weggefährtinnen, die sich vor allem in der Frauenbewegung engagierten, verengte sich Moszczeńskas Handlungsspielraum nach 1905. Ebenfalls aus Pawiak schrieb sie am 1. Oktober 1912 an ihre Kinder:

> „Im Jahre 1905 habe ich schon gedacht, daß Schluß sei, daß Ihr schon in Freiheit leben werdet und die Ernte aus der blutigen Saat, die in unsere Erde seit hundert Jahren gestreut wurde, einholen würdet. Aber noch nicht – auch Ihr werdet Euren Kampf und Eure Opfer haben."[69]

In dem zuerst zitierten Brief beschrieb Moszczeńska als Mutter die weibliche Generationenfolge analog zu ihrem Glauben an eine bessere Zukunft für und durch die Frauenbewegung. Mit dem Hinweis auf die ständige Verbesserung der Menschen durch den Vorwärtsgang der Geschichte entschuldigt sie ihre eigene Unzulänglichkeit als Resultat ihrer Zugehörigkeit zur vorherigen Generation. Die im zweiten Brief angesprochene Idee, ihre Kinder könnten die „Ernte" aus dem „Opfer" der Mutter einholen, das vergossene Blut würde in der Erde versiegelt sein und sich von dort aus für die zukünftigen Generationen eines Tages in der Münze der Freiheit auszahlen, steht ganz in der Tradition des männlichen Heldenkampfes für das Vaterland. Das eigene Leid verschwindet hinter dem

---

68 MOSZCZEŃSKA-RZEPECKA, Wspomnienia i listy, BU Warszawa, rkp. 406 a-b, S. 59 u. 344 (Übersetzung N. St.).
69 Ebd., S. 369 (Übersetzung N. St.).

Glauben an die Zukunft der überindividuellen Nation. Die zeitliche Distanz zwischen dem ersten und dem zweiten Brief bezeichnet die Entwicklung Moszczeńskas von der skeptischen aber zukunftsfrohen Feministin zur nationalen Freiheitskämpferin. Diese Wandlung ist eine Folge des Engagements Moszczeńskas in der sozialistischen und national orientierten Bewegung im Jahre 1905 und der darauf einsetzenden Verfolgung. Das Gefängnis wird Ausgangsort der tröstenden Korrespondenz mit der eigenen Tochter.

Exkurs: Skłodowska-Curies Gelehrtenkarriere mit Hindernissen

Maria Skłodowska-Curie (1867-1934) ist wohl die bekannteste Polin der hier besprochenen Frauengeneration. Unter den weiblichen Akademikern besaß sie in der Zwischenkriegszeit einen festen Platz im Gedächtnis der Frauenbewegung, auch wenn sie dieser niemals angehörte.[70] Die Tatsache, daß sie die Befähigung von Frauen zu höchsten wissenschaftlichen Leistungen bewiesen hatte, zeichnete sie als „unsere Vorkämpferin" aus.[71] Die Leistungen der ‚Landsmännin' wurden von der Frauenbewegung vor dem Ersten Weltkrieg und in der Zwischenkriegszeit sowohl national als auch feministisch instrumentalisiert. Einerseits verhalf sie wie zahlreiche andere polnische Auslandsstudentinnen auch durch ihre geistigen Verdienste der ‚polnischen' Wissenschaft zu internationaler Anerkennung. Andererseits bewies ihr Beispiel die geistige Leistungsfähigkeit von Frauen. Der Name Skłodowska-Curie war daher in aller Munde. Aus Anlaß eines Besuches der berühmten Naturwissenschaftlerin in Warschau 1913 widmete der *Bluszcz* ihr einen pathetischen Artikel, der mit den Worten endete:

> „Maria Curie-Skłodowska ist als Polin unser nationaler Stolz und nationaler Schatz. Sie ist als Frau ein beispielhaftes Vorbild der sich befreienden weiblichen Seele und ihres Geistes in ihrem Streben durch die größte Arbeit zur höchsten Wahrheit."[72]

Die doppelte Nobelpreisträgerin schrieb 1922 im Alter von 55 Jahren, angeblich auf Drängen amerikanischer Freunde, ihre Autobiographie für ein amerikanisches Publikum. Im Vorwort der polnischen Ausgabe von 1959 hob Alicja Dorabialska positiv hervor, daß Skłodowska-Curie dem amerikanischen Publikum

---

70 Zu weiteren akademischen Vorbildern vgl. WALEWSKA, Kobieta polska w nauce, Warszawa 1922.
71 WALEWSKA, W walce o równe prawa, S. 110-117; LIPIŃSKA, Kobieta i rozwój, S. 178-184.
72 Bluszcz 1913, S. 552 (Übersetzung N. St.).

gegenüber ihr Polentum unterstrichen habe.[73] Tatsächlich beschrieb die Atomphysikerin jedoch ihre polnische Herkunft als etwas, das ihre Kindheit und Jugend geprägt, was aber für die erwachsene Gelehrte nur noch formale Bedeutung hatte.

Am Anfang der Autobiographie erklärt Skłodowska-Curie, sie wolle ihren Lebensweg darstellen, um die Atmosphäre, in welcher sie gelebt und gearbeitet habe, verständlich zu machen. Ausdrücklich verweist sie darauf, daß sie ihre Gefühle und Haltungen nicht darstellen wolle. Darauf beschreibt sie im zweiten Abschnitt ihre Herkunft mit den folgenden Worten:

> „Ich wurde in Polen geboren. Mein Familienname – Skłodowska. Die Eltern kommen aus dem Kleinadel. In meinem Vaterland gab es in dieser sozialen Klasse viele untereinander verwandte Besitzer kleiner und mittlerer Landgüter. Hauptsächlich aus eben diesen rekrutierte sich bis vor kurzem die polnische *inteligencja*."[74]

In diesen wenigen Worten sind die Erfahrungen ihrer Eltern- und Großelterngeneration überaus stark verkürzt, und es findet sich in den weiteren Ausführungen Skłodowskas kein Hinweis darauf, daß sie diesem Milieu für ihre eigene Entwicklung Bedeutung beimaß. Sie hebt hervor, daß bereits ihr Großvater väterlicherseits wie ihr Vater Lehrer gewesen und auch ihre Mutter überdurchschnittlich gebildet war. Skłodowska behauptet sogar, gerade dies habe dem Vater an ihrer Mutter besonders gefallen.[75] Die Skłodowscy hatten damit, so suggeriert die Autobiographin, den Übergang vom Adels- zum Intelligenzmilieu bereits vollzogen. Der damals siebenjährigen Maria starb die Mutter im zweiundvierzigsten Lebensjahr. Sie hinterließ den Vater mit vier Kindern im Alter zwischen sieben und dreizehn Jahren. Herr Skłodowski unterrichtete anfänglich seine Kinder selbst. Maria und ihre zwei älteren Schwestern besuchten erst Mädchenpensionate, später das staatliche Gymnasium in Warschau.[76]

Fünfzehnjährig schloß Maria als beste ihrer Klasse das Gymnasium ab. Da der Vater aus gesundheitlichen Gründen nicht mehr arbeiten konnte, mußte die Familie aus Warschau wegziehen. Maria, die sich „schon immer" bilden wollte, mußte ihre weiteren Pläne zurückstellen, die Hauptstadt verlassen. Sie unterrichtete eine kleine Gruppe Dorfkinder. Vermutlich handelte es sich hierbei um geheimen polnischsprachigen Unterricht. Die Abende verbrachte sie bei „einsamen Studien". Sie sparte für einen Universitätsbesuch in Paris. Mit ihrer älteren Schwester, Bronisława, vereinbarte sie gegenseitige Hilfe bei der Verwirkli-

---

73 Maria Skłodowska-Curie, Autobiografia, Warszawa 1959, S. 5.
74 Ebd., S. 7.
75 Ebd.
76 Ebd., S. 12/13.

chung ihrer gemeinsamen Zukunftsträume. Als jedoch Bronisława zum Medizinstudium nach Paris aufbrach, verschoben sich hiermit Marias Pläne, da beider Geld für zwei Reisen nicht ausreichte. Sie verbrachte noch ein Jahr in Warschau, wo sie erstmals Zugang zu einem Labor bekam und die UL besuchte.

Nachdem Marias Schwester in Paris einen polnischen Arzt geheiratet hatte, schlug sie 1891 vor, daß Maria nun nachkommen solle. Ihr Vater hatte scheinbar nichts gegen diese Pläne einzuwenden. Maria weist jedoch schon vor der Beschreibung ihrer Studienzeit darauf hin, daß Vater und Tochter davon ausgegangen seien, später wieder zusammen zu wohnen. „Das Los entschied anders, weil die Ehe mich in Frankreich hielt." Trotz des offenbar anhaltenden Trennungsschmerzes beschreibt Maria ihre Reise nach Paris als Erfüllung eines „langgehegten Traums".[77]

Die ersten Studienjahre erinnert Skłodowska-Curie als entbehrungsreich und arbeitsam. Gerade die Selbständigkeit in dieser Phase nach dem Leben in der Familie und vor der Ehe beschreibt sie als wichtig für ihre Entwicklung. Diese ungebundenen Jahre hätten ihr ein „wertvolles Gefühl der Freiheit und Unabhängigkeit"[78] gegeben. Die erste Begegung Skłodowskas mit ihrem späteren Mann, Pierre Curie, fiel in die Zeit ihres Lizensiats 1894. Als er ihr eine Ehe vorschlug, habe sie zunächst vor diesem Schritt gezögert, „der die Trennung von der Familie und vom Vaterland bedeutete".[79] Kurz darauf fuhr sie nach Warschau, ohne zu wissen, ob sie nach Paris zurückkehren würde. Ausschlaggebend für ihre Rückkehr sei das Angebot gewesen, in Paris ihre Doktorarbeit zu schreiben, wobei diese wissenschaftliche Tätigkeit sie nicht nur örtlich, sondern auch geistig und emotional in die Nähe des heiratswilligen französischen Kollegen brachte. Die Arbeit, sowie gemeinsame Ansichten und eine tiefe Freundschaft hätten sie immer mehr an Curie gebunden, den sie schließlich 1895 heiratete. Die Erledigung des Haushalts in der gemeinsamen Wohnung und besonders die Zubereitung des Essens bereiteten der frisch gebackenen Ehefrau Probleme und waren schwer mit ihrer wissenschaftlichen Tätigkeit vereinbar. Dieser Konflikt löst sich in der Retropektive mit dem Hinweis auf das eheliche Glück:

> „[…] ich wußte mir zu helfen. Das wichtigste war, daß wir unter uns waren in unserer gemeinsamen Wohnung, was uns Ruhe garantierte und mich glücklich machte."[80]

---

77 Ebd., S. 21.
78 Ebd., S. 23.
79 Ebd., S. 26.
80 Ebd., S. 29 (Übersetzung N. St.).

„Ernst" wurde Skłodowska-Curies häusliches Problem, als sie 1897 das erste Kind zur Welt brachte. Sie berichtet, sie habe ihre wissenschaftliche Tätigkeit nicht unterbrechen mögen und auch ihr Mann habe davon nichts wissen wollen. Gleichzeitig habe sie sich verpflichtet gefühlt, sich persönlich um den Säugling zu kümmern. Die Curies engagierten eine Hausangestellte. Das Kind wurde während der Arbeitszeit der Mutter von seinem französischen Großvater betreut. In dieser Konstellation „war in unserem Leben kein Platz für Kontakte zur Außenwelt."[81] Offensichtlich kam das Paar nicht auf die Idee, daß auch der Vater seine Arbeitszeit zugunsten der Kinderbetreuung einschränken konnte. Daß der Großvater für diese Aufgabe eingeteilt wurde, erscheint ungewöhlich genug und begründet sich daraus, daß dieser nach dem Tod seiner Frau im Hause seines Sohnes lebte und offenbar keiner Erwerbsarbeit nachging.

Nach der gemeinschaftlichen Entdeckung des nach Marias Heimatland benannten chemischen radioaktiven Elements Polonium erhielten die Curies gemeinsam den Nobelpreis. Pierre wurde daraufhin Professor an der Sorbonne. 1904 kam die zweite Tochter zur Welt. Zwei Jahre später starb Pierre Curie. Seiner Witwe bot man seinen Lehrstuhl an, den sie nach „vielem Zögern" annahm. Skłodowska-Curie beteuert, sie habe niemals solche Ambitionen gehegt, sondern nur für die Wissenschaft arbeiten wollen.[82] Zur Verwirklichung dieses Ziels war die Professur durchaus eine geeignete Stelle, so daß die Begründung für ihr Zögern verfehlt erscheint. Weder die Tätigkeit selbst, noch ihre Qualifikation, die unbestritten hervorragend war, sprachen gegen den Schritt, ihrem verstorbenen Mann auf dessen Lehrstuhl nachzufolgen. Schließlich erregte die Entscheidung der Universität, den Lehrstuhl einer Frau anzubieten, in ganz Europa Aufsehen. Von dieser Inszenierung ihrer Person als Vorzeigefrau distanziert sie sich mit der hier vorgeführten vermeintlich weiblichen Bescheidenheit. Paradoxerweise blieb ihr, mit zwei halbwüchsigen Kindern und jung verwitwet, wenig anderes übrig als die Möglichkeit wahrzunehmen, eine der ersten Professorinnen Europas zu werden.[83] 1910 wurde Skłodowska-Curie für die Mitgliedschaft in der *Académie des Sciences* vorgeschlagen. Da sie jedoch die erste Frau gewesen wäre, welche dieser „Elitekörperschaft" angehört hätte, wurde sie mit 90 gegen 52 Stimmen abgelehnt.[84]

---

81 Ebd., S. 31.
82 Ebd., S. 46.
83 Die erste europäische Professorin für Physik war Laura Bassi (1711-1788). 1733 wurde sie auf einen Lehrstuhl in Bologna berufen. Dort war sie auch Mitglied der Akademie der Wissenschaften, vgl. LONDA SCHIEBINGER, Schöne Geister. Frauen in den Anfängen der modernen Wissenschaft, Stuttgart 1993, S. 34 f.
84 SCHIEBINGER, Schöne Geister, S. 28 f.

Daß gerade Skłodowska-Curie außergewöhnlich freimütig über die Schwierigkeiten des Alltags berichtet, liegt vielleicht darin begründet, daß der Erfolg ihr im nachhinein recht gab. Die Frage, inwieweit ihr Geschlecht ihren Lebensweg bestimmte, bleibt in Skłodowska-Curies Autobiographie unreflektiert. Weiblichkeit thematisiert sie allein in Bezug auf ihre Rolle als Ehefrau und Mutter. Im Zusammenhang mit ihrer Bildungsgeschichte geht sie auf diese nicht ein. Damit verobjektiviert sie ihre wissenschaftliche Karriere, während sie ihre Weiblichkeit in der Familie verortet. Diese Objektivierung führt zu dem fragwürdigen Schluß, ihre Geschlechtszugehörigkeit sei für ihre Karriere unwesentlich gewesen. Ihre tatsächliche Bildungsgeschichte, die mit dem Mädchenpensionat und der UL über mehrere weibliche Stufen und mit dem Konflikt zwischen Kinderbetreuung und Arbeitszeit über eine spezifisch weibliche Hürde geführt hat, verdrängt sie damit. Skłodowska-Curie stellt sich als Wissenschaftler weiblichen Geschlechts dar, wobei die Geschlechtszugehörigkeit weder positiv noch negativ ist. Geschlechtlichkeit steht damit vermeintlich außerhalb der ‚wissenschaftlichen Sphäre'. Daß Skłodowska-Curie genau in dieser paradoxen Situation als Wissenschaftler weiblichen Geschlechts zum Vorbild mehrerer bildungs- und erfolgshungriger Frauengenerationen wurde, offenbart das Spannungsverhältnis zwischen den spezifischen Benachteiligungen von Akademikerinnen und deren Wunsch nach ‚objektiver' beruflicher Anerkennung.

3.3. Schlußfolgerung

Die fünf vorgestellten Muster stellen unterschiedliche Selbstdarstellungsmöglichkeiten und Verarbeitungsformen mehr oder weniger typisch weiblicher Erfahrungen dar.

Die analysierten autobiographischen Zeugnisse folgen jeweils einer inneren Logik. Dies gilt nicht nur, weil das Quellenmaterial mit unterschiedlichen Intentionen entstand. Deutlich tritt auch hervor, daß Verwurzelungen in unterschiedlichen Milieus entschieden zur weiblichen Selbstwahrnehmung beitrugen. Dies gilt für Daszyńska-Golińska, die im sozialistischen Milieu beheimatet war, für Skłodowska-Curie, die sich an die französischen Gelehrten assimiliert hatte, wie auch für Męczkowska, die in den konspirativen Strukturen der *inteligencja* lebte und schließlich für die in Pawiak inhaftierte Freiheitskämpferin Moszczeńska. In den Kindheitsmustern wurde die Herkunft von Feministinnen aus dem Kleinadelsmilieu und deren Streben nach väterlicher Anerkennung verallgemeinert. Die Bewegung präsentierte sich als Produkt der sozialen und politischen Misere dieser Schicht. Pachucka und Moszczeńska maßen ihren Familiengeschichten die Bedeutung persönlicher Vorgeschichten bei. Eindeutiger jedoch als die adlige Herkunft, welche Moszczeńska am stärksten hervorhob, war die Erfahrung der sozialen und familiären Instabilität, der Aufweichung tradierter sozialer Rollen und der sozialen Freisetzung. In manchen Lebensläufen läßt sich nicht klar bestimmen, ob das Emanzipations- und Bildungsstreben der jungen Frauen Produkt oder Ausgangspunkt der Freisetzungserfahrung war. In jedem Fall lassen sich in den Lebensläufen der Ideologinnen zahlreiche Brüche wie Ortswechsel, Verwaisung, Trennungen, Krankheiten oder soziale Mobilität nachweisen. In vielen Fällen wiederholten sich Kindheitserfahrungen von Unsicherheit und Not während des Studiums oder im Berufsleben. Die Tatsache, daß viele Frauen keine ihrer Qualifikation angemessene Arbeit hatten, klingt wie ein Echo auf die Familiengeschichten, innerhalb derer persönliche Entwicklung und soziales Prestige nicht zur Deckung kamen. Zahlreiche autobiographische Zeugnisse ranken sich um das Streben nach Anerkennung, was sich besonders im Verhältnis zu den Vätern ausdrückt. Häufig verschmolzen dabei Vater und Vaterland auf der symbolischen Ebene, so daß die mangelnde Anerkennung durch die Väter als Produkt mangelnder politischer Gestaltungsmöglichkeiten der polnischen Gemeinschaft erscheint. Die Trennung von den Herkunftsfamilien und deren Wertekanon ist als Aufbruch auf der Suche nach Anerkennung interpretierbar. Der Einsicht, daß diese in den tradierten Rollen nicht erwerbbar war, entsprach die Suche nach ‚neuen' Gruppenzusammenhängen in Bildungsanstalten, politischen Gruppierungen und Frauenzirkeln. Die großen beruflichen, schriftstellerischen und wissenschaftlichen Leistungen polnischer Feministinnen standen im krassen Widerspruch zu der den Frauen verweigerten gesellschaftlichen Anerkennung und beruflichen Verwirklichung. In der Frauenbewegung wurde diese Erfahrung als Ausdruck gesellschaftlicher Benachteiligung von Frauen diskutiert. Eine viel beachtete Ausnahme aus diesem durchaus nicht auf die polnischen Gebiete begrenzten Muster stellte die ‚Traumkarriere' Maria Skłodowska-Curies dar. Deren Autobiographie steht im Kontrast zu jener Zofia Daszyńska-Golińskas. Beide Selbstzeugnisse konzentrieren sich auf den wissenschaftlichen Werdegang. Während jedoch Skłodowska-Curie Widersprüche wie z. B. jenen zwischen familiären und beruflichen Aufgaben integriert, entsteht in Daszyńska-Golińskas Autobiographie an jener Stelle ein Bruch, an welcher sie ihr eigenes berufliches Scheitern trotz der Hinweise auf ihre glückliche zweite Ehe und auf die Verfolgung als Sozialistin nicht ausreichend kompensieren kann. Die beiden ‚feministischen' Selbstdarstellungen Męczkowskas und Pachuckas offenbaren eine früh ausgeprägte starke Affinität zur *inteligencja*, die nicht in direktem Zusammenhang mit dem Herkunftsmilieu stand. Die in einem evangelischen Pfarrhaus großgewordene Męczkowska und die einer väterlicherseits dem katholischen verarmten Adel entstammende Pachucka stellen gleichermaßen die Aufmerksamkeit des Vaters als Ausgangspunkte ihrer Bildungsgeschichten dar. Die Zugehörigkeit zur *inteligencja*, welche eben nicht ein angeborenes, sondern ein durch geistige Arbeit erworbenes Merkmal war, setzte für Frauen die Orientierung an männlichen Vorbildern voraus.

Das zentrale Kindheitsmotiv polnischer Feministinnen war der Wunsch nach väterlicher Anerkennung. Dem Aufbruch in die Welt der Väter entsprach die Suche nach Ähnlichkeit zu ihnen. Die Tatsache, daß die Frauen trotzdem auf weibliche Rollen festgeschrieben und damit einhergehenden spezifischen Benachteiligungen ausgesetzt waren, führte insbesondere in der Phase der Adoleszenz zu Spannungen. In jener Frauengeneration, deren Jugend nach der Niederschlagung des Januaraufstands begann, führten sozialer Abstieg und Verunsicherungserfahrungen der Elterngeneration zu einem Wertevakuum. Aus der Erfahrung des Scheiterns der Eltern erwuchs den Töchtern der Entschluß, einen eigenen Lebensweg einzuschlagen. Der Aufbruch zu ihrer persönlichen Emanzipation war durch das Streben nach höherer Bildung gekennzeichnet. Die Bildungsgeschichten polnischer Feministinnen waren zunächst individuelle Emanzipationsgeschichten, deren erste Stufe, nämlich der Erwerb mittlerer Bildung, stark von den Überzeugungen und Möglichkeiten insbesondere ihrer Väter abhing. Die zweite Stufe betraf den kritischen Punkt, an welchem junge Frauen das Elternhaus verließen. Spätere Feministinnen verletzten dabei in unterschiedlicher Intensität Traditionen. Der Anlaß zum Verlassen des Elternhauses war in der Regel nicht eine Eheschließung. Vielmehr war dieser Schritt gleichbedeutend mit einer Vertiefung der eigenen Bildung, sei es im Ausland, an der UL, bei eigenen Studien im Lehrerinnenseminar oder seit 1896 an den galizischen Universitäten. Frauen, die an der UL studierten, lebten in einigen Fällen weiterhin im Elternhaus und hatten allgemein weniger Konflikte mit tradierten Wertvorstellungen. Nicht selten durchliefen sie jedoch mehrere Stufen höherer Bildung. Dies könnte darauf hinweisen, daß der Besuch der UL den Wunsch nach ‚legaler' Bildung in einigen Fällen intensivierte. In der Phase höherer Bildung vollzog sich die Entscheidung über eventuelle Eheschließung und Familiengründung, welche offenbar in keinem direkten Zusammenhang zur Intensität der späteren beruflichen, politischen oder sozialen Aktivität stand. Das Engagement in der Frauenbewegung begann oder intensivierte sich nach der Phase der höheren Bildung und läßt sich in einigen Fällen als Resultat spezifischer Enttäuschungen bei der beruflichen Verwirklichung verstehen. Gerade die Erfahrung, daß ihre Qualifikationen nicht anerkannt wurden, weil sie Frauen waren, wirkte auf hochgebildete Frauen radikalisierend. Aus diesem Muster schert Moszczeńska aus. Zwar besuchte auch sie kurzzeitig Kurse der UL. Darüber hinaus erhielt sie keine höhere Bildung.

Auf der sozialpsychologischen Ebene war die Entstehung der Frauenbewegung durch die sich nach der Niederschlagung des Januaraufstandes vertiefende soziale Freisetzung aus tradierten familiären Lebenszusammenhängen bedingt. Dies bedeutet jedoch nicht, daß die persönlichen Leidenserfahrungen polnischer Feministinnen automatisch als Resultat der ‚nationalen Tragödie' anzusehen sind. Die Verallgemeinerung der Summe subjektiver Leidenserfahrungen unter nationalen Vorzeichen ist vielmehr eine posthume Verkettung voneinander unabhängiger Phänomene. Dahinter verbirgt sich die Wahrnehmung weiblicher Unrechtserfahrungen als Resultat nationaler Demütigungen. Erfahrungen von Brüchen, Trauer, sogar körperlicher Schmerz werden in den analysierten Selbstzeugnissen mit dem Schicksal des geteilten Heimatlandes in Analogie gesetzt. Die erinnerten Kindheitsgeschichten werden in die vermeintlich kollektiv erfahrene Leidensgeschichte des Vaterlandes eingebettet. Hierbei werden zwei Phänomene verknüpft, die nicht zwingend miteinander verbunden sind. Dies sind die sozialen Umbrüche der Modernisierung und der nationale Überlebenskampf der polnischen Gesellschaft. Das Bindeglied zwischen eigener Lebensgeschichte und kollektiver Nationalgeschichte ist das väterliche Erbe. Weil polnische Frauen sich am Ideal ihrer Väter orientieren mußten, wenn sie Bildung und Anerkennung beanspruchten, konnten sie jenseits des nationalen Determinismus keine positive weibliche Identität entwickeln. Deshalb wurde die Abstammung aus dem Adelsmilieu zum Ausgangspunkt der Selbstdarstellung der Bewegung, selbst wenn diese tatsächlich gar nicht auf alle Trägerinnen der Bewegung zutraf. Eine Zugehörigkeit zur *inteligencja* war also für Frauen nur über den Umweg der Konstruktion nationaler Identität im Adelsmilieu möglich. Somit läßt sich der nationale Determinismus der Geschichtsauffassung der polnischen Frauenbewegung in einigen Fällen bis auf die Ebene der Autobiographie verfolgen. Das Leitmotiv hierbei ist der Verlust der kindlichen Welt, welche analog zum beraubten, zerstückelten Vaterland mit der Figur des Vaters identifiziert wird. Der adlige Vater, welcher nach dem Januaraufstand eine durchweg tragische Figur darstellt, wird idealisiert. Die Identitätssuche in den Grenzen des nationalen Dogmas ist somit auch eine Loyalitätsbekundung gegenüber dem Vater. Sie resuliert aus sozialen Unsicherheitserfahrungen während der Auflösung ständischer Kategorien, in deren Verlauf Bildung zur Quelle positiver Wertschöpfung wurde. Die Zugehörigkeit zur national definierten Gruppe der ‚Geschädigten' wird somit als biographische Kategorie verallgemeinert. Ein Engagement in der Frauenbewegung war eine (durchaus nicht zwingende) Möglichkeit, auf die beschriebenen Muster zu reagieren. Der Weg in die Frauenbewegung führte über weibliche Sozialisierungsinstanzen und Erfahrungen, die parallel zur über den Vater definierten nationalen Identität eine weibliche Identität vermittelten. Die Identität gebildeter Frauen blieb dabei zwitterhaft. Als Gelehrte orientierten sie sich am männlichen Vorbild und beanspruchten, freilich ohne Erfolg, eine Anerkennung ihrer Leistungen und Qualifikationen in den allgemein gültigen Kategorien. Als Frauen sahen sie sich dagegen einerseits in der Bewegung selbst und andererseits in ihren familiären Beziehungen. Voraussetzung für die Ausgestaltung dieser Weiblichkeit – trotz Bildung – war die ‚Fortschrittlichkeit' des Ehemannes. Das ‚Glück' beruhte in den Beschreibungen der Ehen von Feministinnen durchweg nicht auf körperlicher, sondern auf geistiger Anziehung und Nähe. Feministinnen beschrieben ihre Ehemänner nicht etwa als attraktiv, charmant, zärtlich oder verführerisch, sondern als intelligent, arbeitsam, zurückhaltend und einsichtig. Offenbar wurde nur solchen Männern ‚Verständnis' für eine ambitionierte Frau zugetraut. Die Ehe spielte zwar in den Selbstzeugnissen verheirateter Frauen eine wichtige Rolle, die Ehen von Feministinnen waren jedoch weder bei der Beschreibung durch andere noch bei der Darstellung der Bewegung als Ganzes ein Thema. Es gab offenbar keine grundlegenden Meinungsverschiedenheiten oder lebensgeschichtliche Unterschiede zwischen verheirateten und unverheirateten Feministinnen oder zwischen Frauen mit Kindern und kinderlosen Frauen. Die eigene Mutterschaft spielte für die Selbstdarstellung nur bei Męczkowska, die ihre Kinderlosigkeit theoretisch zu begründen versuchte, eine Rolle. Moszczeńska beanspruchte in Briefen an ihre jugendliche Tochter eine stets zum Besseren strebende Generationenfolge als gegenseitigen Trost. Insgesamt waren die Lebenswege von Feministinnen, unabhängig davon, ob sie verheiratet waren oder nicht, so ungewöhnlich, daß eine gegenseitige Festschreibung auf Normen in dieser Hinsicht sinnlos gewesen wäre. Betont wurde lediglich der hohe moralische und geistige ‚Wert' der geschlossenen Ehen. Geschieden sein oder allein bleiben bedurfte keiner besonderen Erwähnung. Das Zusammenleben von Frauen wurde, wie das nächste Kapitel zeigen wird, teilweise stark idealisiert.

Die Analyse biographischer und autobiographischer Zeugnisse zeigt, daß eben nicht die Zugehörigkeit zum Adelsmilieu sondern das Durchleben häufiger Brüche in der eigenen Lebensgeschichte die grundlegende Erfahrung polnischer Feministinnen war. Im nachhinein wurden diese Erfahrungen als Leidenserfahrungen der polnischen Bevölkerung verallgemeinert. Die polnische Frauenbewegung war kein Produkt der Demütigung des Kleinadels, sondern aus verschiedenen Leidens- und Emanzipationsgeschichten ihrer Akteurinnen und deren Umgang damit entstanden. Wenn „Freiheit" und „Fortschritt" die Schlagworte der polnischen Frauenbewegung waren, so ist hiermit der Wunsch angesprochen, den sozialen Freisetzungsprozessen aus eigener Kraft eine Richtung zu geben, sowie die Überzeugung, daß Frauen hierzu einen besonderen Beitrag zu leisten hätten.

4. DIE FORMIERUNG DER POLNISCHEN FRAUENBEWEGUNG NACH 1905

Die Konstituierungsphase der polnischen Frauenbewegung datiert von den 1880er Jahren bis zur Jahrhundertwende. In dieser Phase war sie vor allem eine Bildungsbewegung. Bemühungen der Bewegung um soziale und kulturelle Verbesserungen in der polnischen Gesellschaft vollzogen sich im Milieu der *inteligencja*. Seit 1907 organisierten sich Frauen in Vereinen. Sie forderten erstmals offen das Stimmrecht und suchten die Auseinandersetzung mit politischen Parteien. Diese Politisierung fand im Zuge vorübergehender Demokratisierungstendenzen während der Ersten Russischen Revolution im Königreich Polen statt. Galizien wurde vor allem als Agitationsraum genutzt. Im folgenden sollen die Rahmenbedingungen der politischen Mobilisierung von Frauen in den polnischen Gebieten aufgezeigt werden. Als Beispiele für Agitation und Selbstinszenierung der Bewegung werden Jubiläen, Kongresse und die Kandidatur Dulębiankas zum galizischen Landtag untersucht. Dabei zeigt sich, daß die Idealisierung von Leitfiguren vor dem Hintergrund organisatorischer Zersplitterungen in den polnischen Ländern ein Strukturprinzip der Bewegung war. Dies wird am Beispiel Orzeszkowas, Kuczalska-Reinschmits und Dulębiankas als konstituierendes Element der Kultur der polnischen Frauenbewegung analysiert.

4.1. Die politische Situation im Königreich Polen während der Ersten Russischen Revolution (1905-1907)

Die Erste Russische Revolution nahm im Königreich Polen einen anderen Verlauf als in den Zentren des Zarenreichs.[1] Die Niederlage im Japan-Krieg offenbarte

---

1 Vgl. zu den folgenden Ausführungen: MANFRED HILDERMEIER, Die Russische Revolution, 1905-1921, Frankfurt a. M. 1989, S. 51-103; Handbuch der Geschichte Rußlands, Bd. 3, S. 339-384; M. K. DZIEWANOWSKI, The Polish Revolutionary Movement and Russia, 1904-1907, in: Harvard Slavic Studies 4 (1957), S. 375-394; ANDREAS KAPPELER, Rußland als Vielvölkerstaat, Frankfurt/M. 1992, S. 268-283; GILBERT S. DOCTOROW, The Fundamental State Laws of 23 April 1906, in: Russian Review 35 (1976), S. 33-52; JAN KUSBER, Krieg und Revolution in Rußland, 1904-1906. Das Militär im Verhältnis zu Wirtschaft, Autokratie und Gesellschaft, Stuttgart 1997, S. 71-75; ORLANDO FIGES, Die Tragödie eines Volkes. Die Epoche der russischen Revolution, 1891-1924, Ulm 1998, S. 85-99; HEIKO HAUMANN, Ge-

1904 die Schwäche der russischen Autokratie. Unzufriedenheit der bäuerlichen und städtischen Unterschichten einerseits und wachsende Kritik der Intelligenz am System andererseits führten zu Massenstreiks. In deren Verlauf wurde der Ruf nach einer Verfassung und nach nationaler und religiöser Selbstverwaltung der polnischen Bevölkerung des Russischen Reiches und des Königreichs Polen immer lauter. Im Mai 1905 hatten sich die radikale und die liberale russische Intelligenz zum „Bund der Bünde" zusammengeschlossen, der seiner Form nach eine Dachorganisation akademischer Berufsverbände war. Er forderte neben den demokratischen Grundrechten auch die Berücksichtigung der Forderungen nationaler Minderheiten. Außerdem benutzten russische Liberale die regionalen Selbstverwaltungskörperschaften (*Zemstva*) als Plattform. Im Königreich Polen gab es dieses Instrument nicht. Parallel zu den konstitutionellen Bemühungen der liberalen Kräfte setzte sich die russische Sozialdemokratie an die Spitze der Streikbewegung, die neben politischen auch soziale Forderungen nach dem Acht-Stunden-Tag, nach sozialer Absicherung, nach der Anhebung des Lohnniveaus und schließlich nach Zulassung von Gewerkschaften erhob. Unter dem Druck der Streikenden erließ Zar Nikolaus II. das „Oktobermanifest", in welchem er politische Grundrechte garantierte. Hierzu zählte, daß Gesetze künftig der Zustimmung der Duma (Parlament) bedurften, die Garantie der Presse- Versammlungs- und Vereinigungsfreiheit, sowie ein allgemeines, wenn auch nicht gleiches, Wahlrecht für Männer. Im November 1905 verlangte eine polnische Delegation beim Ministerpräsidenten Witte den Autonomiestatus für das Königreich Polen sowie die sofortige Einführung der polnischen Sprache in der Schule und in den Behörden. Beide Forderungen wurden abgelehnt.

Auf der Grundlage des Wahlrechts vom Dezember 1905 trat im April 1906 die erste Duma zusammen. Trotz des Klassenwahlrechts kam es zu einer Niederlage der Rechten. Die Kadetten (Konstitutionelle Demokraten), die sich aus der *Zemstvo*-Bewegung, sowie aus dem „Bund der Bünde" rekrutierten, erzielten mit 37,4 Prozent (179 von 448 Sitzen) das beste Ergebnis. Neben linken Gruppen und Bauern waren auch die nationalen Minderheiten stark in der ersten Duma vertreten. Der *Koło Polskie* (Polnischer Kreis) hatte 6,7 Prozent der Wahlmännerstimmen und 32 Sitze.[2] Sowohl die russischen als auch die polnischen Sozialdemokraten hatten die Wahlen zur Duma boykottiert. Deshalb waren im *Koło Polskie* hauptsächlich Vertreter der Nationaldemokratischen Partei (damals *Liga Polska*, später *Stronnictwo Narodowo-Demokratyczne* oder *Endecja*) und der Fortschrittlich-Demokratischen Partei (*Stronnictwo Po-*

---

schichte Rulands, München 1996, S. 415-435; RICHARD PIPES, The Russian Revolution, 1899-1919, London 1990, S. 3-51.
2 Handbuch der Geschichte Rußlands, Bd. 3, S. 379.

4.1. Die politische Situation im Königreich Polen

stępowo-Demokratyczne oder *Pedecja*) vertreten. Die erste Duma wurde wegen ihrer unbeugsamen Haltung in der Agrarfrage im November 1906 durch ein kaiserliches Manifest aufgelöst und nach Neuwahlen im Februar 1907 wieder einberufen. Der erhoffte Sieg konservativer Kräfte blieb auch diesmal aus, so daß der Zar im Juni 1907 nicht nur abermals die Duma auflöste, sondern auch ein neues Wahlgesetz erließ, welches sowohl die Mittelschichten als auch die nationalen Minderheiten benachteiligte. Die russischen Grundbesitzer stellten nun rund die Hälfte der Wahlmänner.

Im Königreich Polen kam es seit 1905 zu Massenstreiks, an denen bis zu 200.000 Menschen teilnahmen.[3] Nicht nur in den Fabriken, auch in den Schulen ruhte die Arbeit. Besonders die Schulstreiks hatten die ländlichen Regionen erfaßt. Die Presse expandierte.[4] Die Revolution von 1905 bewirkte nach den Worten Żarnowskas im Königreich Polen eine „Demokratisierung der politischen Kultur",[5] gekennzeichnet durch die Verbreitung politischen Wissens.

Die polnischen Sozialdemokraten (*Polska Partia Socjalistyczna* oder PPS) führten unter Józef Piłsudski einen bewaffneten Kampf für soziale Belange der Arbeiterschaft und die nationale Unabhängigkeit, der bis April 1907 blutig niedergeschlagen wurde. Die nationale Unabhängigkeit Polens stand für die polnischen Sozialisten vor der Durchsetzung des Sozialismus an erster Stelle. Die Nationaldemokraten distanzierten sich von den Streikbewegungen und versuchten, die erste und zweite Duma weiterhin für die polnische Autonomie zu gewinnen. Ihr Führer, Roman Dmowski, bekannte sich zum Panslawismus[6] und nahm an den *Zemstvo*-Versammlungen teil. Während die beiden einflußreichen Kontrahenten um den richtigen Weg zur polnischen Unabhängigkeit stritten, der häufig auf einen antirussischen (Piłsudski) und antideutschen (Dmowski) Standpunkt reduziert wurde,[7] lagen die Programme des jüdischen sozialistischen „Bund" und der „Sozialdemokratischen Partei des Königreichs Polen und Litauen" (SDKPiL)[8] jenseits des nationalpolnischen Determinismus.

---

3 ANNA ŻARNOWSKA, Rewolucja 1905-1907 a kultura polityczna społeczeństwa Królestwa Polskiego, in: Społeczeństwo i polityka – dorastanie do demokracji, hrsg. v. DIES. u. TADEUSZ WOLSZA, Warszawa 1993, S. 1-12, hier S. 6.
4 Vgl. JERZY MYŚLIŃSKI, Rola prasy w kształtowaniu kultury politycznej na początku XX wieku, in: Społeczeństwo i polityka – dorastanie do demokracji, a. a. O., S. 137-146
5 ŻARNOWSKA, Rewolucja 1905-1907, S. 9.
6 Dieses Bekenntnis führte zu einer Politik russisch-polnischer Aussöhnung im Sinne eines ‚slavischen' Föderalismus. Zum Panslawismus: Lexikon der Geschichte Rußlands. Von den Anfängen bis zur Oktoberrevolution, hrsg. v. HANS-JOACHIM TORKE, München 1985, S. 285 f..
7 vgl. WANDYCZ, The Lands, S. 323-239.
8 Marxistische Abspaltung von der polnischen Sozialdemokratie unter Rosa Luxemburg (polnisch Róża Luksemburg).

4.2. Die Mobilisierungspotentiale der polnischen Frauenbewegung

In seinem historisch-systematischen Abriß über soziale Bewegungen bezeichnet Joachim Raschke Industrialisierung, Urbanisierung und Alphabetisierung als veränderte Rahmenbedingungen, die neue Formen des politischen Handelns erfordert und ermöglicht hätten. Soziale Bewegungen formierten sich als eigenständige Träger sozialen Wandels. Sie zeigten Widersprüche und Konfliktpotentiale einer Gesellschaft auf. Ziel sozialer Bewegungen sei es, die Richtung des Wandels zu bestimmen.[9] Die theoretischen Grundannahmen und Fragestellungen der Forschungen über soziale Bewegungen bieten folgende Ansatzpunkte: Die Aufmerksamkeit richtet sich auf Motive und Kommunikationsweisen der Akteurinnen sowie auf die Analyse der Entstehungsbedingungen, der kulturellen Handlungszusammenhänge, der politischen Ziele, der Verlaufs- und Organisationsformen der Bewegung. Um Mißverständnissen vorzubeugen, sei an dieser Stelle darauf hingewiesen, daß die historischen europäischen Frauenbewegungen keine revolutionären Massenbewegungen waren. Sie trachteten nicht nach alleiniger politischer Herrschaft, sondern waren kultur- und reformorientiert. Ihrem Widerstand gegen die strukturelle Benachteiligung von Frauen gaben sie die Form von Appellen.[10] Dies widerspricht nicht dem Begriff der sozialen Bewegung. Nicht der Machtanspruch und nicht der Massencharakter, sondern die Mobilisierungspotentiale einer sozialen Bewegung sind die ausschlaggebenden Indizien für den Begriff „Bewegung", das „in Bewegung bleiben".[11] Nach Raschkes Definition verorten sich soziale Bewegungen nicht allein in Organisationen. Die Organisationen übernehmen vielmehr eine Mittlerfunktion zwischen schwach strukturierten und organisatorisch verdichteten Gruppen.[12]

Die polnische Frauenbewegung hatte einen niedrigen Organisierungsgrad. Formal sprach die Tatsache, daß polnische Frauen in verschiedenen Rechtssystemen lebten, gegen eine massenhafte und offene Vereinigung in eingetragenen Vereinen. Die unterschiedliche soziale und rechtliche Lage polnischer Frauen in den drei Teilungsgebieten führte zu verschiedenen Strategien. Die daraus resultierenden inhaltlichen Differenzen wurden öffentlich nicht benannt. Die politi-

---

9 JOACHIM RASCHKE, Soziale Bewegungen. Ein historisch-systematischer Grundriß, Frankfurt a. M. ²1988, S. 10-12.
10 KAREN OFFEN, Liberty, Equality and Justice for Women: The Theory and Practice of Feminism in Nineteenth-Century Europe, in: Becoming Visible. Women in European History, hrsg. v. RENATE BRIDENTHAL u. a., Bosten u. a. 1987, S. 335-373, hier 356-361; RASCHKE, Soziale Bewegungen, S. 18, 280 f.
11 RASCHKE, Soziale Bewegungen, S. 187.
12 Ebd., S. 80.

4.2. Die Mobilisierungspotentiale der polnischen Frauenbewegung

schen und sozialen Realitäten in den drei Teilungsgebieten wirkten sich unterschiedlich auf die Lage von Frauen aus. Nicht nur ihre soziale Identität als Frauen und Angehörige verschiedener Schichten, sondern auch ihre nationale Identität konstituierte sich vor dem Hintergrund der durch die Politik der Teilungsmächte geschaffenen unterschiedlichen Rahmenbedingungen. So sind die Methoden der Agitation und die Inhalte der Diskussion jeweils nicht nur innerpolnisch, sondern auch in Hinsicht auf die soziokulturellen Kontexte der Teilungsgebiete zu betrachten. Im Falle Galiziens und des Königreichs Polen gab es Kontakte mit der österreichischen und der russischen Frauenbewegung, die teilweise zu ähnlichen, teilweise zu gemeinsamen Aktionen führten. In Großpolen wurde im Zuge des Kultur- und Nationalitätenkampfes die sprachliche und religiöse Auseinandersetzung quasi diktiert. In allen drei Teilungsbieten vollzogen sich nach der Jahrhundertwende für die Frauenorganisationen wichtige politische Veränderungen. Im Königreich wurde mit dem Oktobermanifest die offene politische Betätigung von Frauen ebenso möglich wie 1908 in der Provinz Posen. Während jedoch im deutschen Teilungsgebiet gleichzeitig die nationalen Repressionen zunahmen, gab es im Königreich die Hoffnung auf einen Autonomiestatus. Gleichzeitig kam durch die Einführung bzw. Änderung des Wahlrechts im Zarenreich und in Österreich-Ungarn eine neue Diskussion über das Stimmrecht in Gang, wobei die Frauenbewegung im Zuge der fortschreitenden Demokratisierung die politische Gleichberechtigung von Frauen einforderte. In Galizien und im Königreich kam es darauf zu gemeinsamen Aktionen und Programmen, wobei das Zentrum der polnischen Aktivitäten vor allem Warschau war. In der Provinz Posen wurde die Wende zu politischen Forderungen nicht mitvollzogen. Vielmehr förderten die politischen Veränderungen hier einseitig die Nationalisierung der Frauen unter Opferung der politischen Emanzipation. Im russischen und im österreichischen Teilungsgebiet suchte hingegen eine kleine Gruppe von Frauen unter dem Banner des Fortschritts den Weg zu einem auf der nationalen Basis der polnischen Gemeinschaft gegründeten Demokratisierungsprozeß, der auch die Frauen einschließen würde.

Trotz der aufgezeigten unterschiedlichen Bedingungen bei der Gründung von Frauenvereinen wurden die bekannten Frauenvereine aller drei Teilungsgebiete sowie der russischen Westgouvernements und der Großstädte des Russischen Reiches zum Zwecke einer Grobschätzung ihrer organisatorischen Stärke zusammengestellt. Dabei fanden nur solche Vereine Berücksichtigung, die als reformorientiert bezeichnet werden können, d. h. die sich für eine Verbesserung der Lage von Frauen und damit für eine Veränderung der gesellschaftlichen Rahmenbedingungen stark machten. Allerdings zeichneten sich nicht alle aufgeführten Vereine als feministisch aus. Die so gewonnene Schätzung ergibt, daß mindestens 3.300 Personen, zum Großteil Frauen, vor dem Ersten Weltkrieg in

4. Die Formierung der polnischen Frauenbewegung nach 1905

reformorientierten, nichtkonfessionellen polnischen Frauenvereinen organisiert waren.

Verein/Ort	Gründungs-jahr	Jahr	Zahl der Mitglieder
Königreich Polen			
PZRK/Warschau und Zweigstellen	1906	1909	590
PSRK/Warschau	1906	1910	260
ZUPK/Warschau	1906	1906	100-150
TBND/Warschau	1906	keine Angaben	
SKPPHB/Warschau	1906	1912	218
gesamt:			1.168-1.218
Westgouvernements und Rußland			
Koło Kobiet Polek/Kiew	1907	1913	300
Koło Równouprawnienia Kobiet Polskich/ Wilna	1906	keine Angaben	
Spójnia/Petersburg	1909	1909-1914	61
Związek Kobiet Polskich/Moskau	1906	keine Angaben	
gesamt:			*361*
Provinz Posen			
Zjednoczenie Polskich Kobiecych Towarzystw Oświatowych/Posen	1909	1909	1.237
Stowarzyszenie Personału Żeńskiego w Handlu i Przymyśle/ Posen	1903	1907	331
gesamt:			*1.568*
Galizien			
Zjednoczenie Studentek/Lemberg	1909	keine Angaben	
Związek Równouprawnienia Kobiet/Lemberg	1909	1909/10	200
Komitet Równouprawnienia Kobiet/Krakau	1908	keine Angaben	
gesamt:			*200*
Insgesamt:		1909-1914	2.297-3.347

4.2. Die Mobilisierungspotentiale der polnischen Frauenbewegung

Die meisten Frauen waren in der Posener Vereinsbewegung aktiv. Dies liegt zum einen in der organisatorischen Stärke der Frauenvereine in dieser Region begründet, die sich auch in der Schaffung eines Dachverbandes äußerte. Zum anderen wirkte sich die Mobilisierung der Frauen durch die Schulstreiks in der Provinz Posen positiv auf die Mitgliederzahlen der Frauenvereine aus. Eine Stimmrechtsbewegung entstand hier nicht. Dagegen waren im Königreich Polen rund 1.200 Mitglieder in den Gleichberechtigungsvereinigungen PZRK und PSPK zusammengeschlossen. Die schwache Organisation in Galizien ist vor allem auf die dortige Rechtslage zurückzuführen. Frauen war hier die Betätigung in politischen Vereinen untersagt.

In den polnischen Ländern konnten Mobilisierungspotentiale auch außerhalb legaler Organisationen freigesetzt werden. So hatten Frauenkongresse eine hohe Öffentlichkeitswirksamkeit. Selbst wenn in Betracht gezogen wird, daß eine Gleichsetzung der polnischen Frauenbewegung mit den Mitgliedern und Aktivitäten der polnischen Frauenvereine zu kurz greift, so ist dennoch festzustellen, daß die Bewegung numerisch vergleichsweise schwach war. In einem kleinen Land wie Dänemark hatte das Nationale Frauenkonzil 1899 schon 80.000 Mitglieder. Die Mitgliederzahl der amerikanischen Frauenstimmrechtsvereinigung wuchs von 17.000 im Jahre 1905 auf 100.000 im Jahre 1917. Vergleicht man Polen mit Rußland, was angesichts der gleichen rechtliche Bedingungen in Rußland und im Königreich Polen durchaus sinnvoll ist, so sinkt die Diskrepanz jedoch schon beträchtlich. Die russische Union für Frauengleichberechtigung hatte auf ihrem Höhepunkt 1905 8.000 Mitglieder.[13] Da die russische Bevölkerung die polnische um ein vielfaches überstieg, kann man von einem im Vergleich mit den westlichen Staaten ähnlich niedrigen Mobilisierungsgrad der Frauenvereine sprechen.

Im folgenden wird die Mobilisierung polnischer Frauen in den Vereinen der Frauenbewegung, soweit es die verfügbaren Daten erlauben, in Relation zur vorhandenen Mobilisierungsmasse gesetzt. In den Frauenvereinen des Königreichs Polen waren zwischen 1907 und 1914 rund 1.200 Mitglieder organisiert. In dieser Zahl sind weder weibliche Mitglieder politischer Parteien noch Mitglieder jüdischer oder konfessioneller Frauenvereinigungen enthalten. Wie aus den bisherigen Ausführungen hervorgegangen ist, konzentrierten sich emanzipatorische Bestrebungen auf die städtischen Gebiete. Für eine Mitgliedschaft in der Frauenbewegung kamen außerdem nur Frauen in Frage, die zumindest lesen und schreiben konnten. Es bedurfte darüber hinaus der Gelegenheiten, sich mit

---

13 RICHARD STITES, The Women's Liberation Movement. Feminism, Nihilism and Bolshevism, Princeton ²1991, S. 227.

deren Ideen oder Mitgliedern bekannt zu machen. Hierzu waren vor allem Zeit sowie ein gewisses Maß an Bewegungsfreiheit und sozialen Kontakten nötig. Für beides waren nicht nur geistige und geographische Mobilität, sondern auch die finanzielle Lage ausschlaggebend. Den entscheidenden Mobilisierungsfaktor ‚persönliche Freiheit' spitzte Virgina Woolf in einem mittlerweile zum Klassiker feministischer Literatur avancierten Vortrag 1928 auf die Bemerkung zu: „Eine Frau braucht Geld und ein eigenes Zimmer, wenn sie Literatur schreiben soll."[14]

Solche Daten erhob die russische Volkszählung 1897 nicht. Versucht man dennoch, den Mobilisierungsgrad der polnischen Frauenbewegung zu ermitteln, so ist es am sinnvollsten, gebildete Frauen in städtischen Gebieten als Mobilisierungsmasse der polnischen Frauenvereine anzusehen. Zu dieser Gruppe geben die Ergebnisse der Volkszählung folgende Auskunft: In der polnischen städtischen Bevölkerung des Russischen Reiches waren 41 Prozent der über zehn Jahre alten Frauen nicht lesefähig. Von den übrigen hatten nur knapp sechs Prozent mehr als Elementarschulbildung genossen. Wie oben ausgeführt, besuchten polnische Mädchen nach der Erlangung von Elementarbildung vor allem Mädchenpensionate. Dieser Bildungsgrad wird hier als mittlere Bildung bezeichnet. 1897 besaßen laut Volkszählung genau 33.444 polnische Frauen in den städtischen Gebieten des Königreichs Polen eine solche Bildung.[15] Es ist nicht davon auszugehen, daß sich der Bildungsstand bis 1909 wesentlich verbesserte. Hieraus würde sich ergeben, daß über drei Prozent der genannten Personengruppe ab 1909 in Vereinen der Frauenbewegung organisiert waren. Zieht man nun in Betracht, daß Warschau das Zentrum der Bewegung war, und daß nur etwa ein Fünftel der polnischen Bevölkerung im Gouvernement Warschau lebte,[16] so würde sich diese Zahl auf ca. 15 Prozent erhöhen.

Bliebe noch der Zugang über die Berufsstruktur der weiblichen Bevölkerung. Diesem Zugang sind enge Grenzen gesteckt. Wie bereits erwähnt, arbeiteten die meisten gebildeten Frauen als Lehrerinnen. Sofern sie dabei, was nicht selten vorkam, illegal tätig waren, fallen sie aus den statistischen Daten der russischen Volkszählung heraus. Darüber hinaus erschienen diese Frauen, falls sie Hauslehrerinnen waren, unter die Rubrik Dienstboten. In staatlichen Schulen ange-

---

14 VIRGINIA WOOLF, Ein eigenes Zimmer, Drei Guineen, Leipzig ²1992, S. 5 f. Laut MARIA GREVER, The Pantheon of Feminist Culture, S. 370, handelt es sich um einen kanonisierten Text der Frauenbewegungen.
15 Die Nationalitäten des Russischen Reiches in der Volkszählung von 1897, hrsg. v. HENNING BAUER, ANDREAS KAPPELER u. BRIGITTE ROTH, B: Ausgewählte Daten zur sozio-ethnischen Struktur des Russischen Reichs. Erste Auswertung der Kölner NFR-Datenbank (Quellen und Studien zur Geschichte des östlichen Europa 32 B), Stuttgart 1991, S. 108.
16 Die Nationalitäten, S. 36.

stellte polnische Lehrerinnen spielten eine numerisch untergeordnete Rolle und tauchen in der Statistik ebenfalls nicht gesondert auf. Von Interesse bleibt also die Rubrik „Freie Berufe". Hierzu dürfte eine stundenweise Betätigung als Lehrerin ebenso gezählt haben wie publizistische und schriftstellerische Tätigkeit. Unter der polnischen Bevölkerung des Russischen Reiches wurden 1897 68.360 in freien Berufen tätige Personen gezählt, davon 34.953 Frauen. Auffällig ist, daß diese Zahl sehr nahe an der der städtischen gebildeten weiblichen Bevölkerung liegt. Zur Gruppe der Freiberufler zählte die Ärztin Anna Tomaczewicz-Dobrska ebenso wie auch die Gelegenheitsautorin Teresa Lubińska. Es spricht einiges dafür, daß sich die Frauenbewegung vor allem aus dieser Berufsgruppe rekrutierte. Wahrscheinlich waren Frauen, die mittlere Bildung besaßen zu einem großen Teil mit diesen Freiberuflerinnen identisch. Diese These wird von der Überlegung gestützt, daß zur Ausübung der meisten freien Berufe mittlere Bildung erforderlich war und daß andere qualifizierte Berufe Frauen nicht zugänglich waren. Dies ließe auf eine hohe Berufstätigkeit unter Frauen, die mehr als mittlere Bildung besaßen, schließen.

Wenn man nun die Gruppe der höher gebildeten Frauen als Mobilisierungsmasse der Frauenbewegung betrachtet, so stößt man erst recht an die statistischen Grenzen, kommt aber den Entstehungsbedingungen der Bewegung näher. Wie bereits ausgeführt, ist von vielen Aktivistinnen der polnischen Frauenbewegung bekannt, daß sie die UL besuchten. Wiese hat in seiner Arbeit über die UL die Zahl der Studentinnen dieser konspirativen Bildungseinrichtung auf 1.500 geschätzt.[17] Von den wenigen Mitgliedern der genannten Vereine, deren Daten verfügbar sind, haben tatsächlich über die Hälfte nachweislich die UL besucht. Eine vorsichtige Verallgemeinerung bekannter Daten legt es nahe, eine starke personelle Verbindung zwischen der UL und den Vereinen der Frauenbewegung zu konstatieren. Die UL wäre damit eine ‚Wiege' der polnischen Frauenbewegung. Sie wäre als Ort weiblicher ‚Öffentlichkeit' strukturierend für die Entstehung der Frauenbewegung. Damit erhärtet sich die These, daß in Polen insbesondere die konspirativen Bildungseinrichtungen die Entstehung einer über ihre Grenzen hinausgehenden weiblichen Befreiungsbewegung begünstigten.

4.3. *Polnische Frauenvereine im Königreich Polen, in Rußland und in den Westgouvernements des Zarenreichs und in Galizien*

Die Dumawahlen von 1905 waren Teil einer kurzzeitigen Demokratisierung, im Zuge derer Frauen ihre politischen Rechte einzufordern begannen. Die Organi-

---

17 WIESE, ‚Uniwersytet Latający', S. 105.

sationen der Frauenbewegung wurden erst legalisiert, nachdem die Revolution gescheitert war. In der Ruhe nach dem Sturm war der Kampf für die Frauenrechte nicht nur ein Nachtrag, sondern auch ein Vorbote. In den zehn Jahren bis zur Erlangung des Frauenstimmrechts entlud sich der von Moszczeńska prophezeite frauenpolitische „Sommersturm". Das ‚andere' Geschlecht entwickelte seine Vorstellungen von Politik, Gesellschaft und Nation in zahlreichen Broschüren, Artikeln und Vorträgen. 1907 fand mit der Jubiläumsveranstaltung für die Schriftstellerin Orzeszkowa die erste legale Großveranstaltung der Frauenbewegung im Königreich Polen statt.

Insgesamt wird die Geschichte der Ersten Russischen Revolution in der polnischen Forschung als eine Geschichte von politischen Richtungs- und Straßenkämpfen sowie Streiks aufgefaßt.[18] Die Tätigkeit polnischer Duma-Abgeordneter ist dagegen schlecht erforscht. Dies gilt besonders für die Liberalen. Unter der Dominanz nationaler und sozialistischer Denkmuster ist ihre Geschichte weitgehend verschüttet. Auch in postkommunistischen Forschungen gilt der Liberalismus allenfalls als Randerscheinung. So interpretiert Michał Śliwa die „Schwächen des polnischen Liberalismus" als ein Indiz für die Rückständigkeit Polens überhaupt. „Liberalismus" sei in Polen keine politische, sondern eine soziale und geistige Bewegung gewesen.[19] Eine solche Interpretation orientiert sich an einem oberflächlichen Politikbegriff, welcher als ‚politisch' nur das Beharren auf Dogmen und deren diplomatische oder militärische Durchsetzung anerkennt. In einer solchen Auslegung findet auch die Frauenbewegung allenfalls in ihrer nationalpolitischen Wirkung Beachtung.

Wie in Rußland waren auch im Königreich Polen die Ansprechpartner der Frauenbewegung nicht die revolutionären, sondern die konstitutionellen Kräfte. Die polnischen Frauen hofften zunächst auch darauf, daß dem Königreich Polen ein Autonomiestatus zugesichert werde. Als Ideal stand ihnen hierbei Finnland vor Augen. Unmittelbar nach der Loslösung dieses Landes vom Zarenreich wurde dort das Frauenstimmrecht proklamiert. Polnische Frauen blickten neidvoll auf dieses „glückliche Land", welches „sich völlig von den Einflüssen des russischen Zentralismus" emanzipiert hatte.[20]

---

18 Vgl. z.B. HALINA KIEPUSKA, Warszawa 1905-1907, Warszawa 1991; STANISŁAW KALABIŃSKI u. FELIKS TYCH, Czwarte powstanie czy pierwsza rewolucja. Lata 1905-1907 na ziemiach polskich, Warszawa 1969.
19 MICHAŁ ŚLIWA, Polska myśl polityczna w I połowie XX wieku, Wrocław u. a. 1993, S. 17; zur Duma: Historia Polski, Bd. III: 1850/64-1918, Teil II: 1900-1914, hrsg. v. ŻANNA KORMANOWA und WALENTYNA NAJDUS, S. 451-456; sowie STANISŁAW KALABIŃSKI, FELIKS TYCH, Czwarty powstanie czy pierwsza rewolucja, S. 338-347.
20 Bluszcz 1908, S. 21.

4.3. Polnische Frauenvereine im Königreich Polen, in Rußland   145

Der russische Verband zur Frauengleichberechtigung, der bereits 1905 seine Tätigkeit aufnahm, bekannte sich zur Zusammenarbeit mit den „allgemeinen liberalen Bewegungen".[21] Unter Liberalismus ist in diesem Zusammenhang in erster Linie das Bemühen um eine Verfassung, die Garantie bürgerlicher Freiheiten und die Gleichheit der Bürger vor dem Gesetz zu verstehen. Das staatsbürgerliche Gleichheitspostulat wollten die Frauenbewegungen auf die weibliche Bevölkerung ausdehnen. Dies geschah zunächst nicht in Kampfaktionen, sondern durch Appelle, die mit rationalen Argumenten überzeugen sollten. Die Duma galt sowohl der russischen als auch der polnischen Frauenbewegung als Adressat für diese Appelle. Die Agitation unter Abgeordneten richtete sich nicht nur und immer weniger auf die Erlangung des Frauenstimmrechts, sondern auch auf die Zulassung der Frauen zu den Universitäten und zu verschiedenen Berufen sowie auf die Abschaffung der staatlichen Reglementierung der Prostitution (Abolitionismus). Unter der russischen und der polnischen Frauenbewegung wurden entsprechende Aktionen zwar koordiniert, es kam jedoch nicht zu gemeinsamen Appellen. Ein grundsätzliches Dilemma für die Frauenbewegungen bestand in der Tatsache, daß 1905 einzig die sozialistischen Parteien die Verbriefung von Frauenrechten in ihr politisches Programm aufgenommen hatten. Zwar war die polnische Frauenbewegung nicht antisozialistisch. Wenn sie jedoch ihre politischen Handlungsspielräume nicht einschränken wollte, konnte sie den Boykott der Duma nicht nachahmen. Für die polnischen Sozialisten selbst stand die „Frauenfrage" 1905 hinter der nationalen und der Arbeiterfrage zurück.

Konfliktpotentiale verbargen sich hinter der Frage, inwieweit die polnische Frauenbewegung die Duma nach 1907 überhaupt noch als eine adäquate parlamentarische Plattform für ihre Belange betrachten konnte. Hauptansprechpartner der polnischen Frauenbewegung waren einige Duma-Abgeordnete der *Pedecja*. Dieser 1904 gegründeten linksliberalen Partei gehörten an führender Stelle Aleksander Świętochoski sowie Aleksander Lednicki (1866-1934) an. Diese beiden Politiker waren der Frauenbewegung gegenüber wohlwollend eingestellt. Der Jurist Lednicki gehörte zu den Gründungsmitgliedern der Kadetten und nahm 1905 zweimal an *Zemstvo*-Versammlungen in Moskau teil. Im selben Jahr organisierte er das Gründungstreffen des polnischen Juristenverbandes in Warschau. In seiner Moskauer Kanzlei beschäftigte er 1908 die erste polnische Juristin, Janina Podgórska.[22] Die politischen und rechtlichen Einflußmöglichkeiten der polnischen Frauenbewegung waren in hohem Maße von diesen linksliberalen Kräften abhängig.

---

21 So der erste Punkte eines 17-Punkte-Programms, Abdruck in: Bluszcz 1905, S. 300.
22 Ster 1908, S. 186; PSB, Bd. 16, S. 611.

Die polnische Frauenbewegung profitierte nachhaltig von der Presse- und Vereinigungsfreiheit. Obwohl das Oktobermanifest nicht zur Umsetzung gelangte,[23] und trotz des Staatsstreichs Stolypins im Februar 1907, erlebte die polnische Presse- und Vereinslandschaft eine Blüte, deren Früchte auch durch die faktische Rückkehr zur Autokratie nicht völlig zunichte gemacht werden konnten. Zwar bestand die Pressezensur weiter und nationale sowie sozialistische Bestrebungen wurden hart verfolgt, jedoch erstreckte sich diese Politik weder auf die liberalen Kreise noch auf die Frauenbewegung. Auf der Grundlage der Grundgesetze vom April 1906 bemühten sich deren Teilnehmerinnen um die Legalisierung schon bestehender Gruppen in Form von Vereinen. Die beständige Vereinsarbeit wurde dem revolutionären Chaos als produktiv, sinnvoll und zukunftsorientiert gegenübergestellt.[24]

Neben zahlreichen Initiativen im Bildungs- und Sozialbereich entstanden 1907 in Warschau zwei Organisationen, die einen explizit feministischen Charakter hatten. Dies waren der „Polnische Verband für Frauengleichberechtigung" und der „Polnische Verein für Frauengleichberechtigung". Beide Vereinigungen wurden 1907 offiziell zugelassen. Sie gingen aus den zuvor beschriebenen Strukturen hervor und vereinten Frauenpersönlichkeiten, die schon vorher in verschiedenen Zusammenhängen für gemeinsame Ziele gearbeitet hatten. Aussagekräftige Informationen, etwa in der Form von Vereinsakten, sind für beide Organisationen nicht erhalten. Einzig der „Polnische Verband für Frauengleichberechtigung" erfuhr bisher eine wissenschaftliche Würdigung durch die 1994 in Warschau entstandene Magisterarbeit Katarzyna Sierakowskas.[25]

„Gleichberechtigung" als Programm beinhaltete nach 1905 die Forderung nach politischer und rechtlicher Gleichstellung, besonders nach dem Frauenstimmrecht. Über den Stellenwert des Kampfes um politische Rechte gab es in der fortschrittlichen Frauenwelt jedoch unterschiedliche Einschätzungen. Auch diejenigen, die diesen Kampf nicht als vorrangig betrachteten, verstanden sich als Teilnehmerinnen der Frauenbewegung. So bestritt z. B. die gemäßigte Julia Kisielewska 1906, daß in den politischen und sozialen Verhältnissen in Polen die Frauenbewegung durch ihre Tätigkeit direkt auf die Erlangung von Rechten

---

23 Im April 1906, unmittelbar vor dem Zusammentritt der ersten Duma, waren Grundgesetze erlassen worden, welche die Rechte der Duma sowie die bürgerlichen Freiheiten einschränkten.
24 Bluszcz 1908, S. 161.
25 KATARZYNA SIERAKOWSKA, Miejsce Związku Równouprawnienia Kobiet Polskich w życiu społeczno-politycznym Królestwa Polskiego i Galicji w latach 1907-1914 (Magisterarbeit), Warszawa 1994; die Ergebnisse sind zusammengefaßt: DIES., Aspiracje polityczne Związku Równouprawnienia Kobiet Polskich, in: Kobieta i świat polityki, Teil 1, a.a.O., S. 245-254.

hinwirken könne. In einer Artikelserie unter dem Titel „Organisation und Taktik der Frauenbewegung bei uns" fragte sie deshalb, ob nicht die Arbeit in vielen kleinen Vereinigungen, welche die Lage der Frauen verbessern halfen, sinnvoller sei, als der Kampf um politische Rechte. Sie verwies dabei auf die ökonomischen und politischen Verhältnisse sowie auf den niedrigen allgemeinen Bildungsstand, der Polen von den anderen Ländern unterschied. Konkret grenzte sie Finnland als „demokratisches Land, mit einer großen materiellen und moralischen Kultur" positiv von den „schrecklichen Verhältnissen" im Königreich Polen ab.[26]

Um die Frauenbewegung organisatorisch zu stärken, hatte Paulina Kuczalska-Reinschmit 1908 zur Gründung eines föderativen Bündnisses aufgerufen, welches es den verschiedenen Frauenvereinen erlauben sollte, trotz unterschiedlicher Programme an zentralen Punkten gemeinsame Sache zu machen. Sie argumentierte, daß kein einzelner Verein stark genug sei, seine Ziele ohne die Unterstützung der anderen durchzusetzen.[27] Daher pries Kuczalska-Reinschmit einen Dachverband als für alle nützlich an. Wegen einer organisatorischen Spaltung in der Bewegung kam es jedoch im Königreich Polen nicht zu diesem Schritt. Ein Dachverband wurde in den polnischen Teilungsgebieten einzig 1908 in der Provinz Posen geschaffen.[28]

Die Gründung eines gesamtpolnischen Dachverbandes erlaubten die politischen Verhältnisse nicht. Die organisatorische Arbeit mußte daher in jedem Teilungsgebiet einzeln unter Maßgabe der entsprechenden Rechtslage geleistet werden. Für eine Zusammenarbeit über die Grenzen der Teilungsgebiete hinweg wurden die polnischen Frauenkongresse genutzt. Seit 1905 fanden neben dem Jubiläum Orzeszkowas 1907 in Warschau im Sommer 1905 und im Mai 1913 zwei gesamtpolnische Treffen in Krakau statt. Im Zentrum der Krakauer Zusammenkünfte stand die Bildungsfrage und die Frage der gesellschaftlichen Partizipation von Frauen. Die Lage von Arbeiterinnen und Bäuerinnen erfuhr wachsende Aufmerksamkeit. An den Krakauer Kongressen beteiligten sich auch wohltätige und christliche Vereine. Beide hatten jeweils etwa 200 Teilnehmerinnen aus ganz Polen.[29] Im September 1917 fand in Warschau ein weiterer gesamtpolnischer Frauenkongreß statt, von dem im Zusammenhang mit dem Ersten Weltkrieg noch berichtet wird. Auch die Zeitschriften dienten dem Infor-

---

26 Bluszcz 1907, S. 433 f. u. 448 f., hier S. 448; kritisch äußerte sich auch Natalja Jastrzębska über die organisatorische Zersplitterung der Bewegung: Bluszcz 1909, S. 437.
27 Ster 1908, S. 41.
28 Vgl. Ster 1908, S. 422 f.
29 Bluszcz 1907, S. 317; 1913, S. 211, 219 f., 235 f., Gruppenfoto des Kongresses 1913 mit ca. 200 Personen auf Seite IV von Pamiętnik zjazdu kobiet polskich, Kraków 1913.

mationsaustausch. Außerdem entstanden auf Reisen der Protagonistinnen Kontakte. Als Vortragende besuchten sie andere Teilungsgebiete und brachten ihre Eindrücke mit nach Hause.

Mit der Formierung politischer Parteien einerseits und der Frauenbewegung andererseits verlor die „Frauenfrage" ihren Stellenwert in der allgemeinen politischen Diskussion. Im Parteien- und Weltanschauungskampf der Klassen und Nationen hatte diese Frage nach 1905 keinen Platz. Im Zusammenhang mit der Veröffentlichung von Prądzyńskis „Über Frauenrechte" stand 1873 die Frauenfrage in der ‚allgemeinen' Presse noch im Range einer „brennend wichtigen Frage des gegenwärtigen Jahrhunderts".[30] Eine Durchsicht einiger wichtiger weltanschaulicher Blätter, namentlich der „Katholischen Rundschau" (*Przegląd Katolicki*), der sozialistischen „Gesellschaft" (*Społeczeństwo*) und der nationaldemokratischen „Nationalen Rundschau" (*Przegląd Narodowy*), ergab für 1905 bis 1914 dagegen, daß ‚Frauenfragen' ihren Platz in der allgemeinen politischen und sozialen Debatte verloren hatten.[31] Sie spielten in diesen Blättern überhaupt keine Rolle. Anders als in der Zeit des Warschauer Positivismus trat nun die nationale Parteienpolitik in den Vordergrund und verdrängte die Themen der Frauenbewegung von der Tagesordnung. Auch die positivistische Presse verlor durch die Dominanz parteienpolitischer Kämpfe in der Öffentlichkeit an Bedeutung.

Wenig besser sah es offenbar in den unabhängigen kulturellen Blättern aus. Das bedeutendste unter ihnen war der *Tygodnik Illustrowany*. In diesem Blatt, welches auch Schöne Literatur aus der Feder von Frauen druckte, berichtete 1907 und 1908 Melania Rajchmanowa einige Male über bekannte polnische Frauen sowie den Stand der Frauenbewegung im Ausland.[32] Trotz einiger weiterer Berichte und Nachrichten gab es aber auch hier keine kontinuierliche Aufmerksamkeit für die Frauenbewegung.

Parallel zu dieser Verdrängung der ‚Frauenthemen' aus der ‚allgemeinen' Presse entstand eine ‚Frauenpresse' mit ‚eigenen' Themen. Die Marginalisierung der Frauenfrage korrespondiert also mit der Differenzierung des Publikums in männliche und weibliche Leser.

---

30 Vgl. die im Anhang abgedruckten Rezensionen bei: PRĄDZYŃSKI, O prawach, S. 349-472, demnach zitiert: Niwa 1873, Nr. 28, hier S. 412.
31 Zur Presselandschaft dieser Zeit sowie zu den einzelnen Titeln vgl. Prasa Polska, S. 58-85, bes. 70, 73 u. 80.
32 Tygodnik Illustrowany 1907, S. 215, 231; 1908, S. 418, 620.

4.3. Polnische Frauenvereine im Königreich Polen, in Rußland

4.3.1. Vereinigungen mit dem Ziel der politischen Gleichberechtigung im Königreich Polen

Der „Polnische Verein zur Frauengleichberechtigung" (*Polskie Stowarzyszenie Równoupranienia Kobiet* oder PSRK) wurde am 24. April 1907 in Warschau registriert. Ziel des Vereins war die „Gleichberechtigung der Frauen auf den Gebieten der Erziehung und der Bildung, des wirtschaftlichen Lebens, der sittlichen, rechtlichen und politischen Verhältnisse sowie die Hebung des geistigen Niveaus von Frauen und die Hilfestellung im Existenzkampf."[33] Diese Ziele sollten durch die Veranstaltung von Versammlungen, Kongressen, Vorträgen, die Unterhaltung von Informationsbüros, Bibliotheken, Lesesälen, Mädchen- sowie koedukativen Schulen, Kursen und Volksküchen verwirklicht werden. Außerdem dachte man an die Einrichtung eines Verlags und die Organisation von Erholungsfahrten für Frauen. Nach einigen Monaten beschloß der Vorstand eine enge Zusammenarbeit mit dem „Kulturverein" (*Towarzystwo Kultury*). U. a. wollten seine Aktivistinnen hiermit die Veröffentlichungsmöglichkeiten des Vereins erweitern. Der als fortschrittlich geltende „Kulturverein", welcher 1909 587 weibliche und 773 männliche Mitglieder zählte, besaß nämlich einen eigenen Verlag. Nach Angaben des *Ster* genossen Frauen dort eine gleichberechtigte Stellung. Dem Vorstand gehörten drei Männer und zwei Frauen an, darunter Aleksander Świętochowski und Anna Tomaszewicz-Dobrska. Der *Ster* bemängelte jedoch, daß der „Frauenfrage" zu wenig Aufmerksamkeit in der Arbeit des Kulturvereins geschenkt werde, was u. a. auf das Fehlen einer entsprechend durchsetzungswilligen weiblichen Persönlichkeit unter den Mitgliedern zurückgeführt wurde. Zu den Gründungsmitgliedern des *Towarzystwo Kultury* gehörte auch Aleksander Lednicki.[34]

Der Verein PSRK hatte 1910 260 Mitglieder.[35] Ihm gehörten die Feministinnen Teodora Męczkowska, Jadwiga Szczawińska-Dawidowa, Iza Moszczeńska, Zofia Seidlerowa, Aniela Szycówna, Cecylia Walewska, Natalia Jastrzębska und Ludwika Jahołkowska-Koszutska an. Der Ehemann der letzteren, der Jurist Stanisław Koszutski, hatte das Statut des Vereins erarbeitet. Er war der einzige Mann, der, wenn auch nur kurzzeitig, dem Vorstand eines polnischen Frauenvereins angehörte. Obwohl die Vereinssatzung das ganze Königreich zum Wirkungsfeld bestimmte, fand die Werbung von Mitgliedern fast aus-

---

33 Bluszcz 1907, S. 275.
34 Ster 1909, S. 105-107; im Vereinsorgan *Kultura Polska* spiegelt sich ebenfalls die äußerst geringe Aufmerksamkeit für die Aktivitäten der Frauenbewegung.
35 Bluszcz 1910, S. 171.

schließlich in Warschau statt.³⁶ Der PSRK folgte dem Grundsatz der nationalen und religiösen Toleranz.³⁷

Im vereinseigenen Lokal wurden täglich von sechs bis acht Uhr abends Sprechstunden angeboten. Der Verein hatte eine rechtlich-politische und eine sozial-ökonomische Sektion. Eine weitere Abteilung organisierte Vorträge und Veröffentlichungen. Seit 1909 war es das erklärte Ziel des PSRK, Kontakte zu den Frauenbewegungen in Westeuropa herzustellen. Für die Bibliothek wurden englische, französische und deutsche Zeitschriften angeschafft.³⁸ 1909 geriet die Organisation zunehmend in finanzielle Schwierigkeiten, was einerseits auf den Umzug des Vereinslokals, andererseits auf die schlechte Zahlungsmoral der Mitglieder zurückzuführen war.³⁹

Die Tätigkeit des Vereins fand ihren Niederschlag in einigen Diskussionsveranstaltungen und Vorträgen sowie in der Unterhaltung einer Sonntagsschule für Arbeiterinnen. Letztere wurde von Cecylja Walewska geleitet und hatte durchschnittlich ca. 120 Schülerinnen jährlich.⁴⁰ Gegenstand der Vorträge waren z. B. der Stand der Frauenbewegung in England,⁴¹ Prostitution,⁴² die Berufstätigkeit von Frauen im Verhältnis zur Mutterschaft,⁴³ die „Frauenfrage",⁴⁴ die „Ehefrau"⁴⁵ sowie das Sozialverhalten von Kindern⁴⁶. Außerdem vergab der PSRK Stipendien zum Zwecke des Auslandsstudiums. Im Jahre 1908 waren dies fünf.⁴⁷ Insgesamt erstreckten sich die Aktivitäten des PSRK vor allem auf das soziale und kulturelle Gebiet. Er widmete sich weniger dem politischen Kampf als vielmehr der gesellschaftlichen Arbeit.

Demgegenüber war der „Polnische Verband der Frauengleichberechtigung" (*Polski Związek Rónouprawnienia Kobiet* oder PZRK) die einzige radikale Suffragettenvereinigung Polens. 1906 wurde er in Warschau unter Leitung von Kuczalska-Reinschmit gegründet. Sein Ziel war die „Teilhabe der Bürger beiderlei Geschlechts aller Nationalitäten und Religionen an allen konstitutionel-

---

36 1910 hatte der Verein Abteilungen in Wilno, Humań, Kalisz und Pabianice, vgl. Bluszcz 1910, S. 171.
37 Ster 1907, Nr. 2, S. 123.
38 Vgl. Bluszcz 1909, S. 98 u. 190.
39 Vgl. Bluszcz 1911, S. 498.
40 Vgl. Bluszcz 1910, S. 171.
41 Vgl. Bluszcz 1913, S. 569 f.
42 Bluszcz 1910, S. 578.
43 Bluszcz 1908, S. 87.
44 Bluszcz 1907, S. 546.
45 Bluszcz 1912, S. 78.
46 Bluszcz 1912, S. 115.
47 Bluszcz 1909, S. 190.

4.3. Polnische Frauenvereine im Königreich Polen, in Rußland

len Rechten, die durch eine gesamtstaatliche Konstitution erlassen und garantiert werden, ausgerufen auf der Grundlage des allgemeinen, für alle volljährigen Bürger beiderlei Geschlechts gleichen Stimmrechts zur direkten und geheimen Wahl". Außerdem forderte der Verband 1906 den Autonomiestatus für das Königreich Polen, sowie die „Unantastbarkeit des Einzelnen und der Wohnungen, die Freiheit des Gewissens, des Wortes, der Versammlung und der Vereinigung".[48]

Der PZRK war seit Juli 1907 offiziell registriert. Der Kampf für das Stimmrecht stand an erster Stelle seiner Aktivitäten. Durch zahlreiche Petitionen, Anschreiben und Aufrufe wollte der PZRK auf der politischen Ebene die Lage von Frauen positiv beeinflussen. Mit dem *Ster* wurde im April 1907 ein Verbandsorgan geschaffen. Der PZRK veranstaltete, ähnlich wie der PSRK Konferenzen und Diskussionsabende und bemühte sich um die Verbreitung von Bildung. Er unterhielt eine eigene Bibliothek.

Der PZRK entfaltete seine Tätigkeit auch in Rußland. Er unterhielt eine Abteilung in St. Petersburg, in welcher die Medizinstudentin Zofia Sadowska und Romualda Baudouin de Courtenay (1857-1935) die Schlüsselfiguren waren. Die Kontakte des PZRK zur russischen Frauenbewegung waren freundschaftlich und manifestierten sich in zahlreichen Grußadressen und Besuchen.[49]

Der PZRK hatte seit 1908 in Lublin,[50] Kiew,[51] Siedlce, St. Petersburg, Łódź, Płock[52] und Radom, seit 1911 in Białystok, seit 1913 in Odessa Zweigstellen. Seit 1909 befanden sich die Räume des PZRK in Warschau in der zentral gelegenen Straße Nowy Świat. Die Organisation hatte 1909 in Warschau 215 Mitglieder und in den Zweigstellen 375, also insgesamt 590.[53] 1908 wurden 29 Vorträge gehalten, an denen 2.327 Personen teilnahmen.[54] 1911 veranstaltete der PZRK 31 Konferenzen und Vorträge und 26 Diskussionsabende mit einer Gästezahl von ca. 3.000 Personen.[55] Im folgenden Jahr nahmen an 50 Veranstaltungen ca. 4.000 Personen teil.

---

48 Bluszcz 1906, S. 10.
49 Vgl. Ster 1908, S. 123. In einer Grußadresse an die zweite Jahresversammlung des PZRK verblieb die russische Feministin Anna Filosofova als „allergläubigste Freundin der Polinnen", vgl. Ster 1909, S. 135. Zur Person Filosofovas vgl. STITES, The Women's Liberation Movement, S. 67, 195 f.
50 1908 70 Mitglieder, vgl. Ster 1909, S. 141.
51 1908 110 Mitglieder, vgl. Ster 1909, S. 142.
52 1910 47 Mitglieder, davon 4 männliche, vgl. Ster 1910, S. 343.
53 Ster 1909, S. 130.
54 Ster 1909, S. 135.
55 Ster 1912, Nr. 8, S. 6.

Anfänglich waren auch einige Mitglieder des PSRK im PZRK organisiert, so z. B. Cecylja Walewska, Teodora Męczkowska und Ludwika Jahołkowska-Koszutska. 1907 kam es jedoch zu einer Spaltung. Damit war auch der ehrgeizige Plan Kuczalska-Reinschmits gescheitert, einen Verband polnischer Frauenvereine ins Leben zu rufen und mutmaßlich zu leiten. Inhaltliche Zusammenarbeit fand abgesehen von personellen Kontakten und der gelegentlichen Mitarbeit einzelner Mitglieder des PSRK im Ster sowie dem ‚Austausch' von Referentinnen nur noch aus Anlaß von Kuczalska-Reinschmits Jubiläum im Jahre 1911 statt.

Inhaltlich läßt sich über die Spaltung der Frauenbewegung nur mutmaßen. In der Presse wurde diese Auseinandersetzung nicht ausgetragen. Sie äußerte sich allein darin, daß sich die Redaktion des Ster wiederholt darüber beschwerte, sie werde zu den Veranstaltungen des PSRK nicht eingeladen, und deshalb Berichte über dessen Versammlungen aus anderen Zeitschriften abschrieb. Einzig in der Erinnerungsliteratur wird die Spaltung vorsichtig erwähnt. Laut Pachucka behaupte Kuczalska-Reinschmit, der PSRK sei zu kompromißbereit. Dabei berief sie sich besonders auf die Figur Koszutskis und die Zusammenarbeit mit dem „Kulturverein".[56]

Noch weniger konkret als Pachucka äußerte sich Teodora Męczkowska in ihren Erinnerungen über die Spaltung. Sie bemerkte, eine jüngere Gruppe von Frauen habe befunden, daß man die Frauenfrage „mit der allgemeinen grundsätzlichen Entwicklung der bestehenden gesellschaftlichen und ökonomischen Voraussetzungen"[57] verbinden müsse. Sie betonte jedoch, daß die Spaltung „freundschaftlich" gewesen sei und daß Paulina Kuczalska-Reinschmit den jüngeren Frauen weiterhin als Autorität gegolten habe.

Das Auseinanderdriften der beiden Gruppen läßt sich als Folge eines Generationenkonfliktes lesen, der sich im wesentlichen zwischen einer Gruppe von jüngeren Frauen, die zum größten Teil die UL besucht hatten, und Kuczalska-Reinschmit vollzog. Kuczalska-Reinschmit wurde in ihrer kompromißlosen kämpferischen Haltung von Teresa Lubińska und Józefa Bojanowska unterstützt, mit denen sie seit den 1880er Jahren zusammen gearbeitet hatte. Beide Frauen äußerten sich selber kaum programmatisch, sondern hatten die Rollen von Assistentinnen inne und waren im Hintergrund für die alltägliche Arbeit zuständig. Romana Pachucka fühlte sich als junge Studentin den Vorkämpferinnen gegenüber verpflichtet und widmete sich innerhalb des PZRK vor allen der Agitation unter der weiblichen Jugend. Sie war das Vorzeigekind der radikalen polnischen

---

56 PACHUCKA, Pamiętniki, S. 144 f.
57 MĘCZKOWSKA, 50 lat pracy w organizacjach kobiecych w Warszawie, BN, rkp. II 10302, S. 54.

4.3. Polnische Frauenvereine im Königreich Polen, in Rußland

Feministinnen. Kuczalska-Reinschmit, Bujanowska, Lubińska und Pachucka bildeten die tragende Gruppe des Verbandes. Schatzmeisterin war Felicja Czarnecka. An bekannten Frauenpersönlichkeiten gehörten ihm außerdem Zofia Daszyńska-Golińska und Justyna Budzińska-Tylicka an.

Bei dem Versuch, die Angehörigen der polnischen Frauenbewegung unterschiedlichen Lagern zuzuordnen, kann man sich nur teilweise an westlichen Vorarbeiten orientieren. An erster Stelle steht die Spaltung in eine bürgerliche und eine proletarische Frauenbewegung, wie sie unter den repressiven Bedingungen im deutschen Kaiserreich und im Zarenreich entstand.[58] Bürgerliche und sozialistische Feministinnen grenzten sich hier unter dem Druck politischer Repression voneinander ab. Ein analoger Prozeß spielte weder in Frankreich noch in England eine Rolle.[59] Abgesehen von offen vollzogenen Spaltungen gab es innerhalb der Frauenbewegungen vielerlei Unterschiede in Argumentation und Strategie. Für die deutsche Frauenbewegung hat Bärbel Clemens das Politikverständnis der „alten" bürgerlichen Frauenbewegung im „gemäßigten" und „radikalen" Flügel untersucht. Sie unterstellt dem radikalen Flügel ein egalitäres, dem gemäßigten ein dualistisches Menschenbild. Die Radikalen, die sich seit 1888 im „Verein Frauenwohl" formierten, waren die Vorreiterinnen beim Kampf um Frauenstimmrecht.[60] Dieses galt ihnen jedoch lediglich als Basis für die Verbesserung der Lage von Frauen. Dagegen stellte für die Gemäßigten das Stimmrecht die Krönung ihres sozialen Engagements dar. Erst wenn Frauen durch wohltätige und soziale Arbeit ihre staatsbürgerliche Bestimmung bewiesen hätten, sollte ihnen das Stimmrecht quasi als Verdienst für diese Arbeit zugestanden werden.[61]

---

58 In Deutschland war seit Gründung des „Bundes Deutscher Frauenvereine" (BDF) die „reinliche Trennung" zwischen bürgerlicher und proletarischer Frauenbewegung vollzogen, vgl. UTE GERHARD, Unerhört. Die Geschichte der deutschen Frauenbewegung, Reinbek 1990, S. 178-180; in Rußland trat der Bruch 1908 ein, vgl. STITES, The Women's Liberation Movement, S. 251 f.
59 In Frankreich organisierten sich proletarische Frauen erstmals 1913, also zwölf Jahre nach der Gründung des *Conseil national des femmes françaises*. In der Stimmrechtsfrage gingen bürgerliche und proletarische Frauen zusammen, vgl. CHRISTINE BARD, Les Filles de Marianne, Paris 1995, S. 28-40; auch in der englischen Suffragettenbewegung führten Klassengegensätze nicht zur Spaltung, vgl. CHRISTINE BOLT, The Women's Movements in the United States and in Britain from the 1790s to the 1920s, New York u. a. 1993, S. 126-181.
60 GERHARD, Unerhört, S. 164, 216-225.
61 BÄRBEL CLEMENS, „Menschenrechte haben kein Geschlecht!" Zum Politikverständnis der bürgerlichen Frauenbewegung, Pfaffenweiler 1988, S. 3,7, 35 f., 79 f.

Clemens' Zugang ist auf das polnische Beispiel nur unzureichend übertragbar. In den polnischen Gebieten konnte auch ein dualistisches Menschenbild zu radikalen Positionen führen. Mäßigung hatte nicht immer weltanschauliche, sondern zuweilen auch taktische Gründe. Die Politik der polnischen Frauenbewegung zeichnete sich durch das Verlangen nach formaler Gleichheit und das Beharren auf ‚weiblichen Qualitäten' aus. Nicht selten wurde der Verweis auf solche Qualitäten dazu benutzt, die Forderung nach Gleichstellung zu untermauern.[62] Vielversprechender scheint mir daher der Ansatz von Karen Offen, die innerhalb der Frauenbewegungen beziehungsfeministische und individualfeministische Traditionen unterscheidet. Im Beziehungsfeminismus wird danach die Ergänzung der Geschlechter stärker betont. Hier liegt der Fokus der Agitation auf den „Rechten der Frau", welche spezifisch weiblich definiert sind. Der Individualfeminismus stellt dagegen die Selbstbestimmung der Individuen in den Vordergrund und fordert auf der Grundlage einer vom Geschlecht unabhängigen persönlichen Selbstbestimmung „Rechte gleich Männern", also die Angleichung der Rechte von Frauen an den höheren Status der Männer.[63] Offens Evolutionismus, demzufolge der Beziehungsfeminismus aufgrund der wachsenden Zahl berufstätiger Frauen und des Rückgangs der Geburten am Beginn des 20. Jahrhunderts an Bedeutung eingebüßt habe, möchte ich hinterfragen. Zumindest in Polen finden sich beide Argumentationsstränge auf allen Feldern der Agitation, beziehungsfeministische Argumentationen insbesondere im Kontext national besetzter Themen.

Das Verhältnis zwischen „Frauenfrage" und *społeczeństwo*, das Męczkowska als kontrovers schilderte, berührt die Frage nach dem Verhältnis der polnischen Frauenbewegung zur Duma. Der Verein PSRK, welcher außer der „Gleichberechtigung auf allen Ebenen" auch die „ethische Verbesserung der Welt" anstrebte,[64] konzentrierte sich nach 1907 hauptsächlich auf letzteres Ziel. 1913 sah diese Vereinigung die Verwirklichung ihres Programms in der „pädagogischen" Arbeit, durch welche Frauen und Männer auf die zukünftige Gleichberechtigung vorbereitet werden sollten.[65] Die Erlangung des Stimmrechts und die Verbesse-

---

62 Die Differenzierung in radikale und gemäßigte Lager kritisiert HARRIET ANDERSON auch mit Blick auf die Wiener Frauenbewegung als unzutreffend, vgl. DIES., Utopian Feminism, Women's Movements in fin-de-siècle Vienna, New Haven, London 1992, S. X.
63 KAREN OFFEN, Feminismus in den Vereinigten Staaten und in Europa. Ein historischer Vergleich, in: Geschlechterverhältnisse im historischen Wandel, hrsg. v. HANNA SCHISSLER, Frankfurt a. M. 1993, S. 97-138.
64 MĘCZKOWSKA, 50 lat pracy w organizaciach kobiecych w Warszawie, BN, rkp. II 10302, S. 61.
65 Beilage zum Bluszcz 1913, Nr. 38, S. 3.

4.3. Polnische Frauenvereine im Königreich Polen, in Rußland

rung der rechtlichen Lage von Frauen waren damit auf eine Zeit verschoben, in welcher die polnische Gemeinschaft selbst politische Macht besitzen würde, über beides zu entscheiden. Bis dahin sollte die gesellschaftliche Arbeit von Frauen und unter Frauen der „geistigen und moralischen Hebung" der Gesellschaft dienen. Das Stimmrecht galt dem PSRK wie den gemäßigten bürgerlichen Feministinnen als Krone des sozialen Wirkens der Frauenbewegung. Demgegenüber sah Kuczalska-Reinschmit ähnlich den deutschen Radikalen das Stimmrecht als Grundlage jeder Verbesserung der sozialen Lage von Frauen an. Dies hielt den PZRK jedoch nicht davon ab, sich in zahlreichen Angelegenheiten des Alltags und der Rechtspraxis an die politischen Herrschaftsträger zu wenden.[66] Damit wurde diese Herrschaft auch nach dem Scheitern der Ersten Russischen Revolution anerkannt. Der Staat und die lokalen Behörden wurden zum Adressaten der radikalen polnischen Frauenbewegung, ungeachtet der Tatsache, daß diese weiterhin die Anliegen der polnischen ‚Minderheit' ignorierten.

Sowohl im „Polnischen Verband für Frauengleichberechtigung" als auch im „Polnischen Verein für Frauengleichberechtigung" waren Sozialistinnen organisiert. Zum Verhältnis zwischen ‚bürgerlicher' und ‚sozialistischer' Frauenbewegung in Polen ist ein Diskussionsbeitrag Daszyńska-Golińskas auf dem Internationalen Kongreß für Frauenwerke und Frauenbestrebungen 1896 in Berlin aufschlußreich. Zu diesem von Lina Morgenstern organisierten Kongreß waren nach der Spaltung der deutschen Frauenbewegung Vertreterinnen beider Gruppen eingeladen worden. Die Abschlußdiskussion stand gegen den Willen der Organisatorinnen ganz im Zeichen der Auseinandersetzung zwischen Sozialistinnen und bürgerlichen Gruppen. In diesen Streit griff nun die polnische Sozialistin Daszyńska-Golińska mit folgenden Worten ein:

> „Es ist [...] nicht erwiesen worden, daß die Arbeiterinnen als Klasse mit den Bürgerfrauen als Klasse mitthun können. Es ist aber eine Frage, ob die kämpfenden Frauen der bürgerlichen Kreise sich als Klasse betrachten und vorgehen wollen. Allerdings sind sie in der heutigen Gesellschaft der kämpfende und auch der leidende Teil. Die Leidenden haben aber immer gezeigt, daß sie mehr geneigt sind Opfer zu bringen und sich für allgemeine Sachen zu interessieren. [...] Es scheint mir, daß hier nicht die Rede sein kann von Opfern, vielmehr von einer höheren Stufe der Menschlichkeit, auf welche sich die bürgerlichen Frauen erheben werden in dem Maße, in welchem sie an den Bestrebungen der Arbeiterinnen teilnehmen werden. Sie werden erst dann sich als Menschen betrachten können, wenn sie nicht nur nach ihren Rechten, sondern auch nach ihren Pflichten streben."[67]

---

66 Eine bemerkenswerte Initiative startete der PZRK 1908, indem er die Warschauer Verkehrsbetriebe dazu aufforderte, Frauen, die auf dem Weg zu Bildungseinrichtungen seien, den Fahrpreis in den öffentlichen Verkehrsmitteln zu erlassen, vgl. Ster 1908, S. 411 f.
67 Der Internationale Kongress für Frauenwerke und Frauenbestrebungen in Berlin 19. bis

Zum Zeitpunkt des Kongresses war die Diskutantin schon zwei Jahre lang Privatdozentin an der Humboldt-Universität in Berlin, d.h. sie kannte die Verhältnisse im Kaiserreich recht gut. Ihre Rhetorik, innerhalb derer die Sorge der bürgerlichen Frau für die Arbeiterin zum Opfer für eine höhere Menschlichkeit stilisiert wird, scheint jedoch eher auf die polnischen Verhältnisse zugeschnitten. Die ‚bürgerlichen' Frauen, die nicht als Klasse, sondern im Sinne der Menschlichkeit handeln, geraten hier in die Pflicht gegenüber den Arbeiterinnen. Die Arbeiterinnen werden dabei nicht als Handelnde, sondern als zu Behandelnde wahrgenommen. In diesem Sinne sah die polnische Frauenbewegung ihre ‚bürgerliche' Pflichterfüllung darin, die Interessen von Arbeiterinnen sowie von Bäuerinnen wahrzunehmen und Bildungs- und Agitationsarbeit unter ihnen zu betreiben. Das Verhältnis war im Kern maternalistisch. Der Klassengegensatz verkürzte sich zum Bildungs- und Sittengefälle. In diesem Zusammenhang kämpften sowohl der PZRK als auch das PSRK gegen Alkoholismus, Analphabetismus und die Reglementierung der Prostitution und für den Mutterschutz und die Rechte unehelicher Kinder und ihrer Mütter. Ein Interessengegensatz zwischen Sozialistinnen und ‚bürgerlichen' Feministinnen entstand in Polen nicht, denn beide gehörten schließlich derselben gebildeten Elite an. Der Wertekanon der Frauenbewegung war, sofern es ihr Verhältnis zu den Unterschichten betraf, weniger bürgerlich oder sozialistisch als vielmehr dem von der *inteligencja* adaptierten Fürsorgeprinzip des Adelsmilieus entsprungen. Zwar gründeten sich in der PPS Frauengruppen, deren Zweck war jedoch allein die Agitation unter den Arbeiterinnen für die Ziele der Partei. Ihnen ging es nicht um die Durchsetzung von Fraueninteressen. Autonome sozialistische Frauenvereine gab es in Polen nicht. Mitglieder sozialistischer Parteien schlossen sich innerhalb der unabhängigen Strukturen der Frauenbewegung deren Analyse der „Frauenfrage" an.

4.3.2. Selbsthilfe in Fach- und Berufsverbänden für Frauen im Königreich Polen

Ebenfalls auf der Grundlage der neuen Vereinsgesetze wurden 1906 einige Vereine legalisiert, die zwar nicht direkt auf die politische Gleichberechtigung der Frauen hinarbeiteten, die jedoch die geistige und/oder ökonomische Emanzipation von Frauen vorantrieben. Es sollen hier drei dieser Vereine vorgestellt wer-

---

26. September 1896, hrsg. v. ROSALIE SCHOENFLIES, LINA MORGENSTERN, MINNA CAUER, JEANNETTE SCHWERIN u. MARIA RASCHKE, Berlin 1897, S. 408.

4.3. Polnische Frauenvereine im Königreich Polen, in Rußland

den, um organisatorische und personelle Verbindungen zwischen den unterschiedlichen Organisationen aufzuzeigen.[68]

Der „Verband Geistig Arbeitender Frauen" (*Związek Umysłowo Pracujących Kobiet* oder ZUPK) wurde 1906 in Warschau in der Absicht gegründet, polnische Schriftstellerinnen, Journalistinnen und Lehrerinnen zu vereinen. In der Anfangszeit gehörten ihm zwischen 100 und 150 Personen an.[69] Er hatte ein eigenes Büro in der Nowogrodzka-Straße 12.

In der Erwartung, daß das Königreich einen Autonomiestatus erhalten werde, wandte sich der ZUPK 1906 mit einem glühenden Appell an den polnischen Kreis in der russischen Duma (*Koło Polskie*), in welchem er das allgemeine Wahlrecht für Frauen forderte.[70] Die Tatsache, daß dieses Schreiben im *Bluszcz* abgedruckt wurde, ist darauf zurückzuführen, daß die Leiterin der Redaktion, Zofia Seidlerowa, zu den Gründungsmitgliedern und zum Vorstand des ZUPK gehörte. Der Brief war in eine breitere agitatorische Aktion eingebunden. Die Leserinnen wurden aufgefordert, diesem Beispiel zu folgen. Nach dem Scheitern der ersten russischen Duma trat der ZUPK nicht wieder mit politischen Forderungen an die Öffentlichkeit. Er war im Kern ein Selbsthilfezirkel. Seine Aktivität erschöpfte sich in der Veranstaltung von Vorträgen, die zum großen Teil von den Mitgliedern selbst gehalten wurden. Durch diese Art der kollegialen Kommunikation wollten die Mitglieder ihr Wissen verbreiten. Die Vorträge widmeten sich größtenteils kulturellen und kaum ‚Frauenfragen'. So referierte z. B. Zofia Bilicka 1909 über die inneren Verhältnisse in Posen, Zygmunt Badowski 1910 über den symbolistischen Maler Malczewski und Dr. J. Szmit über moderne Ethik. Im ersten Quartal des Jahres 1912 wurden insgesamt fünf Vorträge organisiert.[71]

Ebenfalls einen „wissenschaftlichen" Zweck hatte der „Verein zur Erforschung von Kindern" (*Towarzystwo Badań nad Dziećmi* oder TBND). Die Initiatorin des ersten Zusammentreffens war Aniela Szycówna, die außerdem beim PSZK organisiert war. Zweck des Vereins war die Erforschung der Physiognomie und

---

68 Mit diesen Vereinen ist nicht das gesamte Spektrum der Frauenvereine in Warschau in den Blick genommen: 1906 wurden gegründet: *Stowarzyszenie Pielęgniarek* (Krankenschwesterverinigung), vgl. Bluszcz 1906, S. 22 f.; *Towarzystwo Opieki nad Dziećmi* (Verein für Kinderbetreuung), vgl. Bluszcz 1906, S. 94 f.; *Kursa pedagogiczne dla Kobiet* (Pädagogische Kurse für Frauen), vgl. Blucszsz 1906, 411 f. Außerdem wurde die Gründung einer Hebammenvereinigung geplant, Bluszcz 1906, S. 329 f.
69 Vgl. Bluczsz 1906, S. 246.
70 Vgl. Bluszcz 1906, S. 293.
71 Vgl. Bluszcz 1909, S. 522 f.; 1910, S. 119 u. 206; 1912, S. 198.

Psychologie des Kindes und die Popularisierung der Ergebnisse. Auch beim TBND standen die Interessen von Lehrerinnen im Vordergrund. Der erste Vortrag war der psychologischen Analyse von Kinderzeichnungen gewidmet. Mit diesem Thema beschäftigte sich in Polen, wie die Vortragende Anna Grudzińska bemerkte, übrigens auch Jan Władysław David, welcher oben bereits als Dozent der UL vorgestellt wurde.[72]

Aniela Szycówna ließ zu Forschungszwecken einen Fragenkatalog an Mütter in verschiedenen Periodika abdrucken, der von 89 Probandinnen, hauptsächlich aus den gebildeten Kreisen des Königreichs Polen, beantwortet wurde. In der daraus entstandenen Studie mit dem Titel „Die Frau in der Pädagogik. Die Mutter" breitete sie allerdings mehr ihre eigenen Ansichten als die eingesandten Antworten aus. Sie hob hervor, daß die Erziehungsarbeit Wissen und einen guten Charakter erfordere. Reflexionen über das Verhältnis von elterlicher und schulischer Erziehung mündeten in die Propagierung eines erzieherischen Imperativs, der in stark moralisierender Form von den Müttern eine wissenschaftlichen Ansprüchen gerechte Kindererziehung einforderte. Die Broschüre erschien 1908 in der Reihe des PSRK.[73]

Der „Verein von Frauen, die im Gewerbe, Handel und Bürowesen arbeiten" (*Stowarzyszenie Kobiet Pracujących w Przymyśle, Handlu i Biurowości* oder SKPPHB) wurde im Juni 1906 gegründet. Sein Ziel war die „Vereinigung aller erwerbstätigen Frauen, für die Verbesserung ihrer Existenz".[74] Dies sollte durch die berufliche Qualifizierung erwerbstätiger Frauen und durch kostenlose Arbeitsvermittlung geschehen. Die letztgenannte Maßnahme sollte profitorientierten Agenturen entgegenwirken, die angeblich eine schädliche Konkurrenz auf dem Arbeitsmarkt schufen und versuchten, Löhne zu drücken, ohne die Qualifikation der Arbeitnehmerinnen zu berücksichtigen. Durch die Vermittlung von Arbeitskräften, die für die jeweilige Aufgabe besonders geeignet seien, hoffte die Vereinigung auf eine große Resonanz bei den Arbeitgebern. Tatsächlich konnte im ersten Jahr wegen mangelnder Qualifikation der Arbeitskräfte nicht allen Gesuchen von Arbeitgebern entsprochen werden.[75] Neben dem Arbeitsvermittlungsbüro unterhielt das SKPPHB eine Bibliothek mit Lesesaal. Seit

---

[72] Bluszcz 1907, S. 455 f.; zu weiteren Veranstaltungen vgl. Bluszcz 1907, S. 578; 1910, S. 578.
[73] ANIELA SZYCÓWNA, Kobieta w pedagogice. Matka, Warszawa 1908.
[74] Bluszcz 1906, S. 448.
[75] Bluszcz 1907, S. 98; dieser Zustand verbesserte sich auch in den folgenden Jahren nicht. So hatte die Vereinigung in den Jahren 1910 und 1911 insgesamt 223 Stellen anzubieten, von denen 1910 bei 81 Kandidatinnen nur 23 vermittelt werden konnten. 1911 fanden 34 von 126 Kandidatinnen einen Arbeitsplatz, vgl. Bluszcz 1912, S. 291.

4.3. Polnische Frauenvereine im Königreich Polen, in Rußland

1907 wurden kostenlose Kurse in den Fächern Buchhaltung, Fremdsprachenkorrespondenz (in vier Sprachen) und Stenographie angeboten. Außerdem vermittelte die Vereinigung zu günstigen Preisen ärztliche Hilfen und Rechtsberatung. Sie unterhielt eigene genossenschaftlich organisierte Betriebe. 1912 hatte das SKPPHB 218 Mitglieder.[76]

Personelle Korrelationen lassen sich zwischen seinen Vorständen und denen des PSRK und des PZRK nicht feststellen. Die Mitglieder des SKPPHB wurden jedoch zu Veranstaltungen beider Gleichberechtigungsvereine eingeladen.[77] Als ‚Öffentlichkeitsarbeit' faßte der Vorstand des SKPPHB die Entsendung von Delegierten und Depeschen zu verschiedenen feierlichen Anlässen auf. Hierzu gehörten Jubiläen, so z. B. von Świętochowski oder von Kuczalska-Reinschmit sowie Beerdigungen wie die von Orzeszkowa und Konopnicka.[78]

In den vorgestellten Selbsthilfeorganisationen wurde faktisch das „Zwei-Punkte-Emanzipationsprogramm" der 1860er und 1870er Jahre, nämlich die Verbreitung von Bildung und Erwerbsarbeit, im Königreich Polen erstmals auf einer formal abgesicherten Basis umgesetzt. Berufliche Qualifikation war das zentrale Anliegen dieser Vereinigungen. Damit verwirklichten sie genau das, was Paulina Kuczalska-Reinschmit in *Nasze drogi i cele* als den polnischen Verhältnissen angemessen bezeichnet hatte. Die offizielle Vereinsarbeit im Königreich Polen war inhaltlich und personell eine Fortsetzung zuvor geschaffener Verbindungen. Die vormals in den geheimen Bildungseinrichtungen und den Salons entstandenen weiblichen Zirkel traten nach 1905 an die Öffentlichkeit.

4.3.3. Polnische Frauenvereine in Rußland und in den Westgouvernements des Zarenreichs

Außer den Abteilungen des PZRK gab es in den Westgouvernements des Zarenreichs und in den russischen Großstädten einige weitere polnische Frauenvereine, die „aus der Natur der Sache"[79] sozial-philantropischen Charakter hatten. Hierzu gehörte z. B. der 1907 gegründete „Kreis polnischer Frauen in Kiew" (*Koło kobiet Polek w Kijowie*), der eine Volksküche und eine Arbeitsvermittlung unterhielt sowie Arztbesuche und Ferienfreizeiten für Kinder organisierte. Er hatte 1913 300 Mitglieder.[80]

---

76 Bluszcz 1912, S. 290.
77 Vgl. Bluszcz 1908, S. 6; 1910, S. 275.
78 Bluszcz 1909, S. 134; 1912, S. 291.
79 Beilage zum Bluszcz 1913, Nr. 9: Dodatek poświęcony łączności kół kobiecych, S. 1, gemeint sind die sozialen Verhältnisse in den Westgouvernements.
80 Ebd.; Bluszcz 1913, S. 264.

In Wilna entwickelten sich philantropische und emanzipatorische Vereine. Zu letzteren gehörte neben dem „Verein der gegenseitigen Hilfe für Lehrerinnen und Erzieherinnen" (*Towarzystwo Wzajemnnej Pomocy Nauczycielek i Wychowawczyń*) auch der 1906 gegründete und 1907 registrierte „Kreis zur Gleichberechtigung polnischer Frauen in Litauen und Weißrußland" (*Koło Równouprawnienia Kobiet Polskich na Litwie i Białej Rusi*). Außer in der Frage der Gleichberechtigung wandte sich letzterer mit dem Anliegen an die Duma, eine polnischsprachige Schule in Wilna zu eröffnen. Er veranstaltete Vorträge und unterhielt einen der vier polnischen Lesesäle in Wilna.[81]

Seit Oktober 1907 existierte der „Verband polnischer Frauen in Moskau" (*Związek Kobiet Polskich w Moskwie*) mit wohltätiger Zielsetzung. Er beabsichtigte, das „moralische und geistige Niveau der polnischen Bevölkerung in Moskau" zu heben. Seine Vorsitzende war Stefania Laudynowa.[82]

1909 wurde in St. Petersburg der Verein *Spójnia* gegründet. Er wollte Polinnen verbinden, die in St. Petersburg höhere Bildungseinrichtungen besuchten. Zu seinen Zielen gehörte es, die „Kenntnis der Frauenfrage" zu erweitern. In einer Broschüre aus dem Jahre 1929 werden 61 ehemalige „Spójnianki" namentlich aufgeführt.[83] Die aus dem polnischen Landadel der Ukraine stammende Baudouin de Courtenay gehörte zu dessen Gründungsmitgliedern. Obwohl sie nicht in der russischen Frauenbewegung tätig war, hatte sie die wichtige Funktion, Kontakte zwischen dieser und den polnischen Feministinnen herzustellen sowie Informationen über Studienmöglichkeiten in Rußland weiterzuleiten. Außerdem organisierte sie polnischsprachigen Unterricht. Für den *Ster* berichtete Baudouin de Courtenay häufig über die Situation der Frauenbewegung in Rußland. Nach St. Petersburg war sie schon als junges Mädchen mit ihrer Mutter gekommen, welche sich dort 1870 nach der Trennung von Romualdas Vater mit ihren drei Kindern niedergelassen hatte. 1882 heiratete Romualda den Slawisten Jan Baudouin de Courtenay, welcher zu dieser Zeit als Professor an der Universität in Kazan', später in St. Petersburg tätig war. Die Courtenays pflegten freundschaftliche Kontakte zu dem Ehepaar Bujwid in Krakau.[84]

---

81 Beilage zum Bluszcz 1910, Nr. 52: Dodatek poświęcony łączności kół kobiecych, S. 2.
82 Ster 1908, S. 184 ff.
83 Z życia studentek Polek w Petersburgu, Warszawa 1929, S. 7, 14-17.
84 Korrespondenzen und Berichte für den Ster: 1907, S. 33-40, S. 102-107; 1908, S. 113-115, S. 396-400, 444-448; 1909, S. 21-43; 1910, S. 109-117, S. 143 f.; 1911, S. 15 f.; 1912, Nr. 6, S. 4 f. Zu *Spójna*: Z życia studentek w Petersburgu, S. 7; zur Person von Baudouin de Courtenay: DOROTA ZAMOJSKA, Romualda z Bagnickich Baudouin de Courtenay (1857-1953) i jej działalność społeczna, in: Kobieta i świat polityki, Teil 1, a.a.O, S. 261-274.

Der Anteil der polnischen Bevölkerung war in den genannten Städten unterschiedlich hoch. Laut Erhebungen der Volkszählung von 1897 lebten in Kiew 8.008 Frauen und 8.571 Männer polnischer Muttersprache, die zusammen knapp sieben Prozent der Gesamtbevölkerung bildeten. In Wilna überwog mit etwa 56 Prozent der Anteil der Frauen an der polnischsprachigen Bevölkerung, die mit 47.795 Personen gut 30 Prozent der dortigen Bevölkerung stellte. In Moskau lebten nur 2.969 polnischsprachige Frauen. An der Moskauer Bevölkerung hatte die polnischsprachige Gruppe insgesamt einen Anteil von weniger als einem Prozent, etwa jede dritte darunter war eine Frau. Auch in St. Petersburg lebten deutlich weniger polnischsprachige Frauen als Männer. Anteilig stellte die polnische Bevölkerung hier knapp drei Prozent, wobei Frauen mit 13.917 Personen einen Anteil von 38 Prozent ausmachten.[85] Der höhere Anteil von Männern an der polnischsprachigen Bevölkerung Moskaus und St. Petersburgs weist darauf hin, daß sich diese vorrangig aus beruflichen Gründen und zu einem großen Teil ohne Familie in den russischen Großstädten aufhielten.

Die Existenz polnischer Frauenvereine in diesen überwiegend von anderen Nationalitäten bewohnten Gebieten weist zumindest auf die Abschottung polnischer von ukrainischen, russischen, weißrussischen und litauischen Frauen hin.

4.3.4. Die Agitation für Frauenrechte in Galizien

Eine thematisch breiter angelegte Diskussion über die klassischen Themen der Frauenbewegung fand schriftlich erstmals in Galizien statt. Sie ist in *Nowe Słowo* und in einem Sammelband von 1903 dokumentiert. Dieser Sammelband unter dem Titel *Głos kobiet w kwestyi kobiecej* (Die Stimme der Frauen in der Frauenfrage) ist der Abdruck von zwölf Vorträgen, welche beim weiter oben schon erwähnten „Kraszewski-Ausbildungshilfsverein für Polinnen" im Dezember 1902 und im Januar 1903 in Krakau gehalten wurden. Die Initiatorin war wahrscheinlich Kazimiera Bujwidowa. Sie jedenfalls unterzeichnete das Vorwort. Nur ein Teil der Autorinnen gehörte der Frauenbildungsbewegung an. Fragen der zivilrechtlichen und ökonomischen Lage der Frauen, die Prostitution, die Stellung von Frauen in der Kunst, die Geschichte der Frauenbewegung, die Bildungs- und die Stimmrechtsfrage, sowie die Frage weiblicher Ästhetik wurden hier vor allem an ausländischen Beispielen oder von einem theoretischen Standpunkt aus diskutiert. Es handelt sich hierbei durchgängig um gründliche und ausführliche Beiträge, so daß der über dreihundert Seiten starke Sam-

---

85 Die Nationalitäten, S. 398, 400, 402 u. 409.

melband als erstes Ergebnis einer wissenschaftlichen Erörterung der „Frauenfrage" in der polnischen Frauenbewegung betrachtet werden darf.

Ebenfalls in Krakau erschien von 1902 bis 1907 die radikalfeministische Zeitschrift *Nowe Słowo*. Die Verantwortung für die Zeitschrift lag allein bei Maria Turzyma. Auffällig häufig wurden hier Fragen behandelt, welche die weiblichen Unterschichten betrafen, so die Prostitution oder die soziale Lage von Dienstmädchen und Arbeiterinnen. Auch lassen sich Kontakte zur österreichischen Frauenbewegung in den Artikeln des *Nowe Słowo* nachweisen. Die programmatischen Artikel stammen fast alle aus der Feder Maria Turzymas. Anfänglich veröffentlichte sie auch zahlreiche Artikel von Kazimiera Bujwidowa, Maria Czesława Przewóska und Zofia Daszyńska-Golińska. Immer häufiger wurden auf den Seiten des *Nowe Słowo* die Appelle, die Abonnements rechtzeitig zu bezahlen und neue Abonnenten zu werben. Die Zeitschrift mußte aus finanziellen Gründen 1907 ihr Erscheinen einstellen.

Maria Turzyma gab seit 1906 auch die *Robotnica* (Arbeiterin) als Beilage für den *Naprzód* (Vorwärts) heraus. Die *Robotnica* war das Organ des 1904 gegründeten *Związek Kobiet*, welcher der sozialistischen Partei nahestand.[86] Turzyma selbst war jedoch nicht Parteimitglied. Auch die *Robotnica* erschien nach kurzer Zeit unregelmäßig, dann gar nicht mehr. Turzyma war in ihrer Absicht, feministische Agitation unter Arbeiterinnen zu betreiben, gescheitert.[87] Leider gibt es über ihre Person kaum biographische Informationen.[88] Ihre Stimme war nach 1905 kaum noch wahrnehmbar.

Im November 1907 richtete der PZRK einen Aufruf an die galizischen Frauen, angesichts ihres Ausschlusses vom allgemeinen Stimmrecht Österreich-Ungarns politisch tätig zu werden. Die Losung lautete: „Allgemein ist eine Wahl erst dann, wenn auch Frauen wählen" (*Głosowanie powszechnym jest dopiero gdy i kobiety głosują*). Sowohl dieser Slogan als auch das Motiv des Plakats, auf welchem er verbreitet wurde, stammten aus der Stimmrechtsagitation des radikalen

---

86 Das Statut ist abgedruckt in *Nowe Słowo* 1904, S. 144-148. Ziel war die „Verteidigung und Unterstützung der moralischen und ökonomischen Interessen von Frauen". Es handelt sich meines Wissens um den einzigen Frauenverein, der Männer nur als außerordentliche, nicht wahlberechtigte Mitglieder aufnahm. Es ist unklar, auf welcher rechtlichen Grundlage der *Związek Kobiet* gegründet wurde. Da er in der Publizistik später nicht mehr erwähnt wird, gehe ich davon aus, daß er entweder nicht zugelassen wurde oder aus anderen Gründen seine Tätigkeit nicht entfalten konnte.

87 Vgl. Czajecka, „Z domu ..", S. 219 f.

88 Sowohl aus dem Beitrag Walewskas in *W walce o równe prawa* als auch aus der erwähnten Erinnerung Bujwidowas gehen die grundlegendsten Informationen wie Geburtsort und -datum, Bildungsstand usw. nicht hervor.

4.3. Polnische Frauenvereine im Königreich Polen, in Rußland 163

Flügels der deutschen Frauenbewegung. Das Plakat zeigt eine Frau, welche vor der aufgehenden Sonne ihre zerbrochene Häftlingskette in die Höhe hält. In Anlehnung an die ikonographische Tradition der Aufklärung wurde hier die Befreiung der Frauen in Analogie zur Abschaffung der Sklaverei gesetzt.[89]

Der Aufruf des PZRK besagte, die Spaltung der Bevölkerung in wählende Bürger und rechtlose Bewohnerinnen des Landes schade dem ganzen Volk. Die rechtlosen Frauen würden an der Ausübung ihrer Bürgerpflichten gehindert. Schließlich sei das Stimmrecht die Voraussetzung für weitere politische Betätigung.[90] Das Schreiben wurde zusammen mit der Broschüre „Der politische Standpunkt der Frauen" von Maria Dulębianka im *Ster* abgedruckt. Dem Aufruf zum Zusammenschluß eines Komitees folgten einige galizische Frauen.

Durch die Gründung von Komitees, die der Form nach nur zeitweise und zu einem begrenzten Zweck zusammentrafen, sollten die Vereinsgesetze umgangen werden. Das „Komitee für Frauengleichberechtigung" (*Komitet Równouprawnienia Kobiet*) organisierte mit Unterstützung des PZRK und der fortschrittlichen Partei, die in Lemberg ihre Hochburg hatte, die Kandidatur Maria Dulębiankas zum galizischen Landtag.[91] Sowohl die Planung als auch die Wirkung dieser Aktion blieben nicht auf Galizien begrenzt. Die Kandidatin war eine der radikalsten und ungewöhnlichsten Persönlichkeiten in der Bewegung, die bisher von der Historiographie kaum wahrgenommen wurde. Ihre Kandidatur war von vornherein allein eine agitatorische Aktion, da es als sicher galt, daß ihre eventuelle Wahl annulliert werden würde, weil sie eine Frau war. Die Bewegung nutzte die bei der Neuformulierung des Gemeindewahlrechts entstandene Gesetzeslücke. Wie eingangs geschildert vergaß man dabei, Frauen ausdrücklich aus der Gruppe der potentiellen Mandatsträger auszunehmen. An der Wahl konnten über das auf der Landtagsebene weiterhin gültige Zensus- und Intelligenzstimmrecht 4.000 Frauen teilnehmen. Für die Stimmabgabe mußten sie jedoch einen männlichen Vertreter benennen. Insgesamt waren 12.000 Personen in Lemberg wahlberechtigt. Auf die einzige weibliche Kandidatin entfielen laut *Bluszcz* 500 Stimmen, laut Petrażycka Tomicka und Pachucka 511. Laut Pachucka gaben 100 Frauen und 411 Männer ihre Stimme Dulębianka.[92] Dies besagt, daß der Anteil der männlichen Stimmen für Dulębianka auch im Verhält-

---

89 CHRISTINA KLAUSMANN, Politik und Kultur der Frauenbewegung im Kaiserreich. Das Beispiel Frankfurt am Main (Geschichte und Geschlechter 19), Frankfurt a. M., New York 1997, S. 266 f.; Polnisches Stimmrechtsplakat auf der Titelseite von: Kobieta i świat polityki, Teil 1.
90 Ster 1907, S. 334 f.
91 Vgl. Ster 1908, S. 12.
92 Bluszcz 1908, S. 121; JADWIGA PETRAŻYCKA TOMICKA, Związek Równouprawnienia Kobiet we Lwowie, Kraków 1931, S. 7; PACHUCKA, Pamiętniki, S. 101.

nis zu deren prozentualem Anteil an der Wählerschaft den der weiblichen überstieg. Wieviele Frauen überhaupt von ihrem Stimmrecht Gebrauch machten, wissen wir leider nicht. Auch wäre zu fragen, wie hoch der Anteil nichtpolnischer Wählerinnen war, da diese vermutlich eher für ukrainische und jüdische Parteien votierten. Die Appelle des Komitees erreichten jedoch offenbar nur wenige Frauen. Dagegen illustriert der hohe Anteil männlicher Stimmen eine bemerkenswerte Solidarisierung vermutlich linksliberaler Kräfte mit der Frauenstimmrechtskampagne.

Die Bemühungen um das Frauenstimmrecht für die galizischen Selbstverwaltungsorgane waren mit der Kandidatur Dulębiankas nicht beendet. Einerseits bestanden die 1907 gegründeten Komitees weiter. Das Lemberger Komitee wurde 1909 als „Verband der Frauengleichberechtigung" (*Związek Równouprawnienia Kobiet*) zugelassen. Vorsitzende war im ersten Jahr Maria Dulębianka, von 1910 bis 1913 Melanja Bersonowa, im letzten Jahr des Bestehens 1913/14 Jadwiga Petażycka Tomicka. Der Verband hatte 1909/10 200 Mitglieder, 1910/11 238, 1911/12 345, 1912/13 400 und 1913/14 446 Mitglieder. Im Vergleich zum Gesamtwachstum stieg der Anteil der männlichen Mitglieder von 24 im Jahr 1909/10 auf 40 im Jahr 1913/14 nur geringfügig.[93] Der Verband engagierte sich für bessere Bildungsmöglichkeiten in Galizien, für die Gründung von Mädchengymnasien und für die Reform des galizischen Wahlrechts zugunsten eines kommunalen Frauenstimmrechts. Dies geschah insbesondere durch die Veranstaltung von Kundgebungen, deren Resolutionen an die Landtage weitergeleitet wurden. Hierbei arbeitete der Verband häufig mit der „Polnischen Studentinnenvereinigung" zusammen, die ihren Sitz ebenfalls in Lemberg hatte. Bei einem Kongreß in Budapest wurde der Lemberger Verband mit dem Krakauer Komitee unter dem Namen „Polnisches Komitee für Frauengleichberechtigung" in die internationale „Föderation der Verbände für Frauengleichberechtigung" aufgenommen.[94]

In Lemberg wurden 1908 der „Verein Eliza Orzeszkowa" (*Towarzystwo im. Elizy Orzeszkowej*) und 1909 die „Studentinnenvereinigung" (*Zjednoczenie Studentek*) gegründet. Die Pläne hierzu hatte Romana Pachucka im Sommer 1908 mit Paulina Kuczalska-Reinschmit besprochen. Seit diesem ersten Zusammentreffen entwickelte sich zwischen der Studentin und der fast dreißig Jahre älteren Feministin ein freundschaftliches Arbeitsverhältnis. Pachucka sah in Kuczalska-Reinschmit zuerst vor allem eine Person, die ihr bei der Umsetzung ihrer Pläne behilflich sein konnte.[95] Kuczalska-Reinschmit, die schon 1906 eine

---

93 PETRAŻYCKA TOMICKA, Związek, S. 8, 13, 19, 23, 26.
94 Ebd., S. 26.
95 PACHUCKA, Pamiętniki, S. 94.

4.3. Polnische Frauenvereine im Königreich Polen, in Rußland 165

Broschüre unter dem Titel „Die weibliche Jugend und die Frauenfrage"[96] veröffentlicht hatte, bemühte sich gezielt um Nachwuchs für die Frauenbewegung.

Die Lemberger Studentinnenvereinigungen betonten ihren „polnischen Charakter". Angehörige anderer Nationalitäten wurden in beiden nicht als vollwertige Mitglieder anerkannt. Dagegen rühmte man sich, über die Grenzen politischer Überzeugung hinaus Frauensolidarität zu stiften. Die Ausgrenzung von ruthenischen und jüdischen Frauen verstärkte das polnische Gemeinschaftsgefühl. Die Vorwürfe gegenüber männlichen Politikern, welche die Forderungen von Frauen entweder bekämpften, wie die Nationaldemokraten, oder vergaßen, wie die Fortschrittlichen, schafften Gemeinschaft unter den Frauen. Der „Verein Eliza Orzeszkowa" baute aus Spendengeldern in Lemberg ein Studentinnenhaus als Wohnheim, Treffpunkt und Erholungsstätte. Die Studentinnenvereinigung setzte sich für die Anerkennung von ausländischen Zeugnissen an den galizischen Universitäten und für die Zulassung von Frauen zum Jurastudium und zu der Lemberger Politechnischen Hochschule ein.[97]

In Krakau blieb es der Form nach bei einem Komitee, welches sich seit 1910 um die Änderung des Wahlrechts auf kommunaler und Landesebene bemühte. Bei den Bemühungen des Komitees um eine Reform des Krakauer Gemeindewahlrechts wurde von polnischen Vertreterinnen 1909 auf einem Kongreß in London die Internationale Liga für Frauenstimmrechte um Hilfe gebeten. Da das Statut der Liga eine Intervention nur bei Landtagen und Parlamenten vorsah, änderte diese zugunsten der galizischen Frauen ihre Satzung und berichtete in ihrem Organ „Jus Suffragii" über die Agitation in Galizien.[98]

Insgesamt war der Kampf für die Zulassung von Frauen zu kommunalen Wahlen in Galizien und im Königreich Polen insbesondere im Zusammenhang mit angestrebten Reformen der Kommunalverfassung ein wichtiges Betätigungsfeld der Frauenbewegung. Das kommunale Stimmrecht wurde zwar nicht der Idee gerecht, Frauenrechte im Zuge einer „allgemeinen" Befreiung durchzusetzen. Jedoch schien es in der Situation nationaler Unfreiheit konkreter und praktikabler als die Durchsetzung eines allgemeinen Stimmrechtes. Der regionale Bezug umging die Frage nach der Haltung der Frauenbewegung zur ‚nationalen' Frage zwar nur scheinbar, wie der weiter unten beschriebene Umgang

---

96 PAULINA KUCZALSKA-REINSCHMIT, Młodzież żeńska i sprawa kobieca, Warszawa 1906.
97 Zum „Verein Eliza Orzeszkowa" Ster 1907, S. 86-89; zur Studentinnenvereinigung Bluszcz 1910, S. 204 f., Ster 1911, S. 156-158.
98 Ster 1910, S. 81, weitere Vorstöße vgl. Ster 1910, S. 71-77, 163 f.; 1911, S. 153 f.; 1912, Nr. 3, S. 6 f. Bluszcz 1913, S. 520 f. 1910 wurde im Zusammenhang mit neuen Diskussionen um einen Autonomiestatus des Königreichs Polens auch hier Agitation für die Durchsetzung des Frauenstimmrechts in den Selbstverwaltungskörperschaften betrieben, vgl. Ster 1911, S. 4 f.; 1910, S. 392 f. All diese Bemühungen scheiterten.

Dulębiankas mit der ukrainischen Bevölkerungsgruppe in Lemberg zeigt. Jedoch war der Kampf für das kommunale Stimmrecht unter polnischen Feministinnen offenbar in einem höheren Maße konsensfähig als das Petitionieren an die russische Duma.

4.4. Die Verbindungsfrauen im Ausland und die ambivalente Haltung zur internationalen Frauenbewegung

Polnische Feministinnen betrachteten ihre Frauenbewegung als verspätet, rückständig und schlecht organisiert. Diese Einschätzung gewannen sie aus dem Vergleich mit anderen Nationen. Bewundert wurden der hohe Mobilisierungsgrad der englischen Suffragetten ebenso wie die finanziellen Ressourcen der amerikanischen Frauenbewegung.[99] Während bei den ersten internationalen Frauenkongressen Polinnen gleichberechtigt vertreten waren, gerieten sie im Zuge der immer größeren organisatorischen Differenzierung international ins Hintertreffen. Die konspirative „Frauenunion" (*Unia kobiet*) war in den 1890er Jahren von der internationalen Frauenbewegung als polnische Vertretung anerkannt worden. Der Mangel eines nationalen Frauenverbandes wurde jedoch später zum Hindernis für eine angemessene Repräsentation polnischer Frauen auf internationaler Ebene. Dieses Problem zeigte sich deutlich auf dem internationalen Kongreß der Frauenrechtsligen, der 1913 in Budapest stattfand. Voraussetzung für einen Beitritt zu dieser Vereinigung wäre die Gründung einer national zusammengefaßten polnischen Frauenrechtsliga gewesen. Selbst in Galizien, wo sich die polnischen Frauen ein solches Vorgehen den österreichischen Frauen gegenüber aufgrund des galizischen Autonomiestatus hätten erlauben können, verbaten die Vereinsgesetze den Zusammenschluß. Auch die Österreicherinnen, Ungarinnen und Tschechinnen waren durch Komitees für Frauenrechte nur als zweitrangige Mitglieder vertreten. Innerhalb der galizischen Frauenvereine kam es im Vorfeld der Budapester Konferenz zu Koordinationsschwierigkeiten. Obwohl Vertreterinnen des Krakauer und des Lemberger Komitees anwesend waren, übernahmen die Lembergerinnen die Rolle der alleinigen galizischen Vertretung, nachdem eine doppelte Repräsentanz der Polinnen in Form zweier Vereine mit dem Hinweis darauf, daß auch die Amerikanerinnen nicht für jeden einzelnen Bundesstaat eine internationale Repräsentation in Anspruch nähmen, abgelehnt worden war. Zum eigentlichen Affront kam es aber, als Maria Dulębianka von der Kongreßleitung das Rederecht verweigert wurde,

---
99 Ster 1907, S. 246-250; 1908, S. 12-14; 1910, S. 6-9; Bluszcz 1908, S. 86; 1912, S. 31 f.; 1913, S. 511 f.

4.4. Die Verbindungsfrauen im Ausland

weil sie nur als Journalistin anwesend war. Sie hatte sich zu den schwierigen organisatorischen Bedingungen in Polen äußern wollen. Während Paulina Kuczalska-Reinschmit im *Ster* das Verhalten der Lembergerinnen verurteilte, erinnerte sich Jadwiga Petrażycka Tomicka achtzehn Jahre später an die „neuen Kräfte", die das Lemberger „Komitee für Frauengleichberechtigung" durch „das Gefühl der Solidarität mit Frauen aller Länder der Welt" entfaltet habe.[100]

Die Entwicklungen im Ausland wurden in den Zeitschriften der polnischen Frauenbewegung sehr genau dokumentiert. Als Informationsquellen dienten dabei einerseits im Ausland lebende oder reisende Polinnen. Andererseits wurde die ausländische Presse gelesen und ausgewertet. Den Kampf um das Frauenstimmrecht sahen Autorinnen des *Bluszcz* wie des *Ster* als eine parallel verlaufende, teilweise gemeinsame Kraftanstrengung europäischer und amerikanischer Frauen an. Sowohl gemäßigte als auch radikale polnische Feministinnen standen den Erfolgen der europäischen Frauenbewegung positiv gegenüber. Selbst wenn einige in Polen nach 1907 den Kampf für das Frauenstimmrecht nicht fortführen wollten, so wurden doch die Mittel und Wege anderer Frauenbewegungen nicht kritisiert. Insbesondere der *Ster* unterrichtete seine Leserinnen nicht nur über den Stand der Frauenbewegung in den westeuropäischen Staaten, sondern auch über die Situation in China,[101] den skandinavischen Ländern,[102] Italien,[103] den Niederlanden,[104] Neuseeland,[105] Amerika[106] und Böhmen.[107] Teresa Lubińska veröffentlichte im *Ster* sogar ihre Reiseeindrücke aus Algier.[108] Den Frauen im Finnischen Parlament widmete der *Ster* mehrere Artikel.[109]

Die Auslandsberichterstattung im *Ster* und im *Bluszcz* diente vorrangig der nüchternen Information. Teilweise waren jedoch an Auslandsberichte vergleichende Betrachtungen geknüpft. So benutzte z. B. Paulina Kuczalska-Reinschmit, als sie sich lobend über die Organisation und den hohen Entwicklungsstand der dänischen Frauenbewegung äußerte, die Gelegenheit, die Rückstän-

---

100 Bluszcz 1913, S. 303 f., 317 f.; Ster 1913, S. 77-87; PETRAŻYCKA TOMICKA, Związek równouprawnienia kobiet w Lwowie, S. 27.
101 Ster 1910, S. 64-67, S. 172-175.
102 Ster 1907, S. 240-246; 1908, S. 84-86, 267-274, 400-405; 1912, Nr. 13-14, S. 12; 1913, S. 59-61.
103 Ster 1908, S. 224-230.
104 Ster 1908, S. 274-278, S. 289-298.
105 Ster 1908, S. 400 f.
106 Ster 1908, S. 298-304.
107 Ster 1908, S. 304-307; 1912, Nr. 13-14, S. 11.
108 Ster 1212, Nr. 4, S. 4 f., Nr. 5, S, 7, Nr. 9, S. 7 f.
109 Ster 1907, S. 93-102; 1908, S. 198 f., 314-318; 1912, Nr. 16, S. 2-4, 1913, 91 f., 102 f.

digkeit der polnischen Frauenbewegung zu bemängeln.[110] Die polemische Bemerkung eines englischen Ministers, der den Suffragetten entgegenhielt, daß er nicht sicher sei, ob das Frauenstimmrecht von der Mehrheit der Frauen gewünscht sei, wurde im *Bluszcz* zum Anlaß genommen, die politische und soziale Unaufgeklärtheit der Masse polnischer Frauen als Emanzipationshindernis zu benennen.[111]

An allen wichtigen internationalen Kongressen nahmen polnische Vertreterinnen teil, obwohl die internationalen Frauenligen keine polnischen Zweigstellen hatten. Dies galt sowohl für die Kongresse des 1888 in Washington gegründeten *International Council of Women*,[112] welches sich auf die soziale und wohltätige Arbeit von Frauen konzentrierte, als auch für die einige Jahre später gegründete „Frauenrechtsliga". Letztere setzte sich bewußt vom *International Council of Women* ab, indem sie das Stimmrecht als Voraussetzung für Reformen im Erziehungswesen, in der Wirtschaft und im Sozialsystem betrachtete.[113]

Bei den weiter entwickelten Frauenbewegungen in Westeuropa suchten verschiedene Autorinnen vor allem nach Agitations- und Organisationsvorbildern. In diesen Zusammenhang gehört die Broschüre Melania Rejchmanowas „Die Frau im Parlament und in der Gemeinde", die 1911 unter ihrem Pseudonym J. Orka (übersetzt: schwere Arbeit, Plackerei) in Warschau erschien.[114] Die Autorin war Mitglied des PSRK und lebte von 1909 bis zu ihrem Tod 1913 in Paris. Dort arbeitete sie zusammen mit Maria Szeliga[115] beim *Congrès Permanent du Féminisme International*. Als Korrespondentin schrieb sie über die internationale Frauenbewegung für den *Bluszcz*, den *Tygodnik Illustrowany* und Świętochowskis *Prawda*. Für den *Bluszcz* berichtete sie 1908 außerdem vom dritten internationalen Kongreß der Frauenrechtsliga[116] und 1909 vom internationalen Frauenkongreß in Paris, an dem auch Romana Pachucka teilnahm. Pachucka berichtete ihrerseits für den *Ster* über den Kongreß.[117] Paris galt beiden in seiner Weltoffenheit gerade deshalb als vorbildlich, weil es gleichzeitig das

---

110 Ster 1910, S. 153-160.
111 Bluszcz 1906, S. 515 f.
112 Bluszcz 1908, S. 63 f., 76 f., 237.
113 Bluszcz 1908, S. 283.
114 J. ORKA, Kobieta w sejmie i gminie, Warszawa 1911; zuvor als Serie im Bluszcz 1910, S. 530 f., 538 ff., 551 ff., 565 f.; 1911, S. 170 f.
115 Maria Szeliga ist das Pseudonym Maria Loevys, geborene Mirecka (1854-1927). Sie war, nachdem ihr um 1880 eine Haftstrafe wegen geheimen Unterrichts drohte, nach Paris emigriert. Vgl. Polacy w historii krajów Europy zachodniej, Poznań 1981, S. 426.
116 Bluszcz 1908, S. 283 f.
117 Bluszcz 1909, S. 127 f., Ster 1908, S. 231-236.

4.4. Die Verbindungsfrauen im Ausland

Zentrum blühender französischer Nationalkultur darstellte. Freiheit, Offenheit und nationale Entfaltung waren diesen Darstellungen gemäß in Paris in einer auch für Polen erstrebenswerten Weise vereint. Die Tatsache, daß diese Stadt gleichzeitig ein Zentrum der nationalen und internationalen Frauenbewegung sowie der polnischen Emigration war, bestärkte dieses Bild.

Rajchmanowa gab ihre Einschätzung der Frauenbewegung in der Einführung zu „Die Frau im Parlament und in der Gemeinde" wie folgt:

> „Die Frauenbewegung – ein Resultat gewaltiger wirtschaftlicher und sozialer Umwandlungen – steht in einem untrennbaren Zusammenhang mit der Entwicklung der Demokratie und des Fortschritts. Die Forderung nach Gleichberechtigung der Geschlechter ist ein grundlegender Teil der allgemeinen Forderung nach bürgerlichen Freiheiten – sie bewegt sich im Geist der Zeit und macht einer sich verbreiternden Allgemeinheit die Ungerechtigkeit eines Systems deutlich, welches auf Ungleichheit und Privilegierung beruht. Während jedoch opfernde Mitstreiterinnen aktiv an allen Freiheitskämpfen der gegenwärtigen Epoche teilnehmen, werden sie systematisch von den durch ihre Hilfe bewirkten Werken ausgeschlossen. Hieraus ist die Notwendigkeit einer Organisierung jener entstanden, welche die Abschaffung der geschlechtlichen Begrenzungen fordern."[118]

Die Autorin sprach ein zentrales Argument der Frauenbewegung aus: Voraussetzung für die Durchsetzung der tatsächlichen Freiheit, welche auch die Bürgerrechte der Frauen berücksichtigen würde, war in der internationalen Perspektive Rajchmanowas ebenso wie in den Augen polnischer Feministinnen das Stimmrecht. In einem Artikel unter dem Titel „Wie kämpfen Frauen?" beschrieb Rajchmanowa die Erlangung der vollen Bürgerrechte als gemeinsames Kampfziel der europäischen Frauenbewegung. Kundgebungen, Manifestationen, Petitionen, Aufrufe und Herausgebertätigkeit charakterisierte sie als deren „Waffen".[119] Die Tätigkeit der Autorin läßt sich als strategische Hilfe für die wenig erfahrene Frauenbewegung in Polen lesen. Derselben Intention folgte eine Reihe übersetzter Artikel, die 1907/08 im *Ster* unter dem Titel „Wie Frauen ihr Wahlrecht erkämpfen" erschien. Dabei wurde über verschiedene Methoden der Agitation in unterschiedlichen Ländern sowie deren Erfolg berichtet.[120] Ebenso wie Rajchmanowa nahm auch Romualda Baudouin de Courtenay vom Ausland aus eine wichtige Rolle in der polnischen Frauenbewegung ein.

Die Stellung der polnischen Frauenbewegung in den internationalen Vereinigungen zeigt deutlich deren organisatorische Schwächen. Seitdem die internationale Frauenbewegung nicht mehr eine aufgrund persönlicher Kontakte funk-

---
118 ORKA, Kobieta w sejmie, S. 3 (Übersetzung N. St.).
119 Bluszcz 1908, S. 33; vgl. zur Stimmrechtsbewegung auch Bluszcz 1908, S. 190.
120 Ster 1907, S. 285-292; 1908, 84-86, 134, 190-192.

tionierende Gemeinschaft war, sondern zunehmend eine nach festen Prinzipien strukturierte Organisation wurde, entsprach sie nicht mehr den polnischen Bedingungen.

4.5. Weibliche Vorbilder und ihre Funktionen

4.5.1. Das Jubiläum Orzeszkowas als Anlaß für den ersten polnischen Frauenkongreß 1907 in Warschau

> „Wohl schweben die einen von uns [Frauen], umhüllt von den Flügeln des kleinen Liebesgottes [Eros] ehrlich, tugendsam und glücklich durch ihr ganzes Leben, andere aber, die meisten, bei weitem die meisten, gehen auf blutig-wunden Füßen auf der Erde und kämpfen um ihr täglich Brot, um ihren Frieden, um ihre Tugend, sie vergießen reichlich Tränen, leiden endlos, sündigen entsetzlich, versinken in den Abgründen der Scham, sterben vor Hunger [...]"[121]

Mit diesen Worten aus dem Prolog zu ihrem 1873 erschienenen Roman „Marta" beschreibt Eliza Orzeszkowa (1841-1910)[122] metaphorisch das Schicksal ihrer Heldin. Die junge verwitwete Marta muß auf ihrer Suche nach bezahlter Arbeit feststellen, daß ihre Fähigkeiten nicht gut genug entwickelt sind, um einen Erwerb für sich und ihre Tochter zu sichern. Die Tragödie Martas, welche als Stellvertreterin einer ganzen Generation von Frauen gilt, kulminiert nach zahlreichen Kämpfen und Kränkungen im Tod der Heldin. Nachdem sie einen Diebstahl begangen hat, wird sie von einer aufgebrachten Menge verfolgt und schließlich unter eine Straßenbahn getrieben. Der Roman wird allgemein als Appell für bessere Bildungs- und Ausbildungschancen für Frauen verstanden.[123]

Zwar bemerkte Orzeszkowa in einem ursprünglich für das amerikanische Publikum geschriebenen Beitrag über die Frauenfrage in Polen nach dem Januaraufstand, der Mangel an Männern im heiratsfähigen Alter sei ein Faktor dafür, daß nicht alle Polinnen durch eine Ehe materiell „versorgt" werden könnten.[124] Jedoch ist dieser mangelhafte Heiratsmarkt schwerlich als Grund für ihre oben zitierte programmatische Absage an den Eros schlechthin anzusehen. In streng positivistischer Manier setzt sie im weiteren Verlauf des Textes vielmehr an

---

121 ELIZA ORZESZKOWA, Marta, Berlin (Ost) 1984, S. 7.
122 Zu Leben und Werk Orzeszkowas siehe PSB, Bd. 24, S. 311-320.
123 Vgl. z. B. PIETROW-ENNKER, Women in Partitioned Poland, S. 20 f.; Na straży praw kobiety, S. 8 f.
124 Vgl. ELIZA ORZESZKOWA, O kobiecie, Warszawa 1888, S. 37.

4.5. Weibliche Vorbilder und ihre Funktionen

Stelle der „ewig brennenden Liebe", der „Hingabe", der „Mutterschaft", des „Spiels" und des „blinden Vertrauens" als vermeintliche Bestimmungen der Frauen das Ideal der geistigen und ethischen Arbeit.[125] Grażyna Borkowska sieht aus literaturwissenschaftlicher Sicht in dieser Übererfüllung des positivistischen Programms unter Opferung der Erotik sogar das spezifisch Weibliche im Werk der Autorin.[126]

Sachlichkeit, Realismus und gesellschaftliche Aktivität bilden die Matrix des schriftstellerischen und gesellschaftlichen Schaffens dieser Frau, deren 40jähriges Jubiläum als Autorin 1907 Anlaß für den ersten polnischen Frauenkongreß war. Der doppelte Charakter der in Warschau stattfindenden Veranstaltung als „Ehrerbietung (hołd) an Orzeszkowa"[127] und Forum der Frauenbewegung ist sicherlich nicht zufällig. Das Jubiläum beschreibt die Schnittstelle zwischen den Idealen Orzeszkowas, welche die Frauenbewegung als ihre Vorkämpferin ehrte, und deren ersten öffentlichen Organisationsversuchen. Zum Zeitpunkt des Kongresses war gerade die erste Nummer des Ster erschienen. Die Organisationen PSRK und PZRK befanden sich in der Gründungsphase. Auf der Grundlage dieser Überlegungen werden im folgenden die Verbindungen untersucht, die zwischen Werk und Person der Schriftstellerin und der Frauenbewegung von den Kongreßteilnehmerinnen selbst hergestellt wurden.

Der Kongreß war, obwohl so bezeichnet, nicht der erste polnische Frauenkongreß.[128] Aber er war, und daher rührt auch die Bezeichnung, die erste öffentliche Veranstaltung dieser Art, das heißt der erste Frauenkongreß, der nicht geheim abgehalten werden mußte. Dadurch erhöhten sich die Chancen einer öffentlichen Diskussion über die Belange der Frauen und die agitatorischen Möglichkeiten. 1906 war ein Organisationskomitee ins Leben gerufen worden, welches die Festlichkeiten vorbereitete.[129] Von den zahlreichen Frauen, die ihm angehörten, standen die meisten der Frauenbewegung nahe. Den Vorsitz führte Orzeszkowas Kollegin Maria Konopnicka, unterstützt von der ersten polnischen Ärztin Anna Tomaszewicz-Dobrska. Sekretärin war die Herausgeberin des *Bluszcz*, Zofia Seidlerowa. Außer vier weiteren Personen, die nicht zur Frauenbewegung zählten, arbeiteten die Lehrerinnen Iza Moszczeńska und Aniela Szycówna sowie die Publizistin und spätere Chronistin der Bewegung

---

125 ORZESZKOWA, Marta, S. 5.
126 GRAŻYNA BORKOWSKA, Cudzoziemki. Studia o polskiej prozie kobiecej, Warszawa 1996, S. 166-170.
127 Bluszcz 1907, S. 287.
128 Zur Abfolge polnischer Frauenkongresse vgl. Ster, Nr. 4, S. 178-183; hier wird das 25jährige Jubiläum der schriftstellerischen Arbeit Orzeszkowas als erstes polnisches Frauentreffen aufgeführt.
129 Bluszcz 1906, S. 106 f.

Cecylja Walewska im Komitee mit. Die aus einer polonisierten jüdischen Familie stammende Publizistin Melania Rejchmanowa koordinierte die einzelnen Sektionen.[130] Sie war die Initiatorin der Veranstaltung. Von vornherein wurde das Jubiläum der positivistischen Schriftstellerin als Frauenkongreß geplant.[131] Der Kongreß war ein wichtiger Orientierungspunkt für die mentale und organisatorische Formierung der Bewegung. Alle namhaften kongreßpolnischen und galizischen Feministinnen nahmen an ihm teil.[132]

Konopnicka bemerkte in ihrer Eröffnungsansprache, daß der Kongreß einerseits ein „Kriegsrat" sei, der einen strategischen Plan erdenken, sowie Standpunkte klären und verteidigen sollte,[133] andererseits habe er noch ein weiteres wichtiges Ziel, welches ihm einen „ungewöhnlich feierlichen Charakter" gäbe, da „wir durch ihn die große Verteidigerin der Befreiung der Frauen, Eliza Orzeszkowa, ehren wollen".[134] Im Bewußtsein dieser „Feierlichkeit" erklärte Aleksander Lednicki[135] als Duma-Abgeordneter der liberalen fortschrittlich-demokratischen Partei unter Berufung auf Orzeszkowas Forderung nach „ethischer Bildung" der Frauen in seiner Ansprache zur Eröffnung der politisch-rechtlichen Sektion „Euren Kampf" zum „heiligen" Kampf, „weil Ihr um die Realisierung der großen Postulate der Gerechtigkeit kämpft".[136] Die Anwesenheit Orzeszkowas und die Berufung auf ihr ideelles Werk segneten somit das gesellschaftliche Schaffen der Frauenbewegung auch aus der Sicht fortschrittlicher Männer.

Wie stellte sich nun aber die Jubilarin die Befreiung der Frauen vor? In welcher Weise nahmen die Organisatorinnen und Teilnehmerinnen des Kongresses darauf Bezug und welche weiteren Formen und Inhalte ergaben sich daraus für die Frauenbewegung?

In einer Ansprache anläßlich eines „künstlerisch-literarischen Abends zur Feier Orzeszkowas" charakterisierte Kuczalska-Reinschmit den Einfluß Orzeszkowas auf die Frauenbewegung.[137] Diesen verortete sie auf zwei Ebenen:
1) Der Einfluß „Martas" habe viele Mädchen dazu gebracht, in ihren Familien „Bildungsmöglichkeiten oder berufliche Spezialisierung" zu erkämpfen.[138]
2) Unter programmatischen Gesichtspunkten schätzte Kuczalska-Reinschmit

---

130 Bluszcz 1907, S. 278.
131 Bluszcz 1907, S. 164.
132 Vgl. Ster 1907, Nr. 4, S. 196-204.
133 Ster 1907, Nr. 4, S. 183.
134 Ster 1907, Nr. 4, S. 185.
135 Zur Person Lednickis vgl. PSB, Bd. 16, S. 611-613.
136 Ster 1907, Nr. 4, S. 195.
137 Vgl. Ster 1907, Nr. 4, S. 173-177.
138 Ster 1907, Nr. 4, S. 174.

jedoch Orzeszkowas offenen Brief an die deutschen Frauen als am wichtigsten ein, da die Autorin in ihm den Eintritt der Frauen in den „Kampf um ihre eigenen [swoje] ethischen Postulate" forderte.
Orzeszkowa bezog sich in diesem Brief „Ueber Gleichberechtigung der Frau angesichts des Wissens, der Arbeit und der menschlichen Würde"[139] auf das lebhafte Interesse an ihrem Werk und ihrer Person in Deutschland.[140] Das Ziel ihrer Erläuterungen war die Ermunterung der deutschen Frauen zu einem „Tugendbund", dessen Verwirklichung sie in Deutschland aufgrund der größeren politischen Freiheiten und der kulturellen Traditionen für möglich erachtete, denn:

> „Ihr [deutschen Frauen] müßt [...] im Blut und im Geist etwas von dem Mut der großen Reformatoren Eures Vaterlandes, von der Gründlichkeit seiner Denker besitzen, von der Sanftmut und der Liebe zum Ideal seiner Dichter und Musiker."[141]

An dieser Stelle berief sie sich auf Luther, Melanchthon, Kant, Hegel, Herder, Bach, Beethoven, Goethe und Schiller.

Die Gleichberechtigung der Frauen bezeichnete Orzeszkowa als eine „Frage des gesunden Menschenverstandes und der Gerechtigkeit".[142] Von den drei höchsten Idealen, der Wahrheit, dem Guten und dem Schönen, seien die Frauen durch Bildungsbeschränkungen von der Wahrheit ausgeschlossen gewesen: „Nun stellten die Frauen, von der Wahrheit durch Gesetz und Sitte entfernt, nur die instinktive Güte und die materielle Schönheit dar."[143]

Daraus schließt sie aber nicht nur, daß Frauen den gleichen Zugang zu den geistigen Gütern haben sollten wie Männer, sondern sie verbindet mit geistiger Bildung zugleich ethische Anforderungen an die gebildeten Frauen. Bildung ist dabei für sie die Voraussetzung für ethische Vervollkommnung, sie ist aber keineswegs Garant für diese. Unter Bezugnahme auf „unsere, heutige europäische Moral"[144] beklagt Orzeszkowa, daß die moralischen Qualitäten der Menschheit gegenüber den geistigen unterentwickelt seien.[145] Sie lehnt die alleinige Hebung

---

139 Ueber Gleichberechtigung der Frau angesichts des Wissens, der Arbeit und der menschlichen Würde. Offenes Schreiben von Elise Orzeszko an Deutschlands Frauen (Sonderabdruck aus der Deutschen Hausfrauen=Zeitung), Berlin 1892, poln. Fassung zuerst als Serie im Ster 1886/87, später: List otwarty od kobiet niemieckich w kwiestyi równouprawnienia kobiet wobec nauki, pracy i dostojności ludzkiej, in: ORZESZKOWA, List do kobiet niemieckich i o Polsce-Francuzom, Warszawa 1900, S. 11-39.
140 ORZESZKO[WA], Ueber Gleichberechtigung, S. 3 f.
141 Ebd., S. 21 f.
142 Ebd., S. 3.
143 Ebd., S. 5.
144 Ebd., S. 8.
145 Ebd., S. 8 f.

des geistigen Niveaus der Frauen ab. Vielmehr ermögliche Bildung den Frauen, die Rolle auszufüllen, „welche sie als moralischer Faktor auf der Welt" spielen sollen.[146] Von der Verwirklichung dieser Ideale sei man weit entfernt, nicht nur wegen rechtlicher und sittlicher Beschränkungen der Frauen, sondern auch wegen ihrer mangelnden moralischen Bildung. Dieser moralischen Bildung sollte nun der „Tugendbund" zur Vorbereitung einer besseren Weltära dienen. Durch systematische Arbeit an den eigenen geistigen Fähigkeiten und Bekämpfung der eigenen moralischen Schwächen, durch die Ausbildung des Willens und die Ausübung von Solidarität sollte der Frieden zwischen den Menschen erreicht werden. Die Mitglieder des Tugendbundes sollten sich auf „allen Gebieten des menschlichen Lebens [...] durch Wort und Tath gegen alles, was physischer oder moralischer Mord ist, (auflehnen)."[147]

Orzeszkowas Programm zielte also auf eine Verbesserung der Menschheit durch die Arbeit der Frauen. Bildung, Arbeit, Vernunft und Gerechtigkeit sind hier die Grundlagen der Menschenwürde. In ihrem Programm forderte Orzeszkowa weder die politische Gleichberechtigung der Frauen noch machte sie sich zur Fürsprecherin individueller Befreiungs- oder Emanzipationswünsche (etwa in der Familie oder auf dem Gebiet der Sexualität).

Orzeszkowa stellte die Frauenbewegung in einen europäischen Zusammenhang. Ihre Forderung nach „freiem Zutritt zum Ideal der Wahrheit"[148] für Frauen leitete sie weniger aus der Lage der Frauen selbst als vielmehr aus den Erfordernissen der „zivilisierten" Menschheit ab. In ihrer Schrift „O kobiecie" setzte sie die polnische Frauenbewegung in direkte Beziehung zur Demokratisierung nach der Bauernbefreiung.[149] Unter Demokratisierung verstand sie dabei die Notwendigkeit, daß alle Mitglieder der Gesellschaft für ihren Unterhalt arbeiten müßten. Nur das arbeitende Individuum galt ihr als vollwertiges Mitglied der Gesellschaft. Der Aspekt der materiellen Unabhängigkeit hatte dabei eine nachgeordnete Bedeutung. Zielgruppe von Orzeszkowas Programm waren die christlichen Frauen der ehemaligen Ober- sowie der Mittelschichten. Dies zeigt sich besonders deutlich in ihrem historischen Abriß, der allein die Lage der adligen Frauen in Polen behandelte. Als europäische Einflüsse bezeichnete sie den Katholizismus und die römische Kultur (*laciństwo*).[150]

---

146 Ebd., S. 11.
147 Ebd., S. 20.
148 Ebd., S. 6.
149 ORZESZKOWA, O kobiecie, S. 33 f.
150 Ebd., S. 6-29.

4.5. Weibliche Vorbilder und ihre Funktionen

Zum Zeitpunkt des Jubiläums bemerkte Orzeszkowa in einem Brief an die polnische Schriftstellerin Maria Czesława Przewóska, daß sich zwar nicht ihre Ideale verändert hätten, sie jedoch erhebliche Zweifel an der Möglichkeit ihrer Umsetzung hege. Als ihre zentralen frauenpolitischen Schriften veröffentlicht wurden, stand eine Umsetzung der Ideale Orzeszkowas in Polen nicht in Aussicht. Deshalb wandte sie sich an die deutschen Frauen. Während ihres Jubiläums schienen die Aussichten etwas besser. Orzeszkowa lehnte jedoch die Mitautorschaft an einem zielgerichteten feministischen Programm ab. In ihrem Brief an Przewóska, den diese aus Anlaß des Jubiläums veröffentlichte, distanzierte sich Orzeszkowa von ihrem früheren Engagement „bezüglich der Frauenfrage, deren Erforscherin und Fürsprecherin ich war und Sie heute sind". Nach der Feststellung: „Die gegenwärtige Welt ist schlecht."[151] führte sie aus, daß eine politische Aktivität der Frauen nur dann zu befürworten sei, wenn die Frauen eine „neue Kraft" darstellten. Diese „spezifische weibliche Kraft" sollte zu der Verwirklichung des Wortes „Homo homini res sacra" führen. Am Ende des Briefes forderte Orzeszkowa Przewóska auf, „träumen sie schön…", und bemerkte: „Nur mir fällt es schwer, noch schön zu träumen."[152]

Die Resignation der Autorin steht für ihren Abschied von den „Träumen" der positivistischen Ära. Durch den Brief bekundete sie ihre Sympathie für die junge Frauenbewegung, unterstrich aber zugleich, daß sie einer anderen Generation angehörte. Dieser offene Brief Orzeczkowas wurde vielfach als Aufforderung gelesen, die Staffette aufzunehmen, die diese abgab. In einem symbolischen Akt übergab Orzeszkowa im Zuge des Kongresses ihre Aufgaben an die nächste Generation. Konopnicka forderte in ihrer Eröffnungsrede die Anwesenden auf: „Wir sind es ihr, uns, den großen Ideen, in deren Namen wir hier versammelt sind, schuldig", dafür zu arbeiten, daß die „Autorin Martas" diesen Satz [„Mir fällt es schwer, noch schön zu träumen", N. St.] nicht wiederholen kann, „also: laboremus".[153]

In einem im *Ster* veröffentlichten Bericht über einen Besuch bei Orzeszkowa nahm die junge Studentin Zofia Sadowska ebenfalls auf den oben zitierten Brief Bezug. Über ihr persönliches Gespräch mit Orzeszkowa berichtete sie folgendes:

> „Und es war etwas Symbolisches in dem, als diese grauhaarige Vorkämpferin sich mit der Frage an mich wandte: „Glaubst Du […] innig an die politische Gleichbe-

---

151 Maria Czesława Przewóska, Eliza Orzeszkowa w literaturze i ruchu kobiecym, Kraków ²1909, S. 33-38, hier S. 34. Die erste Auflage ist 1906 erschienen. Das Original des Briefes befindet sich in der Handschriftensammlung der Biblioteka Narodowa in Warschau.
152 Ebd., S. 38.
153 Ster 1907, Nr. 4, S. 186.

rechtigung der Frauen? Im Sinne der Summe des Guten, welches die Frauen in die Arena des politischen Lebens hineintragen könnten?" Ich antwortete, daß ich ebenso innig daran glaube, wie auch daran, daß die Zeit komme, wo „der Mensch dem Menschen ein Heiligtum sein wird." In dem Moment blitzten Orzeszkowas schöne schwarze Augen auf und obwohl der Mund lächelte, waren aber ihre Worte traurig: „und ich habe dies niemals geglaubt, ich habe geträumt, daß ich den großen Tag der Befreiung der Frauen sehen werde, heute fällt es mir schon schwer, daran zu glauben – besonders an die Resultate der politischen Gleichberechtigung der Frauen."

[...] meine Seele war glücklich, daß ich das Leben vor mir habe und der Glaube sich noch erfüllen kann. [...] ich glaube, daß die riesige Mehrheit der Frauen „schön träumen" möchte, aber ich glaube ebenso, daß die Frauen ihre Seele nicht nur in Wunderträume einhüllen werden, sondern auch für diese Zukunft, für diese Ideen – schließlich für die Vertiefung der eigenen Seele arbeiten und kämpfen werden."[154]

Dieses Zitat zeigt deutlich die Orientierung, welche der Kontakt mit Orzeszkowa der jüngeren Generation gab. Die symbolische Seite der Ehrerbietung an die Autorin drückt sich insbesondere in der Bedeutung aus, welche jüngere Frauen dem literarischen Werk Orzeszkowas für ihre Entwicklung beimaßen. Dies betrifft besonders den eigenen Entschluß, eine höhere Bildung anzustreben. In diesem Kontext erfüllte die Autorin die Rolle einer ideellen Mutter.[155]

Wie verhält es sich nun aber mit dem programmatischen Erbe Orzeszkowas für die Entwicklung der Frauenbewegung? Anhand von Świętochowskis Ansprache als Einführung in die ethisch-soziale Sektion des Kongresses und Paulina Kuczalska-Reinschmits Entgegnungen soll illustriert werden, inwiefern der Kongreß einen politischen Aufbruch für die Frauenbewegung darstellte.

Świętochowski leitete seine Ansprache mit der Behauptung ein, daß im Gegensatz zu den 1860er Jahren, als die Lage der Frau aus biologischer, psychologischer, anthropologischer und religiöser Sicht diskutiert wurde, die „Frauenfrage" ein „besonderer Fall in der allgemeinen Sache der Freiheit" geworden sei. In dieser Hinsicht setzte er die Lage der Frauen mit jener der Juden und Arbeiter gleich. Weiter ermahnte er die Frauenbewegung, Separatismus und Fanatismus zu vermeiden. Frauen sollten stattdessen aktiv an der Befreiung aller Menschen teilnehmen und nicht nur ihre eigenen Interessen vertreten.[156]

---

154 Ster 1907, Nr. 6, S. 239 f. (Überstetzung N. St.).
155 Vgl. Ich spowiedź. Wyniki ankiety dla uczszenie Orzeszkowej, hrsg. v. CECYLJA WALEWSKA, Warszawa 1911.
156 Ster 1907, Nr. 4, S. 186-188.

In ihrer Entgegnung, die Kuczalska-Reinschmit in Świętochowskis *Prawda* plazierte und außerdem im *Ster* nachdruckte, geht sie einige Schritte weiter als Orzeszkowa. Allein die Tatsache, daß Kuczalska-Reinschmit Świętochowski überhaupt öffentlich im Umfeld dieses feierlichen Anlasses widersprach, ist bemerkenswert. Ausgerechnet in der Entgegnung auf einen der wichtigsten männlichen Fürsprecher aus dem Kreis der Positivisten legte sie vor einem breiten Publikum den politischen Standpunkt der polnischen Frauenbewegung fest. Sie betonte, daß die Verbindung von allgemeiner Befreiung und Frauenemanzipation ein originäres Anliegen der Frauenbewegung sei, und bezichtigte Świętochowski der Unkenntnis über diese Bewegung. Sie unterstrich jedoch, und hierbei berief sie sich auf Erfahrungen aus den USA, England, Frankreich und Deutschland, daß eine „allgemeine" Befreiung noch lange nicht die Gleichberechtigung der Frauen einschließe. Mit anderen Worten stellte Kuczalska-Reinschmit fest, daß zwar der Frauenbewegung sehr wohl an der allgemeinen Befreiung gelegen sei, die Allgemeinheit aber wenig für die Befreiung der Frauen übrig habe. Sie betonte daher die Notwendigkeit, daß die Frauen selber für ihre Freiheit und Würde kämpften, und zwar auf ihre eigene Art.[157]

Hieraus läßt sich schließen, daß das ‚Matronat', welches Orzeszkowa für den Kongreß übernommen hatte, auf der strategischen Ebene weniger Bedeutung hatte als auf der symbolischen. Politisch und organisatorisch stellte der Kongreß einen Aufbruch für die polnische Frauenbewegung dar. Im Bewußtsein der eigenen Traditionen, und hierin waren die ausländischen Traditionen inbegriffen, strebte die Frauenbewegung zu neuen Ufern. Erstmals gab es die Möglichkeit, vor einem breiten Publikum politische Forderungen zu erörtern.

Obwohl nicht bekannt ist, wie viele Personen an dem Kongreß teilnahmen, steht doch außer Frage, daß der erste polnische Frauenkongreß gerade in Verbindung mit dem Jubiläum ein erstrangiges gesellschaftliches Ereignis darstellte. Wie in der Jubiläumsnummer des *Ster* bemerkt wurde, seien nicht nur literarische Größen wie Świętochowski und Konopnicka, sondern auch viele weitgereiste Gäste sowie ein zahlreiches Warschauer Publikum zugegen gewesen. Außerdem hätten sich einige „hochbegabte politische Sprecher" erstmals öffentlich zur Frauenfrage geäußert.[158]

Das Programm gliederte sich in Sektionen zu folgenden Themen: Allgemeinbildung, Prostitution, Ökonomie, Politik und Recht, Soziales und Ethik.[159] Die Organisatorinnen des Kongresses bezeichneten sich selbst als fortschrittlich und

---

157 Ster 1907, Nr. 4, S. 191-196.
158 Ster 1907, Nr. 4, S. 196.
159 Vgl. Ster 1907, Nr. 4, S. 196-204.

überparteilich.[160] In Auseinandersetzung mit den allgemeinen Freiheitsbestrebungen forderten Frauen erstmals auch die politische Gleichberechtigung ein.

Das Programm des Kongresses nahm den künftigen Themenkanon der Bewegung vorweg. Die Akteurinnen blieben in der Regel in den gleichen Feldern aktiv, in denen sie sich auf diesem Kongreß hervortaten. Die Beiträge, von denen viele veröffentlicht wurden, waren wegweisend für den weiteren Kampf der Frauenbewegung. So sprachen z. B. in der pädagogischen Sektion Aniela Szycówna über „Die Vorbereitung zum pädagogischen Beruf", Kazimiera Bujwidowa „Über Mädchenlyzeen und -gymnasien in Galizien" und Iza Moszczeńska über „Frauenbildung".[161] In der rechtlich-politischen Sektion hielt Maria Dulębianka einen programmatischen Vortrag mit dem Titel „Der politische Standpunkt der Frauen". Unter demselben Titel veröffentlichte sie 1908 eine Broschüre in der Reihe *Biblioteka Równouprawnienia Kobiet*, die von der Redaktion des *Ster* herausgegeben wurde.[162] Über die zivilen Rechte von Frauen sprach Józef Lange, der Autor einer im selben Jahr herausgegebenen Broschüre „Über die Rechte der Frau als Ehefrau und Mutter."[163]

Der Kongreß markierte den Punkt, an dem im Zuge eines allgemeinen Umbruchs die Frauen ihre eigenen Organisationen schufen und Standpunkte ausarbeiteten. Was die Feierlichkeiten zu Ehren Orzeszkowas betrifft, so bleibt anzumerken, daß es hier nicht um die Person Orzeszkowas ging, sondern um deren symbolischen Gehalt als *Pisarka-Obywatelka*[164] (etwa: Inbegriff einer patriotischen Schriftstellerin), „Mutter der Gesellschaft"[165] und „geistige Mutter"[166]. Indem man Orzeszkowa feierte, unterstrich man die Bedeutung des eigenen Anliegens. So wie Orzeszkowa sich nicht für die persönliche Freiheit der Frauen einsetzte, sondern den ‚Wert' der Frauen für die dem Individuum übergeordnete allgemeine Freiheit postulierte, so wurde der ‚Wert' Orzeszkowas für das übergeordnete Ziel der Frauenbefreiung eingesetzt. Dabei wurde die Autorin idealisiert. Ihre Persönlichkeit trat in den Hintergrund. Während der ganzen Feierlichkeiten wurde ihr eigenes Leben kaum thematisiert. In der Frauenpresse wurde sie erst wieder im Zusammenhang mit ihrem Tod 1910 genannt. Auch

---

160 Ster 1907, Nr. 4, S. 204.
161 Bluszcz 1907, S. 297 f.
162 Maria Dulębianka, Polityczne stanowisko kobiet, Warszawa 1908; Bericht über die Sektion: Bluszcz 1907, S. 287 f.
163 Józef Lange, O prawach kobiety jako żony i matki, Warszawa 1910.
164 Wielka Obywatelka, in: Ster 1910, Nr. 5/6, S. 201.
165 Ster 1910, Nr. 5 u. 6, S. 204; Pachucka, Pamiętniki, S. 143.
166 Ster 1911, Nr. 5 u. 6, S. 203.

aus diesem Anlaß klärte man die Leserschaft nicht über das Leben der Schriftstellerin auf, sondern ermahnte sie zu guten Taten.[167]

Diese Zurückstellung des Persönlichen hinter die Interessen der Gemeinschaft korrespondiert mit dem schriftstellerischen Schaffen der Autorin selbst.[168] Der Zusammenhang zwischen persönlichem Opfer und sozialer Aufwertung ist damit tief in die immanente Logik der polnischen Frauenbewegung eingeschrieben. Deren Ausgangspunkt war nicht die Kritik an den Verhältnissen zwischen den Geschlechtern. Vielmehr ging es ihr um eine Vervollkommnung der Gesellschaft durch die Ausübung einer im Hinblick auf diese Gesellschaft konstruierten ideellen Weiblichkeit. Damit setzte sich die Frauenbewegung, so wie sie von Orzeszkowa erdacht war, nicht in Opposition zu Männern, sondern bot ihre ‚weiblichen' Fähigkeiten unterstützend an. Dieser Ansatz wurde von der Frauenbewegung nach 1905 zwar nicht verworfen, er erwies sich aber in der neuen politischen Landschaft als wenig tragfähig. In der Konfrontation mit den politischen Parteien und den Bestrebungen der unterschiedlichen gesellschaftlichen Gruppierungen mußte die Frauenbewegung ihren Standpunkt, ihre Verbündeten und ihre Gegner finden. Solche strategischen Fragen waren für Orzeszkowa nie von Bedeutung gewesen.

Der ideelle Wert von Orzeszkowas Werk für die Frauenbewegung lag weniger in ihrem Programm begründet, als vielmehr darin, daß es die „Glocke war, welche die schlafenden Geister weckte",[169] daß es den Wunsch nach Selbständigkeit und Bildung wach rief. In der Vermischung von Werk und Wirkung, Persönlichkeit und Programm wurde Orzeszkowa durch die Frauenbewegung zur ideellen Mutter stilisiert. Als diese war sie ein positives Vorbild für die nach Bildung und Selbständigkeit strebenden jüngeren Frauen. Orzeszkowa entsprach insofern der Figur der ‚Mutter der Frauenbewegung' als daß sie einerseits die vorhergehende Generation repräsentierte und andererseits eine vollendete Nachahmung ihres Beispiels nicht mehr der ‚neuen' Zeit entsprach.

4.5.2. Die einsame „Heerführerin": Paulina Kuczalska-Reinschmit

„Ich und alle, die durch eine Reihe von Jahren mit Paulina Kuczalska-Reinschmit zusammen gearbeitet haben, kannten sie nicht gut: zwischen ihr und uns war eine durchsichtige Mauer, die man nicht überwinden konnte. [...Sie] war in sich verschlossen, [...] es zeigte sich, daß ihr Interesse niemals Menschen galt, sondern allein den politischen Angelegenheiten, daß sie persönlicher Zuneigung gegenüber

---

167 Vgl. Ster 1910, Nr. 5 u. 6, S. 201-209; 1911, Nr. 5 u. 6, S. 202-205, Nr. 7 u. 8, S. 292-298; Bluszcz 1910, S. 230-232, 256-258, 263, 362, 478, 512.
168 BORKOWSKA, Cudzoziemki, S. 166-170.
169 Ich spowiedź, S. 7.

4. Die Formierung der polnischen Frauenbewegung nach 1905

verschlossen war, daß sie völlig und restlos in der Arbeit für den Fortschritt und für die Frauenfrage aufging."[170]

Teodora Męczkowskas Schilderung der Pionierin der Frauenbewegung folgt ganz dem Schema einer militärischen Autorität, die ebenso angstbesetzt wie ehrfurchtsgebietend ist. Nicht nur die zehn Jahre jüngere Męczkowska beschrieb Paulina Kuczalska-Reinschmit vor allem als kompromißlos und kämpferisch. Teilnehmerinnen der Frauenbewegung bemerkten, daß Kuczalska-Reinschmit ihrer Zeit weit voraus gewesen sei, daß sie zu einem Zeitpunkt in Polen für die Gleichberechtigung gekämpft habe, als eine Verwirklichung dieses Postulats noch längst nicht in Aussicht gestanden habe.[171] In den Schriften der Zwischenkriegszeit wurde häufig betont, daß sie sich damit in den letzten Jahrzehnten des 19. Jahrhunderts vielen Anfeindungen ausgesetzt habe.

Seit den 1880er Jahren hatte Kuczalska-Reinschmit immer wieder Ansätze konspirativer feministischer Zirkel angestoßen. Die *hetmanka* (Heerführerin)[172] der Frauenbewegung, wie diese 1911 von Teresa Lubińska öffentlich und seitdem immer wieder bezeichnet wurde, verkörperte den Typus einer unter starkem westlichen Einfluß stehenden radikalen Feministin. Kuczalska-Reinschmit, 1859 in eine Grundbesitzerfamilie geboren, war die Tochter der „Enthusiastin" Ewelina Porczyńska. Sie heiratete 1879 zwanzigjährig Stanisław Reinschmit. Die Ehe wurde nach zwei Jahren geschieden und Kuczalska-Reinschmit begann 1881 ihre publizistische Tätigkeit. Sie schrieb für verschiedene fortschrittliche Zeitschriften über die „Frauenfrage". In ihrem Salon verkehrten zu dieser Zeit neben den polnischen Schriftstellerinnen Maria Konopnicka und Eliza Orzeszkowa auch Maria Dulębianka und Anna Tomaszewicz-Dobrska sowie ihre späteren engen Mitarbeiterinnen beim „Polnischen Verband für Frauengleichberechtigung" Józefa Bojanowska und Teresa Lubińska. Dort wurde über den französischen und den radikalen deutschen Feminismus diskutiert. Der Salon war offensichtlich organisatorisch eng mit dem wissenschaftlichen Lesesaal für Frauen verbunden, welchen Józefa Bojanowska seit 1879 ge-

---

170 MĘCZKOWSKA, 50 lat pracy, BN, rkp. II 10302, S. 18 f. (Übersetzung N. St.)
171 Z. B. TERESA LUBIŃSKA, Paulina Kuczalska-Reinschmit, in: Kurier Poranny 1911, Nr. 57, S. 3-4, hier S. 3.
172 So lautet z. B. der Titel des Aufsatzes von Stefan Król über Kuczalska-Reinschmit, in: DERS., 101 kobiet polskich, S. 244-248; in einer pathetischen Ansprache, die Teresa Lubińska aus Anlaß des dreißigjährigen Engagements von Kuczalska-Reinschmit in der polnischen Frauenbewegung hielt, schloß sie das umfassende Lob der Jubilarin mit den Worten: „Dafür [für die großen Taten] Dir – Vorkämpferin – Dankbarkeit. Dafür herzliche Ergebenheit – Schwester. Dafür Dir – Heerführerin – Ehre." Vgl. Z dni jubileuszowych Pauliny Kuczalskiej-Reinschmit, Warszawa 1911, S. 3.

genüber von Kuczalska-Reinschmits Wohnung in der Geschäftsstraße Nowy Świat im Hinterzimmer der kleinen Konditorei *Blikle* betrieb. Die Diskussionen über die darin befindliche Literatur (u. a. zahlreiche Schriften der westlichen Frauenbewegungen) fanden in Kuczalska-Reinschmits Salon statt. Zusammen mit Kuczalska-Reinschmit zog der Lesesaal 1885 in die Marszałkowska-Straße um. Seit 1889 befand sich der Lesesaal wieder auf der Straße Nowy Świat und wurde von Jadwiga und Maria Zaborowska geleitet. Er verlor darauf seinen Charakter als ‚feministische Kaderschmiede'.[173] Kuczalska-Reinschmit studierte von 1885 bis 1887 in Genf und von 1887 bis 1889 in Brüssel. 1889 nahm sie in Paris am ersten internationalen Frauenkongreß *des oeuvres et institutions féminines* teil. Nach Polen zurückgekehrt, gründete sie in Lemberg 1889 nach französischem Vorbild die „Frauenunion" (*Unia kobiet*). Diese konspirative Vereinigung hatte eine pädagogische und eine industriell-landwirtschaftliche Sektion. Wegen politischer Einschränkungen bestand sie nur drei Jahre. Seit 1891 existierte außerdem der „Frauenarbeitskreis" (*Koło Pracy Kobiet*) in Warschau. Dieser traf aus Gründen der Geheimhaltung bis 1906 in Museen zusammen.[174] 1891 wurde in Warschau ein konspiratives Frauentreffen aus Anlaß des 25jährigen schriftstellerischen Schaffens von Eliza Orzeszkowa organisiert, an dem angeblich 200 Frauen aus ganz Polen teilnahmen.[175]

Einerseits führten verschiedene Autorinnen als Motiv für Kuczalska-Reinschmits Engagement deren Überzeugung an: Sie habe durch die Gleichberechtigung der Frauen Moral und Gerechtigkeit in die Welt bringen wollen. Andererseits wird jedoch der kompromißlosen Pionierin unterstellt, daß sie durch ihren kämpferischen Charakter für eine solche Stellung prädestiniert gewesen sei.[176] Als sympathisch, warm oder herzlich wird sie nirgendwo geschildert.

Durch ihre kompromißlose Haltung sicherte sich Paulina Kuczalska-Reinschmit den unbestrittenen Vorrang in der polnischen Frauenbewegung. Gleichzeitig wirkte die Suffragette persönlich unerreichbar und abschreckend. Es ist auffallend, daß sich in den Reihen ihrer engsten Mitarbeiterinnen keine Frau befand, die auf dem gleichen Bildungsniveau war und ebenfalls programmatisch arbeitete. Die Organisation beim PZRK und beim *Ster* war hierarchisch. Von den höher gebildeten Frauen wie Męczkowska und Szycówna wollte sich offenbar keine unter das ‚Kommando' der „Heerführerin" begeben. Allerdings di-

---

173 Vgl. WAWRZYKOWSKA-WIERCIOCHOWA, Udział kobiet, S. 309 f.
174 Vgl. WALEWSKA, Ruch kobiet w Polsce, S. 19.
175 Vgl. PSB, Bd. 16, S. 69.
176 WALEWSKA, W walce o równe prawa, S. 15-21; Bluszcz 1910, S. 546; 1911, S, 117 f., 205 f.; 1921, Nr. 2, S. 7.

stanzierte sich auch keine polnische Feministin öffentlich von Kuczalska-Reinschmit oder versuchte, dieser ihre Position streitig zu machen. Kuczalska-Reinschmit wurde allgemein akzeptiert, geachtet und geehrt. Persönliche Kontakte und Auseinandersetzungen mit ihr wurden von der Mehrzahl der polnischen Feministinnen gleichermaßen gemieden.

Józefa Bojanowska war Kuchalska-Reinschmits engste Vertraute. Beide Frauen arbeiteten schon seit den 1880er Jahren zusammen. Das Verhältnis zwischen ihnen beschrieb Męczkowska als symbiotisch:

> [Kuczalska-Reinschmits] Kompromißlosigkeit hätte zu einem großen Fehler werden können, [...] wenn nicht das Schicksal [ihr] eine Freundin gegeben hätte, die genau diese Fehler hervorragend ausglich. [...] Józefa Bojanowska [...] widmete sich fast ohne Fanatismus der feministischen Ideologie Paulina Kuczalska-Reinschmits. Durch das ganze Leben war sie ihre untrennbare Gefährtin und Mitarbeiterin. [...] Diese zwei Persönlichkeiten ergaben eine hervorragende Einheit [...] In dieser Symbiose repräsentierte Paulina Kuczalska-Reinschmit den Gedanken und Józefa Bojanowska wußte immer den kürzesten Weg zur Umsetzung der kompliziertesten Ideen ihrer Freundin."[177]

Auch in den Erinnerungen von Pachucka erscheint Bojanowska als die Frau fürs Praktische. Sie habe sämtliche Nummern des *Ster* Korrektur gelesen, den Saal des PZRK für Veranstaltungen hergerichtet, den Besuch empfangen und den Tee gekocht. Kuczalska-Reinschmit habe sich ausschließlich der inhaltlichen Arbeit gewidmet. Bojanowska, die nach der Mittelschule Buchbinderei gelernt hatte, besaß eine eigene Werkstatt, in der sie vorwiegend Frauen beschäftigte.[178]

Als 1911 das dreißigjährige Jubiläum der feministischen Arbeit von Kuczalska-Reinschmit begangen wurde, war die Jubilarin selbst entscheidend an seiner Organisation beteiligt. Die Vorbereitungen wurden in der Redaktion des *Ster* getroffen. „In eigener Sache" hielt Kuczalska-Reinschmit denjenigen, die Kritik an der engen Verbindung zwischen dem *Ster* und ihrer Person geübt hatten, entgegen, daß es eine „natürliche Verpflichtung" des *Ster* als Organ der Gleichberechtigung sei, an diesem Projekt mitzuwirken. Kuczalska-Reinschmit bat die Organisatorinnen, das Programm so zu gestalten, daß es der Sache dienlich sei.[179]

Entsprechend nüchtern fielen die Feierlichkeiten aus. Zum Jubiläumskomitee gehörten Teresa Lubińska, Justyna Budzińska-Tylicka, Aniela Szycówna u. a.

---

177 MĘCZKOWSKA, 50 lat pracy, BN, rkp. II 10302, S. 21 f. (Übersetzung N. St.).
178 PACHUCKA, Pamiętniki, S. 134 f., 141, 160 f.
179 Ster 1911, S 79 f.

4.5. Weibliche Vorbilder und ihre Funktionen 183

Zahlreiche bekannte Feministinnen und Gelehrte sagten ihre Teilnahme zu, so Romualda Baudouin de Courtenay, Anna Tomaszewicz-Dobrska, Ludwika Jahołowska-Koszutska, Józefa Kodisowa, Ludwik Krzywicki, Józef Lange, Romana Pachucka und Cecylja Walewska.

Das Programm gab einen Überblick über die Entwicklung der Frauenbewegung in den letzten dreißig Jahren. Hierzu zählten die Themen „Die Frau und das Zivilrecht", „Das Stimmrecht der Frauen", „Die Frau in der Selbstverwaltung", „Der Einfluß der Erwerbstätigkeit auf die Frauen, die Familie und die Gesellschaft", „Mutterschaft und die Verteidigung des Kindes", „Die ethische Bedeutung der Frauengleichberechtigungsbewegung", „Die geistige Entwicklung der modernen Frau" u. a. Es scheint, als ob Kuczalska-Reinschmit die Frauenbewegung verkörperte. Das Jubiläum bot somit einen Anlaß, die Geschichte der Frauenbewegung nachzuzeichnen, ohne daß dabei etwas Neues gesagt worden wäre.[180]

Insgesamt drückte sich im Verhältnis der Mehrzahl der polnischen Feministinnen zu Kuczalska-Reinschmit eine große Distanz aus. Es ist nicht auszuschließen, daß diese Distanz in direktem Zusammenhang mit der Spaltung in der polnischen Frauenbewegung von 1908 stand. Statt wie Orzeszkowa mit mütterlichen Attributen wurde die Pionierin der Frauenbewegung mit militärischen ausgeschmückt. Dabei bot sie keinen Anlaß zu patriotischer Verehrung, sondern erschien als Inkarnation des Feminismus. Kuczalska-Reinschmits Werk wurde vom feministischen Standpunkt als vorbildlich, jedoch nicht als für polnische Frauen verbindlich betrachtet. Die Pionierin wurde als Hardlinerin wahrgenommen. Sie bot sich als weibliches Vorbild nicht an, da ihr zu wenig weibliche Attribute zugestanden wurden. Kuczalska-Reinschmit wurde im Verhältnis zu ihrer Vertrauten, Józefa Bojanowska, als dominant dargestellt.

4.5.3 Maria Dulębianka als politische Agitatorin und patriotisches Vorbild

„Hier aber in diesem Land, wo niemand von uns irgendein Menschenrecht besitzt, fordern wir nach Gleichberechtigung strebenden Frauen die Beteiligung beim Aufbau des nationalen Gebäudes (*gmach narodowy*). Und dies fordern wir, weil wir das Recht haben zu meinen, daß dieser Bau besser, sicherer und kräftiger sein wird, wenn auch wir unsere Hand an ihn anlegen. Weil wir uns der Arbeit auf allen Posten und auf jeglichen Feldern gewachsen fühlen, nicht nur auf dem Ödland. Da schei-

---

180 Dies zeigen auch die Eintragungen ins Gästebuch, die durchgängig als erbaulich-feministische Sprüche bezeichnet werden können: Z dni jubileuszowych Pauliny Kuczalskiej-Reinschmit, Warszawa 1911; zur Einschätzung der Person Kuczalska-Reinschmits vgl. auch den Nachruf Pachuckas in: Tygodnik Illustrowany 1921, Nr. 44, S. 706.

nen uns die Worte: ‚Jetzt ist es Zeitverschwendung, für die Rechte von Frauen zu kämpfen' voller Ironie."[181]

In Auseinandersetzung mit der Nationaldemokratischen und der Sozialistischen Partei richtete sich Maria Dulębiankas politische Agitation gegen die Behauptung, daß die Frauenbefreiung jener der Arbeiter, respektive der nationalen Befreiung, nachgeordnet sei.

Bei ihren ersten Schritten auf der politischen Bühne hätten die Frauen den „Kardinalfehler" begangen, Unterstützung bei den politischen Parteien zu suchen.[182] Weil jedoch die männlichen Parteimitglieder in erster Linie die Interessen derjenigen Klassen, die sie repräsentierten, verträten, müßten die Frauen ihre Interessen selbst wahrnehmen, und zwar „für das Allgemeinwohl" (*dla dobra ogólu*).[183]

Maria Dulębianka sah in den Frauen die hervorragenden Verfechterinnen der politischen Ethik, auf deren Grundlage sie die „Partei der Zukunft" aufbauen wollte.[184] Diese Ethik beruhte auf den Grundsätzen von Gerechtigkeit und Frieden.[185] Frauen waren in dieser Argumentation nicht nur aus Gründen der Gerechtigkeit, sondern auch als Garantinnen der Gerechtigkeit selbst an der Gestaltung der Politik zu beteiligen. Von daher war für Dulębianka die Frauenemanzipation keine politisch zweitrangige oder separate Frage, sondern in allen politischen Gebieten von entscheidender Bedeutung. Ungewöhnlich scharf argumentierte sie in ihrer Schrift „Der politische Standpunkt der Frauen" 1908 gegen national, religiös oder sozialistisch begründete Antifeminismen. Dulębianka kritisierte insbesondere die Zurückstellung von Fraueninteressen hinter nationale Interessen. Sie bemerkte, daß „keiner der bei uns herrschenden Begriffe gleich irreführend, gleich undurchsichtig, gleich instrumentalisiert und gleich gedankenlos interpretiert wird, wie der Begriff davon, was national ist, und was keine nationale Arbeit oder kein nationaler Kampf" sei. Sie argumentierte, daß Frauen nicht außerhalb des Volkes ständen und daher ihre Rechte auch die Rechte des Volkes seien. Auch die Frauen selbst unterlägen dem Mißverständnis, welches durch die aus Dulębiankas Sicht künstliche Auseinanderdividierung von Fraueninteressen und nationalen Interessen entstehe, denn

---

181 MARIA DULĘBIANKA, Polityczne stanowisko kobiety, Warszawa 1908, S. 5 (Übersetzung N. St.).
182 DULĘBIANKA, Polityczne, S. 3.
183 DULĘBIANKA, Polityczne, S. 6.
184 Vgl. Ster 1908, S. 378.
185 Vgl. Ster 1908, S. 377.

"während sie innig wünschen, für ihre Gesellschaft zu arbeiten, stellen sie sich angesichts der später entstehenden Furcht, ob die getane Arbeit [...] genügend national sei, vorher nicht immer und unvollendet die Frage, was wie zu tun ist. Von Zeit zu Zeit kann man auf unterschiedlichen Versammlungen, übrigens solchen von vertraulichster Natur, derartige nationale Verlegenheiten antreffen."[186]

Die Kandidatin für den Lemberger Landtag definierte dagegen Nation als einen Zusammenschluß aller Gruppen und Schichten, „von allem, was für das Glück, die Größe, die Kultur und die Moral des Volkes steht".[187] In den Frauen sah sie Trägerinnen dieser Kultur und Moral des Volkes. Demnach gab es keinen Grund für die Behauptung, daß der Kampf für Frauenrechte keine nationale Arbeit sei. Der Schlüssel zum Verständnis der politischen Agitation Dulębiankas ist ihr Freiheitsbegriff. Die Ethik, welche die Frauen in die Politik einbringen sollten, speiste sich aus dem utopischen Glauben, daß die Befreiung aller ein zusammenhängender Prozeß sei, innerhalb dessen die Interessen einzelner Teile einer Nation nicht gegeneinander ausgespielt werden konnten.

In ihrer Wahlkampfrede unter dem Titel „Die Partei der Zukunft" (*Stronnictwo przyszłości*) beschrieb Dulębianka 1909 die Ethik als Grundlage der politischen Kultur.[188] Dabei sprach sie sich gegen jeglichen „nationalen Egoismus" aus. Die Entscheidung über die Autonomie und die Befreiung der Polen in Galizien werde nicht nur in Wien getroffen, sondern auch „bei uns selbst zu Hause".[189] In diesem Zusammenhang sah sie eine Verständigung mit den Ruthenen (*Rusiani*, historischer Ausdruck für die Ukrainer) und Juden als Grundlage jeder gerechten Politik an. In bezug auf die Ukrainer bemerkte sie, daß „wir als die Stärkeren, Zivilisierteren und Klügeren gute Lehrer sein und uns so verhalten sollten, daß wir uns, wenn wir alles gelehrt haben, was wir sollten und es ist noch nicht gut, werden sagen können: das ist nicht unsere Schuld!"[190] Was die „Judenfrage" betrifft, so schätzte sie den Zionismus und seine „separatistischen" Bestrebungen als Hindernis für ihr Programm ein, bemerkte aber, daß die „freundschaftlichen Mittel" die besten seien, um dessen Einfluß einzudämmen.[191] In einer innerhalb der *inteligencja* durchaus üblichen herablassenden Art gegenüber den nichtpolnischen Bevölkerungsgruppen Galiziens verlangte sie nicht nur von den Frauen, sondern von den Polen insgesamt, sich als bessere

---

186 Dulębianka, Polityczne, S. 3 (Übersetzung N. St.).
187 Ebd., S. 4.
188 Ster 1909, S. 378.
189 So in einer am 28. Februar 1908 gehaltenen Rede, vgl. Ster 1908, S. 58 f.
190 Ster 1908, S. 59.
191 Ebd., S. 61.

4. Die Formierung der polnischen Frauenbewegung nach 1905

Menschen zu profilieren, um den eigenen Anspruch auf Emanzipation zu veredeln.[192]

Maria Dulębianka (1861-1919) war die einzige Frau in der polnischen Frauenbewegung, die eine künstlerische Ausbildung genossen hatte. Aus einer adeligen Familie stammend, studierte sie Malerei bei dem bekannten polnischen Historienmaler Jan Matejko in Krakau sowie in Wien und Paris. Ihre erste Ausstellung hatte sie mit 20 Jahren in Krakau.[193] Ihr Leben gliederte sich in eine kreative und eine politische Phase. Um 1900 gab Dulębianka die Malerei völlig auf und widmete sich nur noch der gesellschaftlichen Arbeit sowie ihrer kranken Freundin, der Schriftstellerin Maria Konopnicka. Nach gemeinsamen „europäischen Wanderungen"[194] siedelten sich die beiden Frauen 1907 zusammen in Lemberg an.[195]

Innerhalb der polnischen Frauenbewegung wurden Dulębiankas Aktivitäten stets mit ihrer Freundschaft zu der um beinahe zwei Jahrzehnte älteren Konopnicka in Verbindung gebracht. So berichtete z. B. Jadwiga Petrażycka Tomicka in einer Broschüre über den *Związek Równouprawnienia Kobiet we Lwowie* folgendes über eine Wahlveranstaltung Dulębiankas: „Der riesige Saal war vollgestopft mit einem Publikum, interessiert und erstaunt ob eines so ungewöhnlichen Strebens einer Frau, unterstützt von der großen Poetin."[196]

Auch Cecylja Walewska beginnt ihre Ausführungen zu Dulębianka, indem sie über Konopnicka schreibt. Beim ersten polnischen Frauenkongreß hätten Konopnicka als Vorsitzende und Dulębianka als Rednerin großes Aufsehen erregt.[197] Daß die beiden Frauen zusammen lebten, war für die Öffentlichkeit eine derartige Selbstverständlichkeit, daß sogar in einem Artikel im *Ster* bemerkt wurde, Dulębianka habe während der Agitation für eine Wahlrechtsreform in Lemberg alles gegeben, „seit der Zeit, als dies der Gesundheitszustand Maria Konopnickas erlaubte".[198] Dulębiankas Biographin Maria Jaworska mutmaßte über die Ursachen der Abwendung Dulębiankas von der Malerei: „Das malerische Talent Dulębiankas fiel dem poetischen Talent Konopnickas zum Opfer."[199]

---

192 Ster 1908, S. 61-63.
193 Vgl. PSB, Bd. 5, S. 457 f.
194 MARIA JAWORSKA, Marja Dulębianka, Lwów 1929, S. 4.
195 PSB, Bd. 5, S. 457.
196 PETRAŻYCKA TOMICKA, Związek, S. 7.
197 WALEWSKA, W walce, S. 150.
198 Ster 1911, S. 76.
199 JAWORSKA, Marja Dulębianka, S. 3 f.; über die „wahre Freundschaft" zwischen Dulębianka und Konopnicka vgl. auch den Nachruf Paulina Kuczalska-Reinschmits auf Dulębianka in: Na Posterunku 1919, Nr. 4, S. 1-5, hier S. 1-2.

4.5. Weibliche Vorbilder und ihre Funktionen

Auffällig ist, wie diese Freundschaft die Person Dulębiankas aufwertete, gerade weil sie als Gebende und Opfernde in diesem Verhältnis galt. Dulębianka selbst nahm in ihren politischen Äußerungen niemals auf Konopnicka Bezug. Ein Einfluß Konopnickas auf Dulębiankas politisches Programm scheint auch deshalb unwahrscheinlich, weil Konopnicka nur am Rande an der Frauenbewegung teilnahm. Ihr Engagement in der Frauenfrage beschränkte sich weitgehend auf die Redaktion des *Świt* von 1884 bis 1886. In einem Brief an Eliza Orzeszkowa hatte Konopnicka im Vorfeld der Gründung des *Świt* kritisiert, daß die Zeitschrift nur für Frauen sein sollte. Sie hätte lieber eine Zeitschrift „für Menschen" geleitet. Konopnicka sprach sich nur im Zusammenhang mit der Kandidatur ihrer Freundin öffentlich für das Frauenstimmrecht aus.[200] Małgorzata Czyszkowska-Peschler behauptet sogar, Konopnicka habe sich über Dulębiankas feministisches Engagement lustig gemacht.[201] In einem Nachruf des *Ster* auf Konopnicka wird diese weder als Feministin, noch als soziale Aktivistin, sondern als Schriftstellerin und weibliches Genie geehrt.[202]

Es scheint, als ob Dulębianka, der gemeinhin keine ausgeprägten ‚weiblichen' Züge zugestanden wurden,[203] mehr durch die als gefühl- und aufopferungsvoll beschriebene Freundschaft als durch ihr politisches Programm zum weiblichen Vorbild wurde. Offensichtlich konnte sie mit ihrer Definition von Nation nicht überzeugen. Das Bemühen, die Feministin Dulębianka in ein positives nationales Licht zu rücken, drückte sich nicht nur darin aus, daß man deren Nähe zu der ‚Patriotin' Konopnicka[204] betonte. Vielmehr wird immer wieder hervorgehoben, daß Dulębianka sowohl ihr Leben als auch ihren Feminismus letztlich für das ‚Vaterland' opferte.

Absurderweise wurde Dulębiankas radikale Ethik im Hinblick auf das Nationale in der Erinnerung an sie in eben jener Weise mißinterpretiert, welche diese selbst schon 1908 kritisiert hatte. So schrieb Walewska 1930 über die Tätigkeiten Dulębiankas im Ersten Weltkrieg: „Sie verstand, wie übrigens alle unsere sogenannten ‚Feministinnen', daß ihr Kampf [für Frauenrechte] dort aufhört, wo es um die Vollendung der Staatsgründung, um [...] die Existenz, Unabhängig-

---

200 ZAWIALSKA, „Świt" Marii Konopnickiej, S. 17f.; ZOFIA ZALESKA, Czasopisma kobiece w Polsce, Warszawa 1938, S. 92-95; zum literarischen Werk Konopnickas vgl. BORKOWSKA, Cudzoziemki, S. 152-157.
201 MAŁGORZATA CZYSZKOWSKA-PESCHLER, She is – a nobody without a name, in: Women in Polish Society, hrsg. v. RUDOLF JAWORSKI u. BIANKA PIETROW-ENNKER, New York 1992, S. 137.
202 Vgl. Ster 1910, S. 305-311.
203 Vgl. WALEWSKA, W walce, S. 150; PACHUCKA, Pamiętniki, S. 100.
204 Zu den „patriotischen" Aktivitäten Konopnickas vgl. PSB, Bd. 8, S. 577-580.

keit, Wiedergeburt [des Staates] ging."[205] Tatsache ist, daß sich Dulębianka während des Krieges um Gefangene, sowie um obdach- und erwerbslose Familien und Verwundete kümmerte. Als sie infolgedessen 1919 an Typhus starb, konstatierte Justyna Budzińska-Tylicka: „Sie fiel auf dem Posten".[206] Die Frauenzeitschrift *Na Posterunku* widmete im Mai 1919 eine ganze Nummer der „gefallenen" Künstlerin, Feministin und Patriotin. Darin behauptete Paulina Kuczalska-Reinschmit, „der Tod auf dem Posten der gesellschaftlichen (*obywatelskiej*) Arbeit" sei „ein würdiges Ende des ungewöhnlichen Lebens Maria Dulębiankas".[207] Zofia Daszyńska-Golińska schrieb gar von deren vermeintlich „schönem Tod".[208] So wurde vor dem Hintergrund des Krieges der Tod der Feministin zum patriotischen Opfer stilisiert. An Stelle von Trauer zelebrierten Feministinnen die Opferbereitschaft von Frauen zugunsten der ‚Auferstehung des Vaterlandes'.

4.6. Das Ideal als Struktur

Von ihrer organisatorischen Stärke aus betrachtet muß die Geschichte der polnischen Frauenbewegung als verhindert bezeichnet werden. Die Gründe für diese Verhinderung waren vor allem politischer Natur. Neben dem Mangel an nationalen Institutionen war jedoch auch die soziale Rückständigkeit der polnischen Länder ein Hindernis für eine kraftvolle Entfaltung der polnischen Frauenbewegung. Hier ist insbesondere die hohe Analphabetenrate in Galizien und im Königreich Polen zu nennen.

Die Beziehungen innerhalb der Bewegung waren nicht nur Ausdruck persönlicher Neigung oder Zuneigung. Sie waren auch Bestandteil der Kultur der Bewegung. Wie am Beispiel der Freundinnenpaare Kuczalska-Reinschmit/Bojanowska und Dulębianka/Konopnicka gezeigt wurde, hatten Freundschaften nicht nur für das persönliche Leben eine hohe Bedeutung. Sie wurden vielmehr im Zuge einer idealisierenden Rollenzuweisung instrumentalisiert. Insgesamt strukturierte sich die Bewegung durch horizontale und vertikale Beziehungen. Einerseits trafen sich in Zirkeln und Salons Frauen auf einer Ebene und bildeten

---

205 WALEWSKA, W walce, S. 152; Dulębiankas Position zum Stimmrecht unterschied sich indes inhaltlich während des Krieges nicht von ihrer Vorkriegsagitation. Sie plädierte sogar dafür, daß die „internationale Armee der Frauen" gegen den Krieg und für den Frieden wirken solle, vgl. Na Posterunku 1918, Nr. 16, S. 1-2, Nr. 17, S. 5-6, hier S. 6.
206 Kurier Warszawski 1919, Nr. 77, S. 8; von ähnlichem Pathos auch der Nachruf Kuczalska-Reinschmits auf Dulębianka, in: Tygodnik Illustrowany 1919, Nr. 15, S. 238.
207 Na Posterunku 1919, Nr. 4, S. 4.
208 Na Posterunku 1919, Nr. 4, S. 6.

Netzwerke. Stärkere Bedeutung erlangten jedoch die vertikalen Elemente. Einerseits hatten Generationsunterschiede eine große Bedeutung, andererseits wurden die Leitfiguren zu Autoritäten erhoben. Innerhalb der Bewegung gab es zudem Frauen, deren Engagement in der Bewegung mit bestimmten Aufgaben verknüpft war. So war Walewska die Chronistin der Bewegung, Baudouin de Courtenay und Rajchmanowa operierten als Botschafterinnen und Auslandskorrespondentinnen.

Organisatorische Hindernisse und Schwächen der Bewegung wurden durch Inszenierungen von Personen und Ereignissen ausgeglichen. Diese Inszenierungen gehörten zur Kultur der polnischen Frauenbewegung. Die Suche nach weiblichen Vorbildern diente vor dem beschriebenen Hintergrund der kollektiven Selbstvergewisserung. Die Bewegung schaffte bestimmte Typen weiblicher Vorbilder, deren Beispiel richtungsweisend für die Konstruktion weiblicher nationaler Identität war. Dies zeigte sich an den Beispielen Eliza Orzeszkowas, Maria Dulębiankas und Paulina Kuczalska-Reinschmits, deren Typisierungen hier kurz zusammengefaßt werden.

Eliza Orzeszkowa war keine Aktivistin der polnischen Frauenbewegung. Sie war vielmehr eine Einzelgängerin, die ihre Schriften im inhaltlichen, nicht aber im organisatorischen Rahmen des „Warschauer Positivismus" unter anderem der „Frauenfrage" widmete.[209] Die Inszenierung Orzeszkowas als mütterliche Leitfigur entsprach dem Bedürfnis, der Bewegung eine weibliche Genealogie zu geben. In Analogie zur männlichen Ahnenfolge wurden positive Frauengestalten als verpflichtende Beispiele und Beweise für die Berechtigung des eigenen Anliegens dargestellt. Die Suche nach Vordenkerinnen in den verschiedenen Etappen der polnischen Geistesgeschichte schuf der Bewegung Ahnfrauen. Innerhalb einer weiblichen Generationenfolge konnten nun Traditionen und Fortschritte unterstellt bzw. benannt werden. Die Idee, daß sich das Erbe der Bewegung einer weiblichen Erbefolge gemäß weitertrug, könnte auch an anderen Beispielen verdeutlicht werden. So wurde die Frauenbewegung zur zweiten Familie, durch deren Zusammengehörigkeit der Aufbruch aus der am väterlichen Vorbild ausgerichteten Herkunftsfamilie versinnbildlicht wurde.

Auch die symbolische Bedeutung der Figur Dulębiankas leitete sich nicht aus ihrem tatsächlichen Engagement in der Bewegung, sondern aus ihrer Inszenierung als treusorgende Schwester ab. Diese Inszenierung fand in der Zwischenkriegszeit statt und lehnte sich eher an die Umstände des ‚Heldentodes' Dulębiankas als an ihre gesellschaftliche Arbeit an. Die Fürsorge für ihre Freundin Konopnicka fand ihre Entsprechung in der Versorgung, die sie während des

---

209 Diese Einschätzung gab Kuczalska-Reinschmit schon 1906 in ihrem Artikel: Orzeszkowa w ruchu kobiecym, in: Wędrowiec 1906, Nr. 11, S. 207-208, hier S. 207.

Krieges an der ‚Heimatfront' dem ‚Volk' angedeihen ließ. In diesem kriegerischen Kontext diente das Bild der hinter der Front tätigen Schwester der Legitimierung von Gleichstellungsbemühungen der Bewegung. Die Schwester war dabei weibliches Äquivalent zum Soldaten. Die Figur steht in der Tradition Emilia Szczarnieckas, einer polnischen Nationalheldin, die während des Novemberaufstandes Verwundete pflegte.[210] Sie ist aber vor allem vor dem Hintergrund der Einbeziehung von Frauen in die Kriegspropaganda des Ersten Weltkrieges zu verstehen. Nicht nur in Polen verwiesen Frauen bei ihrer Forderung nach staatsbürgerlicher Gleichstellung auf ihre unverzichtbare und dem Opfer des Kriegers gleichwertige Tätigkeit hinter der Front. Gerade dieses Beispiel verdeutlicht die Dialektik zwischen der Forderung nach gleichen Rechten und dem Verweis auf weibliche Qualitäten.

Im Gegensatz zu der mütterlichen Heldin Orzeszkowa und der aufopfernden Dulębianka wurde das Wirken Kuczalska-Reinschmits nicht als Leidensgeschichte, sondern letztlich als Erfolgsgeschichte inszeniert. Kuczalska-Reinschmit habe rückhaltlos für die Durchsetzung ihrer Ziele gekämpft und dabei das getan, was ihrem Wesen entsprach. Die Beschreibungen Kuczalska-Reinschmits entsprachen dem Negativklischee einer Feministin: verbissen, hart und gefühllos, dominant und militant. Da das Bild einer Feministin nicht im Hinblick auf ein männliches Äquivalent konstruiert war, entbehrte es gleichsam ‚weibliche' Attribute. Kuczalska-Reinschmit scheint als Nur-Feministin außerhalb der Gemeinschaft zu stehen. Da ihr kein patriotisches Opfer nachgesagt wurde, galt sie als Fremde. Ihr Kampf um Frauenrechte wurde als verfrüht, als von außen aufgesetzt dargestellt. Viele Aktivistinnen der Frauenbewegung grenzten sich schon zu deren Lebzeiten von der Radikalität ihrer *hetmanka* ab und gingen somit auf Distanz zu diesem als negativ empfundenen Frauenbild. Innerhalb der nationalen Rhetorik definierten sie Weiblichkeit im Zusammenhang mit Männlichkeit, Frauenemanzipation im Kontext nationaler Emanzipation. Diese national determinierte Sicht auf die Frauenemazipation wurde während der Zwischenkriegszeit in den Selbstdarstellungen der Bewegung vertieft.

---

210 Zu Szczarniecka vgl. KRÓL, 101 kobiet polskich, S. 131-138.

5. FEMINISTISCHE MORAL UND DIE ‚VERWISSENSCHAFTLICHUNG' DER SEXUALITÄT

„Die Frau, durch die Natur hauptsächlich zur Mutter bestimmt, [...] erhielt zu eben diesem Ziel eine besondere physische Organisation [...] und ein besonderes psychisches Wesen, als da wäre eine größere Gefühlsbetontheit und Empfindsamkeit, größere Zartheit und Passivität sowie geringere geistige Fähigkeiten."[1]

Diese Definition des Begriffs „Frau" stammt aus einem polnischen Allgemeinlexikon von 1900. Sie bezeichnet nicht nur die Frau von einer männlichen Norm ausgehend als körperlich und geistig besonders, sondern sie sagt auch, wodurch sich Frauen von den Männern unterschieden: Wegen ihrer Bestimmung zur Mutterschaft sind sie ‚anders' geschaffen. Der Körper der Frau wird damit zum Ausgangspunkt einer Definition von Weiblichkeit, die keine männliche Entsprechung hat. Offensichtlich absurd wäre es gewesen, wenn ‚der Mann' wegen seiner Bestimmung zur Vaterschaft als mit einer besonderen körperlichen Apparatur ausgestattet dargestellt worden wäre. Anstelle einer solchen vom Körper und seinen reproduktiven Potentialen aus definierten Männlichkeit impliziert das Zitat eine größere Distanz ‚des Mannes' zur ‚Natur' und bezeichnet ihn deshalb als körperlich und geistig höherstehend. Wenn sich also im polnischen Allgemeinwissen der Jahrhundertwende Weiblichkeit als Mütterlichkeit eingeschrieben hatte, so hatte dies erstens nur zur Folge, daß die soziale und kulturelle Stellung von Frauen durch ihre Möglichkeit, Kinder zu gebären, festgeschrieben wurde. Zweitens verschwindet hinter dieser auf die potentielle Mutterschaft verengten Definition von Weiblichkeit die Sexualität von Frauen ebenso wie ihr andersgeschlechtlicher Sexualpartner als potentieller Vater. Wenn die Schablone der ‚Mütterlichkeit' als Weiblichkeitsideal auch an Frauen angelegt wird, die selbst (noch) keine Kinder zur Welt gebracht haben, dann ist Sexualität als Voraussetzung von Mutterschaft im kulturellen Kontext negiert. Vor diesem Hintergrund ist die von der Frauenbewegung mitgetragene Sittlichkeitsdebatte ein Versuch, die sexuellen Verhältnisse zu thematisieren.

---

1 Kobieta, o.A., in: S. Orgelbranda Encyklopedja Powszechna z ilustrajami i mapami, Bd. 8, Warszawa 1900, S. 332 (Übersetzung N. St.).

5. Feministische Moral und die ‚Verwissenschaftlichung' der Sexualität

Der Gegenstand dieser Debatte war vor allem das als ‚unsittlich' bezeichnete Sexualverhalten von Männern. Wie sich zeigen wird, blieben Frauen auch hier über ihren Körper definierte Wesen, wobei weibliche Sexualität tabuisiert blieb.

5.1. Evolutionismus und feministische Moral: Die Ideale der polnischen Frauenbewegung

Feminismus war im Polen der Jahrhundertwende eine Utopie einiger hochgebildeter Frauen, die der ‚weiblichen Ethik' zum politischen und sozialen Durchbruch verhelfen wollten. Die soziale Ordnung galt ihnen auf der Grundlage der Geschlechterhierarchie falsch eingerichtet und sollte daher verbessert werden. Die Unterdrückung von Frauen sahen sie als ein grundlegendes Element ungerechter und ausbeuterischer Herrschaftsverhältnisse. Feministinnen wollten nicht nur ‚die Frauen' aus ihrer Unterdrückung befreien, sondern sahen sich als Bannerträgerinnen der weiblichen Ethik, deren politische Umsetzung eine gerechtere und friedlichere soziale Ordnung für alle garantieren sollte. In einer Broschüre über die gesellschaftlichen Ideale der Frauenbewegung schrieb Teodora Męczkowska 1908:

> „Man muß den Menschen vor allem die Überzeugung anerziehen, daß das Verhältnis des Menschen zu allen anderen Menschen immer gleich(berechtigt) sein muß – gegründet auf der Wertschätzung der menschlichen Würde und der Menschenrechte, daß die verpflichtenden und von uns anerkannten ethischen Normen sich nicht in Abhängigkeit vom Glaubensbekenntnis, Geschlecht oder der Stellung, welche das Individuum in der Gesellschaft inne hat, ändern können."[2]

Da Männer nach Ansicht Męczkowskas Frauen bislang als körperlich und geistig minderwertig angesehen hatten und dieses teilweise immer noch taten, da sie in ihnen nicht den Menschen, die Freundin oder Kameradin, sondern die Liebhaberin, Ehefrau, Mutter ihrer Kinder oder die Hausfrau sahen, war dieser Grundsatz tief verletzt. Aus dieser Erfahrung heraus kämpften Frauen für die Anerkennung der Menschenwürde und der Menschenrechte, die durch die sexuellen, ökonomischen und politischen Verhältnisse beeinträchtigt wurden. Die Verbesserung der Gesellschaft müßte deshalb die ökonomische Unabhängigkeit und die politische Gleichberechtigung der Frauen einschließen. Die Reform des Eherechts, die Durchsetzung der abolitionistischen Postulate, die Bekämpfung des Alkoholismus und das Eintreten für den Frieden zwischen den Völkern

---

2 TEODORA MĘCZKOWSKA, Ruch kobiecy. Ideały społeczne ruchu kobiecego, Warszawa 1907, S. 20 f.

5.1. Evolutionismus und feministische Moral: Die Ideale

nannte Męczkowska als Angelpunkte bei der Verwirklichung der weiblichen Ethik. Diese sollte vor allem durch neue Erziehungsmethoden (Koedukation, sexuelle Aufklärung, Ehrlichkeit, Gleichbehandlung) verbreitet werden.[3]

Męczkowskas Analyse der Mißstände und das, um auf die oben zitierte Terminologie Mayreders zurückzukommen, dem „Sein" gegenübergestellte „Sollen" entsprechen dem utopischen Glauben der Frauenbewegung an die auf ‚weiblicher' Moral gerecht aufgebaute Zukunft. Typisch ist hierfür zum einen der Glaube an eine bevorstehende allgemeine Befreiung und zum anderen die Überzeugung, daß Frauen einen spezifischen Beitrag zur Gestaltung der Politik leisten können.

Wenn das erste Postulat hier in einer ähnlichen Weise wie schon in der Diskussion der 1870er und 1880er Jahre vorgetragen wurde und in erster Linie aus der politischen Geschichte der polnischen Gesellschaft erklärt werden muß, so ergibt sich das zweite aus einem anderen Zusammenhang. Die von einem dualistischen Denken geprägte scheinbare Gegensätzlichkeit von männlich und weiblich, christlich und jüdisch, polnisch und nichtpolnisch findet ihren doppelten Niederschlag in der Geschichte des polnischen Feminismus.

Die Lehre vom „Überleben des Stärkeren" resultierte laut einem 1905 im *Bluszcz* erschienenen Artikel aus dem falschen Verständnis der Schriften Charles Darwins. Nicht der Kampf, sondern gegenseitige Hilfe, Gerechtigkeit und Moral seien demnach positive Faktoren für die menschliche Evolution und den Fortschritt.[4] Der Artikel forderte, persönlicher und gesellschaftlicher Nutzen müßten zur Deckung kommen, um dem menschlichen Evolutionsprogramm zu entsprechen. Diese Forderung bildet auch das Zentrum der Argumentation Maria Czesława Przewóskas, die zwischen 1904 und 1910 in verschiedenen Zeitschriften ihre feministische Ethik darlegte.[5] Die Autorin besaß als einzige in der polnischen Frauenbewegung esoterische Neigungen (zu Okkultismus, Spiritualismus und Mediumismus). In der ihr eigenen sich im Pathos verlierenden Sprache drückte sie ein in der Frauenbewegung verbreitetes Ideal des weiblichen Kulturauftrages aus:

> „Das Ideal [des] Strebens [der Frau, N. St.] ist die Schaffung von Harmonie, welche ihren Ausdruck fände in der ursprünglichen Ordnung der goldenen Zeiten des

---

[3] Ebd., S. 22-28.
[4] Bluszcz 1905, S. 262f.
[5] Nowe Słowo 1904, S. 482-486, 499-504, 531-535, 546-552 (Die Idee der Frauenbewegung im Lichte der Idee des Fortschritts); Bluszcz 1905, S. 260-261, 284-286, 295-296, 309-310 (Das neue Wort der Frauenbewegung); Bluszsz 1909, S. 21-22, 34-35; 1910, S. 232-234 (In Zukunft).

menschlichen Daseins, die auf der Solidarität der gemeinsamen Interessen des Lebens gegründet waren. Und dies ist der Hauptpunkt des zivilisatorischen Strebens des weiblichen Elements in seiner natürlichen Entwicklung und damit das Postulat der reformatorischen Bestrebungen der Frau, welche aus der Kampfesphase um feministische Parolen herausgetreten ist und im Zuge ihrer vollkommen humanistischen Begründungen Hand in Hand mit dem wahrhaftigen Fortschritt geht."[6]

Die „Organisation des Lebens durch die Harmonisierung seiner Grundstoffe mit der Schöpfungsgemeinschaft [*zespół twórczy*]",[7] also die Versöhnung des männlichen und des weiblichen Prinzips im Sinne des Fortbestands und der Verbesserung der Menschheit, ist Przewóskas Grundidee einer feministischen Zeitenwende. Sicher nicht zufällig erinnert sie an die Schöpfung, also an die Vielfalt und Komplexität der ‚Natur', in welcher die Wesen einander bedingen. Die evolutionäre Entwicklung, welche nach der hier vorgestellten Lesart weiblichen Eigenschaften folgte, beschrieben diese Artikel als voranschreitend. Sie war am Gedanken des Fortschritts orientiert. Die eigentümliche Verbindung zwischen Evolution und Ethik, dem Gang der Dinge und dem der menschlichen Kultur, setzt die positivistische Tradition fort. Sie ist aber auch Ausdruck eines Verständnisses von Weiblichkeit, welches ‚Frau-sein' als eine Form der Abweichung von der männlichen Norm auffaßt. Die Idee, man könne durch die Analyse des Seins den ‚Fortschritt' auf die eigene Seite lenken, ist einer der immanenten Widersprüche der hier geschilderten evolutionären Grundidee. Durch den Beitrag des Weiblichen zur Evolution verändern sich deren Gesetzmäßigkeiten nicht. Die Einführung ‚weiblicher' Qualitäten in den Existenzkampf folgt dieser Logik, indem sie unter Berufung auf die Schöpfung die Kohärenz und Schaffenskraft als ‚weiblich' hervorhebt. Die Frau erscheint hier als Körper, welcher den Prozeß der Evolution beherbergt und hierdurch mit ihm verbunden ist. Behauptet wird also eine naturbestimmte Stellung des Weiblichen zum evolutionären Fortschritt, welche gleichzeitig den weiblichen Beitrag hierzu hervorhebt. Durch eine Stärkung des festigenden weiblichen Prinzips kann demnach positiv in den ‚natürlichen' Gang der Dinge eingegriffen werden. Hier zeigt sich vor dem Hintergrund einer am Fortschrittsparadigma ausgerichteten Schöpfungsgeschichte eine vergleichsweise abgehobene Begründung weiblicher Qualitäten.

Das humanistische Gleichheitspostulat mit seinen Konsequenzen für eine ideell gedachte gesellschaftliche Verfassung äußerte sich in einer handfesteren Sprache, ohne jedoch eine grundsätzlich andere Deutung der Kategorie ‚Geschlecht' zu geben. Wenn nämlich die Frauen politische Rechte erhielten, wür-

---

6 Bluczsz 1905, S. 295 (Übersetzung N. St.).
7 Bluszcz 1909, S. 21.

5.1. Evolutionismus und feministische Moral: Die Ideale

den diese mit der Macht auch eine große Verantwortung für die Gesellschaft übernehmen. Sie würden, ihrem als mütterlich gefaßten Geschlechtscharakter gemäß, nicht nur ihre eigenen Interessen, sondern die menschliche Gemeinschaft insgesamt vertreten.[8] Frauen sollten also deshalb gleichberechtigt werden, weil sie andere, insbesondere ‚mütterliche', Qualitäten besaßen. Die Gewährung von Frauenrechten würde demnach auch den Männern nützen. Frauen würden durch die Gleichberechtigung ihre weiblichen Qualitäten erst entfalten und die Welt so in einem weiblichen Sinne für alle verbessern.

Zweierlei schien für die polnische Frauenbewegung vor dem Ersten Weltkrieg festzustehen: Erstens war die sie umgebende Welt von den falschen Prinzipien regiert. Zweitens waren Frauen bessere Menschen als Männer. Zwar räumte N[atalia] J[astrzębska] 1907 im *Bluszcz* ein, daß die wenigsten Frauen ausreichend auf die Gleichberechtigung, d. h. auf die Übernahme staatsbürgerlicher Pflichten im Sinne der Frauenbewegung, vorbereitet waren.[9] Dies widersprach jedoch nicht der These von der großen weiblichen Moral. In einem Artikel über „Die Hebung der Frauen" hob Seidlerowa 1908 hervor, daß Frauen zwar häufig ungebildet, deshalb aber nicht zwangsläufig unmoralisch seien. Trotz weiblicher Bildungsdefizite bezeichnete sie die Frauen als den „moralischen Teil der Menschheit".[10] Dieselbe Überzeugung äußerte Pachucka. Frauen waren laut einem 1910 im *Ster* veröffentlichten Artikel nicht nur ethisch höherstehend, sondern auch „reiner" (im Sinne der Sexualmoral), und zwar „weil diese Reinheit von ihr der Mann erwartet". Pachucka forderte junge Frauen, an welche ihr Artikel gerichtet war, nun auf, auch von Männern „Unschuldigkeit" und monogames Verhalten einzufordern.[11] Der hierin beinhaltete Zirkelschluß zwischen der sexuellen Bevormundung von Frauen, ihrer hieraus resultierenden moralischen Höherwertigkeit, aus welcher dann deren ‚weibliche' Mission erklärt wird, ist nur scheinbar widersprüchlich. Die auf Sexualität gründende weibliche Mutterrolle galt als eine Ursache für die Schutzbedürftigkeit von Frauen und den Anspruch der Männer auf deren Monogamie.

Die Frage nach den Quellen der tradierten Unterordnung von Frauen führte immer wieder zu deren Gebärfähigkeit. Auch die von Frauen erwartete Monogamie sollte einer in den Schriften Engels und Bebels verbreiteten und viel zitierten These gemäß dem Mann Sicherheit über ‚seine' Nachkommen geben.[12] Deshalb

---

8 Vgl. z. B. Bluszcz 1907, S. 7.
9 Bluszcz 1907, S. 7.
10 Bluszcz 1908, S. 422.
11 Ster 1910, S. 397.
12 FRIEDRICH ENGELS, Der Ursprung der Familie, des Privateigenthums und des Staates, in: MEW 21, Berlin 1969 (Erstausgabe Zürich 1884), S. 30–84; AUGUST BEBEL, Die Frau und

hätten Männer im Prozeß der Seßhaftwerdung und der damit verbundenen Entstehung von Eigentum Frauen durch die Institution der Ehe an sich gebunden. Die Herrschaftsverhältnisse hatten also ihre Entsprechung in den tradierten Sexualnormen, deren Sinnbild die monogame Ehe war. Weibliche Sexualität diente hier der Schaffung von Nachwuchs.

,Mütterlichkeit' wurde in der Frauenbewegung nicht nur als eine hervorragende soziale Eigenschaft von Frauen gesehen. Zahlreiche Feministinnen, auch und besonders solche, die selbst Kinder großzogen, sahen in den familiären Strukturen die eigentliche Ursache der weiblichen Unfreiheit. Bujwidowa widersprach in ihrer Broschüre „Über die Quelle der Frauenfrage" der Überhöhung der Mutterschaft als einer ‚heiligen' Angelegenheit. Sie kritisierte die darin enthaltene Festlegung von Frauen auf die Mutterrolle und betonte, Kinder aufzuziehen könnte nicht das von außen aufoktroyierte Ziel des weiblichen Lebens sein. Die Frau müßte vielmehr „sich selbst das Ziel" sein. Ihr Ideal war der Glaube einer jeden Frau an ihren Wert als selbständige und unabhängige Person. Hierin lag die von Bujwidowa angestrebte Emanzipation des weiblichen Geschlechts. Gute Mütter könnten Frauen, laut Bujwidowa, nur dann sein, wenn sie dies aus freiem Willen geworden wären.[13] Hier findet sich also das Konzept der „bewußten Mutterschaft" wieder, wie es auch Męczkowska proklamierte. Kern der weiblichen Emanzipation und der intendierten Verbesserung der Verhältnisse zwischen den Geschlechtern war die Kritik an der konventionellen Ehe als Versorgungsanstalt für Frauen. Generell wurde die Ehe zwar von den Vertreterinnen der polnischen Frauenbewegung nicht abgelehnt. Jedoch plädierten diese für deren Säkularisierung, für die Möglichkeit der Scheidung und für die ökonomische Unabhängigkeit der Frauen durch eigenen Erwerb. Die Frau sollte dem Mann in der Ehe nicht länger untergeordnet, sondern ihm gleichgestellt werden. Die Versorgungsehe war damit in den Augen polnischer Feministinnen als Instrument männlicher Machtentfaltung diskreditiert. Stärker als andere europäische Frauenbewegungen beharrte die polnische auf dem Ideal der Partnerschaft und rief weniger als diese den Kampf der Geschlechter aus.[14] Die Frage, wie die ökonomische Unabhängigkeit unter Müttern hergestellt werden sollte, blieb in den Schriften der polnischen Frauenbewegung ungeklärt. Ob und wie lange sich junge Mütter ausschließlich mit der

---

der Sozialismus, Frankfurt/Main 1981 (Erstausgabe 1879), S. 54-88; rezipiert z. B. bei: MARIA TURZYMA, Wyzwalająca się kobieta, Kraków 1906, S. 1; EDUARD CHWALEWSKI, Ekonomiczne czynniki ruchu kobiecego, Warszawa 1908, S. 5-9.

13 KAZIMIERA BUJWIDOWA, U źródeł kwestji kobiecej, Beilage zu: Ster 1909, S. 19.

14 Zum *sex war* im Viktorianischen England vgl. SUSAN KINGSLEY KENT, Sex and Suffrage in Britain, 1860-1914, Princeton 1987, S. 157-183.

5.1. Evolutionismus und feministische Moral: Die Ideale

Betreuung ihrer Kinder beschäftigen sollten, geht hieraus ebenfalls nicht klar hervor. Während für Arbeiterinnen Mutterschutzbestimmungen gefordert wurden, gab es in den meisten Familien der *inteligencja* vermutlich Hausangestellte, denen man die Kinder überlassen konnte.[15] Die Idee, Kleinkinder von deren Vätern oder anderen Männern betreuen zu lassen, war in dem geschilderten Diskurs völlig abwegig.

Die polnische Sozialwissenschaftlerin und Feministin Kodisowa machte 1909 die Einsicht, daß Geburten und die Erziehung der eigenen Kinder Frauen potentiell vom selbständigen Erwerb abhalten würden, zum Ausgangspunkt ihrer Überlegungen zur familiären Stellung von Frauen. Kodisowa forderte in ihrer Broschüre „Das Problem der Familie in der Frauenfrage" die Entlohnung weiblicher Kindererziehung durch den Staat, welche über eine zusätzliche Steuer der Männer finanziert werden sollte.[16] Hierin sah sie die einzige Möglichkeit, Mütter aus der Abhängigkeit von einem männlichen ‚Ernährer' zu befreien. In diesem Zusammenhang plädierte sie auch für die Gleichstellung unehelicher Kinder. Dieser Vorstoß, welcher im Kern auf die Abschaffung tradierter familiärer Binnenstrukturen zielte, wurde nur von wenigen Feministinnen geteilt. Die Mehrheit hielt, ausgesprochen oder nicht, an der Familie als Ort der Kinderaufzucht und der zumindest teilweisen ökonomischen Sicherung von Müttern fest.

Faßt man diese kurzen Ausführungen zum Weiblichkeitsideal der polnischen Frauenbewegung zusammen, so kommt man zu folgendem vorläufigen Schluß: Die Frauenbewegung gab vor, die Männer auf deren eigene Prinzipien festzulegen. Sie beanspruchte erstens die universellen Bürgerrechte auch für Frauen und verlangte zweitens von den Männern die Befolgung der von diesen ausgegebenen Sexualmoral. Damit sind die Kernpunkte des feministischen Programms vor dem Ersten Weltkrieg angesprochen, nämlich Stimmrecht und Sittlichkeit. Das Stimmrecht sollte Frauen zu Bürgerinnen und gleichberechtigten Partnerinnen machen. Der Frauenbewegung sollte es ein Instrument für die Durchsetzung weiblicher Interessen und Politik sein. Die Forderung nach Hebung der Sittlichkeit intendierte die Akzeptanz weiblicher Würde (im Sinne eines Rechtes auf körperliche Unversehrtheit) und die ‚Reinigung' männlichen Sexualverhaltens. Insgesamt wollte die Frauenbewegung die Annäherung männlicher und weiblicher Sexualnormen in den bis dato für Frauen festgelegten Grenzen.

---

15 1913 wehrte sich Kuczalska-Reinschmit gegen die sich offenbar verbreitende Forderung, Dienstboten abzuschaffen, da diese darauf hinausliefe, daß Ehefrauen die Arbeit der Dienstboten übernehmen müßten, vgl. Ster 1913, Nr. 3, S. 1-2.
16 JÓZEFA KODISOWA, Kwestia rodziny w sprawie kobiecej, Warszawa 1909.

5. Feministische Moral und die ‚Verwissenschaftlichung' der Sexualität

5.2. Frauenbewegung und ‚Sittlichkeit': Körper, Sexualität und Volk

Die Klage gegen die doppelte Moral setzte den Bruch mit einem tief verwurzelten Tabu voraus. Das faktische Recht der Männer auf vor- und außerehelichen Geschlechtsverkehr lebte im Kontext einer autoritär begründeten Verklemmtheit von dem Gebot der Verschwiegenheit. Vor diesem Hintergrund war es eine mutige Provokation, wenn Bujwidowa 1909 öffentlich anprangerte, was grundsätzlich jeder wußte, jedoch niemand anzusprechen wagte: „Der Mann lebte bisher in einer mehr oder minder offenen Polygamie."[17] Angeblich hatten 84 Prozent der Studenten an der Warschauer Universität sexuelle Kontakte.[18] Da die Mehrzahl dieser männlichen Jugendlichen unverheiratet war und junge Frauen im ‚gehobenen' Milieu ihre Jungfräulichkeit wahren mußten, blieb als Sexualpartnerin nur ein ‚unsittliches' Mädchen aus der Unterschicht oder eine Prostituierte, wobei zwischen diesen beiden Typen von Sexualpartnerinnen definitorisch kein Unterschied gemacht wurde. Die Möglichkeit gleichgeschlechtlicher Sexualkontakte wurde in der Debatte nicht angesprochen. Mit dem Bruch des Schweigegebots wurde eine Rechtfertigung der gängigen männlichen Sexualpraxis fällig, deren Limits durch den Vergleich zwischen der den Frauen abverlangten ‚Reinheit' und den Männern zugestandenen Freiräumen begrenzt wurden. Die Moral war in zweierlei Hinsicht eine doppelte: Sie basierte auf einer unterschiedlichen Bewertung und Kontrolle männlicher und weiblicher Sexualität. Und sie gestattete Männern faktisch eine doppelte Identität als Vater und Gatte in der Familie sowie als Liebhaber und Freier in der anonymen Öffentlichkeit. ‚Sittliche' Frauen sollten demnach ein Sexualleben ausschließlich in der Ehe haben, während Männer einen ‚Freigängerstatus' zwischen der Enge einer ‚guten' Familie und den Abgründen der ‚sittenlosen' Welt hatten. Sowohl im Viktorianischen England als auch in der bürgerlichen deutschen Welt herrschte auf der Grundlage der Trennung von Privatheit und Öffentlichkeit eine äußerst restriktive, wenn auch für Männer nicht bindende, Sexualmoral.[19] Diese gründete hier auf dem Modell der bürgerlichen Kleinfamilie, die ökonomisch durch den Erwerb der Männer und moralisch und emotional durch die Beschränkung der Frauen auf ihre familiären Funktionen gesichert war. Die Kritik an der doppelten Moral entsprach somit einer Kritik an der sie bedingenden Konstruktion männlicher und weiblicher Rollen. Die Frauenbewegung thematisierte die sexuellen Verhältnisse in dem Bewußtsein, daß in diesen Geschlechterverhältnissen

---

17 BUJWIDOWA, U źródeł, S. 26.
18 Ster 1908, S. 221.
19 KENT, Sex and Suffrage, S. 60-63, 80-82; REGINA SCHULTE, Sperrbezirke. Tugendhaftigkeit und Prostitution in der bürgerlichen Welt, Frankfurt a. M. 1979, S. 114-119.

5.2. Frauenbewegung und ‚Sittlichkeit': Körper, Sexualität und Volk

die untergeordnete gesellschaftliche Stellung der Frauen begründet lag. Der Tabubruch kam somit einer Offenlegung familiärer und gesellschaftlicher Herrschaftsstrukturen gleich. Vor diesem Hintergrund identifizierten sich z. B. in England Feministinnen mit Prostituierten als Angehörigen eines unterdrückten Geschlechts. Sie parallelisierten die unterdrückte Stellung der Frauen in der bürgerlichen Familie und im Handel mit Sexualität und kämpften somit gleichzeitig gegen die Ursachen der doppelten Moral, der Prostitution und der gesellschaftlichen Unterordnung von Frauen.[20] Es ist fraglich, ob diese Befunde auf die polnische Sittlichkeitsdebatte übertragen werden können. Zwar herrschte dem Anschein nach auch in Polen eine strenge Sexualmoral. Es läßt sich jedoch vermuten, daß diese stärker religiös besetzt war als im Westen. Die Voraussetzungen der Verbürgerlichung und der modernen Prostitution, nämlich Industrialisierung, Migration, Verstädterung und Trennung von Erwerbs- und Familienleben[21] mündeten in Polen nicht in ein wie im Westen ausgeprägtes bürgerliches Herrschaftsverhältnis zwischen Männern und Frauen. Dies liegt nicht nur in der ‚Verspätung' dieser Prozesse, sondern auch in einer völlig anderen gesellschaftlichen Konstitution begründet. Vor diesem Hintergrund lassen sich zwei spezifische Merkmale der polnischen Sittlichkeitsdebatte erklären, nämlich erstens das Beharren auf partnerschaftlichen Idealen und zweitens die starke Betonung ‚objektiver' Argumente. Die polnische Frauenbewegung suchte das Bündnis mit exponierten Vertretern der männlichen *inteligencja*. Mit diesen verband sie sich in einer vorgeblich rationalen Weltanschauung, die faktisch eine Säkularisierung der Sexualdebatte einleitete.

Mit Sittlichkeit verband sich in der polnischen Frauenbewegung ein ganzes Bündel von Maßnahmen, dessen Kernpunkte die Bekämpfung der Prostitution und des Alkoholismus waren. Mit der Bekämpfung der Prostitution, die zunehmend im Vordergrund stand, verband sich die Forderung nach Abschaffung der staatlichen Reglementierung und der Schließung sogenannter Öffentlicher Häuser. Seit Anfang des 19. Jahrhunderts wurde nach napoleonischem Muster in, wie eine Zeitgenossin bemerkte, „fast allen Kulturstaaten" das System der staatlich reglementierten Prostitution eingeführt.[22] In Warschau wurde es seit 1843 praktiziert.[23] Die Überzeugung, daß Männern ein Ventil für ihren sexuellen Druck geschaffen werden müßte, und die Angst vor der Verbreitung von Geschlechtskrankheiten führten zu staatlich organisierten Gesundheitskontrollen

---

20 KENT, Sex and Suffrage, S. 74-79.
21 SCHULTE, Sperrbezirke, S. 17-34.
22 Zitiert nach GERHARD, Unerhört, S. 250.
23 Ster 1909, S. 199.

an Prostituierten. Der Prostitution verdächtige Frauen wurden amtsärztlich auf ihren Gesundheitszustand untersucht und als Prostituierte registriert. Kritisiert wurde an dieser Praxis insbesondere, daß hierdurch die Freier ungeschoren und in der trügerischen Sicherheit, sie seien vor der Übertragung von Geschlechtskrankheiten geschützt, anonymen Geschlechtsverkehr pflegen konnten. Bekämpft wurde dieses System von der sogenannten abolitionistischen Bewegung, welche von England ausging. In dieser Bewegung engagierten sich nicht nur Feministinnen in ganz Europa, sondern auch viele einflußreiche Ärzte. Das Hauptargument der abolitionistischen Bewegung war der ‚wissenschaftliche' Nachweis, daß das System der Reglementierung einer Verbreitung von Geschlechtskrankheiten eher Vorschub leistete, anstatt diese einzudämmen. Nachdem in England 1884 die Öffentlichen Häuser geschlossen worden waren, erkrankten dort deutlich weniger Menschen an einschlägigen Krankheiten, wie insbesondere der Syphilis.[24] In Warschau gab es laut Paulina Kuczalska-Reinschmit 1909 41 Bordelle, in denen 465 Prostituierte tätig waren. Nur vier dieser Häuser waren ‚öffentliche', die übrigen wurden toleriert. Diese Zahlen beziehen sich auf die kleinere Gruppe polizeilich registrierter Prostituierter. In Berlin waren 1903 3.709 Prostituierte in der Polizeistatistik vermerkt.[25] Ein Vergleich dieser Zahlen läßt vermuten, daß das Phänomen der Prostitution in Warschau ebenso wie der Umfang polizeilicher Registrierung geringer waren. 1914 waren im Königreich Polen von 2.977 Prostituierten 1.692 krank. Das ‚Personal' wurde in den Bordellen offensichtlich ständig ausgetauscht.[26] Durch das System der gesundheitlichen Kontrolle ‚gefallener Mädchen' wurde demnach deren Erkrankung billigend in Kauf genommen. Der Verweis auf das Schicksal der Prostituierten diente der Frauenbewegung vorrangig dazu, sympathisierende Männer moralisch unter Druck zu setzen. Der offenbar weit verbreiteten Anschauung, junge Männer <u>müßten</u> ihren Sexualtrieb befriedigen, wurde von Seiten der Frauenbewegung heftig widersprochen.[27] Feministinnen argumentierten vielmehr, durch den Mädchenhandel werde erst ein „Markt" und darüber vermittelt die steigende „Nachfrage" für „lebendige Ware" geschaffen. Nicht zuletzt mit dem Hinweis auf Kultur und Intelligenz des Menschen, welche die Männer von Tieren unterscheide, sollten diesen die tradierten Vorrechte der doppelten Moral genommen werden.[28] In der Sittlichkeitsdebatte wurde Sexualität zum Ausgangspunkt der Definition moderner und säkularisierter Ge-

---

24 Ster 1908, S. 378-383.
25 SCHULTE, Sperrbezirke, S. 20.
26 Ster 1914, S. 36.
27 Ster 1907, S. 56-58.
28 Z. B. Ster 1909, S. 212-216.

schlechterrollenbilder unter Mitwirkung der Frauenbewegung. Das hervorstechende Merkmal der polnischen Diskussion war die Einführung naturwissenschaftlicher Denkmuster in die Sexualdebatte, welche sich unter anderem in einer positiven Bezugnahme namhafter Feministinnen auf sozialhygienische Postulate ausdrückte. Die Sorge um die Prostituierten und die somit gestiftete Frauensolidarität standen deutlich im Hintergrund der Agitation.

Eine Beschäftigung der russischen Duma mit dem Phänomen der Prostitution wurde erstmals 1909 in der Presse der polnischen Frauenbewegung rezipiert. Seinerzeit wurde dort ein „Gesetz über hinleitende Maßnahmen zur Eindämmung des Handels mit Frauen zum Ziele der Prostitution" beraten und verabschiedet. Der Handel mit Frauen sollte demnach bestraft werden, wenn die Frauen minderjährig waren oder zur Prostitution genötigt wurden. Diese Maßnahmen gingen der polnischen Frauenbewegung nicht weit genug. Ausdrücklich wollte sie den Mädchenhandel grundsätzlich gebrandmarkt sehen. Zur Unterstützung seines Protestes rief der PZRK auch Männer zur Anerkennung „einer reinen Moral für alle Menschen ohne Rücksicht auf das Geschlecht" auf.[29] Nach einem längeren Vorlauf[30] brachten 1913, angeblich auf Initiative der Russischen Frauengleichberechtigungsliga, 44 Abgeordnete eine Eingabe in die Duma ein, welche die Abschaffung der Reglementierung der Prostitution und die Schließung der Öffentlichen Häuser zum Ziel hatte. Dieses Projekt wurde vom PZRK unterstützt. Er stützte dabei seine Argumentation auf die Ergebnisse zahlreicher europäischer Gelehrtenversammlungen, darunter einer 1902 in Brüssel abgehaltenen internationalen Soziologen- und Ärzteversammlung. Letztere wurde mit den Worten zitiert, man müsse die männliche Jugend lehren, daß „Reinheit und Enthaltsamkeit" die Gesundheit förderten.[31] Im März 1913 war in der polnischen Gelehrtenschaft ein breites Bündnis für das Projekt entstanden. Zu seinen Unterstützern gehörten neben dem PZRK die Warschauer Hygienische Gesellschaft, die Zeitschrift „Gesundheit" (*Zdrowia*), die Juristengesellschaft und der Verein der Immobilienbesitzer.[32] Der PZRK startete eine Umfrage, in welcher verschiedene gesellschaftlich bedeutsame polnische Personen und Gruppen gefragt wurden, ob sie das Projekt unterstützten. Die Antworten wurden veröffentlicht. So stellte der Arzt Emil Sarjusz Wolski hier die Behauptung auf, vorrangig Juden würden Mädchenhandel betreiben.[33] Unter 101

---

29 Ster 1909, S. 113-115, 144-146, hier S. 115.
30 Vgl. Ster 1910, S. 229-243; Bluszcz 1912, S. 112 f.
31 Ster 1913, S. 113.
32 Vgl. Ster 1914, S. 33.
33 Ster 1914, S. 4.

durchgängig positiven Antworten waren 64 von Ärzten und acht von Juristen.[34] Dies läßt darauf schließen, daß die Frauenbewegung im Kampf um die Abschaffung der Reglementierung und um die Schließung Öffentlicher Häuser gerade um die Unterstützung dieser Berufsgruppen geworben hatte. Die Antworten wiederholten in den meisten Fälle bereits genannte moralische oder medizinische Gründe für das Projekt. Mit abolitionistischen wie teilweise auch sozialhygienischen Argumenten bedienten sich gelehrte Frauen im Verlauf der Sexualdebatte einer ‚wissenschaftlichen' Weltsicht.

Mit viel Pathos schilderte Romana Pachucka 1912 in einem Vortrag beim PZRK folgendes Frauenschicksal: Ein junges Mädchen lebt unschuldig in Warschau. Ihre Mutter hat sie unter Schmerzen geboren, unter Entbehrungen für ihre Ernährung und ihre Erziehung gesorgt. Aber aufgeklärt hat sie die Tochter nicht. Das Mädchen weiß nichts über Sexualität. Sie ist ein leichtes Opfer für einen verschlagenen Mann, der in ihr die Sehnsucht nach Liebe entfacht, sie zum Geschlechtsverkehr überredet. Und einige Zeit später erkrankt das Mädchen an Syphilis. Glaubt man den Ausführungen der Referentin, steckten sich nicht wenige leichtgläubige Mädchen bei ‚unmoralischen' Männern mit Geschlechtskrankheiten an. Diese Geschichten in der Öffentlichkeit zu erzählen, fiel der Vortragenden nach eigenem Bekunden schwer. Aber sie fühlte sich verpflichtet, das Schweigen über Sexualität zu brechen. „Jung bin ich und zu der Jugend spreche ich." So begann sie ihre Ausführungen, in welchen sie zweierlei Forderungen erhob: Die (weibliche) Jugend sollte von ihren Müttern aufgeklärt werden, und Männer sollten ein Gesundheitszeugnis vorlegen müssen, bevor sie heirateten.[35] Das weibliche Publikum warnte sie davor, sich mit Männern einzulassen, deren Gesundheitszustand ungeklärt sei, denn sie, die jungen Frauen, hätten gegenüber dem polnischen Volk (*naród*) die Pflicht, „gesunde Bürger, und nicht etwa Idioten, Spastiker, Schwachsinnige und Rachitiskranke" zur Welt zu bringen.[36]

Pachuckas Vorstoß offenbart ein ganz neues Verständnis von Ehe als Ort der Volksgesundheit. Die Liebe hat hier ebenso eine untergeordnete Stellung wie die freie Partnerwahl. Das Modell der ‚gesunden' Ehe wurde vor dem Ersten Weltkrieg in der Frauenbewegung immer stärker favorisiert.[37] So erklärte ein Artikel im *Ster* 1912: „Man kann gesunde oder kranke Kinder zur Welt bringen und

---

34 Ster 1914, S. 23-25, 41-46.
35 Hierin wurde sie von Budzińska-Tylicka unterstützt, vgl. Ster 1912, Nr. 9, S. 2-3.
36 ROMANA PACHUCKA, Miejmy odwagę wymagać, in: Ster 1912, Nr. 7, S. 1-3, hier S. 2; Bericht und Kommentar: Bluszcz 1912, S. 67 f.
37 Ähnliche Vorstellungen finden sich auch bei Ellen Key; vgl. SABINE ANDRESEN, Wege aus dem Jahrhundert des Kindes. Ellen Key: Tradition und Utopie, Neuwied 1998, S. 66-71.

5.2. Frauenbewegung und ‚Sittlichkeit': Körper, Sexualität und Volk

man kann diese besser oder schlechter erziehen." Gesunde, gut erzogene Kinder zu haben, wurde als „Voraussetzung des Eheglücks" und als Folge einer glücklich gewählten und gut geführten Ehe vorgeführt.[38] Bemerkenswert ist, daß die neu entdeckte Norm des gesunden Nachwuchses zur generellen Verdammung ‚unmoralischer' Sexualbeziehungen genutzt wurde. So galten offenbar alle Arten der körperlichen oder geistigen Mißbildung bei Kindern als Folge eingefangener Geschlechtskrankheiten der Mutter. Damit gesellte sich zur strengen Sexualmoral eine rigide Vorstellung von Volksgesundheit. Die Verdammung von unkontrollierter Sexualität ging mit der Ausgrenzung ihrer ‚unnormalen' Frucht einher. Der Versuch, ‚unmoralische' Sexualkontakte als Angriff auf den Volkskörper darzustellen, ist unübersehbar. Dabei ist die Warnung Pachuckas vor dem verschlagenen Verführer letztlich eine Moralpredigt an die ‚leichtgläubigen' Mädchen.

Ein knappes Jahrzehnt, bevor Pachucka ihre Alters- und Geschlechtsgenossinnen auf die ‚weibliche' Moral einzustimmen versuchte, hatte ihre um mehr als zwei Jahrzehnte ältere Vorkämpferin Kuczalska-Reinschmit einen Artikel unter dem Titel „Emanzipation und Liebe" veröffentlicht. Als Postulat der Frauenemanzipation an die Liebe bezeichnete sie hier die „sittliche Reinheit" und die „Treue der Ehepartner". Die Durchsetzung dieses Postulates sei eine „biologische und soziale Notwendigkeit", deren Durchsetzung bislang an den Männern gescheitert wäre. Frauen, für welche Würde und Reinheit zusammengehörten, suchten in der Ehe nach Liebe und Harmonie, während die Liebe der Männer schwach sei. Dies sei das grundlegende Problem der modernen Partnerschaft, welche auf „Freundschaft, Kameradschaftlichkeit und Solidarität" gegründet sein müßte.[39] Ähnlich wie Kuczalska-Reinschmit ging auch Turzyma davon aus, daß sich weibliche Liebe, vermittelt über mütterliche Prädispositionen, auch im erotischen Leben anders äußere als männliche. Durch ihre für die Ziele der Mutterschaft ausgebildeten Bedürfnisse nach Stabilität und Partnerschaftlichkeit werde die Frau erst zum „schwachen" Geschlecht.[40] Während bei Kuczalska-Reinschmit und Turzyma die Reinheit der Liebe durch die Gegenseitigkeit der Partnerschaft gekennzeichnet ist, verwirft Pachucka diese zugunsten der ‚Volksgesundheit'. Die zitierten Texte zeigen deutlich, daß das Problem weiblicher Sexualität aus der Sicht der Frauenbewegung ein Problem männlicher Sittenlosigkeit war. Während für Frauen in den gehobenen Schichten Se-

---

38 Ster 1912, Nr. 13/14, S. 8.
39 PAULINA KUCZALSKA-REINSCHMIT, Emancypacja a miłość, in: Ogniwo 1904, S. 1142-1144.
40 MARIA TURZYMA, Wyzwalająca się kobieta, Kraków 1906, S. 2.

xualität allein in der Ehe stattfand, wurden unwissende und mittellose Unterschichtsmädchen sexuell hoffnungslos ausgebeutet. Bedingt schien dies durch die Herrschaft und Triebhaftigkeit der Männer, welche in ihrem Wesen lagen und zusammengehörten. Weil sich die Frauenbewegung die gleichberechtigte und partnerschaftliche Gestaltung menschlicher Beziehungen zum Ziel gesetzt hatte, wollte sie dieser Verrohung der Männer ihre weibliche Moral entgegensetzen. Dabei propagierte die Frauenbewegung keineswegs die Befreiung weiblicher Erotik, sondern die Befreiung der Menschheit von Unzucht, Mädchenhandel und Geschlechtskrankheiten. Das Sexualleben offenbarte sich in der Sexualdebatte als ein Dreiecksverhältnis zwischen der modernen emanzipierten Frau und Ehefrau, der Prostituierten und dem Mann, welcher als Ehegatte und Freier eine Doppelrolle spielte.

Zuerst wurde Prostitution von Sozialistinnen thematisiert. In ihren Texten erscheint die Prostitution als Ausdruck kapitalistischer Herrschaftsverhältnisse, welche Frauen aus den Unterschichten zu mehrfachen Opfern machten. Die ‚Prostituierte' war hier ein auf der Suche nach Arbeit vom Lande zugewandertes Mädchen, dessen mageres Auskommen in der Fabrik zur Bestreitung des Lebensunterhalts nicht ausreiche. Deshalb prostituierte sie sich gelegentlich und wurde durch das System der staatlichen Reglementierung ganz in diesen Broterwerb gedrängt. Sie wurde zuerst von ihrem Arbeitgeber, später von Freiern und Mädchenhändlern körperlich und seelisch ausgebeutet. Der Freier als Repräsentant des männlichen Sexual- und Herrschaftstriebes, der Kapitalismus als Ausbeutungssystem der herrschenden (männlichen) Klasse und der Staat als beider Helfershelfer standen im Zentrum der Kritik sozialistischer Feministinnen. Den hochgebildeten Verfasserinnen sittlichkeitspolitischer Artikel, Broschüren und Bücher ging es um die Bekämpfung des männlichen Ausbeutungssystems. Die Prostituierten selbst beteiligten sich an dieser Diskussion erwartungsgemäß nicht. Gespräche zwischen Prostituierten und Sozialistinnen fanden augenscheinlich nur in Gefängnissen statt. Hier wurden politische Gefangene und Prostituierte zu Schicksalsgenossinnen. Ihre Hafterlebnisse mit Prostituierten veröffentlichten Sozialistinnen später in der Absicht, deren Opferstatus sichtbar zu machen. Nicht die Prostituierten selbst, sondern die Sittenpolizei, Mädchenhändler, Freier und Arbeitgeber sollten als verbrecherisch und unsittlich gebrandmarkt werden.[41]

---

41 MARIA TURZYMA, Handel kobietami, in: Głos kobiet w kwestyi kobiecej, Kraków 1903, S. 143-162; STEFANIA SEMPOŁOWSKA, Z dni nędzy, Warszawa 1909; WŁADYSŁAWA WEYCHERTÓWNA, Źródła społeczne i etyczne handlu żywym towarem, in: Ster 1909, S. 212-216; IZA MOSZCZEŃSKA, Prostytucya i praca kobiet, in: Nowe Słowo 1902, S. 570-575; MARIA RYGIER, Walka z prostytucją, in: Nowe Słowo 1903, S. 867-870.

5.2. Frauenbewegung und ‚Sittlichkeit': Körper, Sexualität und Volk

In einem anderen Zusammenhang stand die Agitation Teodora Męczkowskas. Sie veröffentlichte 1906 eine Broschüre, in welcher sie die verlogene Moral der ‚Herrschaften' für das Absacken der Dienstmädchen in die Prostitution verantwortlich machte. In der Sittlichkeitsdebatte drückte sich damit nicht länger das Bildungs- und Sittengefälle zwischen emanzipierten Frauen und unwissenden Mädchen aus. Frauen aus den Unter- und den Oberschichten betrachtete Męczkowska als Angehörige des weiblichen Geschlechts, die in unterschiedlichen Abhängigkeitsverhältnissen zu Männern und untereinander standen. In der Prostitution sah Męczkowska einen Ausdruck der auf der Grundlage männlicher Herrschaft falsch gestalteten menschlichen und familiären Beziehungen. Męczkowska berichtete in ihrer Broschüre nicht nur über Fälle von Dienstmädchen, die von ihren Dienstherren zum Geschlechtsverkehr gezwungen wurden. Sie klagte auch an, daß die Herrschaften selbst nicht aufrichtig seien und ihren Dienstmädchen gegenüber kein gutes Vorbild darstellten. Nach Męczkowska gestaltete sich das Verhältnis zwischen der Herrschaft und dem weiblichen Dienstpersonal häufig nach folgendem Schema: Dienstmädchen, die sahen, daß ihre Herrin den ganzen Tag damit verbrachte, sich zu amüsieren, sehnten sich selbst nach einem solchen Leben und ließen sich dann von jungen Männern verführen. In zahlreichen Haushalten wurde es geduldet, daß der Hausherr nachts angetrunken durch den Dienstboteneingang ins Haus kam. Die Söhne der Familie machten häufig ihre ersten sexuellen Erfahrungen mit dem Dienstmädchen. Wenn es in Folge dessen zu Schwangerschaften kam, wurden die ‚sittenlosen' Dienstmädchen aus ihrer Stellung entlassen und endeten als Prostituierte. Tatsächlich seien die Herrschaften sittenlos, weil diese die genannten Zustände erst herbeiführten. Die Dienstboten selbst hätten keine Rechte und keine Intimsphäre und könnten daher kein Selbstbewußtsein entwickeln, galten für Męczkowska also nur als beschränkt handlungsfähig. Auch das schlechte Entgelt der Dienstmädchen sowie die Tatsache, daß viele während der Sommermonate, wenn die Herrschaften nicht in der Stadt lebten, einfach auf die Straße gesetzt wurden, zwang diese nach den Ausführungen der Autorin in die Abhängigkeit von Freiern. Męczkowskas schonungslose Abrechnung mit der durch die Familienstrukturen gedeckten Doppelmoral kulminierte in dem Satz: „Daß unsere Ehemänner, Brüder, Söhne und Neffen unter diesem Gesichtspunkt nicht unschuldig sind, daran zweifelt wohl niemand."[42] Demnach waren nicht nur die männlichen Verwandten emanzipierter Frauen wenigstens potentielle Bordellbesucher. Auch die Frauen selbst unterstützten die Doppelmoral, indem sie sich einerseits unverantwortlich gegenüber den Dienstmädchen verhielten und andererseits das Verhalten ‚ihrer' Männer stillschweigend akzeptierten. Nicht das

---

42 Teodora Męczkowska, Służące a prostytucja, Warszawa 1906, S. 17.

Leiden der Herrin unter der Treulosigkeit des Gatten, sondern ihre Mitverantwortung für die herrschenden sexuellen Verhältnisse stellte Męczkowska in den Vordergrund. Die soziale Lage der Prostituierten war somit aus ihrer Sicht Resultat eines auf falschen Grundfesten aufgebauten menschlichen Sozialverhaltens. Die Konflikte verliefen nicht nur zwischen dem Staat und den Prostituierten, sondern sie verbargen sich im Kern der eigenen familiären Organisation. Deren Veränderung sah Męczkowska als Aufgabe der Ehefrauen, da diese durch ihre soziale Stellung und ihre Bildung den Dienstmädchen überlegen waren und sich deshalb für diese stark machen sollten. Durch ihre Weiblichkeit schienen sie den Männern an moralischer Stärke überlegen und sollten deshalb einer neuen Ordnung zum Durchbruch verhelfen.

Viele Fälle vergewaltigter Dienstmädchen wurden in den Praxen von Ärztinnen bekannt. Erst vor Frauen trauten erstere sich, das Schweigen zu brechen. Eine der wenigen in Warschau tätigen Ärztinnen war Justyna Budzińska-Tylicka. 1909 veröffentlichte sie ein Buch unter dem Titel „Die Hygiene von Frauen und die mit ihr verbundenen sozialen Fragen". Darin versuchte sie, medizinische Erkenntnisse zu popularisieren und die Wichtigkeit der Hygiene für die ‚Volksgesundheit' darzustellen. Als grundlegendes Problem der Geschlechterverhältnisse und der Hygiene führte sie aus, daß Frauen von Männern ökonomisch abhängig seien. Sie forderte, Frauen müßten wie Männer bezahlt werden und einen staatlich garantierten Mutterschutz in Anspruch nehmen dürfen. Um dieses durchzusetzen, müßten Frauen vor allem besser ausgebildet werden, denn die Tatsache, daß sie in der Regel nur unqualifizierte Arbeit verrichten könnten, drücke das Lohnniveau von Frauen. Ausreichend bezahlte Frauen würden sich nicht als Prostituierte verdingen und auch nicht aus ökonomischen Gründen gezwungen sein, eine ungewollte Ehe einzugehen. Zusammen mit der ökonomischen Befreiung müßten Frauen auch politisch und rechtlich gleichgestellt werden.[43] Während sie hier im Zusammenhang mit Frauenarbeit feministische Argumente vorbrachte, die auf eine Befreiung der Frauen aus tradierten Abhängigkeiten zielten, argumentierte Budzińska-Tylicka in der Frage der Fortpflanzung ganz im Sinne einer naturwissenschaftlichen Umwertung von Sexualität. Zunächst führte sie aus, daß in allen zivilisierten Ländern die Geburtenrate kontinuierlich zurückging. Diese Entwicklung bezeichnete sie als positiv, da sie insbesondere mit einem Rückgang der Kindersterblichkeit verbunden sei. Nur durch die Einschränkung der Nachkommenschaft seien die Eltern in die Lage versetzt, sich angemessen um die Kinder zu kümmern und sie zu künftigen Staatsbürgern zu erziehen. Sie plädierte also für die „bewußte Regulierung des

---

43 JUSTYNA BUDZIŃSKA-TYLICKA, Hygiena kobiet i kwestje społeczne z nią związane, Warszawa 1909, S. 178-185.

5.2. Frauenbewegung und ‚Sittlichkeit': Körper, Sexualität und Volk

Wachstums der Menschheit" als eine „kulturelle Notwendigkeit der Nation".[44] Ob diese Regulierung durch den Gebrauch von Verhütungsmitteln oder die sexuelle Abstinenz herbeigeführt werden sollte, führte die Autorin an dieser Stelle nicht aus. Aus Budzińska-Tylickas medizinischer Sicht blieb die Ehe der einzig angemessene Ort des Sexuallebens. Sie sah die Familie als die Grundlage der Gesellschaft. Alle Paare sollten so viele Kinder haben, wie es ihre soziale Lage, ihre Bildung und ihr Gesundheitszustand erlaubten. Da Frauen die Kinder zur Welt brächten, sollten diese über die Anzahl der Kinder entscheiden. Diese ‚goldene' Regel wurde jedoch gleich durch zahlreiche ‚medizinisch' untermauerte Weisungen entkräftet: Zu häufiges Gebären schade der weiblichen Gesundheit. Vor dem 23. Lebensjahr und ab Mitte dreissig sollten Frauen nicht gebären. Auch sei ein Abstand von vier Jahren zwischen den einzelnen Geburten ratsam. Darüber hinaus sollten Paare nur so viele Kinder zur Welt bringen, wie sie angemessen versorgen könnten, d. h. in den Oberschichten sollten mehr Kinder zur Welt kommen als in den Unterschichten. Die Autorin bedauerte, daß das Gegenteil der Fall sei. Sie betonte ausdrücklich, letztlich sei nicht die Quantität des Nachwuchses, sondern seine Qualität entscheidend.[45] Unter Berufung auf eine Studie über Kinder- und Müttersterblichkeit in der amerikanischen Intelligenz gab auch der *Bluszcz* 1905 als „ideale Mutter der neuen Generation" eine Frau aus, die nicht vor dem 23. bis 25. Lebensjahr und insgesamt höchstens drei Kinder bekam. Da durch ein solches Fortpflanzungsverhalten die Rate der Kinder- und Müttersterblichkeit gesenkt würde, müßten Frauen nicht mehr „an den Kindern sterben" sondern sie könnten „im vollsten Verständnis der elterlichen Verantwortung" mit ihnen leben.[46] Im *Ster* verbreitete Budzińska-Tylicka außerdem, Frauen und Männer sollten erst ab dem 22. Lebensjahr Geschlechtsverkehr haben.[47] Diese ‚medizinisch' begründete neue Sexualmoral orientierte sich keineswegs an den Bedürfnissen von Frauen, sondern an denen des ‚Volkes'. Dieses ‚Volk' wurde aufgrund biologistischer Kriterien qualitativ neu geordnet. Nicht nur bei der Orientierung an der Gesundheit des Volkes berief sich Budzińska-Tylicka auf moderne Werte. Ihr Standpunkt war auch in einem hohen Maße unabhängig vom christlichen Wertekanon. Dies zeigte sich u. a. darin, daß sie die Einführung der zivilen Ehe forderte.[48] Budzińska-Tylicka drückte hier die am modernen Fortschrittsglauben orientierte Hoffnung aus, durch die Befolgung wissenschaftlicher Regeln soziale Probleme aus der Welt schaffen zu können.

---

44 Ebd., S. 207
45 Budzińska-Tylicka, Hygiena kobiet, S. 204-213.
46 Bluszcz 1905, S. 225.
47 Ster 1913, S. 94.
48 Budzińska-Tylicka, Hygiena kobiet, S. 218.

Fatal ist dabei vor allem, daß zugunsten des ‚Volkes' und seiner ‚Gesundheit' die Bedürfnisse und Neigungen des einzelnen an Geltung verloren und selbst das Sexualleben nach rationalen Kriterien geordnet werden sollte. Die Tatsache, daß mit dieser Verwissenschaftlichung der Sexualität neue Ungleichheitstheoreme in die Welt gesetzt wurden, die auch eine Neudefinition von Geschlechterrollen beinhalteten, zeigt die zwei Gesichter einer wissenschaftlichen Rationalisierung der sozialen Ordnung. Das Gleichheitspostulat, welches Budzińska-Tylicka in bezug auf die Frauenarbeit einführte, ergänzte sie sogleich durch eine Festlegung weiblicher Sexualität. Die Autorin forderte nicht nur, Frauen sollten eheliche Kinder bekommen, sondern sie sagte ihnen auch, wie viele und zu welchem Zeitpunkt. Dabei galten durchaus nicht für alle Frauen die gleichen Kriterien. Während die Autorin Gleichstellung forderte, formulierte sie Differenzen zwischen Frauen und Männern und zwischen Frauen untereinander. Diese Tendenz wurde durch die Sittlichkeitsdebatte und deren Verwissenschaftlichung verstärkt. Die ‚Objektivierung' der Geschlechterdifferenz führte die Geschlechterpolitik in eine Sackgasse. Die Orientierung weiblicher Politik an den vermeintlich biologischen Aufgaben von Frauen verwischte die Grenzen zwischen sozialen und biologischen Differenzen. Das ‚gesellschaftliche' Interesse bemächtigte sich des weiblichen Körpers, während Sexualität männliches Terrain blieb. Dabei wurde mit der Kontrolle über die Fortpflanzung auch die Sexualität von Frauen zusehends zum Gegenstand öffentlicher Kontrolle. Das nationale Denken war hier einem fatalen Utilitarismus verhaftet. Der ‚naturwissenschaftlich' definierte Volksbegriff sah den ‚Nutzen' von Frauen mehr und mehr in ihrer Gebärfähigkeit. Diese Modernisierung des körperlich definierten Unterschieds führte zur faktischen Abwertung der ‚Mütterlichkeit' als sozialer Eigenschaft und zur Negierung von Sexualität außerhalb ihrer reproduktiven Konsequenzen. Statt dessen stand nun die ‚Qualität' des Nachwuchses, d. h. der Lebenswandel, die Herkunft und die Partnerwahl gebärender Frauen im Vordergrund. Zudem wurde im medizinischen Kontext implizit Heterosexualität als Norm weiblichen Sexualverhaltens festgeschrieben, ein Phänomen, welches sich in den politisch oder kulturell ausgerichteten Schriften der Frauenbewegung nicht findet.

Der große Widerhall sozialhygienischer Denkfiguren unter polnischen Wissenschaftlerinnen und Feministinnen lag in ihrer sehr ausgeprägten Orientierung an ‚objektiven' Argumentationsfiguren begründet. Durchaus in der Tradition positivistischer Wissenschaftsgläubigkeit und eines modernen Fortschrittsdenkens wurden hier Mechanismen zur Abgrenzung von der ursprünglich vorausgesetzten Gleichheit festgesetzt. Gleichzeitig boten die ‚Naturwissenschaften' eine säkularisierte Weltsicht, welche tradierte Grenzen überwinden half. Einerseits kritisierte die polnische Frauenbewegung die sexuelle Ausbeutung von Ehefrauen

5.2. Frauenbewegung und ‚Sittlichkeit': Körper, Sexualität und Volk

und Prostituierten und prangerte die verlogene Sexualmoral als verbrecherisch gegenüber Frauen an. In diesem Kontext steht die Agitation Męczkowskas in der Dienstmädchenfrage. Andererseits brachten sich polnische Feministinnen selbst in die Rolle der Spenderinnen von Volksgesundheit und setzten sich gleichzeitig ‚qualitativ' von Frauen aus den Unterschichten ab. Damit war das soziale Gefälle nicht mehr durch Bildungsangebote allein zu überwinden. Es hatte vielmehr seine Ursachen vielmehr nun auch in der ‚Natur' der Dinge und konnte nur durch eine Veränderung des menschlichen Reprodutionsverhalten behoben werden. Polnische Feministinnen gingen bei ihrem Plädoyer für ‚Geburtenkontrolle' nicht vom Standpunkt individueller lebensgeschichtlicher Notwendigkeiten und Bedürfnisse aus, sondern gaben dieselbe als kollektives Interesse des polnischen ‚Volkes' aus. Die Indienstnahme weiblicher Reprodutionsfähigkeit für die Zwecke des ‚Volkes' war der Preis, den Feministinnen für die ‚Reinigung' des männlichen Sexualverhaltens zahlten. Ihr eigenes Sexualleben blieb somit unverändert monogam. Die Veränderung lag darin, daß sie es im Idealfall mit einem gleichfalls monogam lebenden Partner teilten. Die Sittlichkeitsdebatte diente der Frauenbewegung u. a. dazu, ihr eigenes Verhalten positiv und normsetzend gegenüber Männern und Frauen aus den Unterschichten abzugrenzen. Die Limits weiblicher Sexualität wurden damit von ihr nicht erweitert, sondern auf die männlichen Sexualpartner und deren bisherige Zweitfrauen ausgedehnt und mit Sinn gefüllt.

6. DIE POLNISCHE FRAUENBEWEGUNG AUF DEM WEG IN DEN NATIONALSTAAT (1912 bis 1919)

Das folgende Kapitel beschäftigt sich mit der Entwicklung des polnischen Feminismus im Prozeß der Staatsgründung. Politisch gesehen bedeutete das Ende der nationalen Unfreiheit für die polnische Bevölkerung auch die Befreiung der Frauen. Dies gilt zumindest, sofern man das Frauenstimmrecht als Barometer politischer Emanzipation von Frauen anerkennt. Bei den Wahlen zur verfassungsgebenden Versammlung galt im Januar 1919 das allgemeine Stimmrecht ohne Unterschied des Geschlechts (*bez różnicy płci*), analog zur Forderung der polnischen Frauenbewegung während der politischen Aufbruchsphase 1905.

Im Zuge der Sondierung von Machtpositionen im zu gründenden Staat läßt sich seit 1912 ein Einfluß dieses Prozesses auf die polnische Frauenbewegung feststellen. Dies äußert sich am deutlichsten in den Stellungnahmen der Bewegung zum Boykott gegen jüdische Händler im Verlauf der Dumawahlen von 1912. Scheinbar unvermittelt tritt seit Ende 1912 die Idee eines polnisch-jüdischen Antagonismus auf die Titelseiten des *Ster*. Dieser Einbruch eines gegen die Juden gerichteten nationalen Paradigmas in die feministische Gedankenwelt bedarf einer Interpretation, da er das Spannungsverhältnis zwischen Gleichheitsverheißung und Ausgrenzung im Staatsgründungsprozeß unmittelbar berührt. Eine solche Erklärung erfordert eine Lesart der Texte der Frauenbewegung, die sich bislang in der Forschung kaum durchsetzen konnte. Im Gegensatz zu zahlreichen Studien über die (westliche) Frauenbewegung, welche sich auf die Universalität des Gleichheitspostulats stützen, liegt der Fokus der folgenden Ausführungen auch auf weiblichen Abgrenzungsstrategien gegenüber anderen ‚Minderheiten'. Die Frauenbewegung erscheint als Vertreterin der benachteiligten weiblichen Bevölkerungsgruppe einerseits und der selbsternannten polnischen Elite andererseits. Dargestellt wird nicht die ‚reine' feministische Weltanschauung, sondern deren Entwicklung im Prozeß der staatsbürgerlichen Gleichstellung. Dieser Versuch einer Dechiffrierung ‚feministischer' Moral vollzieht sich entlang einer Analyse gesellschaftlicher Einbeziehungs- und Ausgrenzungsmechanismen. Den Schlußpunkt der Betrachtung bildet die Analyse der politischen Rhetorik polnischer Frauen während des Ersten Weltkriegs. Im Kontext der Verstärkung der genannten Differenzierungsmechanismen im Krieg wird die Ambivalenz zwischen Gleichheitsverheißung und gesellschaftlicher Differenzierung im Prozeß der Staatsgründung beleuchtet.

Angehörige der *inteligencja* definierten neben dem primären Antagonismus zwischen den herrschenden Teilungsmächten und der ideell gedachten polnischen Gesellschaft immer stärker nationale und soziale Interessengegensätze. In diesem Zusammenhang kam es auch zur ideologischen Auseinanderdividierung unterschiedlicher ethnisch-religiöser Gruppen. Unmittelbar vor dem Ersten Weltkrieg war auch innerhalb der liberalen polnischen *inteligencja* die Abgrenzung von der jüdischen Bevölkerung weit verbreitet. Dabei handelte es sich um die Abwehr der vermeintlich den polnischen Interessen zuwiderlaufenden jüdisch-nationalen Bestrebungen auf dem politischen und wirtschaftlichen Sektor. Das Verhältnis zur ruthenischen Bevölkerung war, wie das politische Programm Dulębiankas bereits zeigte, zunächst ambivalent und wurde zusehends feindselig. Die Definition von Juden und Ruthenen als Angehörigen anderer Nationen hatte geschlechtsbestimmte Aspekte, weil religiöse und ethnische Zugehörigkeit für das Leben von Frauen und Männern unterschiedliche Konsequenzen hatten. Zunächst erscheint hier der polnische katholische Mann als einer, der sich per definitionem an die Spitze der gesellschaftlichen Hierarchie setzt. Diese Stellung, die vorrangig publizistisch und politisch tätige Angehörige der *inteligencja* repräsentierten, ist im Kontext des bevorstehenden Staatsgründungsprozesses vor dem Hintergrund vermeintlich nationaler Interessensicherung zu sehen. Im Kern ging es darum, wer zukünftig die Führung im Staate übernehmen würde. Der neuralgische Punkt einer Einordnung der polnischen Frauenbewegung in diesen Prozeß, ist die Frage, welche Stellung weibliche polnisch-katholische Angehörige der *inteligencja* in der gesellschaftlichen Hierarchie besaßen. Die Ausgangsthese der folgenden Überlegungen ist, daß weibliche Angehörige der polnischen *inteligencja* wegen der schwachen politischen Stellung polnischer Männer in der Hierarchie unmittelbar hinter der männlichen polnischen *inteligencja* standen. Der Prozeß der gemeinsamen Abgrenzung polnischer Männer und Frauen von den zukünftigen nationalen Minderheiten des zu gründenden Staates verstärkte sich im Laufe des behandelten Zeitraums und kulminierte im Ersten Weltkrieg. Das weibliche Stimmrecht erscheint in diesem Zusammenhang nicht mehr als Verwirklichung eines humanistisch untermauerten feministischen Postulats, sondern als Zeichen der gemeinsamen Inbesitznahme des Staates durch die polnische Bevölkerung beiderlei Geschlechts. Die Forderungen der Frauenbewegung als einem Teil der weiblichen *inteligencja* richteten sich weiterhin gegen männlich geprägte Strukturen. Das Stimmrecht, welches in der Bewegung zunächst als Symbol und Voraussetzung für die Durchsetzung einer gleichheitlichen und friedlichen weiblichen Ethik galt, wurde polnischen Frauen tatsächlich als Symbol der nationalen Befreiung des ‚Vaterlands' gegeben.

6.1. Frauenbewegung und ethnisch-religiöse Ausgrenzung: Die Dumawahlen 1912 und die Boykottbewegung

Die „Gleichberechtigung" der Juden war für die Vordenkerin des polnischen Feminismus Eliza Orzeszkowa eine Frage der Zivilisation und der Abschaffung von Standesgrenzen. In ihrer 1882 veröffentlichten Schrift „Über die Juden und die Judenfrage" stellte sie die Gleichstellung der Juden analog zu jener der Frauen als einen zwingend notwendigen Schritt auf dem Wege der Modernisierung der polnischen Gesellschaft dar.[1] In den vergangenen Jahren sind einige Versuche unternommen wurden, die „Parallelen zwischen Ausgrenzungsprozessen von Frauen und Juden" darzustellen.[2] Die Bedeutung antisemitischer Denkfiguren bei Frauen selbst ist jedoch in historischer Perspektive weitgehend unerforscht.[3] Im folgenden gilt es vorrangig, das Verhalten der polnischen Frauenbewegung angesichts der Dumawahlen von 1912 und der sich daraufhin verstärkenden Boykottbewegung gegen jüdische Händler zu analysieren. Das Augenmerk dieser historischen Betrachtung richtet sich dabei auf die Verflechtungen zwischen der Frauenbewegung und der polnischen Gesellschaft. Anders als im Falle der abolitionistischen Bewegung, welche einen Impuls aus dem Westen aufnahm und in einer spezifischen Weise verarbeitete, folgte das Verhalten der polnischen Frauenbewegung während der Boykottbewegung einer innergesellschaftlichen Logik. Zwar gäbe es Gründe dafür, im Kontext eines allgemein wachsenden Antisemitismus in der polnischen Gesellschaft den ‚feministischen' Antisemitismus als defensiv, reaktiv und gemäßigt darzustellen. Auch ließen sich gerade unter Feministinnen Beispiele einer nach wie vor judenfreundlichen Haltung hervorheben. Dennoch markiert der Umgang mit der „Judenfrage" am Vorabend des Ersten Weltkriegs eine ideologische Krise der polnischen Frauenbewegung, die einer innergesellschaftlichen Konfrontation in dieser Angelegenheit nicht gewachsen war. Der Einbruch der allgemeingesellschaftlichen Stimmung in die Gedankenwelt der polnischen Frauenbewegung läßt sich gerade an

---

1 ELIZA ORZESZKOWA, O żydach i kwestji żydowskiej, Wilno 1882, S. 64, 65; URSULA PHILLIPS, The ‚Jewish Question' in the Novels and Short Stories of Eliza Orzeszkowa, in: East European Jewish Affairs 25 (1995), H. 2, S. 69-90.
2 JOHANNA GEHMACHER, Feministische Geschichtsforschung und die Frage nach dem Antisemitismus von Frauen, in: Der feministische „Sündenfall"? hrsg. v. CHARLOTTE KOHN-JEY u. ILSE KOROTIN, Wien 1994, S. 131-159, hier S. 133 u. Literaturangaben auf S. 154; DIES., Die Eine und der Andere. Moderner Antisemitismus als Geschlechtergeschichte, in: Bürgerliche Frauenbewegung und Antisemitismus, hrsg. v. MECHTHILD BERESWILL u. LEONIE WAGNER, Tübingen 1998, S. 101-120; SUSANNE ASCHE, Juden und Frauen als Staatsbürger zweiter Klasse. Die Konzeption südwestdeutscher Liberaler in der zweiten Hälfte des 19. Jahrhunderts, in: Frauen und Nation, a. a. O., S. 78-89.
3 Vgl. GEHMACHER, Feministische Geschichtsforschung, S. 133 f.

diesem Beispiel hervorragend illustrieren. Der Antisemitismus war ein Zug, auf den die polnische Frauenbewegung aufsprang. Dabei verlor sie einen Teil ihres ideologischen Fundaments und wenigstens eine wichtige Protagonistin. Es geht daher im folgenden darum, die quellenmäßig erfaßbaren Indizien dieser Krise darzustellen. Die Reaktion der Frauenbewegung im Vorfeld der Dumawahlen und während des Boykotts wurde weder in den Erinnerungen von Feministinnen noch in den historischen Darstellungen der Bewegung später erwähnt. Es handelt sich um ein verdrängtes Kapitel der polnischen Frauenbewegung und um den nicht erinnerten Eintritt der Bewegung in die „organisatorische Phase", in welcher ihre Ideologie mit der „Realität" konfrontiert wurde.[4]

Aus verschiedenen Gründen ist eine Parallelisierung des besprochenen Prozesses zu antisemitischen Haltungen etwa in der deutschen Frauenbewegung[5] unsinnig. Zunächst muß darauf verwiesen werden, daß im Kaiserreich die überwiegende Mehrzahl der Juden assimiliert war. Dies war im Königreich Polen nicht der Fall. Hier waren gerade die geringen Aussichten auf eine Assimilation der jüdischen Bevölkerung an die polnische der Ausgangspunkt antijüdischer Haltung in der *inteligencja*. Hieraus erklärt sich die andere Qualität des Antisemitismus in den gebildeten polnischen Schichten. Er gab sich zwar rational, wurde aber keineswegs vom Standpunkt des ‚Rassenbiologismus' aus begründet.[6] Im Kontext der Formierung nationaler Gruppen wurden auch die Juden als eine solche wahrgenommen. Die ‚Andersartigkeit' der Juden lag nicht mehr unmittelbar in ihrem Glaubensbekenntnis, sondern in ihrer ‚Fremdheit'. Die Abgrenzung von ihnen war daher nicht religiös motiviert, sondern entsprach dem verstärkten Bedürfnis nach Formulierung ‚eigener' Qualitäten. Im Zuge dieser säkularen Differenzierung fand ein sozialer Umwertungsprozeß statt. ‚Katholisch' zu sein, bedeutete demnach nicht zwingend die Ausübung religiöser Praktiken oder die Begründung für soziales Handeln. Die katholische Identität kennzeichnete die Protagonisten vielmehr als Angehörige einer national gefaßten sozialen Gruppe.

---

4 Vgl. MAYREDER, Der typische Verlauf, S. 12 f.
5 Vgl. hierzu: MARION KAPLAN, Schwesterlichkeit auf dem Prüfstein. Feminismus und Antisemitismus in Deutschland, 1904-1938, in: Feministische Studien 3 (1984), H. 1, S. 128-139; MARLIS DÜRKOP, Erscheinungsformen des Antisemitismus im Bund Deutscher Frauenvereine, in: Feministische Studien 3 (1984), S. 140-149; MECHTHILD BERESWILL, LOENIE WAGNER, ‚Eine rein persönliche Angelegenheit'. Antisemitismus und politische Öffentlichkeit als Konfliktfeld im „Bund Deutscher Frauenvereine", in: Bürgerliche Frauenbewegung und Antisemitismus, hrsg. v. MECHTHILD BERESWILL u. LEONIE WAGNER, Tübingen 1998, S. 45-63.
6 Ein derart begründeter Antisemitismus wurde von der deutschen Frauenbewegung zwar auch nicht artikuliert, fand aber insgesamt in Deutschland schon zur Kaiserzeit Verbreitung.

6.1. Frauenbewegung und ethnisch-religiöse Ausgrenzung

Wie die katholische so war auch die jüdische Religionszugehörigkeit bis 1912 selten Gegenstand der Diskussion in der polnischen Frauenöffentlichkeit gewesen. Ein einmaliges Beispiel des Verhältnisses zwischen christlichen und jüdischen Frauen gibt ein Artikel über die „Allererste Emanze" (*najpierwsza emancypantka*) im *Bluszcz* von 1905. Hier findet sich eine bemerkenswerte Umdeutung der Schöpfungsgeschichte. Der weibliche Dämon Lilith wird nämlich als erste Frau Adams dargestellt, die sich weigerte, mit ihm im Paradies zu leben, wenn sie sich ihm dort unterordnen müßte. Erst daraufhin wurde Eva aus Adams Rippe geschaffen. Seitdem pflanzen sich Liliths und Evas Kinder getrennt voneinander fort.[7] Diese Deutung der aus der jüdischen Dämonologie entliehenen Engelsgestalt konnte zunächst ihre Geltung für christliche und jüdische Frauen behaupten, da sie auf alttestamentarische Motive rekurriert. Die Idee eines genealogischen Feministinnengeschlechts wirft den kulturellen Ballast der Geschichte von der Vertreibung aus dem Paradies über Bord und führt auch die Mariengestalt als Gegenstück zur sündigen Eva ad absurdum. Diese Deutung (die übrigens aus der Feder eines Mannes stammte) stand jedoch im kulturellen Kontext der polnischen Gesellschaft allein und fand keinen Widerhall in weiteren Diskussionen. Im Gegenteil reihten sich polnische Feministinnen ungeachtet gemeinsamer Wurzeln des Menschen- oder Frauengeschlechts umstandslos in eine polnische Erbfolge und Abwehrfront ein.

Das erste Jahrzehnt des 20. Jahrhunderts war von einer regen jüdischen Einwanderung aus Kernrußland und den Westgouvernements des Zarenreichs in das Königreich Polen geprägt. Diese über Litauen eingereisten russisch- und jiddischsprechenden Juden wurden abschätzig als „Litwaken" bezeichnet, wodurch sie u. a. von den ‚eigenen' polnischen Juden unterschieden wurden. Obwohl der prozentuale Anteil von Juden an der Gesamtbevölkerung nicht anstieg,[8] personifizierten die über Litauen eingereisten ‚russischen' Juden alsbald das Gefühl der Fremdheit der polnischen gegenüber der jüdischen Bevölkerung. Die Gründung jüdischer Parteien und die Verbreitung des Zionismus wirkten außerdem darauf hin, daß die Idee von der jüdischen Assimilation, wie sie im Warschauer Positivismus propagiert worden war, auch in liberalen Kreisen verworfen wurde. ‚Judentum' galt fortan als ein gegen polnische Interessen

---

7 Bluszcz 1905, S. 96.
8 In Warschau betrug der Anteil von Juden zwischen 1897 und 1921 31 bzw. 37 Prozent, vgl. FRANK GOLCZEWSKI, Polnisch-jüdische Beziehungen, 1881-1922. Eine Studie zur Geschichte des Antisemitismus in Osteuropa, Wiesbaden 1981, S. 98.

gerichtetes nationales Bekenntnis. Zwischen Juden und Christen entstand eine Trennung, die durch den Judenboykott weiter verstärkt wurde.[9]

1912/13 kulminierten die ‚polnisch-jüdischen' Konflikte. Bei den an sich unbedeutenden Wahlen zur Duma bestand das Warschauer Wahlmännerkomitee mehrheitlich aus Abgesandten jüdisch-nationaler Parteien. Diese stellten sich der Wahl des von der nationaldemokratischen und fortschrittlichen polnischen *inteligencja* gewünschten Kandidaten Jan Kucharzewski entgegen. Kucharzewski gehörte einer Splittergruppe der Nationaldemokratischen Partei (Endecja) an, die sich mit der Fortschrittspartei zur „Nationalen Konzentration" (*Koncentracja Narodowa*) zusammengeschlossen hatte. Er galt als ‚nur' gemäßigt antisemitisch, weswegen er von der fortschrittlichen *inteligencja* protegiert und von den jüdischen Wahlmännern abgelehnt wurde. Letztere wählten einen bis dato unbekannten Sozialisten zum Warschauer Duma-Abgeordneten. Während der *Ster* die Kandidatur Kucharzewskis unterstützte, hob der *Bluszcz* die durch deren Ausschluß vom Stimmrecht begründete Distanz der Frauen zu den Wahlen hervor.[10] Der PZRK benutzte die Gelegenheit, den Kandidaten zu einem Plädoyer für das Frauenstimmrecht aufzufordern. Laut Angaben des *Ster* sprach er sich am 11. November 1912 hierfür aus.[11] Insgesamt äußerte sich die polnische Frauenpresse hier erstmals zu Kandidaten und Programmen der Dumawahlen.

Zunächst war der Standpunkt in der „Judenfrage" unter Feministinnen keineswegs einmütig. Während Iza Moszczeńska schon 1911 eindeutig antisemitische Töne anschlug, war z. B. Stefania Sempołowska eine Opponentin des Antisemitismus.[12] Moszczeńska dagegen attackierte, wie auch schon vorher am Beispiel der „Frauenfrage" gezeigt, den Standpunkt der „Fortschrittlichen" als überholt. Sie sprach sich gegen die Assimilationsbemühungen aus und forderte schon 1911, ganz im Sinne des späteren Boykotts, die Juden aus dem polnischen Wirtschaftsleben auszuschließen.[13] Demnach führe allein die Besetzung jüdischer Positionen durch Polen zu einer Modernisierung der polnischen Gesell-

---

9 Bluczsz 1913, S. 43 f., 87 f.
10 Bluszcz 1912, S. 398; Ster 1912, Nr. 18, S. 1.
11 Ster 1912, Nr. 18, S. 2 f.
12 STEFANIA SEMPOŁOWSKA, Żydzi w Polsce, Warszawa 1905; IZA MOSZCZEŃSKA, Postęp na rozdrożu, Warszawa 1911; SAMUEL HIRSZHORN erwähnt Sempołowska neben anderen aus seiner Sicht weniger bedeutenden Exponenten als eine rühmliche Ausnahme zum allgemein wachsenden Antisemitismus, vgl. DERS., Historia żydów w Polsce. Od Sejmu czteroletniego do wojny europejskiej, 1788-1914, Warszawa 1921, S. 328.
13 MOSZCZEŃSKA, Postęp, S. 100.

6.1. Frauenbewegung und ethnisch-religiöse Ausgrenzung 217

schaft.[14] Die Sozialistinnen Moszczeńska und Sempołowska vertraten ihre Anschauungen zur „Judenfrage" nicht im Kontext der Frauenbewegung, sondern äußerten sich hier in der 'allgemeinen' Öffentlichkeit. Die „Judenfrage" taucht deshalb 1912 unvermittelt in der polnischen Frauenpresse auf. Während der Diskussionen um das vorrangig jüdische Warschauer Duma-Wahlmännerkomitee hatte sich Teresa Lubińska offenbar gegen die weit verbreitete antijüdische Stimmung gewandt. Aus diesem Anlaß veröffentlichte Kuczalska-Reinschmits Vertraute Bojanowska einen Artikel im *Ster*, in welchem sie sich im Namen des PZRK öffentlich von seiner langjährigen Mitarbeiterin distanzierte. Die Äußerungen Lubińskas wurden als „Transfiguration einer Einzelperson" bezeichnet. Sie deckten sich nicht mit der Anschauung des *Ster*. Wenn, so der *Ster*, die ‚eigenen' und die ‚fremden' Anliegen zur Disposition stünden, müsse sich auch die Frauenbewegung klar hinter die nationale Gemeinschaft der Polen stellen. Da die soziale Lage der polnischen Bevölkerung katastrophal sei, sei deren Verbesserung das vorrangige Ziel der polnischen Gesellschaft. Die Misere der jüdischen Unterschichten würde diese nicht betreffen. Lubińska wurde falsch verstandener Humanismus vorgeworfen, da diese weiterhin die Solidarität zwischen Juden und Frauen als rechtlich benachteiligte Gruppen einklagte. Mit der Feststellung, die „Judenfrage" treibe einen „Keil in die polnische Gesellschaft", distanzierte sich Bojanowska schließlich von der Verantwortung für den faktischen Ausschluß Lubińskas aus dem PZRK, indem sie diesen als einen Mosaikstein in einem von der Frauenbewegung unabhängigen Prozeß beschrieb.[15] Eine inhaltliche Auseinandersetzung mit den Argumenten Lubińskas fand nicht statt. Sie wurde als Angehörige der Frauenbewegung später nur noch von Pachucka erwähnt. Diese zeichnete ein äußerst knappes und wenig schmeichelhaftes Bild, indem sie Lubińska vorrangig als mehrfache Mutter beschrieb, die wegen eines großen Familienvermögens niemals hatte arbeiten müssen.[16]

Eine parallele Entwicklung vollzog sich wenig später beim „Kulturverein" (*Towarzystwo Kultury*), wo, wie bereits geschildert, gleichfalls viele Feministinnen aktiv waren. Es handelte sich um einen der wichtigsten Verbände der fortschrittlichen *inteligencja*, der sich aus Schriftstellern, Ärzten, Advokaten, Gewerbetreibenden und Vertretern anderer Berufe zusammensetzte.[17] Sein Grün-

---

14 So auch Golczewskis Deutung der hinter dem Boykott verborgenen Logik, vgl. DERS., Polnisch-jüdische Beziehungen, S. 118.
15 Distanzierung von Lubińska: Ster 1912, Nr. 20-21, S. 2-3; Standpunkt zu den „Wähler-Juden": Ster 1912, Nr. 19, S. 1-2; Standpunkt der „Fortschrittler" vgl. GOLCZEWSKI, Polnisch-jüdische Beziehungen, S. 92-96 (bei Golczewski „Progressive").
16 PACHUCKA, Pamiętniki, S. 142.
17 1910 waren 17 Prozent der Mitglieder in Gewerbe und Industrie tätig, 61 Prozent waren Ärzte, Advokaten, Lehrer oder Publizisten. Auf 1.268 christliche Mtglieder kamen 198 jü-

dungsmitglied und langjähriger Vorsitzender Aleksander Świętochowski war der prominenteste Vertreter des Warschauer Positivismus, der im besprochenen Zeitraum sein Plädoyer für die Einbeziehung der Juden in den seinerzeit intendierten gesellschaftlichen Erneuerungsprozeß aufgab. Auf der Mitgliederversammlung am 19. Dezember 1912 wurde die angebliche „Verjudung"[18] zum Problem der Vereinsspitze. Ein Judenanteil von angeblich fast 15 Prozent stellte demnach den polnischen Charakter der Vereinigung in Frage. Bemerkenswert ist, daß der *Ster* entgegen seiner sonstigen Gewohnheit über diese Sitzung des „Kulturvereins" ausführlich berichtete. Das Umschwenken der polnischen Kulturträger auf ein polnisches Nationsverständnis, das die Wahrung jüdischer Interessen ausschloß, bestärkte die Haltung des PZRK in der „Judenfrage" und gegenüber Lubińska. Laut Hirszhorn hatte die „Judenfrage" zu einer Spaltung des „Kulturvereins" geführt, welche letztlich in dessen Auflösung mündete.[19]

Anfang 1913 nahm der *Ster* den Bericht über eine internationale Frauenkonferenz zum Anlaß, für eine Trennung polnischer und jüdischer Vereine zu plädieren. Die „normalen Verhältnisse" zwischen der deutschen und der jüdischen „Gesellschaft" im Deutschen Kaiserreiche wurden lobend hervorgehoben. Dort nämlich gäbe es getrennt voneinander arbeitende jüdische und deutsche Frauenvereine, welche in einer gemeinsamen Dachorganisation zusammengefaßt seien. Die Arbeit „unter sich und für sich" (*między sobą i dla siebie*) wurde als vorbildlich beschrieben. Ausdrücklich wurde auch das persönliche Engagement einiger assimilierter Jüdinnen in den deutschen Vereinen begrüßt.[20]

Im Gefolge der Wahl von 1912 rief die Nationaldemokratische Partei zum Boykott jüdischer Geschäfte auf. Dies geschah vor dem Hintergrund einer intendierten ‚Nationalisierung' des Handels. In Fortführung der Idee der „organischen Arbeit" wurde die Stärkung der polnischen Händler als nationales Anliegen ausgegeben. Dies richtete sich auch gegen die stark im Kleinhandel engagierten Ostjuden. Die Polonisierung des Wirtschaftslebens manifestierte sich in der Parole „Jeder zu den Seinen" (*Swój do swojego*). Zunächst äußerte sich deren Befolgung in der Stärkung der Kooperativ- und Genossenschaftsbewegung

---

dische. Zwischen 1909 und 1910 traten mehr Männer als Frauen dem Verein bei, so daß nun von 1.413 Mitgliedern in Warschau 568 Frauen waren, vgl. Ster 1910, S. 87 f.

18 Den Begriff „zżydzona [polska nauka]" zitiert HIRSZHORN im vorliegenden Zusammenhang, vgl. DERS., Historia żydów, S. 319.

19 Ebd., S. 319.

20 Ster 1913, S. 30 f. Tatsächlich barg auch diese Konstellation schon vor dem Ersten Weltkrieg Konfliktstoff zwischen christlichen und jüdischen Frauen im „Bund Deutscher Frauenvereine", vgl. KAPLAN, Schwesterlichkeit auf dem Prüfstein, S. 131-135; DÜRKOP, Erscheinungsformen des Antiseminitismus, S. 140-149.

6.1. Frauenbewegung und ethnisch-religiöse Ausgrenzung

u. a. unterstützt durch die Frauenbewegung. Der Boykott als Verlängerung dieser nationalen Inbesitznahme ökonomischer Vorgänge war insbesondere in der Provinz Posen gegen deutsche Händler betrieben worden. Er mobilisierte dort auch viele Frauen.[21] Vor diesem Hintergrund war es bis zum Boykott jüdischer Händler im Königreich Polen nur noch ein kleiner Schritt. Daß der Boykott wirtschaftlich weder sinnvoll noch effektiv sein konnte, war seinen Propagandisten bewußt.[22] Unter dem Mantel der Boykottbewegung konnte jedoch die Ausgrenzung der Juden in einer rational akzeptablen Weise begründet werden.

Als sich Teresa Lubińska 1913 in einer kleinen Broschüre gegen den Judenboykott aussprach, sagte sie eine Entwicklung voraus, die mit ihrem faktischen Ausschluß aus der Frauenbewegung schon eingesetzt hatte:

„Ich habe das Recht zu reden! Eben gerade [...] im Bewußtsein dessen, daß sie morgen mich boykottieren werden."[23]

Lubińska wandte sich in ihrer unter dem Titel „Ich rede Euch ins Gewissen" veröffentlichten Schrift besonders an die Frauen. An sie appellierte sie, der Boykott jüdischer Läden wirke sich letztlich ungünstig auf die polnische Wirtschaft aus. Statt jüdische Händler zu boykottieren, sollte gemeinsam mit „unseren polnischen Juden" das Wirtschaftsleben aufgebaut werden. Frauen sah sie in einer nicht näher begründeten Pflicht, sich mit der „Judenfrage" auseinanderzusetzen.[24] Indem sie den „Boykott" ihrer Person in Kauf nahm, schaffte sie Nähe zwischen ihrer eigenen Person und den Juden.

Golczewski analysiert den Boykott im Gegensatz zum Pogrom als eine rationalisierte und nachhaltig wirksame Form des Antisemitismus, der insbesondere die *inteligencja* ansprach.[25] Folgt man dieser Deutung, so schaffte gerade die ‚Verobjektivierung' der „Judenfrage" die Akzeptanz für den Antisemitismus in der polnischen Gesellschaft.[26] Die ins Feld geführte Abwehr gegenüber ‚fremden' Interessen war ein Ausdruck der Verunsicherung des eigenen Standpunktes. Juden wurden als Angehörige eines anderen Volkes, einer fremden Nation wahrgenommen. Daß sich die allgemein verbreitete antijüdische Propaganda gerade am Klischee des Ostjuden orientierte, gab dieser Deutung eine zusätzliche ‚nationale' Komponente, da diese ‚Fremden' aus dem ‚feindlichen' Zaren-

---

21 Vgl. STEGMANN, „Je mehr Bildung, desto polnischer", besonders S. 173 f.
22 GOLCZEWSKI, Polnisch-jüdische Beziehungen, S. 114
23 TERESA LUBIŃSKA, Do sumienia waszego mówię, Warszawa 1913, S. 3.
24 LUBIŃSKA, Do sumienia, S. 12-14.
25 GOLCZEWSKI, Polnisch-jüdische Beziehungen, S. 117 f.
26 Vgl. auch THEODOR R. WEEKS, Polish ‚Progessiv Antisemitism', 1905-1914, in: East European Jewish Affairs 25 (1995), H. 2, S. 49-69.

reich kamen. Die ‚rationale' Begründung der Abgrenzung von Juden war volkswirtschaftlicher Natur.[27]

Der positive Bezug auf die im Ersten Weltkrieg für die Freiheit Polens kämpfenden Juden erweiterte die Haltung zur „Judenfrage". Im März 1917 behandelte ein Artikel in *Na Posterunku* das Verhältnis zwischen Glaubensbekenntnis und Nationalität. Die Autorin Bronisława Bobrowska erklärte den „schönen Grundsatz der religiösen Toleranz" als eine polnische Tradition, von welcher das polnische Volk nicht abweichen dürfe und führte weiter aus: „Wir müssen begreifen, daß jeder das Recht hat, sich ein Sohn [!] Polens zu nennen, der seine eigene Existenz mit diesem [Land] vereint hat, für es arbeiten will und nötigenfalls sein Leben dafür hingibt."[28] Vor dem Hintergrund gewaltsamer Übergriffe auf Juden insbesondere in den östlichen Landesteilen war dies mehr als ein Lippenbekenntnis. Der zitierte Artikel räumte fern von religiösem Determinismus den Juden ein Recht auf Zugehörigkeit zur polnischen Nation ein, wenn sich diese im Krieg bewährten. Dies deckt sich weitgehend mit dem Ideal des assimilierten Judens mosaischen Glaubens, welches von der *inteligencja* und der Frauenbewegung 1912 als undurchsetzbar verworfen worden war. Bezeichnenderweise beschränkt sich das Zitat auf die „Söhne" des Volkes. Damit verweist es im Zusammenhang des Krieges auf den jüdischen Soldaten. Vor dem Hintergrund von Pogromen ist es auch als Abgrenzung von dieser archaischen Form des Judenhasses zu lesen, die den in den östlichen Landesteilen lebenden Ruthenen zugeschrieben wurde. Die Abgrenzung vom Pogrom implizierte also eine Annäherung an die polnischen Juden.

Der Antisemitismus der polnischen Frauenbewegung war kein Bestandteil ihrer feministischen Ideologie, sondern markierte als Reaktion auf eine allgemeine Stimmung ihre Annäherung an die neu definierte polnische Gemeinschaft. Damit hatte die Frauenbewegung eine ihrer zentralen Positionen, nämlich die Berufung auf einen geschlechts-, nations- und religionsübergreifenden Freiheitsbegriff der ‚Nation' geopfert. Dieses Opfer diente der Hervorhebung weiblicher Gleichwertigkeit im Kontext einer allgemeinen Umdeutung von ‚Wertigkeiten'. Die Distanz, die vor dem Ersten Weltkrieg zwischen den Frauen und den Juden einerseits, zwischen der Frauenbewegung und Lubińska andererseits hergestellt wurde, vergrößerte die Nähe der Frauenbewegung zur polnischen Nation. Insofern nahm die Boykottbewegung eine Figur des Ersten Weltkrieges voraus: In

---

27 Zur Begriffsbestimmung vgl. HEINZ-GEORG MARTEN, Rassismus, Sozialdarwinismus und Antisemitismus, in: Pipers Handbuch der politischen Ideen, Bd. 5, hrsg. v. IRING FETSCHER u. HERFRIED MÜNKLER, München, Zürich 1987, S. 55-81, hier S. 56-59, 71-73, 78 f.
28 Na Posterunku 1917, Nr. 13, S. 4.

der Abwehr feindlicher ‚Angriffe' gegen das ‚Vaterland' standen polnische Männer und Frauen an der gleichen ‚Front'.

6.2. Das Gleichheitspostulat im Krieg: Die Erkämpfung des Frauenstimmrechts im Ersten Weltkrieg

Die von der polnischen Frauenbewegung in Anspruch genommenen Ungleichheitsideologien erfüllten in erster Linie die Funktion, die Interessengleichheit und Gleichwertigkeit polnischer Frauen und Männer zu unterstreichen. Die Abgrenzung von als nichtpolnisch definierten Gruppen war dafür symptomatisch. Auch im Kontext des Ersten Weltkrieges kann weder mit Blick auf die Frauenbewegung noch mit Blick auf die PPS von einer ungebrochenen und erfolgreichen Verfolgung emanzipatorischer Ziele die Rede sein. Allein die Sprache der Quellen aus der Zeit des Krieges verweist auf argumentative und rhetorische Figuren jenseits des humanistischen Gleichheitspostulats. Grundlegend hierfür war die im Krieg verstärkte Umwertung der nationalen Gemeinschaft, zu deren Leitbild der (Befreiungs-)Kämpfer wurde. In der Vorkriegspropaganda der Frauenbewegung wurde der Krieg als unrühmliche Männersache dargestellt. Durch die Teilhabe von Frauen an der Politik sollten die dem männlichen Charakter entspringenden kämpferischen und kriegerischen antizivilisatorischen Tendenzen in der Menschheitsgeschichte beendet und „die Welt zur höheren Menschlichkeit" geführt werden.[29] Ende 1914 schloß die Krakauer Frauenliga ein Ermutigungsschreiben an die polnischen Legionäre mit dem Gruß „Es lebe unser Führer, Józef Piłsudski".[30] Pachucka bemerkte rückblickend, in der „Hoffnung, daß der Krieg jedoch Freiheit und Unabhängigkeit gebe", hätten die Trägerinnen der Frauenbewegung die tägliche Arbeit in den „Dienst [...] der Nation" gestellt. Dies habe ihre ganze Kraft gefordert.[31] In dem Glauben, daß die Opfer des Krieges durch den vermeintlich hohen Zweck eines demokratischen polnischen Staates gerechtfertigt seien, hatten die in den Frauenligen und Schützenverbänden tätigen polnischen Feministinnen das demokratische Selbstverständnis einer weiblichen Befreiungsbewegung am Beginn des Krieges

---

29 Bluszcz 1905, S. 185 f., siehe auch Bluszcz 1905, S. 295; 1906, S. 408 f.
30 Archiwum Akt Nowych 57/ 4, S. 8. Zur Haltung der Ligen gegenüber Piłsudski vgl. auch Na Posterunku 1917, Nr. 12. In Warschauer Universitätsbibliothek befindet sich ein offensichtlich zensierter maschinenschriftlicher Artikel unter der Überschrift „Józefowi Piłsudskiego w hołdzie". Siehe in derselben Nummer auch S. 2, 3 ,7; Na Posterunku 1917, Nr. 32, S. 1-2. In *Na Posterunku* wurde Piłsudski in eine Reihe mit den Nationalhelden Tadeusz Kościuszko und Adam Mickiewicz gestellt, vgl. ebd. 1918, Nr. 11, S. 1-3.
31 PACHUCKA, Pamiętniki z lat 1914-1936, S. 8.

zugunsten einer unterstützenden Haltung gegenüber ‚ihren' Soldaten aufgegeben. Unter Rückgriff auf die heldenhafte Vergangenheit des verheißungsvollen Vaterlandes fand eine Verdrängung des Kriegsalltags statt. Die „Opfer auf dem Altar des Krieges", wie es Ende 1918 in einem Artikel der Frauenzeitschrift *Bluszcz* hieß, schienen seiner Autorin deshalb gering, weil sie die „Auferstehung Polens" als Vorbedingung einer „Bürgerwerdung" der Frauen feierte.[32] Unter dieser Bürgerwerdung läßt sich durchaus mehr verstehen, als daß Frauen Rechte erhielten, die sie vormals nicht besessen hatten. Vielmehr erschien durch den Verlauf des Krieges die Teilungsgeschichte als Auftakt zum großen Finale, an dessen Ende die Auferstehung Polens und die Inkarnation der Bürgerin stand.

6.2.1. Polnische Politik im Ersten Weltkrieg

Ein Krieg zwischen den Teilungsmächten erschien in den polnischen Gebieten als unabdingbare Voraussetzung für die Wiedererlangung der Eigenstaatlichkeit. Der Erste Weltkrieg war aber zunächst nicht nur eine ‚Chance', sondern machte in krasser Weise die spezifische Situation Polens deutlich: Es war zwischen drei Staatsmächten aufgeteilt. Drei Millionen polnische Soldaten kämpften am Beginn des Krieges in den Armeen der Teilungsmächte teilweise gegeneinander. Schätzungsweise 450.000 polnische Soldaten fielen.[33] Das Land selbst war Kriegsschauplatz. Die polnische Bevölkerung verhielt sich in den einzelnen Teilungsgebieten zu Beginn des Krieges loyal. Die Köpfe der beiden rivalisierenden Lager polnischer Politik, der Führer der Nationaldemokratischen Partei, Roman Dmowski, und der Führer der Sozialistischen Partei, Józef Piłsudski, setzten ihren jeweiligen politischen Kurs fort. Dmowski plädierte für eine Zusammenarbeit mit dem Russischen Reich. Im August 1914 hatte der Oberbefehlshaber der russischen Armee eine polnische Wiedervereinigung innerhalb eines russischen Großreiches in Aussicht gestellt. Als jedoch das Zarenreich seine repressive Politik fortsetzte, geriet der nationaldemokratische Kurs ins Stocken. Nach der „Oktoberrevolution" 1917 schien eine Zusammenarbeit mit Rußland diesem Lager nicht mehr wünschenswert. Die Anhänger der wichtigsten sozialistischen Partei in Polen, der „Polnischen Sozialistischen Partei" (PPS), hatten während des Ersten Weltkrieges ihr Zentrum in Galizien. Sie betrachteten die Unabhängigkeit Polens als das vorrangige Ziel der polnischen Politik und lehnten daher auch nach der Revolution eine Zusammenarbeit mit Rußland ab.

---

32 Bluszcz 1918, S. 317 f.
33 JERZY HOLZER u. JAN MOLENDA, Polska w pierwszej wojnie światowej, Warszawa 1963, S. 293.

6.2. Das Gleichheitspostulat: Die Erkämpfung des Frauenstimmrechts 223

Ihr Führer Piłsudski, wollte Polen durch die Teilnahme polnischer Truppen an den Kämpfen des Ersten Weltkriegs zu einem politischen Faktor machen, der bei der Gestaltung der Nachkriegsordnung nicht übergangen werden konnte. Er hoffte, zunächst gemeinsam mit den Mittelmächten einen Sieg über Rußland zu erreichen. Danach sollten diese die polnische Selbständigkeit zugestehen. Im August 1914 überschritt Piłsudski mit seinen paramilitärischen Schützenverbänden die Grenze zum russischen Teilungsgebiet. Nachdem er entgegen seinen Erwartungen keinen Aufstand in diesem Gebiet provozieren konnte, stellte ihn die österreichische Seite vor die Alternative, die Verbände aufzulösen oder sie der österreich-ungarischen Armee einzugliedern. Daraufhin konstituierte sich unter Piłsudskis Leitung das sogenannte „Oberste Nationalkomitee" (*Naczelny Komitet Narodowy*) in Krakau. An ihm waren neben Sozialisten auch Anhänger der linksliberalen Fortschrittspartei (*Petecja*) beteiligt. Das „Oberste Nationalkomitee" trat für eine austro-polnische Lösung ein und unterstellte die polnischen Verbände der österreich-ungarischen Armee. In Anlehnung an die polnischen Truppen, die auf Seiten Napoleons gekämpft hatten, nannten diese sich nun „Legionen" und stellten sich in die Tradition des romantischen Freiheitskampfes. Die Legionen wurden von österreich-ungarischen Generälen polnischer Herkunft in polnischer Sprache befehligt. Im Sommer 1916 zählten sie ca. 1.000 Offiziere und 20.000 ‚Mann' (darunter einige Frauen).[34] Die erste Brigade, welche vor allem aus Intellektuellen bestand, wurde von Piłsudski angeführt. Im Mai 1915 erlangten die Mittelmächte unter Beteiligung der ersten und zweiten Brigade der polnischen Legionen in Westgalizien einen ersten entscheidenden Sieg über die russische Armee. Am 5. August zogen sie in Warschau ein, während des Sommers eroberten sie das ganze Gebiet des ehemaligen Königreichs Polen. Dieses wurde in zwei Zonen aufgeteilt. Das Gebiet um Warschau stand unter deutscher Militär- und Zivilverwaltung, das südliche Polen unter österreichischer Militärverwaltung. Interessengegensätze zwischen Österreich und Deutschland brachten beider Polenpolitik ins Stocken. Zudem flossen 70 Prozent der Produktion der deutschen Besatzungszone in die deutsche Kriegswirtschaft. Aus Protest hiergegen trat Piłsudski im September 1916 als Kommandant der ersten Brigade zurück. Am 5. November kam es schließlich zur sogenannten „Zwei-Kaiser-Proklamation", in welcher Wilhelm II. und Franz Josef I. die eroberten polnischen Gebiete zu einem weitgehend eigenständigen Königreich in Form einer konstitutionellen Monarchie erklärten. Eine Regierung wurde jedoch zunächst nicht eingesetzt. Als die Mittelmächte kurze Zeit später polnische Männer wieder zu den Waffen im Kampf gegen Rußland riefen, gab Piłsudski daher die Parole aus: „Ohne polnische Regierung keine polni-

---

34 HOENSCH, Geschichte Polens, S. 238.

sche Armee". Im Dezember 1916 wurde daraufhin die „Polnische Wehrmacht" (*Polska Siła Zbrojna*) unter deutschem Oberbefehl gegründet. Der im gleichen Zuge gegründete „Provisorische Staatsrat" (*Tymczasowa Rada Stanu*) hatte nur beratende Funktion. Infolge der Russischen Revolution erlangte die polnische Frage internationale Bedeutung. Der amerikanische Präsident Woodrow Wilson erklärte am 8. Januar 1918 in seinen „Vierzehn Punkten" die Entstehung eines unabhängigen Polens zum Kriegsziel. Hierauf hatten nicht zuletzt polnische Emissäre hingewirkt. Piłsudski trat daraufhin aus Protest gegen die nach wie vor schleppenden Zugeständnisse der Mittelmächte aus dem "Provisorischen Staatsrat" aus. Fast zwei Drittel der polnischen Legion verweigerte den Eid auf die deutsche Armee. Piłsudski wurde in Magdeburg inhaftiert. Nach dem Separatfrieden mit Rußland (Brest-Litowsk, 3. März 1918), welcher der Ukraine ein eigenes Staatsgebiet inklusive dem von Polen beanspruchten Cholmer Land zusicherte, schwand auf polnischer Seite die Bereitschaft zur Zusammenarbeit mit den Mittelmächten völlig. Am 7. Oktober 1918 proklamierte der „Regentschaftsrat" (*Rada Regencyjna*), der Nachfolger des „Provisorischen Staatsrates", die Unabhängigkeit Polens. Nach dem Zusammenbruch der Österreich-Ungarischen Monarchie beanspruchten verschiedene Gruppen in Krakau und im Exil den Status einer galizischen Regierung. Diese Konkurrenz konnte nach Piłsudskis Haftentlassung am 10. November 1918 dadurch gelöst werden, daß sich alle „Regierungen" ihm unterstellten. Auch der Warschauer „Regentschaftsrat" übertrug ihm seine militärische Macht. Am 26. Januar 1919 wurden im ehemaligen Königreich Polen und in Westgalizien Wahlen zur verfassungsgebenden Versammlung abgehalten. Daß Frauen hierbei stimmberechtigt waren, ist wenigstens zu einem Teil als Erfolg der Frauenbewegung zu betrachten. Im November 1918 hatten einige Mitglieder des „Zentralkomitees für politische Gleichberechtigung polnischer Frauen" (*Centralny Komitet Politycznego Równouprawnienia Kobiet Polskich*) in dieser Angelegenheit bei Piłsudski vorgesprochen und seine Zustimmung zu ihrem Anliegen erhalten.[35] Piłsudski selbst blieb bis zu seiner Wahl zum Staatspräsidenten im Dezember 1922 in seinem machtvollen Amt als „Vorläufiger Staatschef" (*Tymczasowy Naczelnik Państwa*).[36]

---

35 Na straży praw kobiet. Pamiętnik Klubu Politycznego Kobiet Postępowych, 1919-1930, hrsg. v. Sylwia Bujak-Boguska, Warszawa 1930, S. 25.
36 Zur Geschichte Polens im Ersten Weltkrieg allgemein: Piotr S. Wandycz, The Lands of Partitioned Poland, S. 340-370; Schmidt-Rösler, Polen, S. 118-127.

6.2. Das Gleichheitspostulat: Die Erkämpfung des Frauenstimmrechts 225

6.2.2. ‚Heimatfront' und Stimmrecht: Der Fokus westlicher Forschung

Im Sommer 1914 befand sich die europaweit bekannte englische Suffragette Christabel Pankhurst in Frankreich, um einer Haft in ihrem Heimatland zu entgehen. Bei Ausbruch des Krieges stellte sie sich, wie die große Mehrheit der europäischen Feministinnen, ganz hinter die Ziele ihres kriegführenden „Vaterlandes". Sie wurde begnadigt.[37]

Vor dem Hintergrund der bis dahin beispiellosen Einbindung der Zivilbevölkerung in die Kriegführung und Kriegspropaganda im Ersten Weltkrieg ist in den kriegführenden Nationalstaaten und in der entsprechenden Forschungsliteratur häufig von der ‚Heimatfront' die Rede. Die Bereitschaft von Frauen, den Krieg als Arbeiterinnen, Krankenschwestern und Wohltäterinnen zu unterstützen, wurde als entscheidend für die Stärke der kämpfenden Truppen wahrgenommen. Durch die Versendung von Frontpaketen, welche warme Socken sowie Lebens- und Genußmittel enthielten, sollten Kampfeskraft und Kampfeswillen der Soldaten erhalten werden. In der Rüstungsindustrie produzierten nun Frauen die Waffen (allerdings in einem weitaus geringeren Maße, als dies zunächst angenommen wurde).[38] Am deutlichsten war dies in England. In den Lazaretten wurden Verwundete kampfestüchtig gepflegt. Zivilisten und Frauen wurden Adressaten der Kriegspropaganda. In allen kriegführenden Ländern ließen sich die Frauenbewegungen in diesen Vorgang einbinden. Sie stellten ihre Forderungen nach rechtlicher Gleichstellung zunächst zurück. Während auf der einen Seite der Krieg mit seiner Aufteilung in *battlefront* und *homefront* den „Triumph der Geschlechtertrennung" bedeutete, betonten gerade Feministinnen die Effizienz der Frauenarbeit im Krieg. Sie wollten zeigen, daß der „Dienst der Frauen am Vaterland" diese mit den Soldaten auf eine Stufe stellte. Dies galt ihnen als Faustpfand bei der Durchsetzung von Gleichberechtigungsforderungen. Auch wurde die Arbeit von Frauen auf den von Männern verlassenen Arbeitsplätzen als Sprungbrett zur völligen beruflichen Gleichstellung gesehen.

---

37 Françoise Thébaud, Der Erste Weltkrieg. Triumph der Geschlechtertrennung, in: Geschichte der Frauen, hrsg. v. Georges Duby u. Michelle Perrot, Bd. 5: 20. Jahrhundert, hrsg. v. Françiose Thébaud, Frankfurt a. M., New York 1995, S. 33-91, hier S. 37 u. 39; zu Frankreich: Christine Bard, Les Filles de Marianne, S. 19-88; zu den USA und England: Christine Bolt, The Women's Movements in the United States and in Britain, S. 236-276; zur Geschlechtergeschichte von Kriegen allgemein: Karen Hagemann, Reflexionen zu einer Geschlechtergeschichte von Militär und Krieg, in: Landsknechte, Soldatenfrauen und Nationalkrieger: Militär, Krieg und Geschlechterordnung im historischen Wandel, hrsg. v. Karin Hagemann u. Ralf Pröve, Geschichte und Geschlechter 26, Frankfurt a. M., New York 1998, S. 13-48.
38 Thébaud, Der Erste Weltkrieg, S. 41-47.

Tatsächlich erhielten Frauen in England und den USA nach Beendigung des Krieges das Stimmrecht. In Frankreich jedoch wurde es ihnen noch bis 1944 verwehrt. Auf dem Arbeitsmarkt und in den Familien wurde in allen europäischen Ländern (mit Ausnahme Rußlands) die Vorkriegsordnung wieder hergestellt.[39]

Indem die Frauenbewegung die Kriegsarbeit von Frauen als Beweis für deren bürgerliche Reife deklarierte, stellte sie die Figur der Bürgerin in einen kriegerischen Zusammenhang, der ein dem Soldatentod adäquates weibliches Opfer forderte. Die Tatsache, daß Frauen Teile der Produktion und Administration an der ‚Heimatfront' übernahmen, bewies zwar deren Befähigung, Tätigkeiten auszuüben, von denen sie vormals ausgeschlossen gewesen waren. Dies bedeutete jedoch keineswegs, daß man ihnen die neuen Stellungen auch in Friedenszeiten zugestehen würde. Im Zuge einer krassen Geschlechterrollentrennung auf den Feldern ‚Front' und ‚Heimat' knüpften sich dennoch erhebliche frauenpolitische Hoffnungen an die Nachkriegsordnung. Dies gilt auch für Polen. Polnische Frauenpolitik orientierte sich auch während des Ersten Weltkrieges am westlichen Beispiel. Diese Orientierung beruhte auf dem Wunsch nach gleichen Voraussetzungen im Kampf um ein siegreiches Ende des Krieges und der Gleichberechtigungskampagne.[40] Gleichzeitig ist jedoch der Begriff der ‚Heimatfront' im Falle Polens, das über keine einheitliche Regierung und Armee verfügte, suggestiv und irreführend. Ausgehend von dieser paradoxen Suggestion, welcher polnische Frauen aufsaßen, erklärt sich eine national ausgerichtete Befreiungspolitik mit einem doppelten Kompensationsbedürfnis. Ausgeglichen werden sollten sowohl die weibliche als auch die polnische Machtlosigkeit im ‚Europäischen Krieg'.

6.2.3. Polnische Frauen „auf dem Posten"

> „Auf dem Posten standen polnische Frauen in Galizien und im Königreich Polen seit dem Moment, als der Geist der Geschichte (*dzwon dziejowy*) den gewaltigen Kampf der Völker, aus dem das unabhängige Polen hervorgehen könnte, verkündet hat."[41]

Dies sind die ersten Worte, mit denen 1917 die Frauenzeitschrift *Na Posterunku* (Auf dem Posten) an die Öffentlichkeit trat. Die im Januar dieses Jahres gegrün-

---

39 THÉBAUD, Der Erste Weltkrieg, S. 36-50; zum Stimmrecht S. 77-81.
40 Beispielhaft: ZOFIA DASZYŃSKA-GOLIŃSKA, Prawo wyborcze kobiet, Warszawa 1918, S. 3-10.
41 Na Posterunku 1917, Nr. 1, S. 1 (Übersetzung N. St.).

6.2. Das Gleichheitspostulat: Die Erkämpfung des Frauenstimmrechts

dete Wochenzeitschrift war, wie der Untertitel besagte, „sozialen, ökonomischen, pädagogischen und ethischen Fragen gewidmet". Die Redaktion wollte „dem gegenseitigen Austausch von Ansichten und Resultaten der Arbeit" dienen, die „(staats)bürgerliche Erziehung fördern", den Frauen die Arbeit am Volke erleichtern. Sie wollte ebenso „aus der Geschichte der Heldenkämpfe der Legionen" wie über die in- und ausländische Frauenbewegung berichten. Diskutiert werden sollte, „welche Stellung Frauen im entstehenden polnischen Staate ausfüllen können und sollen". Geleitet wurde die Zeitschrift bis April 1918 von Zofia Daszyńska-Golińska, danach von Helena Witkowska. Zu ihren Mitarbeiterinnen zählten zahlreiche bekannte Feministinnen und Sozialistinnen wie Maria Dulębianka, Stefania Sempołowska, Maria Turzyma u. a.[42] Wegen des „gewaltigen Anstiegs der Druck- und Papierkosten" erschien *Na Posterunku* seit Juli 1918 nur noch vierzehntägig.[43]

Wie das im Eingangszitat benutze Bild vom „Geist der Geschichte" belegt, erlebten polnische Frauen den Kriegsausbruch als ein plötzlich eintretendes unerwartetes Ereignis. Sie begrüßten ihn nicht, aber sie sahen in ihm zuerst nationale und seit 1917 auch frauenpolitische Chancen. Der Charakter der Bewegung veränderte sich mit dem Ausbruch des Krieges. An die Stelle von Gleichberechtigungsvereinen, Berufsverbänden und sozial tätigen Vereinigungen traten nun Frauenligen und weibliche Schützenverbände. Das Verbandsorgan des PZRK *Ster* erschien nicht mehr, der *Bluszcz* mit nur noch erheblichen Pausen und von den Zensoren hinterlassenen weißen Flecken. Zahlreiche Frauen standen in den Legionen unter Waffen. Viele leisteten in den Lazaretten Kriegsdienst.[44] Dieses militärische Engagement polnischer Frauen erfuhr unter dem Stichwort „Teilnahme der Frauen am Befreiungskampf" später große Aufmerksamkeit. Dies ist u. a. ein Verdienst von Piłsudskis zweiter Ehefrau, Aleksandra Piłsudska, welche in Analogie zum männlichen Heldengedenken die Erinnerung an die kämpfenden Frauen des Ersten Weltkrieges bewahrt hat. Der Kampf der Nation um ihre Unabhängigkeit stand in einer Gedenktradition, welche sich in der Veröffentlichung von Kampf- und Kriegserinnerungen niederschlug.[45] Diese Tradition ließ

---

42 Na Posterunku 1917, Nr. 1, S. 1 f.; zu den Zielen und Mitarbeiterinnen der Zeitschrift vgl. auch Na Posterunku 1917, Nr. 52.
43 Na Posterunku 1818, Nr. 23, S. 1.
44 TOMASZ NAŁĘCZ, Kobiety w walce o niepodległość w czasie pierwszej wojny światowej, in: Kobieta i świat polityki, Teil 1: a. a. O., S. 73-79; ROBERT M. PONICHTERA, Feminists, Nationalists, and Soldiers: Women in the Fight for Polish Independence, in: The International History Review 19 (1997), S. 16-31.
45 ALEKSANDRA PIŁSUDSKA, Udział kobiet w walkach o niepodległość, in: Niepodległość 5 (1955), S. 169-188; Wierna służba. Wspomnienia uczestniczek walk o niepodległość, 1910-1915, hrsg. v. ALEKSANDRA PIŁSUDSKA, MARJA RYCHTERÓWNA, WANDA PEŁCZYŃ-

228   6. Die polnische Frauenbewegung auf dem Weg in den Nationalstaat

im Kontext des Ersten Weltkrieges auch Frauen im Status von Märtyrerinnen zu. Sie hatten ihre weiblichen Vorbilder in der Geschichte der patriotischen Aufstände.[46]

Parallel zu den Schützenverbänden wurden Frauenligen gegründet, welche sich als weibliches Pendant zu den Legionen verstanden. Die Krakauer „Frauenliga" war in dieser Eigenschaft auch im „Obersten Nationalkomitee" vertreten. Die Aufgaben der Frauenligen bestanden in den ersten zweieinhalb Kriegsjahren vor allem in der Unterstützung der Legionen durch Versorgung der Bevölkerung, insbesondere der Familien von Legionären und Kriegsgefangenen. Die Frauen sorgten für Lebensmittel, Kleidung und Wohnraum und übernahmen die dazugehörigen administrativen Tätigkeiten.[47] Die Ligen sind nicht als direkte Fortführung der Frauenbewegung anzusehen. Diejenigen, welche vor dem Ersten Weltkrieg die Frauenbewegung gebildet hatten, spalteten sich nun in zwei Gruppen. Eine Gruppe von Frauen, welche der sozialistischen Partei angehörten oder dieser nahe standen, schlossen sich den Ligen an, in welchen Frauenrechte bis 1917 nicht eingefordert wurden. Die Ligen erreichten insgesamt einen hohen Mobilisierungsgrad. Die Ende 1913 gegründete Warschauer „Frauenliga für Kriegsbereitschaft" (*Liga Kobiet Pogotowania Wojennego*) hatte im Januar 1917 4.000 Mitglieder. Die ebenfalls schon vor Kriegsausbruch in Krakau gegründete „Frauenliga" (*Liga Kobiet*) hatte 1916 12.560 Mitglieder, darunter auch Arbeiterinnen und Bäuerinnen.[48]

SKA u. MARIA DĄBROWSKA, Warszawa 1927; Służba ojczyźne. Wspomnienia uczestniczek walk o niepodległość 1915-1918, hrsg. v. MARJA RYCHTERÓWNA, Warszawa 1929.

46 Zu nennen sind insbesondere Emilia Plater, Klaudyna Patocka und Emilia Sczaniecka, zu ihnen: KRÓL, 101 kobiet polskich, S. 125-143; zur Gedenkkultur: Na Posterunku 1917, Nr. 48, S. 3-6; FILIPOWICZ, The Daugthers of Emilia Plater, S. 34-58.

47 Die Krakauer Frauenliga bekannte sich im Sommer 1915 zur „Ideologie der Legionen", erkannte das „Oberste Nationalkomitee als die leitende politische Repräsentanz der Forderungen des polnischen Volkes" an und erklärte ihre Solidarität mit dessen Zielen, vgl. Archiwum akt nowych 57/4, S. 3. Die Lemberger Frauenliga unterhielt seit 1915 ein „Heim Piłsudski", in welchem Kinder von Legionisten versorgt wurden. Außerdem schickte sie Kleidung, Tee, Zigaretten, Kaffee, Decken u.a. „auf das Feld und ins Spital". In einer „wirtschaftlichen" und einer „geistigen" Sektion wurden Armenspeisungen organisiert und Bücher beschafft. Die Lemberger Frauenliga wurde 1917 aufgelöst und dem „Bürgerkomitee der Polinnen" (*Komitet Obywatelski Polek*) unterstellt. Dieses kümmerte sich gleichermaßen um die Unterstützung der polnischen Kriegsziele und die Durchsetzung von Frauenrechten, vgl. Biblioteka im. Ossolińskich, rkp. 14031 III, S. 1, 9, 46.

48 PONICHTERA, Feminists, Nationalists and Soldiers, S. 23 f.; zur „Frauenliga für Kriegsbereitschaft" (Warschau) vgl. Na Posterunku 1917, Nr. 44, S. 5 f., Nr. 45, S. 1-5, Nr. 46, S. 2-4; 1918, Nr. 8, S. 4; Rechenschaftsbericht des Vereinigungskongresses der polnischen Frauenligen am 17. und 18. November 1918 in: Na Posterunku 1918, Nr. 34, S. 1-2.

6.2. Das Gleichheitspostulat: Die Erkämpfung des Frauenstimmrechts

Trotz der erheblichen Mobilisierung von Frauen für die Ziele der Nation traten im Zusammenhang mit der Arbeit der Frauenligen erhebliche weltanschauliche Diskrepanzen in der polnischen Gesellschaft zutage. Insbesondere das Verhältnis zwischen den Frauenligen und der Kirche, sowie zwischen der Frauenbewegung und dem konservativen Lager war äußerst konfliktreich. 1917 richtete der Erzbischof Bilczewski einen Brief an den niederen Klerus, in welchem er erklärte, die Frauenligen müßten bekämpft werden. Den Ligen warf er vor, sozialistisch orientiert zu sein, bei ihrer gemeinnützigen Arbeit über ihre Gründungsziele hinaus zu gehen und wegen ihrer Freigeistigkeit eine Gefahr für das Volk und die Kirche darzustellen. Er stieß sich außerdem daran, daß der Lemberger Frauenliga eine Jüdin vorstand. Gegen diese Vorwürfe wehrten sich die Ligen heftig und erhielten schließlich sogar Rückendeckung einiger Geistlicher.[49] Dennoch kam es vor diesem Hintergrund zum Austritt der Krakauer Frauenliga aus dem der PPS nahestehenden „Obersten Nationalkomitee".[50] Der Streit zwischen der Frauenliga und dem Klerus läßt sich ebenfalls nur aus der Presse und nicht aus den später entstandenen Chroniken der Frauenbewegung rekonstruieren. Die Affäre belegt die Macht der katholischen Kirche eindrücklich, wenn diese unter Hinweis auf eine ‚jüdische' Vorsitzende und die Freigeistigkeit der Ligen in der Lage war, einen Austritt der Frauenliga aus dem mehrheitlich sozialistisch besetzten Nationalkomitee zu erzwingen. Letztlich trennte sich das Nationalkomitee offenbar leichter von der Frauenliga als von der Unterstützung des Klerus. Daß auch im Klerus Uneinigkeit über die Bewertung der Frauenligen herrschte, illustriert die Zersplitterung der polnischen Gesellschaft im Ersten Weltkrieg.

Die nicht in den Ligen organisierte Gruppe unabhängiger und gemäßigter Feministinnen blieb bis 1917 weitgehend unsichtbar. Der PZRK widmete sich unter dem von Kuczalska-Reinschmit ausgegebenen Schlagwort „Erfüllung bürgerlicher Pflichten" der sozialen Arbeit. Die Speisung von Armen, die sanitäre Schulung, die Sammlung und Verteilung von Kleidung bedeuteten laut Pachucka kein Abrücken von den Zielen. Die Autorin verwies auf die hohe Arbeitslosigkeit und die große Armut in Warschau. Zwölf Fabriken hätten ihre Produktion eingestellt. Die Bekämpfung weiblicher Arbeitslosigkeit sei während des Krieges ein vorrangiges Ziel des PZRK gewesen.[51] Erst nach der Proklamation der Mittelmächte vom November 1916 war in der Propaganda der polnischen Frauenbewegung die Agitation für die Kriegsarbeit von Frauen unmittelbar mit

---
49 Na Posterunku 1917, Nr. 26 u. 27, S. 1-9.
50 Na Posterunku 1917, Nr. 41, S. 1-2.
51 PACHUCKA, Pamiętniki z lat 1914-1936, Bilioteka im. Ossolińskich, Wrocław, rkp. 1 3976 II, S. 9-13.

dem Kampf um das Frauenstimmrecht im entstehenden polnischen Staat verbunden. Es kam zu einer Wiederannäherung zwischen den Anhängerinnen der Frauenligen und unabhängigen Feministinnen. Sie machten nun in der Frage des Frauenstimmrechtes gemeinsame Sache. Die Stimmrechtsbewegung hatte eine starke Affinität zum Piłsudski-Lager. Diese Fixierung der Bewegung auf Piłsudski läßt sich mit der hohen symbolischen Bedeutung seines ‚Befreiungskampfes' und seiner faktischen Machtposition erklären.

6.2.4. Der polnische Frauenkongreß 1917 in Warschau

Die ersten zweieinhalb Kriegsjahre stellten eine Unterbrechung in der Geschichte der polnischen Frauenbewegung dar. Die Themen Stimmrecht und Sittlichkeit wurden in dieser Zeit zurückgestellt. Zahlreiche Feministinnen widmeten sich der allgemeinen administrativen und sozialen Arbeit. 1917 formierte sich die Bewegung in weitgehend gleicher Besetzung im Kontext der Staatsgründung neu. Im September dieses Jahres wurde ein Frauenkongreß in Warschau einberufen, an dem trotz der durch den Krieg eingeschränkten Kommunikations- und Transportmöglichkeiten mehr als 1.000 Frauen teilnahmen.[52] Der Kongreß stand unter dem Motto „Bürgerwerdung der Frauen in einem unabhängigen vereinten polnischen Staat" (*Uobywatelnienie kobiet w Niepodległym Zjednoczonym Państwie Polskim*).

Die große Bedeutung der Frauen für diese Phase der polnischen Geschichte inszenierte die Bewegung eindrucksvoll in ihrer Auftaktveranstaltung. Den aus ihrer Sicht „imponierenden Frauenkongreß" bezeichneten polnische Feministinnen später als „Epochenwende in der Geschichte der Frauenbewegung".[53] Der Kongreß stand nicht in einem unmittelbar militärischen, sondern in einem zivilen Zusammenhang. Seinem Organisationskomitee standen Justyna Budzińska-Tylicka und Teodora Męczkowska vor. Die Versammlung beauftragte das von ihr gegründete „Zentralkomitee für politische Gleichberechtigung polnischer Frauen" mit der Durchsetzung ihrer Ziele. Dessen Vorsitzende waren sicherlich nicht zufällig wiederum Budzińska-Tylicka und Męczkowska.[54] Die Warschauer Öffentlichkeit war in den Kongreß eingebunden. Insgesamt waren 60 Institutionen und fünf politische Parteien des sozialistischen und linksliberalen Spektrums repräsentiert.[55] Die Organisatorinnen erfreuten sich außerdem

---

52 Na straży praw kobiet, S. 2.
53 Na straży praw kobiet, S. 21; Męczkowska, 50 lat pracy, BN, rkp. II 10302, S. 118.
54 Na straży praw kobiet, S. 24.
55 Pamiętnik zjazdu kobiet, S. 3; zu den Parteienlagern im Ersten Weltkrieg: Wandycz, The Lands of Partitioned Poland, S. 345.

6.2. Das Gleichheitspostulat: Die Erkämpfung des Frauenstimmrechts

eines wohlwollenden Echos selbst in der eher konservativen Warschauer Presse. Die Kritik hob das hohe Niveau sowie die Sachlichkeit der Referate und Diskussionsbeiträge lobend hervor.[56] Darüber hinaus erhielten die Kongreßteilnehmer und -teilnehmerinnen rund zwanzig Grußadressen von Frauenorganisationen aus ganz Polen. Unter anderem sandten Maria Dulębianka aus Lemberg sowie die Herausgeberin von *Na Posterunku* Zofia Daszyńska-Golińska und die Vorsitzende der dortigen Frauenliga, Zofia Moraczewska aus Krakau ihre Solidaritätsbekundungen. Die Teilnahme war für Delegierte aus Galizien, Litauen, den östlichen Landesteilen bzw. Nachbarländern und dem ehemalig deutschen Teilungsgebiet unmöglich.[57]

Im Rahmen des Kongresses bekundeten Frauen lautstark ihre Forderung nach Teilhabe am zukünftigen polnischen Staat. In der Überzeugung, daß die Nachkriegsordnung „weitgehende Änderungen der Gestaltung der menschlichen Beziehungen, eine weitere Demokratisierung des Rechts und grundlegende sozialpolitische Reformen"[58] mit sich bringen werde, sollte der Kongreß die „historische Notwendigkeit" der Gleichberechtigung der Polinnen verdeutlichen.[59] Budzińska-Tylicka berief sich in ihrer Eröffungsansprache nicht nur auf Werte wie Demokratie und Gerechtigkeit, sondern argumentierte auch pragmatisch. Die „Mobilisierung" der Frauen für den Wiederaufbau des Staates sei wegen der gewaltigen Arbeit, die in diesem Zusammenhang auf die polnische Gesellschaft zukäme, unerläßlich.[60]

Der Kongreß hatte eine politische, eine rechtlich-ökonomische, eine soziale und eine pädagogische Sektion. Im einzelnen wurden Probleme wie die Rechte von Frauen in den Kommunen, ihre zivilrechtliche Stellung, die ökonomischen Bedingungen ihrer Arbeit, die Arbeit von Frauen in sozialen Organisationen und die soziale Stellung von Müttern und Kindern erörtert. Die folgenden Ausführungen beschränken sich auf die politische Sektion, da diese die Aufmerksamkeit auf einen zentralen Zusammenhang zwischen dem Kongreß und der Situation polnischer Frauen im Ersten Weltkrieg richtete, nämlich auf das Verhältnis von weiblicher Kriegsarbeit und politischer Gleichberechtigung. Diese Frage wurde auf dem Kongreß in internationaler Perspektive behandelt. Als Vorbild galten den polnischen Frauen ihre Schwestern in den kriegführenden Staaten,

---

56 Vgl. Pamiętnik zjazdu kobiet, S. 155-157.
57 Na straży praw kobiet, S. 21 f.; Pamiętnik zjazdu Kobiet, S. 7-11, besonders S. 11.
58 Pamiętnik zjazdu kobiet, S. 1.
59 Ebd., S. 4.
60 Ebd., S. 7.

welche sich an der ‚Heimatfront' bewähren konnten. Zum Zeitpunkt des Kongresses stand eine Lösung der ‚polnischen Frage' mindestens im Sinne der nationalen Selbstverwaltung international außer Zweifel. Seit dem Februar 1917 stand dem auch die russische Autokratie nicht mehr im Wege. Daher erklärt sich, daß die Äußerungen der Kongreßteilnehmerinnen nicht direkt gegen Vertreter und Vertreterinnen einzelner kriegführender Parteien gerichtet waren, sondern sich positiv auf deren nationalstaatliche Verfaßtheit beriefen. Voraussetzung für die beispielhafte Arbeit westeuropäischer Frauen an der ‚Heimatfront' war die Existenz einer dem Staat unterstellten ‚nationalen' Armee, welche durch die Tätigkeit von Frauen in den von Männern verlassenen Städten und Dörfern unterstützt werden sollte. Diese Konstellation war in den polnischen Gebieten bis 1917 nicht oder nur unzureichend gegeben. Aus den Referaten spricht dennoch oder gerade deshalb der Wunsch, das gleiche für das ‚Vaterland' tun zu können. Polinnen wollten demnach ebenso wie die deutschen, französischen und englischen Frauen einer machtvollen Nation anzuhören. Die Möglichkeit zur Aktivität im geordneten Rahmen eines Staates war dabei von zentraler Wichtigkeit. Die Hoffnung auf einen solchen und der Wunsch nach Partizipation an diesem sind als Reaktion gebildeter Frauen auf ihre Kriegserfahrungen aufzufassen. Für eine Mitarbeit an der vergleichsweise schwachen internationalen Frauenfriedensbewegung waren polnische Frauenrechtlerinnen während des Ersten Weltkriegs nicht zu gewinnen.[61]

Im ersten Referat der politischen Sektion sprach Ludwika Jahołkowska-Koszutska über den „Einfluß des Krieges auf die Frauenfrage". Sie forderte, Frauen sollten sich nach dem Krieg nicht mehr von ihren „Posten" verdrängen lassen. Durch die aktive Mitgestaltung der Kriegsgesellschaft in der Produktion, der sozialen Arbeit oder hinter der Front sei die „Frauenfrage" nicht mehr eine agitatorische Phrase, sondern ein „hundertmal vielsagenderer Fakt", der durch die „blutigen Seiten des Krieges" geschaffen sei.[62] Bei ihren Ausführungen bezog sie sich ausdrücklich auf die wachsende „weibliche Arbeitsarmee" im westlichen Ausland und betonte die Vergleichbarkeit dieser weiblichen Kriegsmobilisierung mit den Vorgängen in Galizien. Wenn ein solcher Prozeß im König-

---

61 Offenbar bestand überhaupt nur Kontakt zu „radikalen Sozialistinnen", die weniger pazifistisch als vielmehr klassenkämpferisch argumentierten, vgl. LIDA GUSTAVA HEYMANN, ANITA AUGSPURG, Erlebtes – Erstauntes. Deutsche Frauen kämpfen für Freiheit, Recht und Frieden, Meisenheim am Glan 1972, S. 134-137; zur internationalen Frauenfriedensarbeit aus deutscher Perspektive vgl. UTE GERHARD, National oder International. Die internationalen Beziehungen der deutschen bürgerlichen Frauenbewegung, in: Feministische Studien 12 (1994), H. 2, S. 34-52, hier S. 42-46.

62 LUDWIKA JAHOŁKOWSKA-KOSZUTSKA, Wpływ wojny na sprawę kobiecą, in: Pamiętnik zjazdu kobiet, S. 13- 31, hier S. 30.

6.2. Das Gleichheitspostulat: Die Erkämpfung des Frauenstimmrechts 233

reich Polen nicht in Gang gekommen war, so sei dies nicht die „Schuld" der dortigen Frauen gewesen.[63] Insgesamt postulierte die Referentin ein durch die Wichtigkeit von Frauenarbeit im Krieg gestiegenes Selbstbewußtsein der Frauen, die sich nun als „Töchter ihres Volkes"[64] betrachteten. Auch die zweite Referentin bezeichnete den Krieg als bestandene Prüfung weiblicher Fähigkeiten und Talente, zu welcher die Polinnen mit schlechteren Chancen als ihre Schwestern aus den kriegführenden Staaten angetreten seien. Polen sei die einzige Nation gewesen, die bei Kriegsausbruch ohne „jede Regierung, ohne einen einmütigen Willen" gewesen sei. Während die Frauen anderer Nationen eine bereits durch deren Regierung gefallene Entscheidung unterstützen konnten, befanden sich die Polinnen in einem völligen Chaos.[65] Diese Einschätzung hatte die Referentin offenbar aus dem Vergleich mit den westlich von Polen gelegenen Staaten gewonnen.

Der internationale Vergleich der Aktivitäten polnischer Frauen beschäftigte auch die nächste Referentin. Sie entdeckte vor dem Hintergrund der Proklamation des Stimmrechts durch die provisorische russische Regierung nach der Februarrevolution eine größere Nähe der Polinnen zu den Russinnen als zu den Engländerinnen, welche als Verkörperung der radikalen Suffragettenbewegung galten. Zwar sei in Rußland die Gleichberechtigungsbewegung schwach gewesen, jedoch hätten sich die Frauen in den liberalen und revolutionären Parteien am Sturz der Autokratie beteiligt. Deshalb seien sie auch an der nachrevolutionären Macht beteiligt worden. Unausgesprochen bescheinigte sie mit diesem Vergleich den polnischen Frauen einen großen Anteil an der Bekämpfung der (autokratischen bzw. absolutistischen) Teilungsmächte und dem damit verbundenen ‚Überleben' der Nation. Dieser Faktor war laut ihren Ausführungen entscheidender für die Erlangung des Frauenstimmrechts als die Existenz einer starken Frauenbewegung. Jene Völker, die gegen Unterdrückung kämpften, gelangten dieser Logik gemäß gemeinsam – ohne Unterschied des Geschlechts – zur Freiheit.[66]

Während des Kongresses bemerkte Romana Pachucka, daß die „Monopolisierung der Bürgerrechte in den Händen der Männer weder irgendeiner Nation noch der ganzen Menschheit Glück gebracht", sondern vielmehr zur „allgemein menschlichen Katastrophe des europäischen Krieges geführt" habe. Sie unter-

---

63 Ebd., S. 27 f.
64 Ebd., S. 18.
65 LEOKADJA ŚLIWIŃSKA, Udział Polek w wojnie obecnej, in: Pamiętnik zjazdu kobiet, S. 32-41, hier S. 33.
66 ELIZA PEPŁOWSKA, Równouprawnienia polityczny kobiet, in: Pamiętnik zjazdu kobiet, S. 44-53, hier S. 44 f.

strich ihre Überzeugung, daß die Gesundung und das Glück der Menschheit durch die weibliche Liebe und Ethik zu erreichen seien.[67] Für diesen Beitrag erntete sie großen Beifall. Am Ende der politischen Sektion verabschiedeten die Anwesenden eine Resolution, die u. a. Frauen zur Teilhabe am Aufbau eines „unabhängigen, vereinten, demokratischen Polens" aufforderte und die Schaffung eines politischen Blocks vorsah, dessen Ziel die „unaufhörliche Aktion für die politischen Rechte der Frauen" sein sollte.[68] Der offenbar vorbereitete Beitrag Pachuckas verweist auf die ‚Unschuld' der Frauen am Krieg und gleichzeitig auf die Hoffnung, die durch das kriegsbedingte Ende der Teilungszeit entstanden war. Mit der Betonung des erstrebten „Glücks der Menschheit" und der „allgemein menschlichen" Katastrophe des Krieges umgeht sie eine Stellungnahme zu den Interessengegensätzen der verschiedenen Kriegsparteien. Der Widerspruch zwischen der Erwartung einer friedlichen Nachkriegsordnung und der Tatsache, daß der Weg dorthin scheinbar eine Mitarbeit der Frauen am Krieg erfordere, war hiermit ausgeblendet.

6.2.5. „Die Frau im Parlament":
Frauen bei den Wahlen zur verfassungsgebenden Versammlung

Aleksandra Piłsudska schrieb 1940 in London ihre Lebenserinnerungen nieder. Der Titel *Memoirs of Madame Pilsudski* weist sie bereits auf dem Buchumschlag als Gattin des verstorbenen polnischen Staatsmannes aus, als welche sie sich in diesem Werk darstellt. Die Erinnerungen an ihren Mann sollten im Zweiten Weltkrieg international das polnische Ansehen stärken. Es verwundert nicht, daß Piłsudska eine harmonische Ehe und grenzenlose Bewunderung für ihren Ehemann bezeugte. In bezug auf das Frauenstimmrecht behauptete sie, Piłsudski habe schon 1907 „entschieden", daß im zukünftigen polnischen Staat Gleichberechtigung herrschen solle. Er sei jedoch überzeugt gewesen, daß Frauen wegen ihrer konservativen Mentalität ihre Stimme nicht „vernünftig" einsetzen würden. Seine Gattin, die sich an dieser Stelle der Erinnerungen als „glühende Feministin" bezeichnet, habe dies stets vehement bestritten.[69]

---

67 Pamiętnik zjazdu kobiet, S. 68.
68 Ebd., S. 73.
69 Memoirs of Madame Pilsudski, London 1940, S. 150 f.; außer diesem Bekenntnis gibt es keinen Hinweis auf eine Aktivität Aleksandra Piłsudskas in der polnischen Frauenbewegung. Sie war seit den 1890er Jahren Mitglied der Polnischen Sozialistischen Partei und später aktives Mitglied in der Krakauer Frauenliga (vgl. Memoirs, S. 261 f.). Unter dem starken Einfluß ihrer „patriotischen" Großmutter aufgewachsen, teilte sie jedoch viele Erfahrungen polnischer Feministinnen. So hatte sie u. a. die UL besucht (ebd., S. 94).

6.2. Das Gleichheitspostulat: Die Erkämpfung des Frauenstimmrechts 235

In Piłsudskis „Oberstem Nationalkomitee" wurde im Jahre 1917 der Vorsitzenden der Krakauer Frauenliga, Zofia Moraczewska, das Stimmrecht verweigert,[70] was vorläufig den Ruf der PPS als frauenfreundlich Partei beeinträchtigte. Dennoch verliefen die Gründung der polnischen Republik und die Proklamation des Frauenstimmrechts parallel zueinander. Kurz vor den Wahlen zur verfassungsgebenden Versammlung gab das „Wahlkomitee Fortschrittlicher Frauen" (*Komitet Wyborczy Kobiet Postępowych*) im Januar 1919 drei Nummern einer Wahlkampfzeitung unter dem Titel „Die Frau im Parlament" (*Kobieta w Sejmie*) heraus. Das Komitee stand den sozialistischen Parteien nahe. Es empfahl u. a. die Wahl der PPS[71] und setzte sich für das kommunale Frauenstimmrecht, die Durchsetzung des Mutterschutzes, Arbeitsschutzbestimmungen für Frauen und Kinder, gleichen Lohn für gleiche Arbeit, die Abschaffung geschlechtlicher Diskriminierungen im Handels- und Zivilgesetz sowie für die Zulassung von Frauen zu allen Berufen ein.[72]

Bei den Wahlen zur verfassungsgebenden Versammlung stellten Frauen zwischen 55 und 60 Prozent der Wählerschaft. Alle Parteien kämpften um die Stimmen von Frauen. Insbesondere von den konservativen Parteien, welche ursprünglich gegen das Frauenstimmrecht waren, wurden polnische Wählerinnen nun als Gegengewicht gegen die stimmberechtigten Angehörigen der nationalen Minderheiten, insbesondere zu den Juden, aufgebaut.[73] Die neu entstehenden feministischen Vereinigungen standen auf der Seite der linksliberalen oder sozialistischen Parteien. Diese hatten bekannte Feministinnen auf hohe Listenplätze gesetzt. So kandidierten Budzińska-Tylicka und Daszyńska-Golińska beim „Republikanischen Komitee" (*Komitet Republikański*), Męczkowska für das „Zentrale Demokratische Wahlkomitee" (*Centralny Demokratyczny Komitet Wyborczy*).[74] Die Wahlen brachten keine klaren Mehrheitsverhältnisse.

Die sogenannte „Kleine Verfassung" vom 28. November 1919 garantierte in Artikel eins, sieben und zwölf das nationale und regionale Frauenstimmrecht. Diese Errungenschaft des aus Sicht der polnischen Frauenbewegung „epochemachenden Tages"[75] wurde in der Polnischen Verfassung vom 17. März 1921 fortgeschrieben.

Trotz ihrer Mitwirkung an der Staatsgründung hatten polnische Frauen am Staat selbst wenig Teilhabe. Zwischen 1921 und 1939 schwankte auf der politi-

---

70 ŚLIWIŃSKA, Udział Polek, S. 38.
71 Kobieta w Sejmie, Nr. 3, S. 1.
72 Kobieta w Sejmie, Nr. 1, S. 2.
73 LUDWIK HASS, Aktywność wyborcza kobiet w pierwszym dziesięcioleciu Drugiej Rzeczypospolitej, in: Kobieta i świat polityki, Teil 2, a. a. O., S. 70-99, hier S. 74 f.
74 Ebd., S. 79 f.
75 Na straży praw kobiet, S. 26.

schen Führungsebene der Anteil von Frauen zwischen unter einem und etwas über fünf Prozent, während auf der unteren Ebene der Parteihierarchien Frauen wesentlich stärker vertreten waren. Es verwundert nicht, daß die wenigen Frauen, die hohe politische Ämter bekleideten, höher gebildet waren als männliche Politiker. Die größte Bedeutung erlangten Frauen in den sozialistischen Parteien.[76] Das Erstarken der staatlichen Macht wirkte sich zumindest auf der parlamentarischen Ebene nicht positiv auf die Partizipation von Frauen aus.

Während des Ersten Weltkrieges hatten sich polnische Feministinnen die Nachkriegsordnung friedlich vorgestellt. Die Mehrzahl von ihnen hatte sich, wenn auch nur verbal, zum Pazifismus als ordnendem Prinzip der zukünftigen polnischen Gesellschaft bekannt.[77] Tatsächlich befand sich die junge polnische Armee bis 1921 im Krieg mit der Roten Armee, um polnische Gebietsansprüche in Weißrußland, Litauen und der Ukraine durchzusetzen.[78] Zudem verstärkten sich besonders in den östlichen Landesteilen die gewaltsamen Übergriffe gegen Juden.[79] Dieser Pogrom-Antisemitismus wurde zwar von der linken und fortschrittlichen *inteligencja* ebensowenig gut geheißen wie von der Frauenbewegung. Dennoch zeigte sich im Gefolge des Krieges deutlich eine dem Staatsgründungsprozeß immanente Definition und Konsolidierung der polnischen katholischen Mehrheit in Abgrenzung von den nun als Minderheiten bezeichneten andersnationalen oder -religiösen Gruppen. Frauen aus der *inteligencja*, die der nationalen Mehrheit angehörten, sicherten sich demgemäß einen hohen Status in der Hierarchie der Nationalitäten, welcher seine Ergänzung in der sozialen Schichtung hatte. Dies bedeutete freilich nicht, daß ihre Stellung jener der nationalen Mehrheit der männlichen *inteligencja* glich, sondern daß sie zu ihr in einem komplementären Verhältnis stand. Gerade im Zuge der Stärkung staatlicher Institutionen setzte, wie das Beispiel des „Obersten Nationalkomitees" zeigt, die Verdrängung von Frauen aus den neu entstehenden Strukturen ein. Die Staatsgründung markierte entgegen der Utopie der polnischen Frauenbewegung, welche eine umfassende Befreiung aller als ihr Anliegen deklariert hatte, einen Prozeß der inneren Differenzierung der Gesellschaft.

---

76 Andrzej Chojnowski, Kobiety i polityka w Drugiej Rzeczypospolitej, in: Kobieta i świat polityki, Teil 2, a. a. O., S. 9-16, hier S. 9; Michał Śliwa, Kobiety w parlamencie Drugiej Rzeczypospolitej, ebd., S. 53-69, hier S. 54.
77 Vgl. die Positionen von Władysława Weychert-Szymanowska in: Na Posterunku 1917, Nr. 28, S. 3, und Maria Dulębianka, in: Na Posterunku 1918, Nr. 17, S. 6.
78 Schmidt-Rösler, Polen, S. 150-157.
79 Golczewski, Polnisch-jüdische Beziehungen, S. 181-217, 246-283.

SCHLUSS

Die Geschichte der polnischen Frauenbewegung vollzog sich seit der Niederschlagung des Januaraufstandes bis zum Ende des Ersten Weltkrieges in drei Stufen, nämlich einer Bildungsphase von 1890 bis 1905, einer Mobilisierungsphase von 1905 bis 1912 und einer Phase der Wiederannäherung an die männliche *inteligencja*, die im Zuge der Staatsgründung mit der Abgrenzung von den Unterschichten und den zukünftigen nationalen Minderheiten einherging. Diese letzte Phase datiert von 1912 bis 1919.

Die polnische Frauenbewegung hatte ihre soziale Heimat in der *inteligencja*. Gerade im Königreich Polen war die *inteligencja* eine Gruppe sozial und beruflich wenig gefestigter Gebildeter. Frauen waren dabei von den rechtlichen und politischen Einschränkungen in einer anderen Weise betroffen als Männer. So groß der Einfluß der Adelskultur auf die Geistesgeschichte der sogenannten Nachaufstandsperiode auch war, sollte man die Selbstinszenierung der ‚neuen *inteligencja*' als fortschrittliche Nachfolgerin der romantisch gesinnten Vätergeneration kritisch hinterfragen. Wie am Beispiel der Ideologinnen der polnischen Frauenbewegung gezeigt werden konnte, erfüllte der Bezug auf den vermeintlichen Patriotismus der Väter die Funktion, eine positive Identität unter den Bedingungen der Aufweichung tradierter Normen zu fundieren. Das an den Erfahrungen von Frauen ausgerichtete Sample zeigte, daß die Orientierung am Vater die Bedingung für den Beginn einer Bildungskarriere war. Da im universitären Bereich (mit Ausnahme zweier Dozentinnen der UL) die wichtigen Positionen von Männern besetzt waren, erforderte ein erfolgreiches Studium die Anerkennung weiblicher Leistungen in Anlehnung an männliche Normen. Der Vater, als dessen Erbinnen sich spätere Feministinnen neben ihre Brüder stellten, zeichnete die jungen Frauen als zur Gemeinschaft der polnischen Kulturträger gehörend aus. Einerseits ermöglichte und erzwang das Scheitern des Januaraufstandes und damit des adligen Freiheitskampfes der Väter das Ausscheren der Töchter aus den festgetretenen Pfaden weiblicher Traditionen. Andererseits untermauerte der positive Bezug auf den Vater die weiblichen Bildungs- und Partizipationsbestrebungen. Hinter diesem Bezug verbirgt sich das ‚nationale Erbe' der Ideologinnen der Frauenbewegung, die jenseits ihrer Einreihung in die männliche Ahnenfolge keine positive Identität als gebildete Frauen finden konnten. Vor diesem Hintergrund tritt die Bedeutung des „Warschauer Positivismus" für die Entstehung des polnischen Feminismus zurück. Die Diskussionen der 1860er und 1870er Jahre um die „Frauenfrage" erscheinen stattdessen im Kontext einer allgemeinen gesellschaftlichen Verunsicherung. Die Schwächung männlicher Machtpositionen in der polnischen Gesellschaft, deren Sinnbild der verarmte Adlige war, ließ einen Ausschluß von Frauen aus dem Bildungs- und Berufsleben nicht länger zu. Es war also nicht die an John Sturat Mill angelehnte gedankliche Leistung einiger Positivisten, die ‚weiblichen Ressourcen' für die polnische Gesellschaft nutzbar zu machen, welche der Frauenemanzipation zum Durchbruch verhalf, sondern vielmehr das nachaufständische Versorgungs-, Macht- und Orientierungsvakuum.

Auf ihrer ersten Stufe war die polnische Frauenbewegung eine Bildungsbewegung. Die Zeit von 1890 bis 1905 war im Anschluß an die vorrangig durch den „Warschauer Positivismus" eingeleiteten Debatten um eine gesellschaftliche Erneuerung von der Tätigkeit einiger hervorragender feministischer Persönlichkeiten geprägt. In Zirkeln lose mit einer älteren Generation weiblicher Schriftstellerinnen wie Eliza Orzeszkowa und Maria Konopnicka verbunden, entstanden die ersten Impulse eines polnischen Feminismus in Auseinandersetzung mit den Ideen der westlichen Frauenbewegungen unter der Leitung von Paulina Kuczalska-Reinschmit in konspirativen Strukturen. Einige erste kurzlebige Zeitschriften sowie die ersten Schriften der Bewegung konnten in dieser Zeit in Galizien veröffentlicht werden. Getragen wurden sie von Frauen, die aus dem Königreich Polen stammten. Die wichtigste agitatorische Aktion in dieser ersten Phase war der Kampf um die Zulassung von Frauen zu den galizischen Universitäten. Die Durchsetzung dieser Forderung im Jahre 1896 ist u. a. als ein Erfolg der Professorengattin und Feministin Kazimiera Bujwidowa zu werten. Neben dem Kampf um die Verbesserung der staatlichen Vorgaben in der Mädchen- und Frauenbildung engagierten sich viele Frauen in geheimen und privaten Bildungsoffensiven, die sich im Königreich Polen und in der Provinz Posen auch gegen die Russifizierungs- bzw. Germanisierungspolitik richteten. Die so entstehenden Strukturen trugen im Königreich Polen zur Schaffung einer spezifisch polnischen Frauenbildungskultur bei, die sich in den Mädchenpensionaten einerseits und in der geheimen Frauenuniversität UL andererseits manifestierte. Diese weitgehend Frauen vorbehaltenen Einrichtungen wurden zu Orten einer weiblichen Initiation für die konspirativen Strukturen der polnischen Gesellschaft. Sie gehörten zum festen Erfahrungsrepertoire der weiblichen *inteligencja*. Insbesondere viele der späteren Feministinnen absolvierten zudem ein Auslandsstudium, das zusätzlich zu einer spezifischen Sozialisation beitrug. Festhalten läßt sich, daß die Teilhabe von Jüdinnen an den Bildungsinstanzen der weiblichen *inteligencja* in Polen nach 1905 nicht in eine gemeinsame Aktivität jüdischer und katholischer Frauen an der Spitze der autonomen polnischen Frauenbewegung mündete. Das gleiche gilt für eine große Zahl polnischer Untergrundlehrerinnen, die teils konservative, teils sozialistische Grundüberzeugungen entwickelten.

Die zweite Stufe in der Geschichte der polnischen Frauenbewegung war ihr Eintritt in die Mobilisierungsphase, welche sie erst jetzt als eine soziale Bewegung im strengen Sinn kennzeichnete. Diese Phase setzte mit der Liberalisierung der Vereins- und Pressegesetzgebung in der Ersten Russischen Revolution von 1905 im Königreich Polen ein und war auch in Galizien durch die Auseinandersetzung mit den Programmen der politischen Parteien gekennzeichnet. Die Frauenbewegung sprach nun vorwiegend die weibliche Öffentlichkeit mit Hilfe einer eigenen Frauenpresse an. Dies korrespondierte mit dem Verschwinden von ‚Frauenthemen' in den Weltanschauungsblättern der männlich dominierten politischen Parteien. Die Mobilisierungsphase der Bewegung manifestierte sich in der Gründung zweier Gleichberechtigungsvereine sowie einiger Selbsthilfevereine 1907. Einer systematischen Agitation für die Ziele der Frauenbewegung stand die Tatsache entgegen, daß polnische Frauen in den Rechts- und Sozialsystemen dreier verschiedener Staaten lebten. Die Unmöglichkeit, einen nationalen Dachverband zu gründen, erschwerte die Teilhabe an der internationalen Frauenbewegung. Insbesondere die Agitation für das Stimmrecht geriet im staatlichen Rahmen der Teilungsmächte in die Defensive, da die Emanzipation polnischer Frauen nur im Kontext einer Befreiung des polnischen Volkes von nationaler Bevormundung denkbar schien. Diese Schwierigkeit wurde durch die Agitation für das kommunale Stimmrecht teilweise kompensiert. Die eindrücklichste Aktion war hier die Kandidatur Maria Dulębiankas für den Lemberger Wahlkreis 1908. Auch nach 1905 blieb Galizien ein Agitationsraum für die vorrangig in Warschau ansässige Frauenbewegung, gerade in bezug auf das kommunale Stimmrecht. Insgesamt entwickelte die polnische Frauenbewegung auch nach 1905 nur eine schwache organisatorische Struktur und mobilisierte nur geringe Teile der weiblichen *inteligencja* im Königreich Polen und in Galizien. In der Provinz Posen entstand keine feministische Frauenbewegung. Die organisatorischen Defizite der Bewegung wurden durch die Inszenierung öffentlicher Ereignisse überspielt. Das Gruppenbewußtsein der Bewegung äußerte sich demnach nicht im Rahmen ihrer Vereine, sondern bei Kongressen und Jubiläumsveranstaltungen. Die wichtigste Veranstaltung dieser Art war das 40jährige ‚Dienst'-Jubiläum Orzeszkowas als Schriftstellerin. Die Idealisierung von Vorbildern hatte eine zentrale Bedeutung für die Kultur der polnischen Frauenbewegung.

Auf der dritten Stufe ihrer Entwicklung mußte die Bewegung eine eigene Position zum bevorstehenden Staatsgründungsprozeß finden. Seit 1912 läßt sich einerseits anhand der Sittlichkeitsdebatte und andererseits im Umgang mit der sich verstärkenden antijüdischen Haltung in großen Teilen der *inteligencja* das Bemühen polnischer Feministinnen festmachen, innerhalb der entstehenden Machtstrukturen ihren Platz zu finden. Die bevorstehende Staatsgründung leitete einen Prozeß innerer Differenzierung ein, im Zuge dessen die Frauenbewegung die Zugehörigkeit polnischer Frauen zur Nation als zukünftig staatstragender Gruppe unterstrich. Eine Angleichung polnischer Männer und Frauen sollte nach dem Willen der Bewegung auch auf dem Gebiet der Sexualität erreicht werden. Dabei sollten Männer auf die bis dato für Frauen ausgegebenen und von Männern überschrittenen Sittlichkeitsnormen festgelegt werden. Der männlichen Bevölkerung sollte die Spaltung zwischen familiärer und öffentlicher Identität unmöglich gemacht werden. Die doppelte Moral, welche Männern ein polygames Leben als ‚wohlschaffende' Familienväter und anonyme Bordellbesucher ermöglichte, wurde von der Frauenbewegung mit dem Hinweis auf die heilbringenden Funktionen der weiblichen Moral bekämpft. Dabei berief sie sich auf ‚wissenschaftliche' Erkenntnisse, welche das genannte männliche Sexualverhalten für die Verbreitung von Geschlechtskrankheiten verantwortlich machten. Nicht zuletzt der Schutz von Frauen und ihren zukünftigen Kinder vor der Infizierung insbesondere mit Syphilis war ein Argument für die Bekämpfung der staatlich reglementierten Prostitution. Daß der russische Staat direkt kritisiert und an die Duma appelliert wurde, verhalf dem Anliegen wahrscheinlich zu weiterer Öffentlichkeitswirksamkeit. Im Kontext der Bekämpfung von Geschlechtskrankheiten bediente sich die Sittlichkeitsbewegung sozialhygienischer Argumente. Das signifikanteste Merkmal der polnischen Sittlichkeitsdebatte war ihre Ausrichtung an ‚wissenschaftlichen' Denkmodellen. Sie kennzeichnet die Frauenbewegung als einerseits in der geistigen Tradition des Positivismus verwurzelt und erinnert anderseits an das hohe Bildungsniveau ihrer Exponentinnen, unter denen zahlreiche Naturwissenschaftlerinnen waren. Die Analyse der Sittlichkeitsdebatte läßt an zwei Punkten Parallelen zur Abgrenzung der Frauenbewegung von der jüdischen Bevölkerung während und nach den Dumawahlen von 1912 erkennen. Erstens läßt sich eine zumindest intendierte Angleichung der Frauenbewegung an die männliche polnische *inteligencja* in Abgrenzung zu den Unterschichten und zu ‚Fremden' beobachten. Und zweitens bedient sie sich hierbei ‚rationaler' Denkfiguren. Die Bewegung berief sich auf die vorgeblich legitimen und den jüdischen entgegengesetzten Anliegen der polnischen Gesellschaft und damit auf die vermeintliche Interessengemeinschaft von Frauenbewegung und polnischer *inteligencja*, welche zu dieser Zeit ein Bündnis mit den nationaldemokratischen Kräften und dem entstehenden polnischen Kleinbürgertum einging. Die Wiederannäherung an die Strukturen ‚männlicher' Öffentlichkeit vor dem Hintergrund einer Sondierung zukünftiger Machtpositionen führte im Ersten Weltkrieg zeitweilig zum völligen Verschwinden der Frauenbewegung hinter der Arbeit für die nun in der Figur des Soldaten verkörperte, um ihre Freiheit kämpfende nationale Gemeinschaft. Die Agitation für das Frauenstimmrecht setzte 1917 wieder ein. Das Stimmrecht, welches polnische Frauen seit den Wahlen zur verfassungsgebenden Versammlung 1919 besitzen, symbolisierte nun die gemeinsame Inbesitznahme des Staates durch polnische Männer und Frauen. Damit stand es weiterhin in der Tradition des Kampfes um Befreiung. Unmittelbar vor und während des Ersten Weltkrieges war aber die Befreiung des polnischen Volkes nur als ein Sieg desselben über andere denkbar. Die friedliche Koexistenz der Nationen und ihrer Angehörigen im Genusse der allgemeinen Freiheit war somit der Ausschließlichkeit ‚eigener' und ‚fremder' Interessen preisgegeben. Die ‚eigenen' Interessen definierten polnische Feministinnen als Angehörige der *inteligencja* im Prozeß der Staatsgründung als polnisch. Damit gaben sie den ethnisch-religiösen Universalismus des von ihnen in Anspruch genommenen Gleichheitspostulats auf, beharrten aber weiterhin auf seiner umfassenden Bedeutung in geschlechtlicher Perspektive. Bei der Definition allgemein polnischer Interessen wollten die Aktivistinnen der polnischen Frauenbewegung weibliche Partizipationsinteressen berücksichtigt sehen und verzichteten dafür wenigstens vorübergehend auf pazifistische und internationalistische Positionen. Auf der ideellen Ebene verlief die Entwicklung der polnischen Frauenbewegung von der Inanspruchnahme des universellen Freiheitsbegriffes für die weibliche Bevölkerung bis hin zur Abgrenzung der ‚eigenen' Interessen von ‚feindlichen' Gruppen im Zuge des nationalen Befreiungskampfes. Dieser Prozeß vollzog sich in direkter Auseinandersetzung mit der Lage und den Stimmungen der polnischen Gesellschaft. Die Frauenbewegung gab ihre übergeordneten Ideale in der Auseinandersetzung mit den realpolitischen Gegebenheiten preis. Einerseits verlor das propagierte Programm damit an theoretischer Kohärenz und ideeller Glaubwürdigkeit, andererseits profilierte sich die Bewegung im politischen Alltag. Dies ging nicht ohne erhebliche Reibungsverluste ab, wurde aber von den Protagonistinnen als Voraussetzung der staatsbürgerlichen Gleichstellung angesehen. Welche Früchte die von der polnischen Frauenbewegung ausgestreute Saat trug, ist damit dem Urteil weiterer Forschungen überlassen.

Von diesen Ergebnissen ausgehend können die Spezifika des polnischen Feminismus wie folgt beschrieben werden. Grundsätzlich hatte die polnische Frauenbewegung ähnliche Ziele wie andere europäische Frauenbewegungen. Ihre Besonderheiten erklären sich ganz wesentlich durch die ‚nationale Unfreiheit' und damit auch durch die politische Schwäche ihres männlichen Gegenübers. Insbesondere lassen sich die geschlechterhierarchischen Strukturen des (westlichen) ‚Bürgertums' nicht als ursächlich für die Entstehung der „Frauenfrage" und der Gesellschaftskritik der Frauenbewegung in Polen bezeichnen. Innerhalb der *inteligencja* besaßen Frauen hier größere Freiräume als in den westlichen Nationalstaaten, weil polnischen Männern buchstäblich der Schlüssel zu deren Begrenzung fehlte. Hieraus ergibt sich eine stärkere Betonung partnerschaftlicher Ideale in der Ideologie der polnischen Frauenbewegung. Die größere Nähe zwischen Männern und Frauen in der *inteligencja* hatte ihre Entsprechung in der großen sozialen Distanz derselben zu den Unterschichten. Der durch Bildung vermittelte kulturelle Horizont unterschied die *inteligencja* ganz erheblich von der nicht alphabetisierten Landbevölkerung, den städtischen Unterschichten und den strukturell schwachen Kleinhändlern und -gewerbetreibenden. Diese Distanz wurde häufig durch die Deckung sozialer und ethnisch-religiöser Gruppenzugehörigkeiten ergänzt. Hieraus erklärt sich sowohl die schwache Mobilisierung für die Ziele der Frauenbewegung in der polnischen Gesellschaft als auch der hervorstechend elitäre Impetus derselben. Vordergründig standen den Zielen der Bewegung, solange die polnische Gesellschaft keinen Staat besaß, die Teilungsmächte entgegen. Somit galt der Kampf um eine Verbesserung der Stellung der Frauen den Teilungsmächten, ohne daß es sich dabei im klassischen Sinn um einen ‚nationalen' Kampf handelte. Daß die Bewegung vorgab, ‚weibliche' Anliegen ‚nationalen' Interessen nachzuordnen, kennzeichnet sie letztlich als Produkt der polnischen Gesellschaft, die in der vorgegebenen Situation nicht hinreichend in der Lage war, das soziale Leben nach ihren eigenen Vorstellungen zu gestalten. Die Nachordnung frauenpolitischer Forderungen hinter die Durchsetzung nationaler Machtansprüche entspricht daher der Einordnung der Angehörigen der weiblichen *inteligencja* in die gesellschaftlichen Strukturen. Dort besaßen sie einen festen und spezifischen Platz, von dem sie auch im Zuge der Staatsgründung nicht zu verdrängen waren.

ABKÜRZUNGSVERZEICHNIS

BN	*Biblioteka Narodowa* = Nationalbibliothek in Warschau
BU	*Bibioteka Uniwersytecka* = Universitätsbibliotek
Endecja	*Stronnictwo Narodowo-Demokratyczne* = Nationaldemokratische Partei
Petecja	*Stronnistwo Postępowo-Demokratyczne* = Fortschrittlich-Demokratische Partei
PAN	*Polska Akademia Nauk* = Polnische Akademie der Wissenschaften
PPS	*Polska Partia Socjalistyczna* = Polnische Sozialistische Partei
PSB	*Polski Słownik Biograficzny* = Polnische Nationalbiographie
PSRK	*Polskie Stowarzyszenie Równouprawnienia Kobiet* = Polnischer Verein für Frauengleichberechtigung
PZRK	*Polski Związek Równouprawnienia Kobiet* = Polnischer Verband für Frauengleichberechtigung
rkp.	*rękopisy* = Handschriften
SKPPHB	*Stowarzyszenie Kobiet Pracujących w Przymyśle, Handlu i Biurowości* = Verein für Frauen, die in Gewerbe, Handel und im Bürowesen arbeiten
TBND	*Towarzystwo Badań nad Dziećmi* = Verein zur Erforschung von Kindern
UL	*Uniwersytet Latający* = Fliegende Universität
ZUPK	*Związek Umysłowo Pracucących Kobiet* = Verband geistig arbeitender Frauen

QUELLEN- UND LITERATURVERZEICHNIS

1. Ungedruckte Quellen

A) Archiwum Akt Nowych, Warszawa
   - sygn. 57/4: Okólniki N[aczelnego] Z[arządu] L[igi] K[obiet] N.K.N., Naczelnego Zarządu Komitetu Obywatelskiego Polek, Ligi Kobiet Polskich, VII 1915-VIII 1820.
B) Archiwum Polskiej Akademii Nauk, Warszawa
   - sygn. II 154/48: Redakcja Kuriera Codziennego, Korespondencja 1905.
C) Biblioteka Narodowa, Warszawa, dział rękopisów
   - sygn. II 10302: Męczkowska, Teodora, 50 lat pracy w organizacjach kobiecych w Warszawie. Wspomnienia osobiste.
   - sygn. II 10303: Męczkowska, Teodora, Pamiętnik pisany w Zakopanem w r. 1944/45 na wygnaniu.
   - sygn. II 2884: Fragmenty korespondencji i papierów Marii Czesławy Przewóskiej z lat 1897-1937.
   - sygn. IV 5318: Album depesz i listów do Aleksandra Świętochowskiego z okazji jubileuszu 40-letnia pracy literackiej.
D) Biblioteka Uniwersytecka, Warszawa, dział rękopisów
   - sygn. 406a-b: Iza Moszczeńska, Wspomnienia i listy 1864-1914.
   - sygn. 1467/24: Nekrologi i artykuły biograficzne napisane przez S. Posnera w latach 1920-1929.
E) Biblioteka im. Ossolińskich, Wrocław, dział rękopisów
   - sygn. 1 3976 II: Romana Pachucka, Pamiętniki z lat 1814-1936: Walka, Sokolenki 1963.
   - sygn. 1 4031 III: Liga Kobiet we Lwowie – równe.
F) Archiwum Państwowe, Poznań, Prezydium Policji
   - 4314 Akta betr. den Verein für Weibliche Angestellte in Handel und Gewerbe.
   - 3529 Personalakte Viktoria Ewald.
   - 3533 Personalakte Helene Fryza.
   - 3681 Personalakte Helene Rzepecka.
   - 3702 Personalakte Alexandra Slaminska.

2. Gedruckte Quellen

2.1. Zeitschriften

Bluszcz 1905-1915, 1917, 1918, 1921-1922, 1935, Nr. 50/51 (zum 70jährigen Bestehen)
Głos Wielkopolanek 1908-1914
Kobieta w Sejmie 1919
Kultura Polska 1906-1914
Na Posterunku 1917-1918
Nowe Słowo 1902-1907
Społeczeństwo 1907-1910
Przegląd Katolicki 1907-1910
Przegląd Narodowy 1908-1911
Robotnica 1906
Ster 1897, 1905-1914
Świt 1884-1886

2.2. Broschüren, Sammelbände, Erinnerungen und Artikel

Album biograficzny zasłużonych Polaków i Polek wieku XIX, 2 Bde., Warszawa 1901 u. 1903.

BAUDOUIN DE COURTENAY, Romualda, Na wyższych kursach żeńskich, in: Przegląd Literacki [Beilage zu „Kraj"] 1888, Nr. 48, S. 1-3, Nr. 49, S. 8-10.

BUDZIŃSKA-TYLICKA, Justyna, Hygiena kobiet i kwestje z nią związane, Warszawa 1909.

DIES., Ś. p. Marja Dulębianka, in: Kurier Warszawski 1919, Nr. 77, S. 7-8.

BUJWIDOWA, Kazimiera, Marja Turzyma. Garść wspomnień, in: Kobieta Wspołczesna 1929, Nr. 19, S. 3.

DIES., O postępowym i niepostępowym ruchu kobiet w Galicji, Lwów 1913.

DIES., U źródeł kwestji kobiecej, Lwów 1910.

DIES., Wykształcenie kobiet, in: Głos kobiet w kwestyi kobiecej, Kraków 1903, S. 17-41.

CEGIELSKA, Paulina, Z kroniki Pomocy Naukowej dla Dziewcząt Polskich w Wielkim Księstwie Poznańskiem w 50-letnią rocznicę założenia, 1871-1921, Poznań 1921.

CHMIELOWSKI, Piotr, Autorki polskie wieku XIX. Seria pierwsza, Warszawa 1885.

CHWALEWIK, Eduard, Ekonomiczne czynniki ruchu kobiecego, Warszawa 1908.

DASZYŃSKA-GOLIŃSKA, Zofia, Dr Zofia Daszyńska-Golińska. Pionierka wiedzy gospodarstwo-społecznej w Polsce, Życiorysy zasłużonych kobiet 5, Kraków 1932.
DIES. [unter dem Namen Golińska], Kobieta Obywatelka, in: Głos kobiet w kwestyi kobiecej, Kraków 1903, S. 198-216.
DIES., Kwestja kobieca a małżeństwo, Warszawa 1925.
DIES., Prawo wyborcze kobiet, Warszawa 1918.
DIES., Znaczenie studiów ekonomicznych dla ruchu kobiecego, in: Krytyka 1 (1896), S. 154-160 u. 225-231.
DULĘBIANKA, Maria, Polityczne stanowisko kobiety, Warszawa 1908.
Gabriella i Entuzyastki [o. A.], in: Bluszcz 1880.
HEYMANN, Lida Gustava u. Anita AUGSPURG, Erlebtes – Erstauntes. Deutsche Frauen kämpfen für Freiheit, Recht und Frieden, Meisenheim am Glan 1972.
HOFMANOWA, Klementyna z Tańskich, Pamiątka po dobrej matce, Wybór, dział 5, hrsg. v. Cecylja WALEWSKA, Kraków 1898.
Ich spowiedź. Wyniki ankiety dla uczenie Orzeszkowej, Warszawa 1911.
Der Internationale Kongress für Frauenwerke und Frauenbestrebungen in Berlin 19. bis 26. September 1896. Eine Sammlung der auf dem Kongress gehaltenen Vorträge und Ansprachen, hrsg. v. Rosalie SCHOENFLIES, Lina MORGENSTERN, Minna CAUER, Jeannette SCHWERIN u. Marie RASCHKE, Berlin 1897.
JAHOŁKOWSKA-KOSZUTSKA, Ludwika, Herezje w ruchu kobiecym, Warszawa 1907.
JUSTCZYK, Józef, Czy kobiety mogą być u nas rzemieślikami? in: Przegląd Tygodniowy 1867, Nr. 39, S. 305-306, Nr. 40, S. 313-314.
KLEMENSIEWICZOWA, Jadwiga, Przebojem ku wiedzy. Wspomnienia jednej z pierwszych studentek krakowskich z XIX wieku, Wrocław, Warszawa, Kraków 1961.
Kobieta, [o. A.], in: S. Orgelbranda Encyklopedja Powszechna z ilustracjami i mapami, Bd. 8, Warszawa 1900, S. 332.
KODISOWA, Józefa, Kwestja rodziny w sprawie kobiecej, Warszawa 1909.
KOEHLERÓWNA, Aniela, Zofia Tułodziecka. Pionierka ruchu zawodowego w Wielkopolsce, Życiorysy zasłużonych kobiet 11, Kraków 1933.
KOSZUTSKI, Stanisław, Kobieta i polityka, Warszawa 1908.
KUCZALSKA-REINSCHMIT, Paulina, Der Stand der Frauenbildung in Polen, in: Handbuch der Frauenbewegung, hrsg. v. Helene LANGE u. Gertrud BÄUMER, Bd. 3: Der Stand der Frauenbildung in den Kulturländern, Berlin 1902, S. 339-354.
DIES., Emancypacja a miłość, in: Ogniwa 1904, Nr. 48, S. 1142-1144.
DIES., Młodzież żeńska i sprawa kobieca, Warszawa 1906.

DIES., Nasze drogi i cele. Szkic do programu działalności kobiecej, Lwów 1897.
DIES., Orzeszkowa w ruchu kobiecym, in: Wędrowniec 1906, Nr. 11, S. 207-208.
DIES., Ś. p. Marya Dulębianka, in: Tygodnik Illustrowany 1919, Nr. 15, S. 238.
DIES., Wyborcze prawa kobiet, Warszawa 1907.
DIES., Z historyi ruchu kobiecego, in: Głos kobiet w kwestyi kobiecej, Kraków 1903, S. 232-339.
LANGE, Józef, O prawach kobiety jako żony i matki (według przepisów obowiązujących w Królestwie Polskim), Warszawa 1907.
LEŚNIEWSKA, A[leksandra], Nowa dziedzina pracy kobiet w związku z reformą zawodu farmaceutycznego, Warszawa 1908.
LUBIŃSKA, Teresa, Do sumienia waszego mówię, Warszawa 1913.
DIES., Paulina Kuczalska-Reinschmit, in: Kurier Poranny 1911, Nr. 57, S. 3-4.
MARRENÉ-MORZKOWSKA, Waleria, Kobieta czasów dzisieszych, Warszawa 1902.
MĘCZKOWSKA, Teodora, Ruch kobiecy. Ideały społeczne ruchu kobiecego, Warszawa 1907.
DIES., Służące a prostytucja, Warszawa 1906.
MORACZEWSKA, Zofia, Mój testament. Pisany do ogółu kobiet Polskich w r. 1945, Wrocław 1946.
MOSZCZEŃSKA, Isabella [=Iza], Die Geschichte der Frauenbewegung in Polen, in: Handbuch der Frauenbewegung, hrsg. v. Helene LANGE u. Gertrud BÄUMER, Bd. 1: Geschichte der Frauenbewegung in den Kulturländern, Berlin 1901, S. 350-360.
DIES., Grupa „Kuźnicy" i jej udział w walce o szkołę polską, in: Nasza walka o szkołę polską, hrsg. v. Bogdan NAWROCZYŃSKI, Bd. 2, Warszawa 1934, S. 152-167.
DIES., Kwestia kobieca w chwili obecnej, in: Głos 1903.
DIES., Postęp na rozdrożu, Warszawa 1911.
[DIES.], Wartość społeczna kobiet, in: Kobieta współczesna, Warszawa 1904, S. 2-11.
Na straży praw kobiet. Pamiętnik Klubu Politycznego Kobiet Postępowych, 1919-1930, hrsg. v. Sylwia BUJAK-BOGUCKA, Warszawa 1930.
ORZESZKOWA, Eliza, Marta, Berlin (Ost) 1984 [polnische Erstausgabe 1873].
DIES., O kobiecie, Warszawa 1888.
DIES., O żydach i kwestyi żydowskiej, Wilno 1882.
DIES., Ueber die Gleichberechtigung der Frauen angesichts des Wissens, der Arbeit und der menschlichen Würde. Offenes Schreiben von Elise Orzeszko an Deutschlands Frauen (Sonderabdruck aus der deutschen Hausfrauen=Zeitung), Berlin 1892 [polnischer Erstabdruck: List otwarty do kobiet niemiec-

kich w kwestji równouprawnienia kobiet wobec nauki, pracy i dostojności ludzkiej, in: DIES., List do kobiet niemieckich i o Polsce-Francuzom, Warszawa 1900, S. 11-39].

PACHUCKA, Romana, Pamiętniki z lat 1886-1914, Wrocław 1958.

DIES., Ś. p. Paulina Kuczalska-Reinschmit, in: Tygodnik Illustrowany 1921, Nr. 44, S. 706.

Pamiętnik zjazdu kobiet polskich odbytego w dniach 11 i 12 maja 1913, Kraków 1913.

Pamiętnik zjazdu kobiet polskich w Warszawie w roku 1917, Warszawa 1918.

Jadwiga Petrażycka-Tomicka (Rzeczniczka równouprawnienia kobiet), [o. A.], Życiorysy zasłużonych kobiet 7, Warszawa 1932.

PETRAŻYCKA TOMICKA, Jadwiga, Związek Równouprawnienia Kobiet w Lwowie. Przyczynek do historji równouprawnienia kobiet w Polsce, Kraków 1931.

[PIŁSUDSKA, Aleksandra], Memoirs of Madame Pilsudski, London 1940.

DIES., Udział Polek w walkach o niepodległość, in: Niepodległość 5 (1955), S. 169-188.

Polki autorki i artystki [o. A.], in: Bluszcz 1879.

PRĄDZYŃSKI, Eduard, O prawach kobiety, Warszawa 1875 [2. Auflage].

PRZEWÓSKA, Maria Czesława, Eliza Orzeszkowa w literaturze i ruchu kobiecym. Zarys syntetyczny. List jubilatki, Kraków 1909.

RABSKA, Zuzanna, Moje życie z książką. Wspomnienia, Bd. 1, Wrocław 1959.

REVELSTEIN, H. v., Die polnischen Frauen, in: Gartenlaube 1917, Nr. 12, S. 247-248.

SEMPOŁOWSKA, Stefania, Z dna nędzy, Warszawa 1909.

DIES., Żydzi w Polsce, Warszawa 1905.

SKŁODOWSKA-CURIE, Maria, Autobiografia, Warszawa 1959.

Stowarzyszenie Personału Żeńskiego w Handlu i Przymyśle w Poznaniu (1903-1913)[o. A.], Poznań 1913.

SZYCÓWNA, Aniela, Kobieta w pedagogice. Matka, Warszawa 1908.

Służba ojczyźnie. Wspomnienia uczestniczek walk o niepodległości, 1915-1918, hrsg. v. Marja RYCHTERÓWNA, Warszawa 1929.

ŚWIĘTOCHOWSKI, Aleksander, Kwestia małżeńska, in: Przegląd Tygodniowy 1872, Nr. 46, S. 361-362, Nr. 48, S. 377-378, Nr. 50, S. 393-394; 1873, Nr. 3, S. 17-18.

DERS., W sprawie kobiet, in: Niwa 1872, Nr. 10, S. 231-235.

TURZYMA, M[aria], Handel kobietami, in: Głos kobiet w kwestyi kobiecej, Kraków 1903, S. 143-162.

DIES., Kwestya kobieca, in: Głos kobiet w kwestyi kobiecej, Kraków 1903, S. 1-16.

DIES., Wyzwalająca się kobieta, Kraków 1906.
VOSBERG, Fritz, Die polnische Frauenbewegung, Lissa 1912.
WALEWSKA, Cecylja, Kobieta polska w nauce, Warszawa 1922.
DIES., Ruch kobiecy w Polsce, 2 Bde., Warszawa 1909.
DIES., W walce o równe prawa. Nasze bojownice, Warszawa 1932.
DIES., Z dziejów krzywdy kobiet, Warszawa 1908.
Wierna Służba. Wspomnienia uczestniczek walk o niepodległość 1910-1915, hrsg. v. Aleksandra PIŁSUDSKA u. a., Warszawa 1927.
WITKOWSKA, Helena, W wspomnienia (Kazimiery Bujwidowej), in: Kobieta Współczesna 1932, Nr. 40, S. 785-787.
Z dni Jubileuszowych Pauliny Kuczalskiej-Reinschmit d. 6 i 7 maja 1911 r., Warszawa 1911.
Z życia studentek polek w Petersburgu, Warszawa 1929.

3. Literaturverzeichnis

ADAMUS, Jan, Polska teoria rodowa, Łódź 1958.
ANDERSON, Harriet, Utopian Feminism. Women's Movements in fin de siècle Vienna, New Haven, London 1992.
ANDRESEN, Sabine, Wege aus dem Jahrhundert des Kindes. Ellen Key: Tradition und Utopie, Neuwied 1998.
Archiwum akt nowych w Warszawie. Przewodnik po zasobie archiwalnym, hrsg. v. Mieczysław MOTAS, Warszawa 1973.
ASCHE, Susanne, Juden und Frauen als Staatsbürger zweiter Klasse. Die Konzeption südwestdeutscher Liberaler in der zweiten Hälfte des 19. Jahrhunderts, in: Frauen und Nation, a. a. O., S. 78-89.
BADER-ZAAR, Brigitte, Bürgerrechte und Geschlecht. Zur Frage der politischen Gleichberechtigung von Frauen in Österreich, in: Frauen in der Geschichte des Rechts. Von der Frühen Neuzeit bis zur Gegenwart, hrsg. v. Ute GERHARD, München 1997, S. 547-561.
BARD, Christine, Les Filles de Marianne. Histoire des féminismes, 1914-1940, Paris 1995.
BARRY, Kathleen, The New Historical Synthesis: Women's Biography, in: Journal of Women's History 1 (1990), H. 3, S. 75-105.
BEBEL, August, Die Frau und der Sozialismus, Frankfurt a. M. 1981 [Erstausgabe 1879].
BENJAMIN, Jessica, Phantasie und Geschlecht. Psychoanalytische Studien über Idealisierung, Anerkennung und Differenz, Frankfurt a. M. 1996.
BERESWILL, Mechthlid u. Loenie WAGNER, ‚Eine rein persönliche Angelegen-

heit'. Anitsemitismus und politische Öffentlichkeit als Konfliktfeld im „Band Deutscher Frauenvereine", in: Bürgerliche Frauenbewegung und Antisemitismus, hrsg. v. Mechthild BERESWILL u. Leonie WAGNER, Tübingen 1998, S. 45-63.

BLEJWAS, Stanislaus A., Realism in Polish Politics: Warsaw Positivism and National Survival in Nineteenth Century Poland, New Haven 1984.

DERS., The Origins and Practice of „Organic Work" in Poland: 1795-1863, in: The Polish Review 15 (1979), H. 4, S. 22-55.

BOCK, Gisela, Geschichte, Frauengeschichte, Geschlechtergeschichte, in: Geschichte und Gesellschaft 14 (1988), S. 364-391.

BOLT, Christine, The Women's Movements in the United States and Britain from the 1799s to the 1929s, New York, London, Toronto u. a. 1996.

BORKOWSKA, Grażyna, Cudzoziemki. Studia o polskiej prozie kobiecej, Warszawa 1996.

BREUILLY, John, Approaches to Nationalism, in: Formen des nationalen Bewußtseins im Lichte zeitgenössischer Nationalismustheorien, a. a. O., S. 15-38.

CAŁA, Alina, Kobiety wobec tradycyjnych norm życia rodzinnego w społecznościach żydowskich w Polsce międzywojennej, in: Kobieta i kultura życia codziennego, a. a. O., S. 89-102.

CANNING, Kathleen, Feminist History after the Linguistic Turn. Historicizing Discourse and Experience, in: Sings 19 (1994), S. 368-404.

CAVALLI, Alessandro, Soziale Gedächtnisbildung in der Moderne, in: Kultur als Lebenswelt und Monument, hrsg. v. Aleida ASSMANN u. Dietrich HARTH, Frankfurt a. M. 1991, S. 200-210.

CHAMERSKA, Halina, Drobna szlachta w Królestwie Polskim (1832-1964), Warszawa 1974.

DIES., Women of the Petty Nobility in the Polish Kingdom During the 19th Century, in: Acta Poloniae Historica 74 (1996), S. 73-90.

CHOJNOWSKI, Andrzej, Kobiety i polityka w Drugiej Rzeczypospolitej, in: Kobieta i świat polityki, Teil 2, a. a. O., S. 9-16.

CHOŁUJ, Bożena, Frauenthemen, Frauenforschung, Frauenbewegung in Polen, in: Die Frau in der polnischen Gegenwartskultur, hrsg. v. Walter KOSCHMAL, Köln, Weimar, Wien 1996, S. 82-90.

CHWALBA, Andrzej, Spór o wartości. Sympatyczki ruchu emancypacyjnego wobec religii i Kościoła Katolickiego, in: Kobieta i kultura, a. a. O., S. 267-284.

CIECHOMSKA, Maria, Mała historia aborcji, in: Głos mają kobiety. Teksty feministyczny, hrsg. v. Sławomira WALCZEWSKA, Kraków 1992, S. 57-64.

CLEMENS, Bärbel, Die Frauenbewegung, das Geschlechterverhältnis und die Theorien zu „Neuen Sozialen Bewegungen", in: Forschungsjournal Neue Soziale Bewegungen 1988, H. 3, S. 5-15.

DIES., „Menschenrechte haben kein Geschlecht!" Zum Politikverständnis der bürgerlichen Frauenbewegung, Pfaffenweiler 1988.

COLEMAN, A., Language as a Factor in Polish Nationalism, in: The Slavic Review 13 (1934/35), S. 155-172.

CYWIŃSKI, Bogdan, Rodowody niepokornych, Paris 1985 [Erstausgabe Paris 1971].

CZAJECKA, Bogusława, Wokół wykształcenia kobiet w Galicji. Towarzystwo Nauczycieli Szkół wyższych we Lwowie i w Krakowie, in: Kobieta i edukacja, Teil 2, a. a. O., S. 49-58.

DIES., „Z domu w szeroki świat". Droga kobiet do niezależności w zaborze austriackim w latach 1890-1914, Kraków 1990.

CZEPULIS-RASTENIS, Ryszarda, „Klasa umysłowa". Inteligencja Królestwa Polskiego, 1832-1862, Warszawa 1973.

DIES., Pierwsze pokolenie literatek polskich, in: Kobieta i edukacja, Teil 2, a. a. O., S. 305-321.

DIES., Uwarstwienie społeczne Królestwa w świadomości współczesnych, in: Społeczeństwo Królestwa Polskiego, Bd. 1: Studia o uwarstwieniu i ruchliwości społecznej, hrsg. v. Witold KULA, Warszawa 1965, S. 325-392.

Czy wiesz, kto jest?, hrsg. v. Stanisław ŁOZY, Warszawa 1938.

CZYSZKOWSKA-PESCHLER, Małgorzata, She is a Nobody without a Name. The Professional Situation of Polish Women-of-Letters in the Second Half of the Nineteenth Century, in: Women in Polish Society, a. a. O., S. 113-142.

DANIEL, Ute, Informelle Kommunikation und Propaganda in der deutschen Kriegsgesellschaft, in: Medien, Kommunikation, Geschichte, hrsg. v. Siegfried QUANDT, Nr. 1: Krieg und Kommunikation, S. 76-94.

DANN, Otto, Der moderne Nationalismus als Problem historischer Entwicklungsforschung, in: Nationalismus und sozialer Wandel, hrsg. v. Otto DANN, Hamburg 1978, S. 9-22.

DAVIES, Norman, Boże igrzysko. Historia Polski, Bd. 2, Kraków 1991 [englische Erstausgabe unter dem Titel: God's Playground. A History of Poland, Oxford 1981].

DE BEAUVOIR, Simone, Das andere Geschlecht. Sitte und Sexus der Frau, Hamburg 1968.

DE GOUGES, Olympe, Schriften, hrsg. v. Monika DILLIER, Vera MOSTAWLANSKY u. Regula WYSS, Frankfurt a. M. 1989 [2. Auflage].

DEUTSCH, Karl W., Nation und Welt, in: Nationalismus, a. a. O., S. 49-66.

DOCTOROW, Gilbert S., The Fundamental State Laws of 23 April 1906, in: Russian Review 35 (1976), S. 33-52.

DONIMIRSKI, Andrzej, Kobiety z mitów i legend, Katowice 1988.

Drogi integracji społeczenstwa w Polsce XIX-XX w., hrsg. v. Henryk ZIELIŃSKI, Wrocław, Warszawa, Kraków, Gdańsk 1976.

DUDGEON, Ruth A., The Forgotten Minority. Women Students in Imperial Russia, 1872-1917, in: Russian History 9 (1982), Teil 1, S. 1-26.

DÜRKOP, Marlis, Erscheinungsformen des Antisemitismus im Bund Deutscher Frauenvereine, in: Feministische Studien 3 (1984), S. 140-149.

DUTKOWA, Renata, Żeńskie gimnazja Krakowa w procesie emancypacji kobiet (1896-1918), Kraków 1995.

DZIEWANOWSKI, M. K., The Polish Revolutionary Movement and Russia, 1904-1907, in: Harvard Slavic Studies 4 (1957), S. 375-394.

Ebenso neu als kühn. 120 Jahre Frauenstudien an der Universität Zürich, hrsg. v. Verein Feministische Wissenschaft, Zürich 1988.

EDMONDSON, Linda, Women's Emancipation and Theories of Sexual Difference in Russia, 1850-1917, in: Gender Restructuring in Russian Studies, hrsg. v. Marianne LILJSTRÖM, Eila MÄNTYSAARI u. Arja ROSENHOLM, Tampere 1993, S. 39-52.

Encyklopedia Katolicka, Bd. 3, Lublin 1979.

ENDER, Janina, Sprawa kształcenia kobiet w dobie komisji edukacyjnej, in: Przegląd Historyczno-Oświatowy 15 (1972), Nr. 3, S. 462-484.

ENGELS, Friedrich, Der Ursprung der Familie, des Privateigenthums und des Staates, in: MEW 21, Berlin 1969, S. 27-84 [Erstausgabe Zürich 1884].

EVANS, Richard J., The Feminists. Women's Emancipation Movements in Europe, America and Australia 1840-1920, London 1977.

FIESELER, Beate, „Ein Huhn ist kein Vogel – ein Weib ist kein Mensch". Russische Frauen (1860-1930) im Spiegel der historischen Forschung, in: Frauengeschichte: Gesucht – Gefunden? Auskünfte zum Stand der historischen Frauenforschung, hrsg. v. Beate FIESELER u. Birgit SCHULZE, Köln, Wien 1991, S. 214-235.

DIES., Frauen auf dem Weg in die russische Sozialdemokratie, 1890-1917. Eine kollektive Biographie, Quellen und Studien zur Geschichte des östlichen Europa 41, Stuttgart 1995.

FIGES, Orlando, Die Tragödie eines Volkes. Die Epoche der russischen Revolution, 1891-1914, Ulm 1998.

FILIPOWICZ, Halina, The Daughters of Emilia Plater, in: Engendering Slavic Literatures, hrsg. v. Pamela CHESTER u. Sibelan FORRESTER, Bloomington 1996, S. 34-58.

FISHER, H. H., America and the New Poland, New York 1928.

Formen des nationalen Bewußtseins im Lichte zeitgenössischer Nationalismustheorien: Vorträge der Tagung des Collegium Carolinum in Bad Wiessee vom 31. Oktober bis 3. November 1991, hrsg. v. Eva SCHMIDT-HARTMANN, Bad Wiesseer Tagungen des Collegium Carolinum 20, München 1994.

FRAISSE, Gènèvieve, Geschlecht und Moderne. Archäologien der Gleichberechtigung, Frankfurt a. M. 1995.

Frauenbildung, Frauenbewegung und Frauenarbeit in Österreich, hrsg. v. Martha Stefanie BRAUN, Ernestine FÜRTH, Marianne HÖNIG, Grete LAUBE, Bertha LIST-GAUSER u. Carla ZAGLITS, Wien 1930.

Frauen und Nation, hrsg. v. „Frauen & Geschichte Baden-Württemberg", Tübingen 1996.

FREVERT, Ute, Frauen-Geschichte. Zwischen Bürgerlicher Verbesserung und Neuer Weiblichkeit, Frankfurt a. M. 1986.

DIES., „Mann und Weib, und Weib und Mann". Geschlechter-Differenzen in der Moderne, München 1995.

Die Galerie der Starken Frauen. Regentinnen, Amazonen, Salondamen, hrsg. v. Bettina BAUMGÄRTEL u. Silvia NEYSTERS, La Galerie des Femmes Fortes, München 1995.

GEHMACHER, Johanna, Die Eine und der Andere. Moderner Antisemitismus als Geschlechtergeschichte, in: Bürgerliche Frauenbewegung und Antisemitismus, hrsg. v. Mechthild BERESWILL u. Leonie WAGNER, Tübingen 1998, S. 101-120.

DIES., Feministische Geschichtsforschung und die Frage nach dem Anitsemitismus von Frauen, in: Der feministische „Sündenfall"? Hrsg. v. Charlotte KOHN-JEY u. Ilse KOROTIN, Wien 1994, S. 131-159.

Gender & History 5 (1993), H. 2: Special Issue on Gender, Nationalisms and National Identities.

GERHARD, Ute, Alte und neue Frauenbewegung. Vergleich und Perspektiven, in: Alternativen zur alten Politik? Neue soziale Bewegungen in der Diskussion, hrsg. v. Ulrike C. WASMUHT, Darmstadt 1989, S. 64-81.

DIES., Grenzziehung und Überschreitung. Die Rechte der Frauen auf dem Weg in die politische Öffentlichkeit, in: Frauen in der Geschichte des Rechts. Von der Frühen Neuzeit bis zur Gegenwart, hrsg. v. Ute GERHARD, München 1997, S. 509-546.

DIES., National oder International. Die internationalen Beziehungen der deutschen bürgerlichen Frauenbewegung, in: Feministische Studien 12 (1994), H. 2, S. 34-52.

DIES., Die „langen Wellen" der Frauenbewegung – Traditionslinien und unerledigte Aufgaben, in: Das Geschlechterverhältnis als Gegenstand der Sozialwissenschaften, hrsg. v. Regina BECKER-SCHMIDT u. Gudrun-Axeli KNAPP, Frankfurt a. M., New York 1995, S. 247-277.

DIES., Unerhört. Die Geschichte der deutschen Frauenbewegung, Reinbek bei Hamburg 1990.

DIES., Christina KLAUSMANN u. Ulla WISCHERMANN, Frauenfreundschaften – ihre Bedeutung für Politik und Kultur der alten Frauenbewegung, in: Feministische Studien 11 (1993), H. 3, S. 21-37.

GIEYSZTOROWA, Irena, Research into the Demographic History of Poland. A Provisional Summing-up, in: Acta Poloniae Historica 18 (1968), S. 5-17.

GOLCZEWSKI, Frank, Polnisch-jüdische Beziehungen 1881-1922. Eine Studie zur Geschichte des Antisemitismus in Osteuropa, Wiesbaden 1981.

GOMOLEK, Ludwik, Aniela (1853-1932) i Zofia (1850-1924) Tułodzieckie, in: Wielkopolanie XIX wieku, hrsg. v. Witold JAKÓBCZYK, Poznań 1969, S. 385-406.

GOODMAN, Dena, Public Sphere and Private Life: Toward a Synthesis of Current Historiographical Approaches to the Old Regime, in: History and Theory 31 (1992), S. 1-20.

GÓRKA, Olgierd, Legenda a rzeczywistość obrony Częstochowy w roku 1655, Warszawa 1957.

GREVER, Maria, The Pantheon of Feminist Culture: Women's Movements and Organization of Memory, In: Gender & History 9 (1997), H. 2, S. 364-374.

GRODZISKI, Stanisław, Schyłek stanu szlacheckiego na ziemiach polskich, in: Społeczenstwo polskie XVIII i XIX wieku, Bd. 8: Studia o aktywności społecznej oraz jej politycznym uwarunkowaniu, hrsg. v. Janina LESKIEWICZ, Warszawa 1987, S. 95-108.

Die Habsburger Monarchie 1448-1918, Bd. 3: Die Völker des Reichs, Teil 1, hrsg. v. Adam WANDRUSZKA u. Peter URBANITSCH, Wien 1980.

HAGEN, William W., Germans, Poles and Jews, The Nationality Conflict in the Prussian East, 1792-1914, Chicago, London 1980.

HAHN, Hans-Henning, Die Gesellschaft im Verteidigungszustand. Zur Genese eines Grundmusters der politischen Mentalität in Polen, in: Gesellschaft und Staat in Polen, hrsg. v. DERS. u. Michael G. MÜLLER, Berlin 1988, S. 15-49.

HAGEMANN, Karen, Reflexionen zu einer Geschlechtergeschichte von Militär und Krieg, in: Landsknechte, Soldatenfrauen und Nationalkrieger: Militär, Krieg und Geschlechterordnung im historischen Wandel, hrsg. v. Karin HAGEMANN und Ralf PRÖVE, Geschichte und Geschlechter 26, Frankfurt a. M., New York 1998, S. 13-48.

Handbuch der Geschichte Rußlands, Bd. 3: 1856-1945 (Von den autokratischen Reformen zum Sowjetstaat), hrsg. v. Gottfried SCHRAMM, Teil 1, Stuttgart 1983.

HASS, Ludwik, Aktywność wyborcza kobiet w pierwszym dziesięcioleciu Drugiej Rzeczypospolitej, in: Kobieta i świat polityki, Teil 2, a. a. O., S. 70-99.

HAUMANN, Heiko, Geschichte Rußlands, München 1996.

HAUPT, Heinz-Gerhard u. Charlotte TACKE, Die Kultur des Nationalen. Sozial- und kulturgeschichtliche Ansätze bei der Erforschung des Nationalismus im 19. und 20. Jahrhundert, in: Kulturgeschichte Heute, hrsg. v. Wolfgang

HARDTWIG und Hans-Ulrich WEHLER, Geschichte und Gesellschaft, Sonderheft 16, Göttingen 1996, S. 255-283.

HAUSEN, Karin, Die Polarisierung der „Geschlechtscharaktere". Eine Spiegelung der Dissoziation von Erwerbs- und Familienleben, in: Sozialgeschichte der Familie in der Neuzeit Europas, hrsg. v. Werner CONZE, Stuttgart 1976, S. 383-393.

HEINDL, Waltraud, Zur Entwicklung des Frauenstudiums in Österreich, in: „Durch Erkenntnis zu Freiheit und Glück .." Frauen an der Universität Wien (ab 1897), hrsg. v. Waltraud HEINDL u. Marina TICHY, Wien 1993 [2. Auflage], S. 17-26.

DIES., Regionale und soziale Herkunft. Das Nationalitätenproblem in der Donaumonarchie und die Veränderungen nach 1918, in: „Durch Erkenntnis zu Freiheit und Glück .." Frauen an der Universität Wien (ab 1897), hrsg. v. Waltraud HEINDL u. Marina TICHY, Wien 1993 [2. Auflage], S. 109-128.

DIES., Exkurs: Die russischen Studentinnen an der Wiener Universität. Ein Beispiel ausländischer Hörerinnen, in: „Durch Erkenntnis zu Freiheit und Glück .." Frauen an der Universität Wien (ab1897), hrsg. v. Waltraud HEINDL u. Marina TICHY, Wien 1993 [2. Auflage], S. 129-138.

HELLBLING, Ernst C., Österreichische Verfassungs- und Verwaltungsgeschichte, Wien 1956.

HERSE, Stanislaus, Frauenarbeit im Königreich Polen, Diss. Zürich 1912.

HILDERMEIER, Manfred, Die Russische Revolution, 1905-1921, Frankfurt a. M. 1989.

HIRSZHORN, Samuel, Historia żydów w Polsce. Od Sejmu czeteroletniego do wojny europejskiej, 1788-1914, Warszawa 1921.

Historia Polski, Bd. 3: 1850/1864-1918, Teil 1, hrsg. v. Żanna KARMANOWA u. Irena PIETRZAK-PAWŁOWSKA, Teil 2, hrsg. v. Żanna KARMANOWA u. Walentyna NAJDUS, Warszawa 1963 u. 1972.

HOENSCH, Jörg K., Geschichte Polens, Stuttgart 1998 [3. Auflage].

HOFFMANN-CURTIUS, Kathrin, Opfermodelle am Altar des Vaterlandes seit der Französischen Revolution, in: Schrift der Flammen. Opfermythen und Weiblichkeitsentwürfe im 20. Jahrhundert, hrsg. v. Gudrun KOHN-WAECHTER, Berlin 1991, S. 57-92.

HROCH, Miroslav, Nationales Bewußtsein zwischen Nationalismustheorie und der Realität der nationalen Bewegungen, in: Formen des nationalen Bewußtseins im Lichte zeitgenössischer Nationalismustheorien, a. a. O., S. 39-52.

HULEWICZ, Jan, Sprawa wyższego wykształcenia kobiet w Polsce w XIX wieku, Kraków 1939.

DERS., Walka kobiet o dostęp na uniwersytety, Warszawa 1936.

IGGERS, Georg G., Zur „linguistischen Wende" im Geschichtsdenken und in der Geschichtsschreibung, in: Geschichte und Gesellschaft 21 (1995), S. 557-570.

IHNATOWICZ, Ireneusz, Antoni MĄCZAK, Benedykt ZIENTARA u. Janusz ŻARNOWSKI, Społeczeństwo polskie od X do XX wieku, Warszawa 1996 [3. erweiterte Auflage].

JAKÓBCZYK, Witold, Kobiecy ruch kulturalno-oświatowy, in: Studia nad dziejami Wielkopolski, Bd. 3: 1890-1914, Poznań 1967, S. 177-134.

JAROSZ, Dariusz, Wybrany problemy kultury życia codziennego kobiet pracujących w Nowej Hucie w latach 50-tych XX wieku, Kobieta i kultura życia codziennego, a. a. O., S. 405-419.

JAWORSKI, Rudolf, Handel und Gewerbe im Nationalitätenkampf, Göttingen 1986.

DERS., Kilka refleksji nad dziejami Wielkopolanek w XIX i XX wieku, in: Kobieta i społeczeństwo, a. a. O., S. 21-28.

DERS., Nationalismus und Ökonomie als Problem der Geschichte Ostmitteleuropas im 19. und zu Beginn des 20. Jahrhunderts, in: Geschichte und Gesellschaft 8 (1982), S. 184-204.

DERS., Polish Women and the Nationality Conflict in the Province of Posen at the Turn of the Century, in: Women in Polish Society, a. a. O., S. 53-70.

DERS., Polnische Frauen im Nationalitätenstreit der Provinz Posen um die Jahrhundertwende, in: Studia Historica Slavo-Germanica 18 (1995), S. 87-99.

JEDLEWSKI, Stanisław, Jadwiga Szczawińska-Dawidowa, Postępowa działaczka oświatowa przełomu XIX i XX wieku, in: Studia Pedagogiczne 1966, H. 3, S. 265-318.

JEDYNAK, Barbara, Dom i kobieta w kulturze niewoli, in: Kobieta w kulturze i społeczeństwie, hrsg. v. Babara JEDYNAK, Lublin 1990, S. 70-105.

JOHANSON, Christine, Women's Struggle for Higher Education in Russia, 1855-1900, Kington, Montreal 1987.

JUŻWENKO, Adolf u. Wojciech WRZESIŃSKI, Modernisierung und Neugestaltung des polnischen nationalen Lebens im russischen und im preußischen Teilungsgebiet im 19. und zu Beginn des 20. Jahrhunderts, in: Modernisierung und nationale Gesellschaft im ausgehenden 19. und im 20. Jahrhundert. Referate einer deutsch-polnischen Historikerkonferenz, hrsg. v. Werner CONZE, Gottfried SCHRAMM u. Klaus ZERNACK, Giessener Abhandlungen zur Agrar- und Wirtschaftsforschung des europäischen Ostens 99, Berlin 1979, S. 125-146.

KACZYŃSKA, Elżbieta, Nationalität und Bürgertum im Königreich Polen (1864-1914), in: Die alte Stadt 14 (1987), H. 3, S. 254-264.

KALABIŃSKI, Stanisław u. Feliks TYCH, Czwarte powstanie czy pierwsza rewolucja. Lata 1905-1907 na ziemiach polskich, Warszawa 1969.

KAPLAN, Marion, Schwesterlichkeit auf dem Prüfstein. Feminismus und Antisemitismus in Deutschland, 1904-1938, in: Feministische Studien 3 (1984), H. 1, S. 128-139.

Kappeler, Andreas, Rußland als Vielvölkerstaat, Frankfurt a. M. 1992.
Kawła, Dobrochna, Głosy kobiet w sprawie planowania rodziny w świetle prasy z lat 1929-1932, in: Kobieta i kultura życia codziennego, a. a. O., S. 123-132.
Kent, Susan Kingsley, Sex and Suffrage in Britain, 1860-1914, Princeton 1987.
Kieniewicz, Stefan, The Polish Inteligentsia in the Nineteenth Century, in: Studies in East European Social History, hrsg. v. Keith Hitchins, Bd. 1, Leiden 1977, S. 121-133.
Kiepuska, Halina, Warszawa 1905-1907, Warszawa 1991.
Kizwalter, Tomasz, Ernest Gellners Nationalismustheorie und die polnische nationale Bewegung im 19. Jahrhundert, in: Formen des nationalen Bewußtseins im Lichte zeitgenössischer Nationalismustheorien, a. a. O., S. 163-172.
Ders., Procesy modernizacji a emancipacja kobiet na ziemiach polskich w XIX wieku, in: Kobieta i społeczeństwo, a. a. O., S. 5-10.
Klausmann, Christina, Politik und Kultur der Frauenbewegung im Kaiserreich. Das Beispiel Frankfurt am Main, Geschichte und Geschlechter, Bd. 19, Frankfurt a. M., New York 1997.
Kobieta i edukacja na ziemiach polskich w XIX i XX w., hrsg. v. Anna Żarnowska u. Andrzej Szwarc, Teil 1-2, Warszawa 1992.
Kobieta i kultura. Kobiety wśród twórców kultury intelektualnej i artystycznej w dobie rozbiorów i w niepodległym państwie polskim, hrsg. v. Anna Żarnowska u. Andrzej Szwarc, Warszawa 1996.
Kobieta i społeczeństwo, hrsg. v. Anna Żarnowska u. Andrzej Szwarc, Warszawa 1994 [2. Auflage].
Kobieta i świat polityki, hrsg. v. Anna Żarnowska u. Andrzej Szwarc, Teil 1: Polska na tle porównawczym w XIX i na początkach XX wieku, Warszawa 1994, Teil 2: W niepodległej Polsce, 1918-1939, Warszawa 1996.
Kobieta i kultura życia codziennego, hrsg. v. Anna Żarnowska u. Andrzej Szwarc, Warszawa 1998.
Koestler, Nora, Intelligenzschicht und höhere Bildung im geteilten Polen, in: Bildungsbürgertum im 19. Jahrhundert, Teil 1: Bildungssystem und Professionalisierung im internationalen Vergleich, hrsg. v. Werner Conze u. Jürgen Kocka, Industrielle Welt 38, Stuttgart 1984, S. 186-206.
Dies., Kobiety polskie między społeczeństwem tradycyjnym i nowoczesnym, in: Kobieta i edukacja, Teil 1, a. a. O., S. 31-44.
Dies., Kobiety w społecznościach żydowskich w monarchii habsburskiej: Etapy emancypacji, in: Kobieta i świat polityki, Teil 1, a. a. O., S. 135-148.
Dies., Widerstand und Solidarität: Die Diskussion um den polnischen „Sonderweg", in: Geschichte und Gesellschaft 13 (1987), S. 5-21.
Komarnicki, Titus, Rebirth of the Polish Republic. A Study in the Diplomatic History of Europe, 1914-1920, Melbourne, London, Toronto 1957.

Kontos, Silvia, Modernisierung der Subsumtionspolitik. Die Frauenbewegung in den Theorien der sozialen Bewegung, in: Feministische Studien 5 (1986), H. 2, S. 34-49.

Kowalska-Glikman, Stefania, Analfabetyzm w Warszawie w okresie międzypostawowym, in: Sopłeczeństwo Polskie XVIII i XIX wieku, Bd. 5, Warszawa 1972, S. 211-234.

Król, Stefan, 101 kobiet polskich. Ślad w historii, Warszawa 1988.

Kurkowska, Mirella, Narcyza Żmichowska w środowisku warszawskim lat czterdziestych XIX w., in: Kobieta i świat polityki, Teil 1, a. a. O., S. 235-244.

Kusber, Jan, Krieg und Revolution in Rußland, 1904-1906. Das Militär im Verhältnis zu Wirtschaft, Autokratie und Gesellschaft, Stuttgart 1997.

Kusiak, Alicja, Łucia Charewiczowa – inicjatorka badań nad przeszłością kobiet polskich, in: Kobieta i kultura, a. a. O., S. 99-103.

Langewiesche, Dieter, Nation, Nationalismus, Nationalstaat. Forschungsstand und Forschungsperspektiven, in: Neue Politische Literatur 40 (1995), H. 2, S. 190-236.

Lehmann, Jürgen, Bekennen – Erzählen – Berichten. Studien zu Theorie und Geschichte der Autobiographie, Tübingen 1988.

Lemberg, Hans, Polnische Konzeptionen für ein neues Polen in der Zeit vor 1918, in: Staatsgründungen und Nationalitätsprinzip, hrsg. v. Theodor Schieder, München, Wien 1974, S. 85-104.

Lerner, Gerda, Unterschiede zwischen Frauen neu gefaßt, in: Geschlechterverhältnisse im historischen Wandel, hrsg. v. Hanna Schissler, Frankfurt a. M., New York 1993, S. 59-79.

Dies., Welchen Platz nehmen Frauen in der Geschichte ein? Alte Definitionen und neue Aufgaben, in: Denkverhältnisse. Feminismus und Kritik, hrsg. v. Elisabeth List u. Herlinde Studer, Frankfurt a. M. 1989, S. 334-352.

Leskiewicz, Janina, Society in the Kingdom of Poland, 1832-1863, in: Studies in East European Social History, hrsg. v. Keith Hitchins, Bd. 1, Leiden 1977, S. 135-149.

Leslie, R. F., Reform and Insurrection in Russian Poland, 1856-1865, London 1963.

Lexikon der Geschichte Rußlands. Von den Anfängen bis zur Oktober-Revolution, hrsg. v. Hans-Joachim Torke, München 1985.

Livine, Philippa, Love, Friendship, and Feminism in later 19th Century England, in: Women's Studies International Forum 13 (1990), H. 1-2, S. 63-79.

Lipińska, Melanja, Kobieta i rozwój nauk lekarskich, Warszawa 1936.

Linnhoff, Ursula, „Zur Freiheit, oh, zur einzig wahren –" Schreibende Frauen kämpfen um ihre Rechte, Köln 1983.

Lorence-Kot, Bogna, Child-Rearing and Reform. A Study of the Nobility in Eighteenth-Century Poland, Westport, London 1985.

LUTYŃSKA, Krystyna, Ideologia czasopism rodzinnych Królestwa Polskiego w latach 1860-1880, in: Przegląd Nauk Historycznych i Społecznych 7 (1956), S. 289-329.

MACKIEWICZ-WOJCIECHOWA, Jadwiga, Uniwersytet „Latający", Karta z dziejów tajnej pracy oświatowej, Warszawa 1933.

MALISZEWSKI, Eduard, Bibliografja pamiętników polskich i polski dotyczących, Warszawa 1928.

MARTEN, Heinz-Georg, Rassismus, Sozialdarwinismus und Antisemitismus, in: Pipers Handbuch der politischen Ideen, Bd. 5, hrsg. v. Iring FETSCHER u. Herfried MÜNKLER, München, Zürich 1987, S. 55-81.

MAYREDER, Rosa, Der typische Verlauf sozialer Bewegungen, Soziologie und Sozialphilosophie. Schriften der soziologischen Gesellschaft in Wien IV, Wien, Leipzig 1925.

MAZURCZAK, Dorota, Dązenie kobiet polskich do wyższego wykształcenia na przełomie XIX- XX wieku, in: Humanistyka i płeć. Studia kobiece z psychologii, filozofii i historii, hrsg. v. Jolanta MILUSKA u. Elżbieta PAKSZYS, Poznań 1995, S. 179-192.

MELVILLE, Ralph, Bevölkerungsentwicklung und demographischer Strukturwandel bis zum Ersten Weltkrieg, in: Handbuch der Geschichte Rußlands, Bd. 3: 1856-1945: Von den autokratischen Reformen zum Sowjetstaat, hrsg. v. Gottfried SCHRAMM, Stuttgart 1992, Teil 2, S. 1009-1071.

MICKIEWICZ, Adam, Lyrik polnisch und deutsch, Leipzig 1978.

MINKOWSKA, Anna, Tragizm „entuzjastów", in: Wiedza i Życie 4 (1929), H. 3, S. 145-152.

MITTERAUER, Michael, Europäische Familienentwicklung, Individualisierung und Ich-Identität, in: Europa im Blick der Historiker: Europäische Integration im 20. Jahrhundert: Bewußtsein und Institutionen, hrsg. v. Rainer HUDEMANN, Beiheft der Historischen Zeitschrift 21, München 1995, S. 91-97.

MOLENDA, Jan, Rola partii politycznych w integracji ogólnonarodowej od schyłku XIX w. do 1914 r., in: Drogi integracji społeczenstwa, a. a. O., S. 150-162.

MOLIK, Witold, Z badań nad studiami uniwersyteckimi Wielkopolanek na przełomie XIX iXX wieku, in: Kobieta i edukacja, a. a. O., Bd. 2, S. 39-47

MONCZKA-CIECHOMSKA, Mit kobiety w polskiej kulturze, in: Głos mają kobiety. Teksty feministyczne, hrsg. v. Sławomira WALCZEWSKA, Kraków 1992, S. 95-101.

MROZOWSKA, Kamilla, Sto lat działalności kobiet polskich w oświecie i nauce, Nauka dla wszystkich 132, Kraków 1971.

MÜLLER, Michael G., Der polnische Adel von 1750 bis 1863, in: Europäischer Adel 1750-1950, hrsg. v. Hans-Ulrich WEHLER, Geschichte und Gesellschaft, Sonderheft 13, Göttingen 1990, S. 217-242.

Myśliński, Jerzy, Nakłady prasy w Królestwie Polskim w 1909 r., in: Rocznik Historii Czasopismiennistwa Polskiego 9 (1970), H. 1, S. 117-120.

Ders., Rola prasy w kształtowaniu kultury politycznej na początku XX wieku, in: Społeczeństwo i polityka – dorastanie do demokracji. Kultura polityczna w Królestwie Polskim na początku XX wieku, hrsg. v. Anna Żarnowska u. Tadeusz Wolsza, Warszawa 1993, S. 137-146.

Nagórska, Walentyna, Anna Tomaszewicz Dobrska, in: Niepodległość 12 (1935), S. 183-192.

Najdus, Walentyna, O prawa obywatelskich kobiet w zaborze austriackim, in: Kobieta i świat polityki, Teil 1, a. a. O., S. 99-117.

Nałęcz, Daria, Sen o władzy. Inteligencja wobec niepodległości, Warszawa 1994.

Nałęcz, Tomasz, Kobiety w walce o niepodległość w czasie pierwszej wojny światowej, in: Kobieta i świat polityki, Teil 1, a. a. O., S. 73-79. 78, H. 4, S. 505-508.

Nationalismus, hrsg. v. Heinrich August Winkler, Königstein/Ts. 1985 [2. Auflage].

Die Nationalitäten des Russischen Reiches in der Volkszählung von 1897, hrsg. v. Henning Bauer, Andreas Kappeler u. Brigitte Roth, A: Quellenkritische Dokumentation und Datenhandbuch, B: Ausgewählte Daten zur sozio-ethnischen Struktur des Russischen Reiches – Erste Auswertung der Kölner NFR-Datenbank, Quellen und Studien zur Geschichte des östlichen Europa 32 A u. B, Stuttgart 1991.

Nawroczyński, Bogdan, Cecylia Niewiadomska – tajna nauczycielka, in: Przegląd Historyczno-Oświatowy 1978, H. 4, S. 505-508.

Neubach, Helmut, Die Ausweisung von Polen und Juden aus Preußen 1885/86, Wiesbaden 1967.

Neumann, Daniela, Studentinnen aus dem russischen Reich in der Schweiz (1867-1914), Zürich 1987.

Nietyksza, Maria, Lodność Warszawy na przełomie XIX i XX wieku, Warszawa 1971.

Dies., Przymiany aktywności zawodowej kobiet. Warszawa na przełomie XIX i XX wieku, in: Kobieta i społeczeństwo, a. a. O., S. 99-114.

Dies., The Vocational Activities of Women in Warsaw at the Turn of the Nineteenth Century, in: Women in Polish Society, a. a. O., S. 143-162.

Niklewska, Jolanta, Być kobietą pracującą – czyli dola warszawskiej nauczycielki na przełomie XIX i XX wieku, in: Kobieta i edukacja, Teil 2, a. a. O., S. 267-279.

Dies., Nauczycielstwo prywatnych szkół średnich w Warszawie z wykładowym językiem polskim w latach 1905-1915, in: Przegląd Historyczno-Oświatowy 1982, H. 3-4, S. 234-272.

NIPPERDEY, Thomas, Deutsche Geschichte, 1866-1918, Bd. 2: Machtstaat vor der Demokratie, München 1993 [2. Auflage].

NOLTE, Claire E., „Every Czech a Sokol": Feminism and Nationalism in the Czech Sokol Movement, in: Austrian History Yearbook 24 (1993), S. 79-100.

OFFEN, Karen, Feminismus in den Vereinigten Staaten und in Europa. Ein historischer Vergleich, in: Geschlechterverhältnisse und historischer Wandel, hrsg. v. Hanna SCHISSLER, Frankfurt a. M. 1993, S. 98-138.

DIES., Liberty, Equality, and Justice for Women: The Theory and Practice of Feminism in Nineteenth-Century Europe, in: Becoming Visible. Women in European History, hrsg. v. Renate BRIDENTHAL, Claudia KOONZ u. Susan STUARD, Boston, Dallas, Geneva u. a. 1987 [2. Auflage], S. 335-374.

OLSZEWSKI, Daniel, Kościół katolicki a ruchy społeczne na ziemiach polskich w końcu XIX i na początku XX w., in: Społeczeństwo polskie XVIII i XIX w., Bd. 8, Warszawa 1987, S. 227-279.

OSTROWSKI, Jan K., Die polnische Malerei: Vom Ende des 18. Jahrhunderts bis zum Beginn der Moderne, München 1989.

PASIEB, Janusz St., Matka Boska Częstochowska w kulcie i kulturze polskiej, in: Marja – Matka narodu polskiego, hrsg. v. Stanisław GRZYBI, Częstochowa 1983, S. 313-324.

PERKOWSKA, Urszula, Formacja zawodowa i intelektualna studentek Uniwersytetu Jagiellońskiego z lat 1894-1918, in: Kobieta i edukacja, Teil 2, a. a. O., S. 59-72.

DIES., Kariery naukowy kobiet na Uniwersytecie Jagiellońskim w latach 1904-1939, in: Kobieta i kultura, a. a. O., S. 139-156.

DIES., Studentki Uniwersytetu Jagiellońskiego w latach 1894-1939. W stulecie immatrykulacji pierwszych studentek, Kraków 1994.

PIETROW-ENNKER, Bianka, Rußlands „neue Menschen". Die Entwicklung der Frauenbewegung von den Anfängen bis zur Oktoberrevolution, Geschichte und Geschlechter 27, Frankfurt a. M., New York 1999.

DIES., Tradycie szlacheckie a dążania emancypacyjne kobiet w społeczeństwie polskim w dobie rozbiorów, in: Kobieta i edukacja, Teil 1, a. a. O., S. 13-30.

DIES., Women in Polish Society. A Historical Introduction, in: Women in Polish Society, a. a. O., S. 1-30.

PHILLIPS, Ursula, The ‚Jewish Question' in the Novels and Short Stories of Eliza Orzeszkowa, in: East European Jewish Affairs 25 (1995), H. 2, S. 69-90.

PIETRZAK, Michał, Sytuacja prawna kobiet w Drugiej Rzeczypospolitej, Kobieta i świat polityki, Teil 2, a. a. O., S. 33-52.

PIPES, Richard, The Russian Revolution, 1899-1919, London 1990, S. 3-51.

PODGÓRSKA, Eugenia, Sprawa wychowania kobiet w znaczniejszych czasopismach polskich drugiej połowy XVIII wieku, in: Rozprawy z Dziejów Oświaty 4 (1961), S. 19-33.

Polacy w historii i kulturze krajów Europy zachodniej. Słownik biograficzny, hrsg. v. Krzysztof KWAŚNIEWKI u. Lech TRZECIAKOWSKI, Poznań 1981.

Polski słownik biograficzne, Bd. 1-38 (A- S), Kraków, Warszawa 1935-1999.

PONICHTERA, Robert M., Feminists, Nationalists and Soldiers: Women in the Fight for Polish Independence, in: The International History Review 19 (1997), S. 17-31.

PORTER, Brain A., The Social Nation and Its Futures. English Liberalism and Polish Nationalism in Late Nineteenth-Century Warsaw, in: American Historical Review 101(1996), H. 5, S. 1470-1492.

Prasa Polska w latach 1864-1918, Warszawa 1976.

RAPHAEL, Lutz, Diskurse, Lebenswelten und Felder. Implizierte Vorannahmen über das soziale Handeln von Kulturproduzenten im 19. und 20. Jahrhundert, in: Kulturgeschichte Heute, hrsg. v. Wolfgang HARDTWIG und Hans-Ulrich WEHLER, Geschichte und Gesellschaft, Sonderheft 16, Göttingen 1996, S. 165-181.

RASCHKE, Joachim, Soziale Bewegungen. Ein historisch-systematischer Grundriß, Frankfurt a. M. 1988.

RENZ, Regina, Kobiety a planowanie rodziny w latach międzywojennych (w świetle źródeł kościelnych z Kielecczyzny), in: Kobieta i kultura życia codziennego, a. a. O., S. 115-122.

RILEY, Denise, ‚Am I That Name?' Feminism and the Category of ‚Women' in History, London 1988.

ROMANKÓWNA, Mieczysława, Hasła emancypacji kobiet w życiu, teorii i twórczości Elizy Orzeszkowej, in: DIES., Na nowych drogach. Studia o Elizie Orzeszkowej, Kraków 1948, S. 63-322.

DIES., Narcyza Żmichowska (Gabriella), Nauka dla wszystkich 118, Kraków 1970.

ROOS, Hans, Die polnische Nationsgesellschaft und die Staatsgewalt der Teilungsmächte in der europäischen Geschichte (1795-1863), in: Jahrbücher für Geschichte Osteuropas 14 (1966), S. 388-399.

ROUSSEAU, Jean-Jacques, Emile oder Über die Erziehung, Stuttgart 1990 [französische Erstausgabe 1762].

RUMPF, Mechthild, Staatsgewalt, Nationalismus und Geschlechterverhältnisse, in: Frauen und Nation, a. a. O., S. 12-29.

DIES., Staatsgewalt, Nationalismus und Krieg. Ihre Bedeutung für das Geschlechterverhältnis, in: Feministische Standpunkte in der Politikwissenschaft. Eine Einführung, hrsg. v. Eva KREISKY u. Birgit SAUER, Frankfurt a. M., New York 1995, S. 223-254.

RÜTHERS, Monika, Tewjes Töchter. Lebensentwürfe ostjüdischer Frauen im 19. Jahrhundert, Lebenswelten osteuropäischer Juden 2, Köln, Weimar, Wien 1996.

RUSTEMEYER, Angela, Dienstboten in Petersburg und Moskau, 1861-1917, Quellen und Studien zur Geschichte des östlichen Europa 45, Stuttgart 1996.

RYDEL, Jan, Die Entstehung des polnischen Heeres in den Jahren 1918-1921. Zu sozialen und wirtschaftlichen Hintergründen, in: Österreichische Osthefte 34 (1992), S. 383-395.

RZEPIEWSKA, Danuta, Rodzina ziemiańska w Królestwie polskim, in: Społeczeństwo Polskie XVIII i XIX wieku, Bd. 9: Studia o rodzinie, hrsg. v. Janina LESKIEWICZ, Warszawa 1991, S. 137-200.

DIES., Women of the Landowning Class in the Polish Kingdom During the 19th Century, in: Acta Poloniae Historica 74 (1996), S. 97-120.

SCHATTKOWSKY, Ralph, Deutschland und Polen 1918/19 bis 1925. Deutsch-Polnische Beziehungen zwischen Versailles und Locarno, Frankfurt a. M., Berlin, Bern u. a. 1994.

SCHIEBINGER, Londa, Schöne Geister. Frauen in den Anfängen der modernen Wissenschaft, Stuttgart 1993.

SCHEIDE, Carmen, Frauenbildung. Gesellschaftlicher Aufbruch und Mängel staatlicher Politik, in: Aufbruch der Gesellschaft im verordneten Staat. Rußland in der Spätphase des Zarenreichs, hrsg. v. Heiko HAUMANN u. Stefan PLAGGENBORG, Frankfurt a. M., Berlin, Bern u. a. 1994, S. 296-317.

DIES., Frauenforschung im Ost-West-Vergleich. Tagung des Deutschen Historischen Instituts Warschau in Obory, in: Inter Finitimos 11 (1997), S. 65-67.

SCHMIDT-RÖSLER, Andrea, Polen. Vom Mittelalter bis zur Gegenwart, Regensburg 1996.

SCHMITTMANN, B., Vereins- und Versammlungsrecht, in: Staatslexikon, hrsg. v. Julius BACHEM u. Hermann SACHER, Bd. 5, Freiburg im Breisgau 1912 [4. Auflage], Sp. 785-800.

SCHULTE, Regina, Sperrbezirke. Tugendhaftigkeit und Prostitution in der bürgerlichen Welt, Frankfurt a. M. 1979.

SCHULZE, Hagen, Staat und Nation in der europäischen Geschichte, München 1994.

SCOTT, Joan W., Gender: A Useful Category of Historical Analysis, in: American Historical Review 91 (1986), H. 5, S. 1053-1075.

DIES., Von der Frauen- zur Geschlechtergeschichte, in: Geschlechterverhältnisse im Historischen Wandel, hrsg. v. Hanna SCHISSLER, Frankfurt a. M., New York 1993, S. 37-58.

SIEDER, Reinhard, Sozialgeschichte auf dem Weg zu einer historischen Kulturwissenschaft?, in: Geschichte und Gesellschaft 20 (1994), S. 445-468.

SIERAKOWSKA, Katarzyna, Aspiracje polityczne Związku Równouprawnienia Kobiet Polskich, in: Kobieta i świat polityki, Teil 1, a. a. O., S. 245-254.

DIES., Miejsce Związku Równouprawnienia Kobiet Polskich w życiu społeczno-politycznym Królestwa Polskiego i Galicji w latach 1907-1914, unveröffentlichte Magisterarbeit, Warszawa 1994.

SIMON, Gertrud, „Durch eisernen Fleiß und rastloses, aufreibendes Studium". Die Anfänge des Frauenstudiums in Österreich: Pionierinnen an den Universitäten Wien und Graz, in: Geschichte der Frauenbildung und Mädchenerziehung in Österreich. Ein Überblick, hrsg. v. Ilse BREHMER u. Gertrud SIMON, Graz 1997, S. 205-219.

SKOPOWSKI, Czesław, Towarzystwo „Warta" w Poznaniu w latach 1894-1939, in: Studia i Materiały do Dziejów Wielkopolski i Pomorza 6 (1960), S. 173-208.

SKOWRONEK, Jerzy, The Direction of Political Change in the Era of National Insurrection, 1795-1864, in: A Republic of Nobles. Studies in Polish History to 1864, hrsg. v. J. K. FEDOROWICZ, Cambridge 1982, S. 262-280.

SKRZYPEK, Józef, Bibliografia pamiętników polskich do 1964 r., Wrocław, Warszawa, Kraków, Gdansk 1976.

SLAPNICKA, Helmut, Gemeindeautonomie in der Donaumonarchie und in den Nachfolgestaaten. Das österreichische Gemeindegesetz vor und nach 1918, in: Österreichische Osthefte 34 (1992), S. 72-89.

ŚLIWA, Michał, Kobiety w parlamencie Drugiej Rzeczypospolitej, in: Kobieta i świat polityki, Teil 2, a. a. O., S. 53-69.

DERS., Polska myśl polityczna w I połowie XX wieku, Wrocław, Warszawa, Kraków 1993.

ŚLIWOWSKA, Wiktoria, Polskie drogi do emancypacji (O udziele kobiet w ruchu niepodległościowym w okresie międzypowstaniowym 1833-1856), in: Losy Polaków w XIX i XX wieku, Warszawa 1989, S. 210-247.

SŁOWIŃSKI, Lech, Z myślą o Niepodległej. Z dziejów edukacji narodowej okresu postyczniowego, Poznań 1993.

Słownik biograficzny działaczy polskiego ruchu robotniczego, Bd. 1 (A-D), Warszawa 1978.

SLUGA, Glenda, Identity, Gender, and the History of European Nations and Nationalism, in: Nations and Nationalism 4 (1998), H. 1, S. 87-111.

ŚRODA, Magdalena, Frauen und Feministinnen in Polen, in: Die Frau in der polnischen Gegenwartskultur, hrsg. v. Walter KOSCHMAL, Köln, Weimar, Wien 1996, S. 66-81.

STEGMANN, Natali, „Je mehr Bildung, desto polnischer". Die Nationalisierung polnischer Frauen in der Provinz Posen (1870-1914), in: Frauen und Nation, a. a. O., S. 165-177.

DIES., Wielkopolskie wzorce kobiecej aktywności społecznej w życiu codziennym kobiet na przełomie XIX i XX wieku, in: Kobiety i kultura życia codziennego, a. a. O., Warszawa 1998, S. 363-369.

STEPAN, Nancy Leys, Race, Gender, Science and Citizenship, in: Gender & History 10 (1998), H. 1, S. 26-52.
STITES, Richard, The Women's Liberation Movement in Russia. Feminism, Nihilism and Bolshevism, Princeton 1991 [2. Auflage].
SYMMONS-SYMONOWICZ, Konstantin, National Consciousness in Poland: Origins and Evolution, Meadville 1983.
SZWARC, Andrzej, Aspiracje edukacyjne i zawodowe kobiet w środowiskach inteligencji Królestwa Polskiego u schyłku XIX wieku, in: Kobieta i edukacja, a. a. O., S. 95-108.
DERS., Obóz ugody a inteligencja w zaborze rosyjskim w latach 1864-1905, in: Inteligencja polska XIX iXX wieku. Studia 6, hrsg. v. Ryszarda CZEPULIS-RASTENIS, Warszawa 1991, S. 74-105.
SZYNDLER, Bartłomiej, Dzieje Cenzury w Polsce do 1918 roku, Kraków 1993.
TACKE, Charlotte, Nation und Geschlechtscharaktere, in: Frauen und Nation, a. a. O., S. 35-38.
TAZBIR, Janusz, Portret w plamach. Czarna legenda jest głucha na argumenty i bezlitosna dla swoich ofiar, in: Gazeta Wyborcza, 21-22. September 1996, S. 12-15.
THÉBAUD, Françoise, Der erste Weltkrieg. Triumph der Geschlechtertrennung, in: Geschichte der Frauen, hrsg. v. Georges DUBY u. Michelle PERROT, Bd. 5: 20. Jahrhundert, hrsg. v. Françiose THÉBAUD, Frankfurt a. M., New York 1995, S. 33-91.
WAGNER, William G., Family Law, the Rule of Law, and Liberalism in Late Imerpial Russia, in: Jahrbücher für Geschichte Osteuropas 43 (1995), H. 4, S. 519-535.
WALASZEK, Adam, Matki i dzieci: Związek Polek w Ameryce i druga generacja imigrantów 1898-1930, Kobieta i świat polityki, Teil 1, a. a. O., S. 149-162.
WALCZEWSKA, Sławomira, Damy, rycerze, feministki. Kobiecy dyskurs emancypayjny w Polsce, Kraków 1999.
WALICKI, Andrzej, Philosophy and Romantic Nationalism: The Case of Poland, Indiana 1992 [2. Auflage].
WANDYCZ, Piotr S., The Lands of Partitioned Poland, 1795-1918, Seattle, London 1996 [2. Auflage].
DERS., The Poles in the Habsburg Monarchy, in: Austrian Yearbook 3 (1967), Teil 2, S. 261-286.
WAPIŃSKI, Roman, Kobieta i życie publiczne w Polsce niepodległej. Przemiany pokoleniowe, in: Kobieta i świat polityki, Teil 2, a. a. O., S. 9-16.
WAWRZYKOWSKA-WIERCIOCHOWA, Dionizja, Kobiece Koło Oświaty Ludowej (1883-1894), in: Przegląd Historyczno-Oświatowy 1960, H. 3, S. 49-66.
DIES., Kobiety Wielkopolskie w działalności narodowej, społecznej i wyzwoleńczej (1788-1919), Poznań 1975.

DIES., Od prządki do astronautki. Z dziejów kobiety polskiej, jej pracy i osiągnięć, Warszawa 1963.

DIES., Udział kobiet w tajnym i jawnym ruchu społeczno-kulturalnym w Warszawie w latach 1880-1914, in: Z dziejów książki i bibliotek w Warszawie, Warszawa 1961, S. 283-319.

DIES., Z dziejów tajnych pensji żeńskich w Królestwie Polskim, in: Rozprawy z Dziejów Oświaty 10 (1967), S. 108-160.

WEBER-SCHÄFER, Peter, Wie europäisch ist die Moderne? Eine zivilisationsvergleichende Reflexion, in: Symbol- und Ordnungsformen im Zivilisationsvergleich. Wisssenschaftliches Symposium in memoriam Eric VOEGELIN, hrsg. v. Peter HAMPE, Akademie für Politische Bildung, Materialien und Berichte 61, Tutzing 1990, S. 31-55.

WECKER, Regine, Basel und die Russinnen. Exkurs über eine nicht zustandegekommene Beziehung, in: 100 Jahre Frauenstudien an der Universität Basel. Katalog zur Ausstellung von HistorikerInnen und StudentInnen des Historischen Seminars der Universität Basel, Basel o. J. [1996], S. 84-91.

WEEKS, Theodor R., Polish ‚Progessiv Anitsemitism', 1905-1914, in: East European Jewish Affairs 25 (1995), H. 2, S. 49-69.

WEHLER, Hans-Ulrich, Von den „Reichsfeinden" zur „Reichskristallnacht". Polenpolitik im deutschen Kaiserreich 1871-1918, in: DERS., Krisenherde des Kaiserreichs 1871-1918. Studien zur Sozial- und Verfassungsgeschichte, Göttingen 1970, S. 181-199.

WEICKART, Eva, Zur Entwicklung der polnischen Frauenbewegung in der ersten Hälfte des 19. Jahrhunderts, in: Frauenmacht in der Geschichte. Beiträge des Historikerinnentreffens 1985 zur Frauengeschichtsforschung, hrsg. v. Jutta DALHOFF, Uschi FREY u. Ingrid SCHÖLL, Düsseldorf 1986.

WEISER, Thomas, K. W. Deutschs Modell der Nationswerdung und sein Beitrag für die historische Nationalismusforschung, in: Formen des nationalen Bewußtseins im Lichte zeitgenössischer Nationalismustheorien, a. a. O., S. 127-144.

WIESE, Michael, ‚Uniwersytet Latający': Die geheime Universität für Frauen in Warschau gegen Ende des 19. und zu Beginn des 20. Jahrhunderts, unveröffentlichte Magisterarbeit, Köln 1994.

WINIARZ, Adam, The Womens Question in the Kingdom of Poland During the Nineteenth Century: A Biographical Essay, in: Women in Polish Society, a. a. O., S. 177-219.

WINKLER, Heinrich August, Einleitung: Der Nationalismus und seine Funktionen, in: Nationalismus, a. a. O., S. 5-46.

Women in Polish Society, hrsg. v. Rudolf JAWORSKI u. Bianka PIETROW-ENNKER, New York 1992.

WOOLF, Virginia, Ein eigenes Zimmer, Drei Guineen. Essays, Leipzig 1992 [2. Auflage].

ZALESKA, Zofia, Czasopisma kobiece w Polsce (Materiały do historii czasopism). Rok 1818-1937, Warszawa 1938.

ZAMOJSKA, Dorota, Romualda z Bagnickich Baudouin de Courtenay (1857-1935) i jej działalność społeczna, in: Kobieta i świat polityki, Teil 1, a. a. O., S. 261-274.

DIES., Cezaria Baudouin de Courtenay Ehrenkreutz-Jędrzejwiczowa, in: Kobieta i kultura, a. a. O., S. 157-172.

ŻARNOWSKA, Anna, Arbeiterkultur zwischen Volkskultur und Bürgertum? Das Beispiel Polen, in: Arbeiter und Bürger im 19. Jahrhundert. Varianten eines Verhältnisses im europäischen Vergleich, hrsg v. Jürgen KOCKA, München 1986, S. 113-133.

DIES., Changes in the Occupation and Social Status of Women in Poland since the Industrial Revolution till 1939, in: Acta Poloniae Historica 71 (1995), S. 123-131.

DIES., Kierunki ewolucji struktury społeczno-zawodowej na żiemiach polskich i jej odmienności dzielnicowe w końcu XIX i na początku XX w., in: Drogi integracji społeczeństwa, a. a. O., S. 139-150.

DIES., Kobieta w rodzinie robotniczej. Królestwo Polskie u schyłku XIX i na początku XX wieku, in: Kobieta i społeczeństwo, a. a. O., S. 125-134.

DIES., Prywatna sfera życia rodzinnego i zewnętrzny świat życia publicznego – bariery i przenikanie (przełom XIX i XX wieku), in: Kobieta i świat polityki, Teil 1, a. a. O., S. 5-28.

DIES., Rewolucja 1905-1907 a kultura polityczna społeczeństwa Królestwa Polskiego, in: Społeczeństwo i polityka – dorastanie do demokracji. Kultura polityczna w Królestwie Polskim na początku XX wieku, hrsg. v. Anna ŻARNOWSKA u. Tadeusz WOLSZA, Warszawa 1993, S. 1-12.

DIES., Social Change, Women, and the Family in the Era of Industrialization: Recent Polish Research, in: Journal of Family History 22 (1997), H. 2, S. 191-203.

DIES., Woman in Working Class Families in the Congress Kingdom (The Russian Zone of Poland) at the Turn of the Nineteenth Century, in: Women in Polish Society, a. a. O., S. 163-176.

DIES. u. Elżbieta KACZYŃSKA, Market Related Work and Household Work: Proletarian Women in Poland in the 19th Century, in: Women in the Labour Force. Comparative Studies on Labour Market and Organisation of Work since the 18th Century (X. International Economic History Congress), Leuven 1990, S. 80-89.

DIES. u. Janusz ŻARNOWSKI, Forschungen zur Struktur der Arbeiterklasse in

Polen, in: Arbeiter und Arbeiterbewegung im Vergleich. Berichte zur internationalen historischen Forschung, hrsg. v. Klaus TENFELDE, Historische Zeitschrift, Sonderheft 15, München 1986, S. 781-815.

ZAWIALSKA, Maria, „Świt" Marii Konopnickej. Zarys monograficzny tygodnika dla kobiet, Wrocław, Warszawa, Kraków, Gdańsk 1978.

ZERNACK, Klaus, Germans and Poles: Two Cases of Nation-Building, in: Nation-Building in Central Europe, hrsg. v. Hagen SCHULZE, New York 1987, S. 149-166.

DERS., Polen und Rußland. Zwei Wege in die europäische Geschichte, Berlin 1994.

ZŁOTORZYCKA, Maria, Aniela Szycówna. Dzieciństwo, lata szkolne, pierwsze kroki ku samodzielności (według korespondencji ojca Joachim Szyca), in: Przegląd Historyczno-Oświatowy 1960, Heft 2, S. 3-16.

SUMMARY

This survey examines the conditions under which female emancipation in divided Poland took place, between the defeat of the January Uprising and the attainment of the women's right to vote. This is accomplished with the help of journalistic sources. The analysis rests mainly on the magazines *Blucsz* and *Ster*. *Bluscz* first appeared in 1863 in Warsaw. It traditionally catered for more conservative female readers, but from 1905 on, it changed into a forum for female politics. *Ster* was the organ for the „Polish Society for Women's Equality", founded in Warsaw in 1907 by the so-called „leadress" (*hetmanka*) of the women's liberation movement, the feminist Paulina Kuczalska-Reinschmit. These sources are supplemented with various other magazine titles, as well as brochures and anthologies emerging from the Polish women's movement and the liberal intelligentsia as well as autobiographical and biographical publications. Archived sources have only been preserved to a larger extent in the Prussian province of Posen. The January Uprising in 1863 is looked upon as the last nobility's romantic attempt to attain national liberty by way of force. Following the defeat of the uprising, the Russian forces carried out the liberation of the farmers and confiscated large amounts of aristocratic property. The leaders of the revolt were punished severely. That finally lead to moral and financial bankruptcy of the Polish petty nobility (*szlachta*). The end of the noble role was accompanied by staunching of modernisation, which was partly due to the partition. From the Polish point of view this aggravated the social and political effects of the enforced industrialization. A „new" intelligentsia, characterized by insecure circumstances, declared itself head of the „ stateless nation". Mostly deriving from the *szlachta*-milieu, they proclaimed a rational world view opposed to the emotiveness of their fathers. Due to the discrimination of Poles at the universities and in the state service, many Polish educational careers lead to a life as private tutors and publicists.

Following the stated social upheavals, the sex roles tottered also. Daughters of noblemen no longer stood chances of finding an „eligible" husband. Within the framework of the patriarchal aristocratic families, a vacuum concerning provision, power and orientation set in. This course of events is, next to the legal conditions, the content of the first chapter. The realization, that daughters could need to earn their own living, lead to an increasing concern about their education. The motive of the formerly „noble" daughter, forced to provide for herself, dominated the discussion on the „Women's Question" in the 1860's and 1870's. From the 1890's on, women spoke up themselves mostly to a female audience.

Many protagonists of the generation of aristocratic daughters, socialized after the January Uprising, persued educational careers typical for their background and sex, that were in some cases preceded by an active involvement in women's movement. This is discussed in the second chapter. Apart from the girls boarding schools, it is important to name the *Universytet Latający* (Flying University). This secret women's university emerged of female educational circles, and had existed in Warsaw since the beginning of the 1880's. There were also many Polish women who went to foreign universities, mainly in Switzerland. It is difficult to assess the complete number, as polish students were listed as Russians on enrolment. The universities of Crakow and Lemberg had been open to female students since 1897. This was amongst other things an achievement of the (still small) polish women's rights movement, whose female protagonists fought from Warsaw for women's access to these Polish-spoken universities.

Biographical and autobiographical material is used to examine the careers of Polish feminists in the third chapter. Their orientation towards their fathers was a characteristic that stood at the beginning of female educational careers. Their identification with the seemingly patriotic fathers also implies that the female self-construction became a national focus in the „new", postrevolt intelligentsia. It identifies the feminists on survey as „daughters of defeated heros". The weakening of male positions of power led to the convergence of sons and daughters in proportion to the ideal heritage of the fathers.

Until 1905, the Polish women's rights movement was merely educational. Because of legal reasons, there were no political women's organisations that acted openly. They only emerged in the Kingdom of Poland in the wake of the Russian Revolution 1905-1907. When the *Duma* elections took place, female suffrage was also called for. But the polish women's movement was still weak on the organisational level, which was due to the country's partition and the lack of potential for mobilisation. This deficiency was compensated by staging congresses and anniversaries as well as a strong identification with certain „pioneers". All in all, the women's movement separated from expanding political parties until 1912, as they were thought to neglect women's interests. Female socialists were also active in the autonomous women's movement but no political conflicts arose on that plane. These events are examined in the fourth chapter. It also deals with the insecure position of Polish feminists in the international women's movement.

In the course of the morality (and abolitionistic) movement, the Polish women's movement also proclaimed a specific female moral standard for itself. The fight against prostitution and alcoholism was fuelled by „scientific" realizations especially on socio-hygiene. This can also be seen as a result of the great number of polish feminists trained in natural sciences. The fourth chapter examines their conception of sex roles, which became increasingly polarized in the „scientification" of sexuality. In the eternal triangle of prostitute, respectable wife and the husband and customer who savoured the degenerate double-morality, women were characterized as the victims of the deficiency in male self-control over their physical urges. But the alignment of the male sexual behaviour with the established sexual norms concerning women (celibacy before marriage, monogamy during it) was even more strongly propagated than the female solidarity between feminists and prostitutes.

The sixth chapter shows the conditions under which a rapprochement of the women's movement and the „male" public took place against the background of sounding out future positions of power. This is shown in an analysis of their behaviour during the boycott of Jewish tradesmen 1912 and the First World War. In train of the boycott, most Polish feminists agreed with the former (Polish) supporters of the Jewish assimilation in their constructed exclusiveness of ‚Polish' and ‚Jewish' interests. They dissociated themselves from their comrade Teresa Lubinska, a known opponent to the boycott. The delimitation against the Jewish population implied a stronger orientation of the women's movement towards the community of Polish women and men. This process was reinforced in the First World War. The women's movement supported the aims of the Polish nation as embodied in the legionary. Expecting the founding of a state, it demanded the equal status for men and women in the newfounded state from 1917 on. It emphasized the importance of female work in the social and military sector concerning the war. The fact, that women were allowed to vote at the constitutional meeting in 1919 „without distinction of sex", symbolises Polish men and women jointly taking possession of their state. This marks a highly national connotated course of events. Emancipation, as part of „equal rights" became even less important at the beginning of the second republic.

STRESZCZENIE

Przedstawione opracowanie bada warunki kobiecej emancypacji w Polsce porozbiorowej, po upadku Powstania Styczniowego aż do osiągnięcia wyborczego prawa kobiet w odrodzonym Państwie Polskim. Badania bazują na źródłach publicystycznych. Trzonem analizy są czasopisma *Bluszcz* i *Ster*. *Bluszcz* zaczął pojawiać się od 1863 roku w Warszawie. Tradycyjnie poświęcony konserwatywnym żeńskim czytelniczkom, rozwinął się od 1905 roku jako odzwierciedlenie różnych politycznych kobiecych przemyśleń i działalności. *Ster* był organem *Polskiego Związku Równouprawnienia Kobiet*, który założyła tzw. hetmanka Ruchu Kobiecego Paulina Kuczalska-Reinschmit w 1907 roku w Warszawie. Te główne źródła są uzupełnione poprzez inne czasopisma, broszury i prace zbiorowe z kręgu Ruchu Kobiecego i liberalnej inteligencji, jak również przez biograficzne i autobiograficzne prace. Źródła archiwalne zachowały się w większej ilości tylko w pruskiej prowincji Poznania.

Powstanie Styczniowe uważane jest za ostatnią, romantycznymi uniesieniami podszytą, próbę szlachty odzyskania w drodze walki narodowej wolności. W konsekwencji upadku Powstania, rosyjskie siły rozbiorowe przeprowadziły w roku 1863 wyzwolenie chłopów i skonfiskowały, w przeważającej części, dobra i majątki szlacheckie. Uczestnicy Powstania zostali ciężko ukarani. Jego klęska doprowadziła ostatecznie do moralnego i finansowego upadku polską drobną szlachtę. Końcowi porządku państwowego towarzyszyło, częściowo rozbiorami uwarunkowane zahamowanie modernizacji, które, z polskiego punktu widzenia utrudniło socjalne i moralne forsowanie i rozwój industrializacji. Jako rzecznik polskiego „Narodu bez Państwa", spowodowane niepewną sytuacją życiową, wytworzyła się określana mianem „nowej" inteligencji, warstwa społeczna. W przeważającej części, sama pochodząca ze środowiska szlachty, nowa generacja społeczna przeciwstawiła bohaterskiemu patosowi Ojców, nowy światopogląd oparty na racjonalnych doświadczeniach. Dyskryminacja Polaków w Szkołach Wyższych i w Instytucjach Państwowych spowodowała, że liczne kariery kończyły się na egzystencji prywatnych nauczycieli i publicystów. W efekcie tych socjalnych przemian, również stary obraz podziału roli płci zaczął ulegać zmianie. Szlacheckie córki miały małą szansę na tak zwaną „dobrą partię". W odniesieniu do nich, stary patriarchalny system rodzinny, przerzucił je do roli starania się o zabezpieczenie bytu, pozycji i umiejscowił je w orientacyjnej pustce. Te przemiany są obok prawnej sytuacji, głównym tematem pierwszego rozdziału.

Pogląd, że również córki powinny w przyszłości być zdane na samodzielne zarabianie na chleb, doprowadził do wzmocnionej troski o ich poziom i wykształcenie. Motyw, niegdyś niezbędnej do zarobkowania, starszej córki, wywarł wpływ na dyskusję „kwestia kobieca" w 60tych i 70tych latach XIX wieku. Podczas gdy wiele było pisane na temat problematycznie przedstawionej sytuacji kobiet, od 90tych lat XIX wieku w nasilonej formie, same kobiety zaczęły zabierać głos. Po Powstaniu Styczniowym, liczne poplecznicki uspołecznionej generacji szlacheckich córek, przeszły osobiście w środowisku swojego pochodzenia charakterystyczne kariery, które w niektórych wypadkach poprzedzały zaangazowanie w ruchu kobiecym. Ten temat omówiony został w rozdziale drugim.

Obok pensjonatów dla dziewcząt, szczególnie ważny do nadmienienia i godny uwagi jest *Uniwersytet Latający*. Ten tajny żeński Uniwersytet zostal założony na początku lat 90tych XIX wieku w Warszawie z różnych ośrodków Oświaty Kobiecej. Poza tym liczne Polki studiowały na zagranicznych uniwersytetach, szczególnie w Szwajcarii. Liczbowo zjawisko to trudne jest do sprecyzowania, jako że wiele polskich studentek pochodzących z Królestwa Polskiego, w listach immatrykulacyjnych figurowalo jako Rosjanki. Od 1897 roku uniwersytety w Krakowie i we Lwowie stały otworem dla kobiecych studentek. Między innymi była to zasługa, słabo jeszcze co prawda zorganizowanego Ruchu Kobiet, ale którego aktywistki, często sterowały z Warszawy walką o dopuszczenie kobiet do tych polskojęzycznych Uniwersytetów.

Na bazie biograficznego i autobiograficznego materiału, trzeci rozdział omawia losy polskich feministek. Charakterystyczne dla nich byl silny wplyw ojców, który stał na początku ich rozwoju oświatowego. Identyfikacja z patriotycznie nastawionymi ojcami spowodowała narodowe ukierunkowanie samo przekształcania się kobiet w popowstaniowej inteligencji. Określa ona omawiane feministki jako „Córki pokonanych Bohaterów". Osłabienie roli męskiej pozycji społecznej doprowadziło do zblizenia sie córek i synów w powiązaniu z idealistycznym ojcowskim dziedzictwem.

Do roku 1905 polski ruch kobiet był ruchem czysto oświatowym. Z powodu prawnych ograniczeń nie istniały żadne oficjalne polityczne kluby kobiece. W Królestwie Polskim powstały one dopiero w trakcie Pierwszej Rosyjskiej Rewolucji (1905-1907). Z okazji wyborów do rosyjskiej Dumy wysunely one żądania przyznania praw wyborczych kobietom. Jednakowoż polski Ruch Kobiet charakteryzował się nadal słabą organizacją, czego powodów należało szukać w podzielonej Polsce i w związku z tym, w słabych możliwościach mobilizacji. Ten deficyt był częściowo uzupełniany poprzez organizowanie kongresów i jubileuszów, jak również poprzez silnie wzmocnione emocjonalne ustosunkowanie się do czołowych, przykładowych bojowniczek ruchu. Do 1912 roku Ruch Kobiet działał niezależnie od również silnie rozwijających się partii politycznych. Partiom zarzucano nie zajmowanie sie problematyką kobiet. Również socjalistki zaangażowały sie w niezaleznym Ruchu Kobiet, co jednakowoż nie doprowadziło do politycznych konfliktów. Te przeobrażenia omawia czwarty rozdział. Wyjaśnia on również niepewną pozycję polek w międzynarodowym ruchu kobiet.

W odniesieniu do ruchu obyczajowego, Ruch Kobiet w Polsce przejął na siebie wysokie wymagania odnośnie kobiecej moralności. Walka z prostytucją i alkoholizmem ukierunkowana została bardzo silnie na naukowe badania tego specyficznego socjalno-higienicznego kierunku. W temacie tym wyrażala się dużą część naukowo wykształconych polskich feministek.

Piąty rozdział bada ich wyobrażenie na temat roli męskości i kobiecości, które w kontekście naukowej debaty na temat seksualizmu, przybierało nowe kierunki. W powiązaniu trójkąta między prostytutkami, obyczajnymi paniami domu i mężami bądź frajerami, którym zarzucano podwójną moralność, przedstawione zostały kobiety jako ofiary niedoskonałości męskiego opanowania trybów seksualnych. Silniej jeszcze niż kobieca solidarność feministek i prostytutek byly jednak propagowane zrównowanie męskiego seksualności do przypisanych kobietom seksualnych norm (powściagliwość przed małżenstwem, monogamia w trakcie małżenstwa).

Szósty rozdział pokazuje ostatecznie warunki ponownego zbliżenia się Ruchu Kobiet do męskiej publiczności w tle sondowanej przyszłej pozycji siły. Dzieje się to na bazie analizy ich sposobu zachowania się w trakcie trwania bojkotu żydowskich handlarzy w 1912 roku i podczas Pierwszej Wojny Światowej. W odniesieniu do bojkotu, większość polskich feministek podobno do bylych (polskich) rzeczników żydowskiej asymilacji zabierała głos w sensie skonstruowanej odrębności „polskich" i „żydowskich" interesów. Zdystansowały się one od swojej koleżanki, Teresy Lubinskiej, który brała głos przeciwko bojkotom. Wyobcowanie żydowskiego społeczeństwa spowodowało silniejszą orientację Ruchu Kobiet w stronę społeczeństwa polskich mężczyzn i kobiet. Podczas Pierwszej Wojny Światowej proces ten przybrał na sile. Ruch Kobiet ukierunkował się calkowicie w stronę, przez Legiony ucieleśnionego, polskiego walczącego narodu. W oczekiwaniu na bliskie odrodzenie Państwa Polskiego, żądał on, od 1917 roku, społecznego równouprawnienia kobiet w odbudowującym się Polskim Państwie. Powoływał się między innymi na duże znaczenie pracy kobiet na polu socjalnym i militarnym w czasach wojennych. Fakt, że kobiety w czasie wyborów do konstytucyjnego zgromadzenia w 1917 bez różnicy płci posiadały prawo wyborcze, symbolizuje wspólne przejęcie Państwa przez mężczyzn i kobiety. To „przejęcie Panstwa w posiadanie" charakteryzuje bardzo silny narodowy przebieg. Emancypacyjna treść „równouprawnienia" wystapiła już w tle na początku Drugiej Rzeczypospolitej.

REGISTER

Abolitionismus 120 f., 200
Absolutismus 42
Adel 7, 13, 28, *29-31*, 35 f.
Analphabetismus 50 f., 55, 156, 188
Alkoholismus 156, 199
Anerkennung, väterliche *129-131*
Antifeminismus 67 f., 90
Antisemitismus 213 f., 216, 219 f.
Arbeit, organische 34, 40, 54 f., 70 f., 218
Arbeiterinnen 48 f., 147, 156
Arbeitslosigkeit 229
Arbeitsvermittlung 158
Aufstände 7 f.
Auslandsberichterstattung 167 f.
Auslandskontakte 83, 88 f.
Auslandsstudien *79-83*, 107 f., 119, 121, 150

Baudouin de Courtenay, Romualda 14, 82, 99, 102, 104, 107 f., 110, 151, 160, 169, 183, 189
Bäuerinnen 147
Bauern 7, 28
Bauernbefreiung 27, 31
Befreiung, nationale 42
Befreiung, universelle 40 f., 63, 185
Bersonowa, Melanja 164
Bestužev-Kurse 81, 108
Bevölkerungswachstum, Königreich Polen 28 f., 47
Bewegungen, soziale 138
Bildung 43 f., 49, 60, 94 f., 156, 170, 173 f., 176, 178 f., 206; siehe auch Mädchenbildung
Bildungshilfen für polnische Mädchen siehe *Pomoc Naukowa dla Dziewcząt Polskich*
Blikle, Konditorei 181
Bluszcz (Zeitschrift) 18, *20 f.*, 64, 101 f., 157, 168, 216, 227
Bojanowska, Józefa 76, 85, 101, 152 f., 180, 182, 217
Bojarska, Stefania 99
Boykott 98, 211, *213-221*

Brüche, biographische 133
Budzińska-Tylicka, Justyna 21, 99, 104, 107 f., 110, 152, 206 f., 230 f., 235
Bujwid, Odo 76 f., 84, 86
Bujwidowa, Kazimiera 76, 84, 86, 88, 99 f., 104-107, 110, 161 f., 196
Bürger, männlicher 39
Bürgerin 222, 226

Centralny Komitet Politycznego Równouprawnienia Kobiet 224
Chmielowski, Piotr 72
Code Napoléon 66, 72
Czaplicka, Maria 79
Czarnecka, Felicja 153
Czartoryska, Izabella 36, 45

Daszyńska-Golińska, Zofia 21, 44, 76, 79, 81, 99 f., 104, 107 f., 110, 112, 114, *118-120*, 152, 155, 162, 188, 227, 231, 235
Demokratisierung 136, 139, 143 f., 146, 174, 231
Deutschlandbild 173
Dieduszyska, Anastasia 69
Dienstmädchen 48, 205
Dmowski, Roman 137, 222
Dualismus 153 f.
Dulębianka, Maria 99 f., 104 f., 107, 110, 162 f., 166 f., 180, *183-190*, 227, 231
Duma 136 f., 157, 160, 211, 216

Ehe in der *inteligencja* 86, *110-112*, 119, 121, 133
Elementarschulen, Königreich Polen 50 f.
Endecja siehe Nationaldemokratie, polnische
Enthusiastinnen *37 f.*, 104 f.
Erwerbsarbeit von Frauen 12, 31 f., 35 f., 46 f., 58, 91 f.
Erziehung 1, 37, 178
Esoterik 193 f.
Ethik, weibliche 40, 173, 175, 177, 184-186, 192-197, 206

Europa 173 f.
Evolution siehe Fortschrittsglauben

Familie 31 f., 43, 49 f., 70-72, *114-116*, 130, 197 f., 205
Familienforschung 13 f.
Feminismus 2, 66
Finnland 144, 147, 167
Fortschrittsglauben 34, 36, 63, 145, 193 f.
Fortschrittspartei, polnische 136, 223
Frauenbewegung, Definition 3
Frauenbewegung, internationale 164-170
Frauenbewegung, russische 144 f.
Frauenbewegungen, westeuropäische 66, 93, 150, 177, 180 f., 211
Frauenbild, konservatives 67 f.
Frauenforschung 5, 11
Frauenforschung, Polen 12-14, 46
Frauenfrage 3, 22, 36, 38, 46, 48, 91, 148, 170, 176
Frauenfriedensbewegung 232
Frauengeschichte 65 f.
Frauenkongresse, polnische 141, 147, 170-179, 230-234
Frauenliga, Krakau 228 f., 235
Frauenliga, Lemberg 15
Frauenliga, Warschau 15, 228
Frauenstudium, Vorbehalte gegen 87
Frauenvereine 14, 138-142, 147, 218
Freiheit, ökonomische 71
Freisetzung, soziale 130, 132

Galizien 7, 15, 55-57, 84-90, 139-141, 161-166
Geburtenregelung 206 f.
Generationenkonflikt 152, 189
Germanisierung 57
Geschlechterrollen 2 f., 179, 191, 198-201
Geschlechterverhältnis 2
Gesellschaft, polnische 9, 40, 103 f., 107, 122, 154
Głos Kobiet, Beilage zu *Kurjer Lwówski* 16
Głos Wielkopolanek (Zeitschrift) 19
Golińska, Zofia siehe Daszyńska-Golińska, Zofia
Großpolen siehe Provinz Posen

Hauslehrerinnen und Hauslehrer 51, 107
Hebammenausbildung 78

Heimat 104, 114 f.
Heiratsverhalten 48, *110-112*, 170, 196, 202 f., 207
Heldin 41, 43
Hofmanowa, Klementyna siehe Tańska-Hofmanowa, Klementyna

Identität, adlige 31 f.,
Identität, geschlechtliche 9, 43, 111, 132 f., 189, 198
Identität, nationale 8 f., 35, 132, 189, 214
Ideologie 97 f.
Ilnicka, Maria 21, 70
Industrialisierung, Königreich Polen 28 f., 35
Integration, nationale 34 f., 42 f., 71, 93
inteligencja 8, 17, *32-35*, 49, 92, 126, 130-132, 156, 185, 212, 216 f.

Jahołkowska-Koszutska, Ludwika 54, 76, 99, 104, 110, 149, 183, 232
Januaraufstand 1863 27 f., 35 f.
Jastrzębska, Natalia 99, 149, 195
Juden 185, *211-221*

Kiew 159, 161
Klassengesellschaft 32, 106
Kleinadelsmilieu 105 f., 126, 129
Klemensiewiczowa, Jadwiga 76
Klerus 56 f., 68, 229
Kodisowa, Józefa 99 f., 104-108, 110, 183
Koło Kobiet Polek 140, 159
Koło Polek 21
Koło Pracy Kobiet 181
Koło Równouprawnienia Kobiet Polskich na Litwie i Biały Rusi 140, 160
Komitet Równouprawnienia Kobiet 140, 164, 167
Kongreßpolen siehe Königreich Polen
Königreich Polen 7, 15, 22, 139 f.
Konopnicka, Maria 103, 171 f., 175, 177, 180, 186 f.
Körperlichkeit 191, 194
Kosmowska, Janina 79
Koszutski, Stanisław 149, 152
Krakau 22, 224
Kraszewski-Ausbildungsverein für Polinnen siehe *Stowarzyszenie Pomocy Naukowej dla Polek J. I. Krazewskiego*

kresy siehe Westgouvernements
Kriegsbeitrag von Frauen 227f., 232f.
Krzywicki, Ludwik 183
Kucharzewski, Jan 216
Kuczalska-Reinschmit, Paulina 20f., 38, 59, 92f., 99f., 102f., 104-107, 110, 147, 152f., 159, 164f., 167, 172f., *179-183*, 188
Kultur der Frauenbewegung 10, 188f.
Kultura Polska (Zeitschrift) 19
Kulturkampf 57
Kulturverein siehe Towarzystwo Kultury
Kurier Codzienny (Zeitung) 22

Landwirtschaft, Königreich Polen 28
Lange, Józef 178, 183
Lednicki, Aleksander 145, 149, 172
Legionen, polnische 223f., 228
Lehrerinnen 13, 48, 71, 77, 109, 121, 157f.; siehe auch Unterricht, geheimer
Lemberg 22, 85, 181, 186
Leśniewska, Antonia 78, 108
Liga Kobiet siehe Frauenliga
Liberalismus, polnischer 34, 63, 145, 164; siehe auch Fortschrittspartei, polnische
Liberalismus, russischer 136, 145
Liebe 202f.
Lilith, Dämon 215
Łódź 29
Lohn 50, 77, 206
Lubińska, Teresa 99, 152f., 180, 217, 219

Mädchenbildung, Galizien 55
Mädchenbildung, Königreich Polen 50-55, 63f., 178
Mädchengymnasien, Galizien 87
Mädchenpensionate *52-54*, 107
Madonna, Schwarze 42
Marrené, Waleria 103
Matka-Polka 42f.
Maria, Mutter Gottes 41f.
Marta, Romanfigur 170, 172
Mayreder, Rosa 97f.
Męczkowska, Teodora 73, 79, 99, 105-108, 110, 112f., 114, 117, 120-122, 149, 152, 180, 182, 196, 205, 230
Messianismus 42
Mill, John Stuart 33
Minderheiten, nationale 212, 235

Modernisierung 4, 66, 216
Monogamie 195f., 209
Moraczewska, Zofia 17, 231, 235
Moral siehe Ethik
Moskau 160f.
Moszczeńska, Iza 55, 67, 76, 91f., 99f., *104-107*, 110, *113-115*, *123-125*, 149, 171, 216f.
Mütterlichkeit, ideelle 43f., 92, 94, 176-179, 189, 194, 208
Mutterschaft 121, 191, 195-197, 207f.

Na Posterunku (Zeitschrift) 19, 188, 226f.
Nation, polnische 6f.
Nationaldemokratie, polnische 60, 136, 184, 216, 222
Nationalismus, polnischer 8f., 184f., 187f.
Nationalstaat 40
Naturwissenschaften siehe Rationalismus
Niewasta (Zeitschrift) 67
Niwa (Zeitschrift) 64
Nowe Słowo (Zeitschrift) 19, 91, 161f.

Öffentlichkeit 13, 39, 147f.
Oktoberrevolution 222
Opfer, weibliches 43f., 72, 124, 187f., 190, 220
Orzeszkowa, Eliza 38, 65, 103, *170-181*, 189, 213
Ostachiewicz, Kazimiera 99
Ostmarkenverein 1

Pachucka, Romana 35f., 52, 55, 83, 99f., 102, 104-107, 110, 113-117, *122f.*, 152, 164, 168, 183, 202, 217, 221, 229, 233
Paris 168f.
Parteien, politische 27, 90, 93, 148, 184
Partnerschaftlichkeit 196, 199
Patriarchat 40
Pazifismus 236
Petecja siehe Fortschrittspartei, polnische
Petrażycka Tomicka, Jadwiga 76, 101, 164, 167, 186
Pharmazeutinnenausbildung 78
Piłsudska, Aleksandra 77, 227, 234
Piłsudski, Józef 137, 221-223, 230, 234
Plater, Emilia 44f.
Podgórska, Janina 145
Pogrome 220, 236

Pohoska, Hanna 124
Polnischer Verband für Frauengleichberechtigung siehe PZRK
Polnischer Verein für Frauengleichberechtigung siehe PSRK
Polonisierung 37
Polski Związek Równouprawnienia Kobiet siehe PZRK
Polskie Stowarzyszenie Równouprawnienia Kobiet siehe PSRK
Polygamie, männliche 198
Pomoc Naukowa dla Dziewcząt Polskich 59
Positivismus, Warschauer 33 f., 38, 63, 65, 71, 148, 170 f., 175, 177, 215, 218
PPS siehe Sozialisten, polnische
Praca organiczna siehe Arbeit, organische
Prądzyński, Eduard 71 f.
Prawda (Zeitschrift) 64, 168
Presse 17 f., 22
Pressezensur 17, 227
Privatheit 13, 39, 43
Prostitution 177, 198-201, 204-206
Provinz Posen 1, 7, 12 f., 15 f., 23, 57-61, 139 f., 219
Przegląd Katolicki 19, 148
Przegląd Narodowy 148
Przegląd Tygodniowy 64
Przewóska, Maria Czesława 99 f., 104-108, 110, 162, 174, 193
PSRK 101 f., 104, 140, *149 f.*, 152, 154 f., 157 f.
Publizistinnen und Publizisten 33, 77 f., 157
PZRK 14, 18, 83, 101, 104, 140, *150-154*, 180 f., 216 f., 229

Rabska, Zusanna 109 f.
Radlińska, Helena 105
Rajchmanowa, Melania 99 f., 102, 105, 110, 148, 168 f., 172, 189
Rationalismus 108, 199, 201, 208
Realismus 38
Recht 177 f.
Religion 60
Reglementierung siehe Prostitution
Revolution, Erste Russische 22, 135 f., 137, 144
Robotnica, Beilage zum *Naprzód* 162
Rolicz-Staniecka, M. 99
Russifizierung 28, 32, 35

Ruthenen siehe Ukrainer
Rzepecka, Iza siehe Moszczeńska, Iza

Sadowska, Zofia 99, 102, 104, 107 f., 151, 175
Salons 38, 180
Säkularisierung 196, 199
Schulinspektion 52
Schulstreiks 58 f., 141
Schwester, ideelle 189 f.
Seidlerowa, Zofia 18, 20 f., 45, 99 f., 102-104, 106, 110, 149, 157, 195
Sempołowska, Stefania 54 f., 75 f., 85, 109, 227
Sexualaufklärung 202
Sexualmoral 72, 197-199, 206-208
Sexualtrieb, männlicher 200
Sittlichkeit 191, 197, 199, 230
Skłodowska, Bronisława 126 f.
Skłodowska-Curie, Maria 77, 79, *125-129*
Solidarność-Bewegung 73 f.
Sozialdemokratie, russische 136
Sozialhygiene 104, 121 f., 202 f., 206-209
Sozialisten, polnische 137, 156, 184, 221-224, 229, 234 f.
Sozialistinnen 155
Spaltung, PZRK und PSRK 152, 183
Spójnia 140, 160
społeczeństwo siehe Gesellschaft, polnische
Społeczeństwo (Zeitschrift) 19, 148
Sprachgemeinschaft, polnische 8, 35
St. Petersburg 160 f.
Staatsgründung, polnische 211, 222, 235
Ster (Zeitschrift) 18-20, 72, 85, 151, 177, 181 f., 216, 227
Stimmrecht, deutsches 58 f.
Stimmrecht, kommunales 163-166
Stimmrecht, Österreich-Ungarn 55 f., 162
Stimmrecht, russisches 233; siehe auch Duma
Stimmrechtsbewegung 141, 144, 146, 151, 154 f., 162 f., 169, 138, 197, 211 f., 224-226, 230, 235
Stowarzyszenie Kobiet Pracujących w Przymyśle, Handlu i Biurowości 140, 158 f.
Stowarzyszenie Personału Żeńskiego w Handlu i Przymyśle 59
Stowarzyszenie Pomocy Naukowej dla Polek J. I. Kraszewskiego 83, 161
Strategien, radikale und gemäßigte 153

Świętochowski, Aleksander 64, 69f., 145, 149, 176f., 218
Świt (Zeitschrift) 19, 64, 187
Syphilis 202
Szczarniecka, Emilia 190
Szczawińska-Dawidowa, Jadwiga 53f., 75f., 149
Szczerbińska, Aleksandra siehe Piłsudska, Aleksandra
Szeliga, Maria 168
szlachta siehe Adel und Kleinadelsmilieu
Szycówna, Aniela 76, 100, 104-108, 110, 149, 157f., 171, 178

Tabakindustrie 49
Tańska-Hofmanowa, Klementyna 37, 45
Textilindustrie 29, 49
Tomaszewicz-Dobrska, Anna 78, 80, 103, 149, 171, 180, 183
Towarzystwo Badań nad Dziećmi 140, 157f.
Towarzystwo im. Orzeszkowej 164f.
Towarzystwo Kultury 149, 152, 217f.
Towarzystwo Wzajemnej Pomocy Nauczycielek i Wychowawczyń 160
Traditionen der Frauenbewegung 36, 45f., 93f., 154, 177, 189
Tugenden, weibliche 37, 45
Tułodziecka, Aniela 59
Tułodziecka, Zofia 59
Turzyma, Maria 16, 84, 100, 103-105, 110, 162, 227
Tygodnik Illustrowany (Zeitschrift) 19, 148, 168

Ukraine und Ukrainer 185, 211f., 224, 236
Unia Kobiet 181
Uniwersytet Latający 72-77, 104, 108, 122, 127, 143
Universität Basel 80f.
Universität Krakau 84-89, 109
Universität Lemberg 87, 89f.
Universität Wien 82

Universität Zürich 79f.
Universitäten, Zulassung von Frauen 85
Unterricht, geheimer 51, 53f., 107, 126
Unterschichten siehe Integration, nationale

Vaterbild *115-118*, 132
Vereine siehe Frauenvereine
Vereinsgesetze, deutsche 58
Vereinsgesetze, Österreich-Ungarn 56
Vereinsgesetze, Rußland 156; siehe auch Demokratisierung
Verfassung, polnische 235
Versammlung, verfassungsgebende 224
Verwaltungseinheiten 7, 22
Volksbildung 13
Vorbilder, weibliche 179, 183, 188
Vosberg, Fritz 1

Walewska, Cecylia 45, 76, 100, 102, 104, 107, 110, 149f., 172, 183, 186, 189
Wanda, Tochter des Krak 43
Warta 59f.
Weltkrieg, Erster 190, 212, 220-236
Westgouvernements 7, 140, *159f.*
Weychertówna, Władysława 54
Wilna 160f.
Wiśniewska, Maria siehe Turzyma, Maria
Witkowska, Helena 88, 227

Zeitschriften, Auflagen 18f.
Zensur siehe Pressezensur
Ziele der Frauenbewegung 10
Zjednoczenie Polskich Kobiecych Towarzystw Oświatowych 59f., 140
Zjednoczenie Studentek 140, 164f.
Żmichowska 37f., 45
Związek Kobiet 162
Związek Kobiet Polskich w Moswkie 140, 160
Związek Równouprawnienia Kobiet 140
Związek Umysłowo Pracujących Kobiet 140, 157

Albert S. Kotowski

Hitlers Bewegung im Urteil der polnischen Nationaldemokratie

(Studien der Forschungsstelle Ostmitteleuropa an der Universität Dortmund 28)

2000. VIII, 298 Seiten (ISBN 3-447-04214-1), br, DM 70,– /öS 511,– /sFr 63,50

Kotowski untersucht die Einstellung der polnischen Nationaldemokratie zum Nationalsozialismus und zur Polenpolitik des Dritten Reiches. Erstmals wird der Versuch unternommen, in der Beurteilung der Hitler-Bewegung durch die polnischen Nationalisten das Ideologische von dem Politischen zu trennen, wodurch das Gesamtbild des "Nationalen Lagers" sowohl in der deutschen wie auch in der polnischen Historiographie an Schärfe gewinnt.

In der bisherigen Geschichtsschreibung stand die in der Zeit der Teilungen Polens herangewachsene antideutsche Gesinnung der Nationaldemokratie im Vordergrund. Deshalb kamen die ideologischen Affinitäten des polnischen Nationalismus zum Nationalsozialismus und zum Faschismus kaum zum Ausdruck.

Von besonderem Interesse ist aus deutscher Sicht ein umfangreicher Quellenanhang, in dem Kotowski Auszüge aus wichtigen ideologischen und politischen Äußerungen von Mitgliedern der Führungsgremien der polnischen Nationalen Partei erstmals übersetzt.

HARRASSOWITZ VERLAG · WIESBADEN

QUELLEN UND STUDIEN
DES DEUTSCHEN HISTORISCHEN INSTITUTS WARSCHAU

1 **Eine schwierige Erbschaft**
Die Verhandlungen nach dem Tode
Herzog Jakobs von Kurland 1682/83
Hrsg. von Almut Bues
*1995. VII, 448 Seiten,
(ISBN 3-447-03620-6),
Ln, DM 98,– / öS 715,– / sFr 89,–*

2 **Mittelalterliche nationes –
neuzeitliche Nationen**
Probleme der Nationenbildung
in Europa
Hrsg. von Almut Bues
und Rex Rexheuser
*1995. VI, 192 Seiten,
(ISBN 3-447-03718-0),
Ln, DM 74,– / öS 540,– / sFr 67,–*

3 Jörg Hackmann
**Ostpreußen und Westpreußen
in deutscher und polnischer Sicht**
Landeshistorie als beziehungs-
geschichtliches Problem
*1996. X, 462 Seiten,
(ISBN 3-447-03766-0),
Ln, DM 98,– / öS 715,– / sFr 89,–*

4 Oliver Volckart
**Die Münzpolitik im Ordensland
und Herzogtum Preußen von 1370
bis 1550**
*1996. XI, 476 Seiten, 27 Abb.
(ISBN 3-447-03841-1),
Ln, DM 104,– / öS 759,– / sFr 92,50*

5 Maria Rhode
Ein Königreich ohne König
Der kleinpolnische Adel
in sieben Interregna
*1997. X, 347 Seiten, 1 Kte.
(ISBN 3-447-03912-4),
Ln, DM 86,– / öS 628,– / sFr 78,–*

6 Mathias Niendorf
Minderheiten an der Grenze
Deutsche und Polen in den Kreisen
Flatow (Złotów) und Zempelburg
(Sępólno Krajeńskie) 1900–1939
*1997. 461 Seiten, 1 Abb., 4 Ktn.
(ISBN 3-447-03917-5),
Ln, DM 102,– / öS 745,– / sFr 91,–*

7 Marc Löwener
**Die Einrichtung von Verwaltungs-
strukturen in Preußen
durch den Deutschen Orden
bis zur Mitte des 13. Jhdts.**
*1998. VII, 250 Seiten, 5 Abb.
(ISBN 3-447-04046-7),
Ln, DM 94,– / öS 686,– / sFr 85,50*

8 Olgierd Kiec
**Die evangelischen Kirchen
in der Wojewodschaft Poznań
1918–1939**
Ins Deutsche übersetzt
von Siegfried Schmidt
*1998. Vi, 262 Seiten
(ISBN 3-447-04030-0),
Ln, DM 94,– / öS 642,– / sFr 80,–*

9 **Die Testamente Herzog Albrechts
von Preußen aus den sechziger
Jahren des 16. Jhdts.**
Hrsg. von Almut Bues
und Igor Kąkolewski
*1998. IX, 215 Seiten, 16 Abb.
(ISBN 3-447-04127-7,
Ln, DM 90,– / öS 657,– / sFr 82,–*

10 Bogdan Musial
**Deutsche Zivilverwaltung
und Judenverfolgung
im Generalgouvernement**
Eine Fallstudie zum Distrikt Lublin
1939–1944
*1999. XI, 435 Seiten, 1 Kte.
(ISBN 3-447-04208-7),
Ln, DM 58,– / öS 423,– / sFr 52,50*

Im besetzten Polen wurden die meisten
Juden Europas ermordet. Musial untersucht zunächst Aufbau, Funktionieren
und Personal (auch deren Nachkriegs-
schicksal) der Zivilverwaltung im
Distrikt Lublin, wo zwei von insgesamt
vier Vernichtungslagern mit stationären
Gaskammern errichtet worden waren.
Er befaßt sich dann mit der antijüdischen Politik der zentralen und regionalen Zivilbehörden sowie deren Rolle bei
der „Endlösung der Judenfrage" und
zeigt welche Verwaltungszweige für
die antijüdische Politik verantwortlich
waren.

HARRASSOWITZ VERLAG · WIESBADEN